Dieter Bogai

Der Arbeitsmarkt für Pflegekräfte im Wohlfahrtsstaat

Dieter Bogai

Der Arbeitsmarkt für Pflegekräfte im Wohlfahrtsstaat

—

DE GRUYTER
OLDENBOURG

Über den Autor
Dr. Dieter Bogai war langjähriger Mitarbeiter im *Institut für Arbeitsmarkt- und Berufsforschung* (IAB) sowie Lehrbeauftragter an mehreren Berliner Hochschulen. Er hat zu zahlreichen Themen der Arbeitsmarkt- und Gesundheitsforschung publiziert.

ISBN 978-3-11-065970-2
e-ISBN (PDF) 978-3-11-043169-8
e-ISBN (EPUB) 978-3-11-043184-1

Library of Congress Cataloging-in-Publication Data
A CIP catalog record for this book has been applied for at the Library of Congress.

Bibliografische Information der Deutschen Nationalbibliothek
Die Deutsche Nationalbibliothek verzeichnet diese Publikation in der Deutschen Nationalbibliografie; detaillierte bibliografische Daten sind im Internet über http://dnb.dnb.de abrufbar.

© 2019 Walter de Gruyter GmbH, Berlin/Boston
Dieser Band ist text- und seitenidentisch mit der 2017 erschienenen gebundenen Ausgabe.
Einbandabbildung: Attila Barabas/iStock/Thinkstock
Satz: le-tex publishing services GmbH, Leipzig
Druck und Bindung: CPI books GmbH, Leck
♾ Gedruckt auf säurefreiem Papier
Printed in Germany

www.degruyter.com

Vorwort

Die Versorgung der künftig stark zunehmenden Zahl der Pflegebedürftigen ist eine der zentralen sozialpolitischen Herausforderungen in Deutschland. In dieser breit angelegten sozialwissenschaftlichen Untersuchung werden verschiedene Aspekte der Pflege von kranken, hilfsbedürftigen und älteren Menschen im entwickelten Wohlfahrtsstaat behandelt. Zunächst werden die normativen Grundlagen der Pflege von Menschen vorgestellt, die das Besondere einer Care-Ethik sowohl in Bezug auf deren Begründung als auch in ihren gesellschaftspolitischen Folgen zum Ausdruck bringt (siehe Kapitel 1). In Kapitel 2 wird aufgezeigt, wie sich aufgrund unterschiedlicher Entstehungsbedingungen einerseits eine Benachteiligung der Pflege gegenüber der Medizin, andererseits eine Hierarchie der Pflegetätigkeiten herausgebildet hat. Kapitel 3 widmet sich der ökonomischen und soziologischen Arbeitsmarkttheorie und deren Grundcharakterisierung von Arbeitsbeziehungen. Im Ergebnis wird die Funktionsweise des Pflegearbeitsmarkts mit dem Ansatz betriebsbezogener Beschäftigungssysteme erklärt. Der demografische Wandel und die bisherige Entwicklung der Bevölkerungsalterung werden in Kapitel 4 in ihren Auswirkungen auf die Zahl der Pflegebedürftigen untersucht. Die regionale Dimension findet dabei Berücksichtigung. In Kapitel 5 steht das Angebot an Arbeitskräften im Pflegesektor im Zentrum. Die bisherige Entwicklung wird im Gesamtumfang, nach Qualifikation und nach anderen Strukturmerkmalen untersucht. Die Qualität der Arbeit beziehungsweise die oft unzureichenden Arbeitsbedingungen bilden ein weiteres Thema. Schließlich werden jüngere Erfahrungen mit der Anwerbung ausländischer Fachkräfte und die Bedeutung von Beschäftigten mit Migrationshintergrund im Pflegesektor erörtert.

Die jüngere Arbeitsmarktentwicklung zeichnen unter anderem Engpassindikatoren wie Laufzeit offener Stellen und Arbeitslosigkeit aus, die in Kapitel 6 behandelt werden. Vor allem bei den Pflegefachkräften kann in den letzten Jahren von zunehmenden Arbeitskräfteengpässen gesprochen werden. Ein zentraler Aspekt der Arbeitsmarktsituation und der Attraktivität von Berufen ist die Entlohnung von Kranken- und Altenpfleger(inne)n, die vergleichend zwischen den Pflegeberufen und auf Bundesländerebene untersucht wird (siehe Kapitel 7). Die Annahmen zur künftigen Entwicklung von Bevölkerung und Pflegebedürftigkeit bilden die Grundlage für Projektionen der Nachfrage nach Pflegekräften, deren zentrale Ergebnisse in Kapitel 8 dargestellt werden. Projektionen zum Angebot an Pflegekräften sind rar, deuten aber gegenüber der steigenden Nachfrage auf zunehmende Arbeitskräfteengpässe hin. Abschließend werden in Kapitel 9 zentrale Handlungsfelder der gesellschafts- und arbeitsmarktpolitischen Diskussion im Bereich der Pflege erörtert. Der sogenannte Wohlfahrtsmix beschreibt das Zusammenwirken der verschiedenen Pflegeinstitutionen, bei dem den Kommunen eine stärkere Rolle zugewiesen werden soll. Maßnahmen werden benannt, die einerseits im Sinne einer stärkeren Prävention von (schwerer) Pflegebedürftigkeit, andererseits durch Stabilisierung der häuslichen Versorgung

https://doi.org/10.1515/9783110431698-201

die Nachfrage nach professionellen Kräften begrenzen helfen. Die Perspektiven der Ausbildung sowohl auf Fachkraftebene als auch auf Hochschulniveau sowie einer gestuften und durchlässigen Ausbildung in der Pflege werden im Zusammenhang mit dem umstrittenen Pflegeberufereformgesetz diskutiert. Arbeitsmarktpolitische Maßnahmen richten sich auf ein höheres Angebot an professionellen Pflegekräften durch eine Umschulung von Arbeitslosen. Abschließend werden personalpolitische Maßnahmen zur Verbesserung der Arbeitsbedingungen und Mitarbeiterbindung erörtert, die zum längeren Verbleib im Beruf und damit zur Linderung des Fachkräftemangels beitragen.

Dieter Bogai   im April 2017

Inhalt

Abkürzungsverzeichnis

AAL	Ambient Assisted Living
AGVP	Arbeitgeberverband Pflege
AltPflAPrV	Altenpflege-Ausbildungs- und Prüfungsverordnung
AltPflG	Altenpflegegesetz
ALO	Arbeitslose
ANP	Advanced Nurse Practitioner
APO	Allgemeine Prüfungsordnung
AOK	Allgemeine Ortskrankenkasse
AVR	Arbeitsvertragsrichtlinien
AWO	Arbeiterwohlfahrt
BA	Bundesagentur für Arbeit
B. A.	Bachelor of Arts
BAuA	Bundesanstalt für Arbeitsschutz und Arbeitsmedizin
BBiG	Berufsbildungsgesetz
BBS	Betriebliches Beschäftigungssystem
BBSR	Bundesinstitut für Bau-, Stadt- und Raumforschung
BGBl	Bundesgesetzblatt
BIB	Bundesinstitut für Bevölkerungsforschung
BIBB	Bundesinstitut für Berufsbildung
BMBF	Bundesministerium für Bildung und Forschung
BMFSFJ	Bundesministerium für Familien, Senioren, Frauen und Jugend
BMI	Bundesministerium des Innern
BMWi	Bundesministerium für Wirtschaft und Energie
B. Sc.	Bachelor of Science
BVerfG	Bundesverfassungsgericht
CDU	Christlich Demokratische Union Deutschlands
COM	Kommission der Europäischen Gemeinschaften
DBFK	Deutscher Berufsverband für Pflegeberufe
DDR	Deutsche Demokratische Republik
DGB	Deutscher Gewerkschaftsbund
DIP	Deutsches Institut für angewandte Pflegeforschung e. V.
Drs	Drucksache
DQR	Deutscher Qualifikationsrahmen
EKD	Evangelische Kirche Deutschlands
EM-Rente	Erwerbsminderungsrente
EQR	Europäischer Qualifikationsrahmen
EU	Europäische Union
Eurostat	Statistisches Amt der Europäischen Union
GG	Grundgesetz
GIZ	Gesellschaft für Internationale Zusammenarbeit
HBS	Hans-Böckler-Stiftung
HwO	Handwerksordnung
IAB	Institut für Arbeitsmarkt- und Berufsforschung
ICN	International Council of Nurses
IKT	Informations- und Kommunikationstechnologien
IGEUS-Institut	Institut für europäische Gesundheits- und Sozialwirtschaft

https://doi.org/10.1515/9783110431698-202

INQA	Initiative Neue Qualität der Arbeit
IW	Institut der Deutschen Wirtschaft Köln
KrPflAPrV	Ausbildungs- und Prüfungsverordnung für die Berufe in der Krankenpflege
KHG	Krankenhausfinanzierungsgesetz
KrPflG	Krankenpflegegesetz
KldB	Klassifikation der Berufe
M. A.	Master of Arts
MBA	Master of Business Administration
MDK	Medizinischer Dienst der Krankenkassen
MDS	Minimum Data Set
M. Sc.	Master of Science
MZ	Mikrozensus
NBA	Neues Begutachtungsassessment
OECD	Organisation für wirtschaftliche Zusammenarbeit und Entwicklung
PA	Physician Assistant
PfWG	Pflege-Weiterentwicklungsgesetz
PflBRefG	Pflegeberufereformgesetz
PSG	Pflegestärkungsgesetz
RAI	Resident Assessment Instruments
RN4Cast	Registered Nurse Forecasting
RWI	Rheinisch-Westfälisches Institut für Wirtschaftsforschung
SGB II	Sozialgesetzbuch 2 – Grundsicherung für Arbeitsuchende
SGB III	Sozialgesetzbuch 3 – Arbeitsförderung
SGB V	Sozialgesetzbuch 5 – Gesetzliche Krankenversicherung
SGB XI	Sozialgesetzbuch 11 – Soziale Pflegeversicherung
SGB XII	Sozialgesetzbuch 12 – Grundsicherung im Alter (Sozialhilfe)
SvB	Sozialversicherungspflichtig Beschäftigte
TÜV	Technischer Überwachungsverein
UNECE	United Nations Economic Commission for Europe
USA	Vereinigte Staaten von Amerika
VDE	Verband der Elektrotechnik
VdI	Verein Deutscher Ingenieure
Ver.di	Vereinte Dienstleistungsgewerkschaft
VZÄ	Vollzeitäquivalent
WAI	Work Ability Index
WHO	Weltgesundheitsorganisation
WIAD	Wissenschaftliches Institut der Ärzte Deutschlands e. V.
ZAV	Zentrale Auslands-und Fachvermittlung
VDK	Sozialverband VdK Deutschland, vormalig Verband der Kriegsbeschädigten
ZQP	Zentrum für Qualität in der Pflege

1 Ethische, gesellschaftspolitische und arbeitswissenschaftliche Grundlegung der Pflegearbeit

In Kapitel 1 werden zunächst die verschiedenen Definitionen der personenbezogenen Pflege präsentiert, wie sie die WHO, die internationale Vereinigung der Pflegeberufe sowie das SGB XI und das SGB V zugrunde legen. Sie reichen von Beschreibungen einzelner Tätigkeiten bis hin zu grundlegenden Verpflichtungen humaner Pflege, die an die Pflegepersonen gerichtet werden. Unter ethischen Gesichtspunkten wird die besondere Stellung der Pflege von kranken, hilfsbedürftigen und älteren Menschen untersucht. Pflegebedürftige haben im Wohlfahrtsstaat das Recht auf eine humane Dienstleistung. Zu deren Grundlegung sollen Gegenpositionen gegenüber den individualistischen Wertgrundlagen der ökonomischen Analyse wie Nutzen- und Gewinnmaximierung oder das Menschenbild des Homo oeconomicus formuliert werden, welche im Zuge der Darstellung der gängigen Arbeitsmarkttheorien erläutert werden (siehe Kapitel 3).

Zu Beginn der pflegeethischen Überlegungen wird der Begriff „Care" erläutert, der sich einerseits auf die Sorge der Pflegeperson, zum Beispiel als achtsame Zuwendung gegenüber dem Pflegebedürftigen, bezieht, andererseits Grundlage einer auf care bzw. auf Sorge bezogenen Ethik darstellt (siehe Kapitel 1.2). Nach der Skizzierung des Heidegger'schen Sorgebegriffs im Rahmen seiner ontologischen Philosophie werden die praktisch-philosophischen Ansätze von Joan Tronto, Martha Nussbaum und Elisabeth Conradi vorgestellt. Dabei sind die Einflüsse von Emotionen, situativen Gegebenheiten und menschlichen Beziehungen auf die Moral sowie die unterschiedliche Geschlechterrolle von Bedeutung. Während die Ethik der Aufmerksamkeit von Elisabeth Conradi als normative Grundlegung einer Pflegeethik dienen kann, verweist die Ethik der fürsorglichen Gesellschaft von Martha Nussbaum auf die gesellschaftliche Dimension von Care-Aufgaben.

Weitergehende theoretische Ansätze kritisieren die systematische Vernachlässigung von personen- und haushaltsbezogenen Dienstleistungen in der herrschenden Wirtschaftsordnung und propagieren eine grundlegende Neubewertung von Care-Aufgaben im Rahmen des Konzepts einer Care-Ökonomie (siehe Kapitel 1.3). Ein möglicher Ansatz liegt in der ökonomischen Sichtbarmachung, zum Beispiel von familienbezogener Pflege, im Rahmen einer Modellrechnung für erweiterte Sozialproduktrechnungen, die beispielhaft vorgestellt wird. In Kapitel 1.4 werden die ethischen Anforderungen der Pflegearbeit anhand vorliegender Empfehlungen konkretisiert. Die anschließende Unterscheidung zwischen „Care" und „Cure" knüpft an die häusliche Pflegesituation von „Sorge" und „Heilen" an (siehe Kapitel 1.5). Abschließend wird das arbeitswissenschaftliche Konzept der Pflegearbeit als Interaktionsarbeit

https://doi.org/10.1515/9783110431698-001

vorgestellt, das die spezifischen Herausforderungen der Pflegesituation an die Pflege-personen beschreibt (siehe Kapitel 1.6).

1.1 Definition der Pflegeaufgaben und -tätigkeiten

Einleitend werden die Definitionen zur Pflege von verschiedenen Institutionen wider-gegeben, die von unterschiedlicher Reichweite sind und die vielschichtigen Dimensio-nen der Pflege deutlich machen. Ausgehend von der Definition der WHO werden die gesellschaftlichen Herausforderungen und Dimensionen der Pflegetätigkeit betont:

> Der gesellschaftliche Auftrag der Pflege ist es, dem einzelnen Menschen, der Familie und ganzen Gruppen dabei zu helfen, ihr physisches, psychisches und soziales Potenzial zu bestimmen und zu verwirklichen, und zwar in dem für die Arbeit vollen Kontext ihrer Lebens- und Arbeitsum-welt. Deshalb müssen die Pflegenden Funktionen aufbauen und erfüllen, welche die Gesundheit fördern, erhalten und Krankheit verhindern. Pflegende arbeiten auch partnerschaftlich mit Ange-hörigen anderer, an der Erbringung gesundheitlicher und ähnlicher Dienstleistungen beteiligter Gruppen zusammen. (Salvage 1993: 15)

Der International Council of Nurses (ICN 2016), der Weltbund der professionell Pfle-genden, definiert die Bereiche der personenbezogenen Pflege sehr umfassend:

> Pflege umfasst die eigenverantwortliche Versorgung und Betreuung, allein oder in Kooperati-on mit anderen Berufsangehörigen, von Menschen aller Altersgruppen, von Familien oder Le-bensgemeinschaften, sowie von Gruppen und sozialen Gemeinschaften, ob krank oder gesund, in allen Lebenssituationen (Settings). Pflege schließt die Förderung der Gesundheit, Verhütung von Krankheiten und die Versorgung und Betreuung kranker, behinderter und sterbender Men-schen ein. Weitere Schlüsselaufgaben der Pflege sind Wahrnehmung der Interessen und Bedürf-nisse (Advocacy), Förderung einer sicheren Umgebung, Forschung, Mitwirkung in der Gestaltung der Gesundheitspolitik sowie im Management des Gesundheitswesens und in der Bildung. (ICN 2016: 1)

Schließlich sind die Definitionen des SGB XI (Gesetzliche Pflegeversicherung) und des SGB V (Gesetzliche Krankenversicherung) zu berücksichtigen. § 8 SGB XI hält zu-nächst in Absatz (1) die gemeinsame Verantwortung der Gesellschaft fest, wonach die pflegerische Versorgung der Bevölkerung eine gesamtgesellschaftliche Aufgabe ist (siehe auch Kapitel 9).[1] Dort heißt es: „Pflege ist eine umfassende, vielschichtige und mehrdimensionale Tätigkeit mit sozialpflegerischen und pflegerischen Aufgaben, die Begleitung, Betreuung, Beratung und Versorgung von gesunden und kranken alten Menschen unter Berücksichtigung und Einbeziehung der körperlichen, seelischen, sozialen und spirituellen Bedürfnisse des Einzelnen." Die häusliche Krankenpflege

---

1 Die gesamtgesellschaftliche Verpflichtung findet allerdings nach Simoes (2013) in den bisherigen Strukturen, die durch eine ausgeprägte Individualisierung der Pflegeverantwortung im häuslichen Bereich gekennzeichnet sind, nur wenig Niederschlag.

ist nach § 37 SGB V eine unterstützende Maßnahme der Krankenbehandlung. Häusliche Krankenpflege wird gewährt, sofern der behandelnde Arzt diese Leistung aufgrund einer behandlungsbedürftigen Krankheit verordnet. Anspruch auf häusliche Krankenpflege besteht nur, soweit eine im Haushalt lebende Person den Kranken in dem erforderlichen Umfang nicht pflegen oder versorgen kann.

Die Behandlungspflege ist das Wesensmerkmal und Abgrenzungskriterium der häuslichen Krankenpflege. Das SGB V unterscheidet zwei Formen der häuslichen Krankenpflege: Bei der Krankenhausersatzpflege ersetzt die häusliche Krankenpflege eine an sich gebotene Krankenhausbehandlung entweder, weil diese nicht ausführbar ist, oder, weil sie durch die häusliche Krankenpflege vermieden oder verkürzt wird. Zum Leistungsspektrum gehören die im Einzelfall notwendige ärztlich verordnete Behandlungspflege, die Grundpflege und die hauswirtschaftliche Versorgung.

Behandlungspflege umfasst medizinische Hilfeleistungen: Injektionen, Dekubitusvorsorge, Verabreichung von Medikamenten. Die Grundpflege nach dem SGB XI umfasst regelmäßige Hilfen bei der Körperpflege, der Ernährung und der Mobilität. Zur hauswirtschaftlichen Versorgung zählen das Zubereiten von Mahlzeiten, das Reinigen der Wohnung usw.

Bei der Sicherungspflege muss die häusliche Krankenpflege erforderlich sein, um das Ziel der ärztlichen Behandlung zu sichern, das heißt Verhütung, Früherkennung und Behandlung von Krankheiten nach den Regeln der ärztlichen Kunst. Am Ende von Kapitel 2 werden im Zusammenhang mit den Pflegeberufen die zur Pflege gehörenden Tätigkeiten im Detail beschrieben.

1.2 Care-Dienstleistungen in postindustriellen Gesellschaften

In der sozialwissenschaftlichen Literatur wird die Pflege kranker, hilfsbedürftiger und älterer Menschen unter dem Begriff „Care" behandelt, der nicht nur auf den Bereich der humanen Pflege beschränkt ist, sondern weitreichende Implikationen auf ethische Fragen des Zusammenlebens von Männern und Frauen, der Generationen untereinander bis hin zu Grundfragen des Wirtschaftens hat.

1.2.1 Sondierungen zum Care-Begriff

Der Care-Begriff bezieht sich zum einen auf grundlegende soziale Dienstleistungen in postindustriellen Gesellschaften. Susan Himmelweit (2005) stellt die Frage „Can we afford not to care?" und verdeutlicht, dass keine Gesellschaft auf so grundlegende Tätigkeiten wie Versorgen, Betreuen und Pflegen verzichten kann. Care beinhaltet Kinderbetreuung und Vereinbarkeit mit dem Beruf, Pflegepolitik und Work-Life-Balance. Sorgen und Versorgen sind Tätigkeiten, die der Sicherung der menschlichen Grundbedürfnisse dienen und einen bedeutenden Teil sozialer Beziehungen ausmachen, im privaten wie auch im beruflich-dienstleistungsbezogenen Rahmen (vgl. Worschech 2011).

Zum anderen wird mit der Sorge eine ethische Position bezeichnet. In der angelsächsischen Literatur wird *care* oder *caring* u. a. mit *value, virtue, attitude, ideal, behavior, skill and process* in Verbindung gebracht. Care in der Sozialarbeit bedeutet nach Conradi (2013) achtsame Zuwendung. Dem englischen Wort *care* steht keine vollständige Entsprechung im Deutschen gegenüber. Es kann in einer ersten Annäherung als „pflegerische Sorge" im Sinne von „sich (emotional) um jemanden sorgen" und „für jemanden sorgen" im Sinne von „kompetent helfen" bezeichnet werden (vgl. Kohlen & Krumbeck 2008). Da hier die Altenpflege im Vordergrund steht, geht es im Folgenden um *elderly care*.

1.2.2 Grundsätzliche Überlegungen zur Care-Ethik

Das Besondere des Care-Konzepts zeigt sich daran, dass es vor allem im angloamerikanischen Raum als Bezugspunkt für praktisch-philosophische Überlegungen des menschlichen Daseins dient. Das Wesen von *care* wird zudem in der Anthropologie gesucht. Die careethischen Positionen reichen sogar bis zur fundamentalen Kritik zentraler Grundätze der volkswirtschaftlichen Wertermittlung in modernen Industriestaaten.

Bevor eine weitere Konkretisierung des Care-Begriffs erfolgt, sollen unter sehr grundsätzlichem Blickwinkel zum einen existenzphilosophische Überlegungen, zum anderen pflegeethische Konzepte dargestellt werden, die die besondere Stellung des Pflegens jenseits individualistischer Normen deutlich machen. Ein zentraler Begriff, der zum existenziellen Verständnis des Menschen beitragen kann und der von einigen Autoren auf die Pflegetätigkeit angewendet wird, ist der Begriff der Sorge. Nach den Vorstellungen der Antike ist die Selbstsorge (*epimeleia eautou*) nicht auf die eigene Person beschränkt. Sie schließt bei Platon die Sorge um die Gestaltung der Polis mit ein. Nach Aristoteles ist die Sorge (*epimeleia*) ähnlich wie bei Platon darauf ausgerichtet, Glückseligkeit (*eudaimonia*) zu erreichen und Vortrefflichkeit (*arete*) zu verwirklichen. Die Selbstsorge bezieht sich neben der Sorge für die Seele auch auf die Sorge für den Körper (vgl. Conradi 2001: 13). In der Philosophie Heideggers ist das „[S]ich sorgen" eng mit der Seinsfrage des Lebens verbunden. Sorgen hat mit Bekümmern, Berechnen, Voraussehen zu tun und ist als *conditio humana* anzusehen (Zwicker-Pelzer 2013). Sorge kennzeichnet nach Heidegger die Grundstruktur des Umgehens mit der Welt und ihrer Zeitlichkeit.

> Es geht um das festgelegte In-der-Welt-Sein des alltäglichen Daseins. Sein und Dasein gehören zusammen: Das Dasein tritt nicht einer Welt gegenüber, sondern findet sich immer schon in ihr vor. Mit-sein-mit-Anderen bedeutet bezogen auf das Dasein: Das Dasein findet sich immer schon in gemeinsamen Situationen vor. Sich-vorweg-Sein bedeutet: Das Dasein blickt vom Jetztpunkt aus nicht gelegentlich, sondern ständig besorgt in die Zukunft hinaus. Sorge bedeutet demnach

Sich-vorweg-schon-Sein (in einer Welt) als Sein – bei innerweltlich begegnenden Seienden. (vgl. Safranski 1994: 179 f.)

Zimmermann (2012: 1) leitet einen Bezug zur Pflegeethik aus dem Heidegger'schen Bekenntnis ab,

> dass die europäische Sprache und Rationalität im weitesten Sinne auf eine Weise des In-der-Welt-[S]eins gegründet ist, eine Verhaltensweise, die er „Verstehen" nennt, und die ihre Ursprünge selbst in der religiösen Praxis der antiken Hermeneutik [das Verstehen von Sinnzusammenhängen in Lebensäußerungen aus sich selbst heraus] hat. Jenseits technischer und metaphysischer Geltungsansprüche kann nur der Versuch einer seinsgeschichtlichen Bildung das Verstehen in ein verstehendes Verhältnis zu sich selbst, zur Welt und zum Andern führen, eine Methode der Besinnung, die als neu begriffene Ethik der Pflege ermöglichen soll, die pflegerische Praxis als Verstehenspraxis über ihre gegenwärtigen Formen der beruflichen Bestandssicherungsverfahren in ganzheitlichere und würdevollere Formen zu überführen.

Inwieweit die ontologische Philosophie Heideggers direkt auf die beruflichen Anforderungen der Pflegenden als ein über den Einzelnen hinausgehendes Verständnis anwendbar ist, kann hier nicht weiter erörtert werden. So sind nach Backes et al. (2008: 27) Autorinnen wie Benner und Wrubel (1997) der Ansicht, dass „eine sorgende Haltung [im Sinne Heideggers] die Basis der Pflegepraxis bildet und durch die Auseinandersetzung mit Sorge die entsprechenden Kompetenzen [der Pflegenden] entwickelt werden können."

Der besondere Charakter der Pflegearbeit gegenüber anderen Tätigkeiten zeigt sich vor allem an den Argumenten, die eine eigenständige Pflegeethik postulieren und darauf verweisen, wie diese individual- und sozialethisch einzuordnen ist. Diese Diskussion wird im angloamerikanischen Raum geführt, in der der Begriff der Care- bzw. Caring-Ethik geprägt wurde. In deren Rahmen werden einerseits die Rolle von Emotionen als Erkenntniswert für eine sachgerechte Ethik und eine gerechte Gesellschaft (vgl. Nussbaum 2003) deutlich gemacht, andererseits werden grundsätzliche Positionen einer feministischen Kritik an der privaten und gesellschaftlichen Organisation der (Für-)Sorgearbeit in der sozialen Praxis formuliert. Schließlich müssen bei der Untersuchung von Sorgearbeit (*care labor*) Frauen zugeschriebene Eigenschaften sowie deren Entwertung in einem produktivitätsorientierten Wirtschaftssystem thematisiert werden.

Im Zentrum der Care-Ethik-Diskussion steht die Abhängigkeit der moralischen Urteile von situativen Gegebenheiten und menschlichen Beziehungen, wobei soziale und psychologische Aspekte untersucht und die unterschiedliche Rolle von Frauen und Männern im Sorgeprozess thematisiert werden. Den verschiedenen Ansätzen ist gemeinsam, dass sie sich gegen abstrakte, allgemeine Urteile und individualistische Normen wenden, die nach ihrer Ansicht zum Beispiel. die Medizinethik prägen würden. So bezieht sich die Kritik auf die als einseitig empfundene individualethische Perspektive auf Grundlage einer autonomiefixierten analytischen Philosophie. Stattdessen wird die Notwendigkeit postuliert, das Eigene der Pflege im sozialen Kontext zur Geltung zu bringen. Umstritten ist hingegen die geschlechtsspezifische Gebundenheit der Sorge. Gleichwohl bildet, ausgehend von historischen Analysen, die „Frauenmoral" bei einer der Hauptvertreterinnen Joan Tronto den Ausgangspunkt ihres careethischen Konzepts. Care bezeichnet gemäß Tronto und Fisher (1990: 40) „alle Aktivitäten, mit denen wir unsere Welt erhalten, entwickeln und wiederherstellen, so dass wir in ihr so gut wie möglich leben können".

Werte, die sich auf Pflege oder Erziehung beziehen, werden somit als zentral für das gute Leben angesehen und traditionell mit Frauen in Verbindung gebracht. Die „Frauenmoral" müsse nach Ansicht von Joan Tronto zu einer Care-Ethik uminterpretiert werden (Tronto 1993: 4). Care sei demnach eine menschliche Tätigkeit, die sich durch zahlreiche Lebensbereiche zieht und die bisherige Grenzziehung zwischen privatem und öffentlichem Leben, zwischen Moral und Politik, infrage stelle.

Andere Autor(inn)en beziehen sich auf anthropologische Argumente und sehen in der Sorge eine Voraussetzung für das menschliche Überleben überhaupt und aufgrund der Phasen „extremer und asymmetrischer Abhängigkeit" (vgl. Nussbaum 2003: 182) zentral im Leben eines jeden Menschen. Care sei eine fürsorgliche Haltung und natürliche Neigung des Menschen, die die Grundlage einer Ethik der Aufmerksamkeit bilden könne (vgl. Kohlen & Krumbeck 2008). Der Begriff sei zwar weiblich konnotiert, jedoch auf der Beziehung zwischen Menschen basierend zu verstehen und demnach kein individuelles Attribut oder eine Tugend (und damit nicht nur auf Frauen beschränkt).

Nach Conradi (2001), die den Begriff der Zuwendung in das Zentrum ihrer philosophischen Argumentation stellt, ist das grundlegende Verständnis von Gerechtigkeit infrage zu stellen, wie es im Anschluss an John Rawls' „Theorie der Gerechtigkeit" in der zeitgenössischen deontologischen Ethik[2] verwendet wird. „Der Zuwendung kommt dabei eine Schlüsselfunktion zu. Sie wird beschrieben, begrifflich gefasst und dient dann als Folie der Kritik zeitgenössischer philosophischer Ethik. Die Sorge für andere Menschen wird nämlich innerhalb der philosophischen Ethik fortwährend falsch eingeschätzt. Entsprechend werden helfend-versorgende Tätigkeiten in der Gesellschaft abgewertet." (Conradi 2001: 12) Und weiter zum Begriff „Care" heißt es bei Conradi:

> Der Imperativ „Take care!" im Sinne von „Paß gut auf Dich auf!" verweist darauf, dass Sorge sich nicht bloß auf andere richten darf. Menschen, die für andere sorgen, sollen demnach auch sich selbst und ihre Bedürfnisse wahrnehmen. Im Idealfall gehören also die Sorge für andere und die Selbstsorge zusammen. Das englische „Care" hat eine Fülle an Bedeutungen, die von Zuwendung und Anteilnahme über Versorgung bis zu Mitmenschlichkeit und Verantwortung reicht. *Care* ist eine Praxis der Achtsamkeit und Bezogenheit, die Selbstsorge und kleine Gesten der Aufmerksamkeit ebenso umfaßt wie pflegende und versorgende menschliche Interaktionen sowie kollektive Aktivitäten. Obwohl sich sowohl Gebiete der Pflege als auch Elemente von „Hausarbeit"

---

2 Deontologische Ethik bedeutet, dass die Befolgung einer Maxime einen eigenständigen und unbedingten Wert hat, unabhängig von den Konsequenzen. Sie wird auch als Pflichtenethik bezeichnet.

mit dem Begriff *Care* bezeichnen lassen, wird die Praxis dadurch nicht hinreichend beschrieben. *Care* ist überdies von christlichen Konzepten der *caritas* ebenso zu unterscheiden wie von gebräuchlichen philosophischen Begriffen wie Wohlwollen (*benevolence*), Sympathie, Mitleid und Wohltätigkeit oder Solidarität und Altruismus. Der deutschen Sprache fehlt ein Wort, das den Gesichtspunkt der Zuwendung mit interaktiven Aspekten vereint und einer gemeinsamen Gestaltung der Praxis durch die daran beteiligten Menschen Ausdruck verleiht. Erforderlich ist ein Begriff, der teils vom Individuum, teils von den Interaktionen zwischen Individuen her gedacht wird: Jene Person, die sich einer anderen zuwendet, und diese, der die Aufmerksamkeit gilt, sind im Prozeß der Zuwendung aufeinander bezogen. (Conradi 2001: 13)

Conradi versucht, eine eigenständige praktisch-philosophische Position zu entwickeln, die sich von den deontologischen Konzepten einer Pflichtenethik im Sinne Kants (das Vorhandensein individueller sittlicher Motivation als ethische Grundannahme und universalisierte Anwendung auf alle Menschen) abwendet. Außerdem bezieht sich nach ihrer Ansicht der herkömmliche Moralbegriff nur auf wenige Bereiche des menschlichen Handelns und trägt zur gesellschaftlichen Abwertung der Zuwendung sowie der daran beteiligten Menschen bei. Die gesellschaftliche Abwertung dieser Praxis findet ihre Entsprechung in einer Moral, die sie als „konventionelle Moral der Güte" bezeichnet. „Die ‚konventionelle Moral der Güte' ist Teil der christlichen Tradition westlicher Gesellschaften, die auch in einer säkularisierten Gesellschaft Bedeutung hat. Sehr vereinfacht und stark pointiert zusammengefasst, hat sie klare und unveränderliche Positionen von Subjekt und Objekt, von leidendem und helfendem Menschen, wobei ausschließlich die Perspektive und Motivation der helfenden Person berücksichtigt wird." (Conradi 2001: 19) Zentral in der Ethik der Zuwendung nach Conradi ist ein neues Verständnis von Moral, das den Aspekt der Bezogenheit ebenso umfasst wie sorgende Aktivitäten. Bezogenheit meint bei ihr eine andere Auffassung von Reziprozität sowie ein Konzept asymmetrischer und nicht reziproker Intersubjektivität, wie es zum Beispiel in der Betreuung von Kindern durch Erwachsene besteht. Reziprozität erhält in asymmetrischen Interaktionen zwischen Menschen eine andere Bedeutung und verbindet die sozialen Beziehungen und gesellschaftlichen Aspekte. „Ein solches Konzept verändert auch den Begriff der Moral. Es geht nicht länger nur um individuelle Entscheidungen oder Handlungen einzelner Subjekte, sondern auch um gemeinsames moralisches Handeln: Moral entsteht zwischen Menschen. Berücksichtigt werden damit auch die Verhältnisse, die Menschen zueinander entwickeln, während sie an konkreten Entscheidungsprozessen beteiligt sind." (Conradi 2001: 22) Und abschließend wird der methodische Vorzug dieser Konzeption zusammengefasst: „Methodisch braucht die Ethik der Achtsamkeit keine ‚fiktive(n) Annahmen' ins Spiel zu bringen oder wider besseres Wissen zu unterstellen, entsprechende Verhältnisse seien reziprok und symmetrisch. Vielmehr werden Bezogenheit und Praxis zu Schlüsselbegriffen einer Ethik der Achtsamkeit." (Conradi 2001: 22)

Conradi bezieht sich hier auf John Rawls, der für die Ableitung seiner Gerechtigkeitsgrundsätze auf einen fiktiven Urzustand unter dem Schleier des Nichtwissens (*veil of ignorance*) zurückgreift, in dem moralisch urteilende Personen ihre gesellschaftliche Stellung nicht kennen. Conradi wendet sich damit gegen ein solches Gedankenkonstrukt als Argumentationsfigur für ethische Normen und rückt die von den herrschenden Ethikkonzepten ausgeblendeten menschlichen Beziehungen in den Vordergrund ihrer Ethik.

1.2.3 Gesellschaftspolitische Implikationen

Aus den careethischen Überlegungen zieht Martha Nussbaum den Schluss, dass der Wandel zu einer „fürsorglichen Gesellschaft" (*caring society*) ein Verständnis von fürsorglicher Praxis und professionellen Sorgetätigkeiten als „öffentliche Beziehungsgüter" voraussetzt. Weiter argumentiert sie, dass „[...] jede reale Gesellschaft eine Fürsorge-spendende und eine Fürsorge-empfangende Gesellschaft [ist] und daher Wege finden muss, um mit diesen Fakten menschlicher Bedürftigkeit und Abhängigkeit klarzukommen, Wege, die vereinbar sind mit der Selbstachtung der Fürsorgeempfänger und die den Fürsorgespender nicht ausbeuten." (Nussbaum 2003: 183) Voraussetzungen einer fürsorglichen Gesellschaft sind demnach eine Korrektur des kulturellen Bildes bindungsloser Unabhängigkeit des Individuums und eine Aufhebung der Norm ausschließlich reziproker Austausch- und Beziehungsformen. Schließlich sei eine Erweiterung des auf Waren beschränkten Produktivitätsbegriffs notwendig, die in Kapitel 1.3 zur Care-Ökonomie behandelt wird.

Auch bei Elisabeth Conradi (2001) handelt es sich bei Care um eine gesellschaftliche Praxis und nicht lediglich um die Einstellung einer Person. Care sei als eine interaktive menschliche Praxis zu verstehen, deren besondere Merkmale Bezogenheit und Achtsamkeit sind und die nicht exklusiv auf das Tätigkeitsfeld der Pflege beschränkt ist. Und schließlich sei der Diskriminierung und Abwertung pflegerischer Tätigkeit nur zu begegnen, indem die mitgedachte Bedeutung von Pflege als Frauenarbeit aufgehoben wird.

Die gesellschaftspolitische Bedeutung des Care- bzw. Sorgebegriffs verdeutlicht auch der siebte Bericht der Bundesregierung zur Lage der älteren Generation in Deutschland (Deutscher Bundestag 2016: 182). Dem Sorgebegriff wird dort neben dem der Pflege eine eigene Bedeutung beigemessen. Sorge betreffe zum einen die Beziehungsdimension zwischen Menschen und sei nicht auf Formen pflegerischer Unterstützung beschränkt, sondern beziehe zum anderen die Breite der (gegenseitigen) Unterstützung in der Alltags- und Lebensgestaltung ein. Insbesondere die tatsächliche Verteilung von Sorgeaufgaben in der Gesellschaft – im Geschlechter- und Generationenverhältnis – sei zu betrachten. Als normative Grundlage für das Zusammenwirken von familiärer, nachbarschaftlicher, professioneller und beruflicher sowie auf freiwilligem Engagement beruhender Unterstützung wird von der Kommission auf das Leitbild der „geteilten Verantwortung" verwiesen, das geeignet ist, Pflege und Sorge zu berücksichtigen und auf das Ineinandergreifen der unterschiedlichen Hilfen im Wohlfahrtsmix hinzuwirken (siehe Kapitel 9.1).

1.3 Care-Ökonomie: gesellschaftliche Bewertung von Care-Dienstleistungen

Nach der Bestimmung des philosophisch-pflegeethischen Grundverständnisses geht es im Folgenden um theoretische Ansätze, die die Trennung von Wirtschaft und Reproduktionssphäre durchbrechen und den (ökonomischen) und gesellschaftlichen Stellenwert von Care-Aufgaben sichtbar machen. Bei der Pflege handelt es sich traditionell um unbezahlte und erst seit Einführung der Pflegeversicherung zunehmend bezahlte Arbeit, die lange Zeit verkannt und unterbewertet wurde. Die Versuche einer stärkeren Sichtbarmachung solcher Tätigkeiten betonen die tragende Bedeutung von Betreuungs-, Erziehungs- und Pflegearbeit für die gesellschaftliche Wohlfahrt und für die wohlfahrtsstaatlichen Institutionen. Dabei sind alternative Konzepte zur konventionellen Wirtschaftstheorie wie das *social provisioning* nach Marylin Power (2004), die Sorge- und Versorgungswirtschaft (Knobloch 2013a; Knobloch 2013b) die „andere Wirtschaft" (Donath 2000) und die Care-Ökonomie entwickelt worden. Zumeist handelt es sich bei den Tätigkeiten um (personenbezogene) Dienstleistungen, die direkt auf das Wohlergehen/die Versorgung von Menschen und nicht auf die Produktion für den „anonymen" Markt gerichtet sind. Sie sind grundlegend für die Existenzsicherung, den Lebensstandard der Haushalte und deren soziale Versorgung. Die gesellschaftlichen Sorgetätigkeiten des *social provisioning* sind überwiegend unbezahlt, basieren auf einer anderen ökonomischen Logik des Arbeitsprozesses und der Arbeitsproduktivität. Produktion und Verbrauch finden gleichzeitig statt (*uno actu*) bzw. sind ohne die Gegenwart des Empfangenden nicht möglich. Die Arbeit kann nicht von der ausführenden Person getrennt werden. Meist wird diese „Reproduktionsarbeit" von Frauen erbracht, wobei aufgrund einer Subjekt-Subjekt-Beziehung besondere Arbeits- und Austauschverhältnisse im Arbeitsprozess bestehen. „Care sei keine ökonomische Kategorie, sondern vom Ökonomischen abgetrennt, dem Produktionsprozess für den Markt jedoch unhinterfragt vorausgesetzt. Dieser Dualismus enthält eine Hierarchie – was am und für den Markt geschieht, ist wertschaffend (produktiv) und daher wertvoll und bezahlt, sichtbar, öffentlich. Was jenseits des Marktes geschieht, ist ‚reproduktiv', daher ohne volkswirtschaftlichen Wert." (Biesecker 2014: 54) Die beiden Sphären stehen in ungünstiger Wechselbeziehung, wenn vom Markt erbrachte Dienstleistungen abnehmen und diese durch entsprechende Zunahme an Dienstleistungen kompensiert werden, die von der anderen Wirtschaft verrichtet werden. Wenn zum Beispiel Krankenhäuser ihre Arbeitskosten zu reduzieren versuchen, indem sie Patienten früher entlassen (*quicker and sicker*), muss die zusätzliche Pflege für die Kranken zu Hause erbracht werden (vgl. Hellige 2004: 85). Was aus marktwirtschaftlicher Sicht als Produktivitätsverbesserung erscheint, stellt sich aus der Perspektive der anderen Wirtschaft anders dar, weil nicht nur die (unbezahlt) erbrachte Sorge berücksichtigt wird, sondern auch ihr Effekt auf das Wohlergehen der Sorgenden.

1.3.1 Kritik an der herkömmlichen Wirtschaftsrechnung

Die verschiedenen Ansätze der Care-Ökonomie weisen auf die Mängel der konventionellen Wirtschaftsrechnung hin, die sogenannte reproduktive Leistungen der Care-Arbeit weitgehend vernachlässigt. Sie versuchen, den „blinden Fleck" bei zentralen Kategorien der Ökonomie, wie zum Beispiel Produktivität oder Wohlfahrt, offenzulegen. In einer „Neuerfindung des Ökonomischen" werden Vermittlungskategorien benötigt, die sich in ihrer eigenen Qualität auf das Ganze von Ökonomie, auf alle produktiven Kräfte, auf die Einheit von Produktion und Reproduktion, beziehen – und damit auf den Erhalt der grundlegenden Produktivitätsbereiche für zukünftige Generationen als Ziel wirtschaftlichen Handelns verweisen (vgl. Madörin 2014). Allerdings ist es bisher noch nicht gelungen, eine Systematik für die Leistungen im oben angesprochenen Sinne zu entwickeln, die anhand veränderter Berechnungsgrundlagen deren gesellschaftlichen Wert erfasst.

Einige Autorinnen verweisen bei der Sorgearbeit (*care labor*) auf Frauen zugeschriebene Eigenschaften und nennen die beiden kultur- und geschlechtergeschichtlichen Faktoren, die bis heute einen Einfluss auf das Einkommensniveau und den Berufsstatus von Pflegenden haben (vgl. Madörin 2014). Zum einen ist es die Haushaltsnähe (vgl. Bischoff 1982: 23), da die Leistungen privat und unbezahlt erbracht werden und zum zweiten die Körpernähe. Für Letztere gelte „high-touch, low-status job" und geringe Entlohnung (vgl. McDowell 2009: 162).

Während die vorangegangenen Ansätze relativ unversöhnlich der herkömmlichen Wirtschaftstheorie gegenüberstehen, soll ein Vermittlungsversuch durch eine Wertermittlung außerhalb des Marktes erbrachter Dienstleistungen im Rahmen erweiterter Wohlfahrtsrechnungen gemacht werden.

1.3.2 Ökonomische Bewertung von Familienpflege

Die in den Familien erbrachten Dienstleistungen im Haushalt sind für das Funktionieren von Wirtschaft und Gesellschaft unbestritten notwendig. Die Enquete-Kommission „Wachstum, Wohlstand, Lebensqualität" des Deutschen Bundestags konstatiert, dass der materielle Wohlstand eines Landes sowohl durch die marktvermittelte als auch durch die nicht marktvermittelte Produktion (Kindererziehung, Pflege im Haushalt, Ehrenamt etc.) bestimmt wird, ein großer volkswirtschaftlicher Wertschöpfungsbereich, der bislang wenig in das Blickfeld gerückt wurde (vgl. Enquete-Kommission 2013). Ihre Bedeutung – gemessen an der Zeitverwendung – lässt sich anhand der seit 1990/1991 alle zehn Jahre durchgeführten Zeitbudgeterhebung des Statistischen Bundesamts konkretisieren. Hierbei wird zwischen bezahlter und unbezahlter Arbeit unterschieden. Zur unbezahlten Arbeit gehört vor allem Familien- und Hausarbeit (Haushaltsproduktion). Mit dieser Erhebung lassen sich neben anderen Arten unbezahlter

Arbeit im Haushalt nähere Größenordnungen über die Pflege von Haushaltsmitgliedern ermitteln.

Die jüngste Zeitbudgeterhebung des Statistischen Bundesamts von 2012/2013 legt neun Bereiche fest, denen die einzelnen Aktivitäten eines 24-Stunden-Tages folgenden neun Verwendungen zugeordnet werden (Statistisches Bundesamt 2015: 4):

1. persönlicher Bereich, physiologische Regeneration
2. Erwerbstätigkeit
3. Qualifikation, Bildung
4. Haushaltsführung und Betreuung der Familie
5. darunter Unterstützung, Pflege und Betreuung von erwachsenen Haushaltsmitgliedern
6. Ehrenamt, freiwilliges Engagement, Unterstützung anderer Haushalte, Versammlungen
7. Soziales Leben und Unterhaltung
8. Sport, Hobbys, Spiele
9. Mediennutzung
10. zweckbestimmte Wegezeiten

Nach der jüngsten Zeitbudgetstudie 2012/2013 unterstützen, pflegen und betreuen 2,1 Prozent aller Personen im Alter von mehr als zehn Jahren ein erwachsenes Haushaltsmitglied, bei den Männern sind es 1,9 Prozent, bei den Frauen 2,4 Prozent (vgl. Statistisches Bundesamt 2015). Der Zeitaufwand beträgt pro Tag im Durchschnitt 53 Minuten (bei Männern 56 Minuten, bei Frauen 51 Minuten). Bei dieser Arbeitsleistung summiert sich die unbezahlt erbrachte Pflege von Haushaltsangehörigen auf eine Stundenzahl von 480 Mio. im Jahr 2015, was knapp 300.000 Vollzeitkräften entspricht.

Die Bewertung dieser Arbeitsleistung kann zum einen anhand der Vergütung von Pflegehilfskräften, da Familienangehörige in der Regel keine Pflegefachkräfte sind (als untere Grenze), zum anderen anhand des durchschnittlichen Bruttoentgelts aller Versicherten in Deutschland erfolgen. Dieser Betrag reflektiert die durchschnittlichen (Opportunitäts-)Kosten, die anfallen, wenn die Pflegepersonen auf eine bezahlte Arbeit verzichten. Verwendet man das durchschnittliche Bruttoentgelt aller Versicherten in Deutschland, das 2014 von der Bundesregierung mit 35.000 Euro beziffert wird, entspricht der Wert der unbezahlten Pflegearbeit knapp zehn Mrd. Euro. Wird das durchschnittliche Bruttomonatsentgelt von vollzeitbeschäftigten Altenpflegehilfskräften zugrunde gelegt (20.900 Euro), reduziert sich der volkswirtschaftliche Beitrag der Familienpflege auf sechs Mrd. Euro (bei einem Bruttojahresentgelt von 29.000 Euro einer examinierten Altenpflegekraft wären es 8,5 Mrd. Euro). Zum Vergleich: Die Gesamtausgaben für Pflegeleistungen nach dem SGB XI lagen im Jahr 2014 bei 25,45 Mrd. Euro. Das Marktvolumen der professionellen Pflege betrug 2013 rund 40 Mrd. Euro, das der ambulanten 12,3 Mrd. Euro, davon wurden 4,6 Mrd. Euro durch die soziale Pflegeversicherung getragen (RWI/IGEUS-Institut 2015).

Den hohen „Marktwert" der Pflege von Angehörigen weist eine gemeinsame Studie des Helmholtz Zentrums München und des Universitätsklinikums Erlangen nach. Demnach deckt die Pflege durch Angehörige 80 Prozent der gesellschaftlichen Versorgungskosten von zu Hause lebenden Demenzkranken. Die von den Angehörigen erbrachten Leistungen wurden dabei zu marktüblichen Stundensätzen berechnet (vgl. Schwarzkopf et al. 2011).

1.4 Ethische Anforderungen an die Pflegearbeit

Im Folgenden sollen die vorangegangenen careethischen Überlegungen aufgegriffen und auf die professionelle Pflege angewendet werden. Hierzu dienen einerseits die christlich geprägte Formulierung oberster Prinzipien von Silvia Käppeli, andererseits die Differenzierung verschiedener Elemente des Sorgeprozesses von Joan Tronto. Ein weiterer Aspekt besteht in der Unterscheidung der Pflegetätigkeit in *cure* und *care*, der sich auf den Sorgeverbund der pflegenden Familie anwenden lässt. Schließlich werden das arbeitswissenschaftliche Verständnis von Pflegearbeit als Interaktionsarbeit und deren spezifische Elemente verdeutlicht, die den besonderen Charakter von personenbezogener Dienstleistungsarbeit hervorheben.

1.4.1 Pflegeethische Konzepte von Kaeppeli und Tronto

Grundsätzlich steht in der Pflege die Beziehung zwischen Pflegebedürftigem und Pflegenden statt deren Autonomie wie in der prinzipienethisch geprägten Medizinethik im Vordergrund. Hieraus leiten sich die Leitsätze der Pflegeethik ab, nämlich die Anerkennung der Asymmetrie in Hilfebeziehungen und ein situatives Einlassen des Pflegenden in ethisch bedeutsame Fragen statt eines Handelns nach Prinzipientreue.

Ein careethisches Grundverständnis, das sich an christlichen Werten orientiert, beinhaltet ein fürsorgliches Verständnis durch Empathie, Wohlwollen und Mitleiden der Pflegeperson. Die so verstandene Pflege basiert auf dem Motiv der *sympatheia* oder der *compassion*. Nach Käppeli (2000:2) umfasst die *compassion* der christlichen Ethik folgende Elemente:
- aktive Einmischung ins Leiden anderer (*active involvement*)
- gegenwärtig sein beim Leidenden (*presence*)
- dem Leidenden zur Verfügung stehen (*availability*)
- tätig Beistand leisten (*advocacy*)
- Verläßlichkeit (*dependability*)
- Hingebung ans Leiden (*commitment*)

Das pflegeethische Konzept von Tronto (1993) unterscheidet verschiedene Dimensionen des Sorgeprozesses, und zwar dasjenige der Anteilnahme, der Unterstützung, des

Versorgens sowie der Reaktion auf das Versorgen. Das *caring about* bedeutet Anteilnahme und Achtsamkeit wegen (möglichem) Leiden. Das *caring for* behandelt die Zuschreibung von Verantwortung. Das *care giving* beinhaltet Kompetenzen im Konflikt zwischen unangenehmen Tätigkeiten und erfüllender Sorge. Das *care receiving* betont den Aspekt der Resonanz durch den Pflegebedürftigen. Beim *caring with* handelt es sich schließlich um kooperatives Teilen und die Organisation der Sorgearbeit.

1.4.2 Praktische Leitsätze durch Ethik-Kodizes

Nach den grundlegenden Überlegungen zur Care-Ethik werden verschiedene Kodizes von Verhaltensnormen in der Pflege vorgestellt. Es ist zum einen das Konzept der kontextsensitiven Fürsorgeethik, das in der Charta der Rechte hilfe- und pflegebedürftiger Menschen konkretisiert wird (Runder Tisch Pflege 2005). Zum anderen wird der Ethikkodex des internationalen Verbands der Pflegekräfte vorgestellt.

Kontextsensitive Fürsorgeethik

Die kontextsensitive Fürsorgeethik (*care ethics* oder *ethics of care*) von Reinhard Lay enthält einerseits eine überzeugende Begründung von Normen im Pflegebereich und andererseits zentrale Prinzipien der menschlichen Pflege.

Mit kontextsensitiver Fürsorgeethik „ist eine Ethik der Anteilnahme, der Obhut, des situationsentsprechenden Sich-Kümmerns gemeint, für die nicht ‚abstrakte‘ Pflichten und Prinzipien wie Autonomie und Gerechtigkeit die Basis seien, sondern Tugenden wie persönliche Zuwendung, Achtsamkeit, Mitgefühl und konkrete Fürsorge für das Wohl der Menschen" (Lay 2004: 220 nach Rumpf 2007). Eine Ethik des Füreinandersorgens umfasst [...] die ‚modernen Tugenden‘ Empathie, Solidarität, Kooperation, Kommunikation und Sorge (Lay 2004: 220). Lay schlägt vor, den englischen Begriff der *care ethics* mit „pflegerischer Sorge" zu übersetzen. Fürsorge stellt nach dieser Auffassung kein oberstes Prinzip dar, sondern ist als emotional ausgerichtetes Streben nach Verwirklichung übergeordneter Werte zu deuten. Fürsorgende Pflege kann etwa als Sorge um das Wohlbefinden oder um die Performanz von Autonomie und Würde des Klienten interpretiert werden (vgl. Lay 2004: 222). Lay (2004: 102) benennt für die menschliche Pflege folgende zentrale ethische Prinzipien:
1. Förderung von Wohlergehen/Wohlbefinden
2. Förderung von Autonomie/Selbstständigkeit
3. Gerechtigkeit
4. Aufrichtigkeit
5. dialogische Verständigung

Charta der Rechte hilfe- und pflegebedürftiger Menschen

Die Charta der Rechte hilfe- und pflegebedürftiger Menschen (2006) geht auf eine Initiative des Bundesministeriums für Familie, Senioren, Frauen und Jugend und des Bundesministeriums für Gesundheit zurück. An einem „runden Tisch" haben Vertreterinnen und Vertreter aus Verbänden, Ländern und Kommunen, Praxis und Wissenschaft Leitlinien für eine menschenwürdige und respektvolle Pflege und Betreuung entwickelt.

Der Charta liegt die Position zugrunde, dass neben strukturellen und organisatorischen Faktoren die Grundhaltungen und Werte der im Bereich der Pflege, Behandlung und Betreuung Tätigen entscheidenden Einfluss auf die Lebens- und Versorgungsqualität der betroffenen Menschen haben. Mit der Charta sollen Werte wie Fürsprache, Menschlichkeit und Respekt betont werden. Die Charta umfasst folgende Prinzipien (Charta 2006):

> **Artikel 1: Selbstbestimmung und Hilfe zur Selbsthilfe**
> Jeder hilfe- und pflegebedürftige Mensch hat das Recht auf Hilfe zur Selbsthilfe sowie auf Unterstützung, um ein möglichst selbstbestimmtes und selbständiges Leben führen zu können.
> **Artikel 2: Körperliche und seelische Unversehrtheit, Freiheit und Sicherheit**
> Jeder hilfe- und pflegebedürftige Mensch hat das Recht, vor Gefahren für Leib und Seele geschützt zu werden.
> **Artikel 3: Privatheit**
> Jeder hilfe- und pflegebedürftige Mensch hat das Recht auf Wahrung und Schutz seiner Privat- und Intimsphäre.
> **Artikel 4: Pflege, Betreuung und Behandlung**
> Jeder hilfe- und pflegebedürftige Mensch hat das Recht auf eine an seinem persönlichen Bedarf ausgerichtete, gesundheitsfördernde und qualifizierte Pflege, Betreuung und Behandlung.
> **Artikel 5: Information, Beratung und Aufklärung**
> Jeder hilfe- und pflegebedürftige Mensch hat das Recht auf umfassende Informationen über Möglichkeiten und Angebote der Beratung, der Hilfe, der Pflege sowie der Behandlung.
> **Artikel 6: Kommunikation, Wertschätzung und Teilhabe an der Gesellschaft**
> Jeder hilfe- und pflegebedürftige Mensch hat das Recht auf Wertschätzung, Austausch mit anderen Menschen und Teilhabe am gesellschaftlichen Leben.
> **Artikel 7: Religion, Kultur und Weltanschauung**
> Jeder hilfe- und pflegebedürftige Mensch hat das Recht, seiner Kultur und Weltanschauung entsprechend zu leben und seine Religion auszuüben.
> **Artikel 8: Palliative Begleitung, Sterben und Tod**
> Jeder hilfe- und pflegebedürftige Mensch hat das Recht, in Würde zu sterben. (Charta 2006: 7 f.)

Ethikkodex des internationalen Verbands der Pflegeberufe

Schließlich sollen die vom internationalen Verband für Pflegekräfte (International Council of Nurses ICN) stammenden Leitsätze, die sich an die Pflegenden richten, wiedergegeben werden (DBFK 2010: 2).

Präambel

Pflegende haben vier grundlegende Aufgaben:

Gesundheit zu fördern, Krankheit zu verhüten, Gesundheit wiederherzustellen, Leiden zu lindern. Es besteht ein universeller Bedarf an Pflege. Untrennbar von Pflege ist die Achtung der Menschenrechte, einschließlich des Rechts auf Leben, auf Würde und auf respektvolle Behandlung. Pflege wird mit Respekt und ohne Wertung des Alters, der Hautfarbe, des Glaubens, der Kultur, einer Behinderung oder Krankheit, des Geschlechts, der sexuellen Orientierung, der Nationalität, der politischen Einstellung, der ethnischen Zugehörigkeit oder des sozialen Status ausgeübt. Die Pflegende übt ihre berufliche Tätigkeit zum Wohle des Einzelnen, der Familie und der sozialen Gemeinschaft aus; sie koordiniert ihre Dienstleistungen mit denen anderer beteiligter Gruppen. Der Kodex umfasst das Verhältnis der Pflegenden zu den Mitmenschen, zur Berufsausübung, zur Profession sowie zu den Kolleginnen.

1. Pflegende und ihre Mitmenschen

Die grundlegende berufliche Verantwortung der Pflegenden gilt dem pflegebedürftigen Menschen. Bei ihrer beruflichen Tätigkeit fördert die Pflegende ein Umfeld, in dem die Menschenrechte, die Wertvorstellungen, die Sitten und Gewohnheiten sowie der Glaube des Einzelnen, der Familie und der sozialen Gemeinschaft respektiert werden.

Die Pflegende gewährleistet, dass die pflegebedürftige Person ausreichende Informationen erhält, auf die er seine Zustimmung zu seiner pflegerischen Versorgung und Behandlung gründen kann. Die Pflegende behandelt jede persönliche Information vertraulich und geht verantwortungsvoll mit der Informationsweitergabe um. Die Pflegende teilt mit der Gesellschaft die Verantwortung, Maßnahmen zugunsten der gesundheitlichen und sozialen Bedürfnisse der Bevölkerung, besonders der von benachteiligten Gruppen, zu veranlassen und zu unterstützen. Die Pflegende ist auch mitverantwortlich für die Erhaltung und den Schutz der natürlichen Umwelt vor Ausbeutung, Verschmutzung, Missachtung und Zerstörung.

2. Pflegende und die Berufsausübung

Die Pflegende ist persönlich verantwortlich und rechenschaftspflichtig für die Ausübung der Pflege sowie für die Wahrung ihrer fachlichen Kompetenz durch kontinuierliche Fortbildung. Die Pflegende achtet auf ihre eigene Gesundheit, um ihre Fähigkeit zur Berufsausübung nicht zu beeinträchtigen. Die Pflegende beurteilt die Fachkompetenzen der Mitarbeitenden, wenn sie Verantwortung delegiert. Die Pflegende achtet in ihrem persönlichen Verhalten jederzeit darauf, das Ansehen des Berufes hochzuhalten und das Vertrauen der Bevölkerung in die Pflege zu stärken. Die Pflegende gewährleistet bei der Ausübung ihrer beruflichen Tätigkeit, dass der Einsatz von Technologie und die Anwendung neuer wissenschaftlicher Erkenntnisse vereinbar sind mit der Sicherheit, der Würde und den Rechten der Menschen.

3. Pflegende und die Profession

Die Pflegende übernimmt die Hauptrolle bei der Festlegung und Umsetzung von Standards für die Pflegepraxis, das Pflegemanagement, die Pflegeforschung und Pflegebildung. Die Pflegende beteiligt sich an der Entwicklung beruflicher Kenntnisse, die auf Forschungsergebnissen basieren. Über ihren Berufsverband setzt sich die Pflegende dafür ein, dass sichere, sozial gerechte und wirtschaftliche Arbeitsbedingungen in der Pflege geschaffen und erhalten werden.

4. Pflegende und ihre Kolleginnen

Die Pflegende sorgt für eine gute Zusammenarbeit mit ihren Kolleginnen und mit den Mitarbeitenden anderer Bereiche. Die Pflegende greift zum Schutz des Einzelnen, der Familie und der sozialen Gemeinschaft ein, wenn deren Wohl durch eine Pflegende oder eine andere Person gefährdet ist. [...]

Der ICN-Ethikkodex für Pflegende ist ein Leitfaden, der die Grundlagen für ein Handeln nach sozialen Werten und Bedürfnissen setzt. [...]

Der Kodex ist von den Pflegenden in allen Aspekten ihrer Arbeit anzuwenden und sollte den Pflegenden während ihrer gesamten Ausbildungszeit und ihres Arbeitslebens immer bewusst sein.

1.5 Care und Cure

In diesem Kapitel wird ein weiterer Begriff des Pflegeprozesses eingeführt, nämlich der der *cure*. Hierbei handelt es sich um fachlich-handwerkliche und beratend-begleitende Hilfen durch Fachkräfte der Pflege. Einige Autor(inn)en sehen in der Unterscheidung zwischen *care* und *cure* in der häuslichen Pflege die Möglichkeit, Leistungen durch nicht professionelle Pflegekräfte in den Pflegeprozess zu integrieren (vgl. Klie & Frommelt 2013). Diese Autor(inn)en betonen, dass die Trennung zwischen den beiden Begriffen weder ein ganzheitliches Menschenbild noch ein ganzheitliches Verständnis von Pflege und Versorgung infrage stellen soll. Die Differenzierung knüpft vielmehr an der häuslichen Pflegesituation an. Familienangehörige, Freunde und zum Teil auch Nachbarn übernehmen häufig im Sinne eines „Unterhaltsverbands" die Aufgaben der Sorge, der Fürsorge, der Besorgung, der Versorgung – also Care oder das Caring (Klie & Frommelt 2013: 19). Die Fachpflege habe zwar die gesamte „Sorgesituation" im Blick, beschränke sich aber in ihrem Handeln auf bestimmte Aufgaben der Fachpflege und der Medizintherapie, also des Heilens, die unter dem Terminus „Cure" subsumiert werden können.

Damit greift diese Unterscheidung das Verständnis der Pflege von Patient(inn)en im angelsächsischen Raum auf, nach der sich das Konzept der körperorientierten *cure* zu *care* verändert hat, wodurch psychische und psychologische Dimensionen persönlicher Beziehungen – und damit die Beziehungsarbeit auf psychologischer Ebene – zunehmend von der physisch auszuführenden Pflegearbeit getrennt werden. Aranda und Brown (2006) stellen eine Verschiebung der Pflegekonzepte von *bodily care* zu *interpersonal care* fest. Dort hat die zunehmende akademische Anerkennung psychologischer Expertise es den Pflegenden ermöglicht, sich von der Medizin abzugrenzen und sich als eigenständiges Fachgebiet zu etablieren (Madörin 2015: 73). Die körperlichen und die psychologischen Aspekte der Pflegetätigkeit jedoch bedingen einander. „Die Abspaltung der psychischen und sozialpsychologischen Interaktion mit einer pflegebedürftigen Person von der körperlichen Interaktion verführt dazu, dass die Körperpflege nur als handwerkliche Routinetätigkeit verstanden wird, als Anwendung ärztlicher Anordnungen, bei denen es darum geht, medizintechnische Entscheide in Sachen Körperbehandlung zu fällen" (Gordon 2006, nach Madörin 2015: 8).

Insgesamt resümiert Madörin (2015: 74 f.), dass „die Besonderheiten der Pflegearbeit [und der Care-Arbeit generell] kaum in [die] Arbeitswissenschaften und [die] Arbeitssoziologie Eingang gefunden haben, und vor allem nicht in [die] Wirtschafts- und Betriebswirtschaftstheorien." Im abschließenden arbeitswissenschaftlichen Ansatz, nämlich Pflegearbeit als Interaktionsarbeit anzusehen, wird diese Kritik aufgenommen.

1.6 Sorge und Interaktionsarbeit

Die Ethik des Sorgens thematisiert die besonderen Eigenschaften der Mensch-Mensch-Beziehung (vgl. zum Folgenden Thiele 2004). Dabei steht die Qualität der Sorgebeziehung im Vordergrund, die wesentlich durch die Bedingungen der Interaktion und die Berücksichtigung der Bedürfnisse des Umsorgten bestimmt wird.

Zunächst sind die Beziehungen zwischen den Akteuren in der professionellen Pflege zu verdeutlichen. Die Pflegesituation ist durch beschränkte Handlungsfähigkeit der umsorgten Personen und durch wechselseitige Abhängigkeiten gekennzeichnet, die aus dem ungleichen Verhältnis zwischen Pflegebedürftigen und Pflegekraft resultieren. Macht über materielle Ressourcen und eigene Handlungsfähigkeit aufseiten der Pflegekraft und Abhängigkeit des Umsorgten sind Ausdruck der besonderen Beziehung in der Pflege.

Die Pflegekraft und der Pflegebedürftige befinden sich zwar in einer emotionalen Interaktionsbeziehung, aber in keinem direkten Vertragsverhältnis. Die Pflegekraft hat einen Arbeitsvertrag mit der Pflegeeinrichtung, während der Pflegebedürftige mit den Einrichtungen des Pflegesystems in Beziehung steht.

Das ungleiche Verhältnis in der direkten Pflegebeziehung verhindert das klassische Marktprinzip von Leistung und Gegenleistung. Einerseits wird das Handeln der Pflegekraft von ihrem beruflichen Selbstverständnis bestimmt, andererseits ergeben sich aus der besonderen Beziehung zum Pflegebedürftigen Konsequenzen für das konkrete Handeln.

Das besondere Verhältnis zwischen dem Pflegebedürftigen und dem Pflegeleistenden lässt sich als Interaktionsarbeit charakterisieren. „Pflegerisches Handeln ist im Kern eine Interaktion zwischen einem Pflegenden und einem, der Pflege benötigt, ist helfend und unterstützend in der Erhaltung und Wiedergewinnung von Selbstpflegekompetenz sowie bei der Begleitung im Sterben" (Robert Bosch Stiftung 1996: 10 f.).

Interaktionsarbeit zwischen Pflegekraft und Pflegebedürftigem kann dann als eine personenbezogene Dienstleistungsarbeit unter besonderen Umständen angesehen werden, bei der das Arbeitsergebnis vom Zusammenwirken beider Partner abhängig ist.

In der personenbezogenen Dienstleistung nimmt die Interaktion zwischen Dienstleistern und Klienten einen direkten, bisweilen entscheidenden Einfluss auf die Qualität der Arbeit. Interaktion ist ein wechselseitiger Prozess und in hohem Maße situativ geprägt. Die Klienten müssen hierbei als mehr oder weniger eigenständig handelnde Subjekte verstanden werden bzw. dürfen umgekehrt keinesfalls als „Objekte" der Dienstleistungsarbeit missverstanden werden – eine Gefahr, wie sie bei bloßer Übertragung von etablierten Konzepten der Arbeitsforschung auf die personenbezogene Dienstleistung besteht. (Böhle et al. 2006: 29)

Diese Interaktionsarbeit bezieht sich auf die pflegerische Arbeit, zum Beispiel zwischen dem Pflegebedürftigen und der Pflegekraft, und wird mit drei Komponenten umschrieben: der Emotionsarbeit, der Gefühlsarbeit und dem subjektivierenden Arbeitshandeln. Eine besondere Herausforderung ist zum einen die Emotionsarbeit, bei der die professionelle Pflegekraft gelernt hat, im Rahmen der pflegerischen Arbeit mit ihren eigenen Emotionen umzugehen. Zum anderen ist die Gefühlsarbeit zu nennen, die sich auf die Arbeit mit den Pflegebedürftigen bezieht. Die professionelle Pflegekraft muss in der Lage sein, mit den Gefühlen des Pflegebedürftigen umzugehen. Schließlich geht es beim subjektivierenden Arbeitshandeln darum, dass jeder Pflegebedürftige eine andere Persönlichkeit ist, auf die adäquat von der Pflegekraft einzugehen ist. Damit diese Interaktionsarbeit gelingen kann, sind hinreichende strukturelle Voraussetzungen zu schaffen. Dazu zählt zum Beispiel die ausreichende Ressourcenausstattung der Pflegeheime. Daneben sind auch die entsprechenden Arbeitsbedingungen durch die Organisation der Interaktionsarbeit zu schaffen. Auch individuelle Faktoren wie die Kompetenz der Pflegenden zählen zu den Rahmenbedingungen für eine gelingende Interaktionsarbeit.

Insgesamt zeigt sich aufgrund der besonderen Eigenschaften und Anforderungen in Bezug auf Motivation, Beziehung, Kommunikation und Normen die Notwendigkeit, das Eigene der Pflege zur Geltung zu bringen und interdisziplinär und multiprofessionell zusammenzuarbeiten. Ein so verstandenes Caring wird als konstitutives Element einer „idealen" professionellen Pflege angesehen, ideal deshalb, weil es Gefahr läuft, wegen fehlender Grenzen zur Überforderung für die Pflegekräfte zu führen.

Der Diskurs um Care beziehungsweise Sorge konzentriert sich in Deutschland hauptsächlich auf die berufliche Pflege und hier vor allem auf die kritische Reflexion der Einschränkung des Pflegeethos durch die zunehmende Ökonomisierung des Gesundheitswesens (vgl. Auth 2013; Backes et al. 2008; Zimmermann 2011, Hilbert et al. 2011). Dabei werden vorrangig die belastenden Arbeitsbedingungen der Pflegekräfte und meist indirekt die Auswirkungen auf die Pflegebedürftigen thematisiert. Das deutsche Gesundheitswesen – so wird gefordert – solle einen Wandel von der Anbieter- zur Patientenorientierung vollziehen. Ein solcher Wandel würde in der Pflege eine stärkere Orientierung an den Wünschen und dem Wohlbefinden der Pflegebedürftigen bedeuten. Auch wenn die Ergebnisqualität der Pflege schwer zu messen ist (vgl. Friesacher 2009 und Kapitel 9.1), zeigt das Konzept der Interaktionsarbeit den grundsätzlichen Weg auf, an dem sich die Beurteilung einer guten Pflege orientieren kann, nämlich das Wohlergehen des Pflegebedürftigen.

In Kapitel 2 wird der Blick in die Vergangenheit gerichtet und es werden die historischen Ursachen für die Geringschätzung von Pflegetätigkeiten skizziert, die teilweise bis heute fortbesteht.

Zusammenfassung

In Kapitel 1 wurden zunächst die verschiedenen Definitionen der personenbezogenen Pflege präsentiert, wie sie die Weltgesundheitsorganisation, die internationale Vereinigung der Pflegeberufe sowie das SGB XI und das SGB V zugrunde legen. Das Spektrum dieser Pflegedefinitionen reicht von der Beschreibung einzelner Tätigkeiten bis hin zu grundlegenden Verpflichtungen humaner Pflege der Pflegepersonen. Diese Definitionen zeigen, dass sich die Pflege von kranken, hilfsbedürftigen und älteren Menschen von anderen personenbezogenen Tätigkeiten grundsätzlich unterscheidet, da sie besondere Anforderungen der Zuwendung und Verantwortung an die Pflegekräfte stellt. Gleichzeitig sind die Rechte einer humanen Dienstleistung für die Pflegebedürftigen im Wohlfahrtsstaat zu berücksichtigen. Für diese Normen ist ein gemeinsames Verständnis der Ziele und Rahmenbedingungen einer angemessenen Pflege erforderlich, das von der Gesellschaft explizit zu setzen ist und das die jeweils aktuellen Werte einer Gesellschaft reflektiert. Zu deren Grundlegung wurden Gegenpositionen gegenüber den individualistischen Wertgrundlagen der ökonomischen Analyse wie Nutzen- und Gewinnmaximierung oder das Menschenbild des Homo oeconomicus vorgestellt, welche in Kapitel 3 im Zuge der Darstellung der gängigen Arbeitsmarkttheorien erläutert werden. Diese stark normativ geprägten Ansätze stellen teilweise Extrempositionen einer auf Care bzw. Sorge bezogenen Ethik dar und können als Referenz zur Standortbestimmung der Pflege in entwickelten Wohlfahrtsstaaten herangezogen werden.

Die normativen Konzepte der Pflege richten sich gegen die individualistisch geprägte analytische Philosophie und betonen die Rolle von Emotionen und menschlichen Beziehungen für die Ethik. Sie kritisieren Sorge und Zuwendung als Frauen zugeschriebene Eigenschaften, deren Entwertung im herrschenden Wirtschaftssystem und die gesellschaftliche Organisation der (Für-)Sorgearbeit in der gesellschaftlichen Praxis. Elisabeth Conradi verweist auf die „konventionelle Moral der Güte", die auf der Motivation bzw. persönlichen Einstellung des Helfenden basiert. Stattdessen fußt ihre Ethik der Achtsamkeit auf Bezogenheit und Praxis zwischen den Menschen.

Aus Sicht zahlreicher Autor(inn)en werden Care-Tätigkeiten, die als personen- und haushaltsbezogene Dienstleistungen dem Reproduktionsbereich zuzuordnen sind, in der herrschenden Wirtschaftsordnung systematisch vernachlässigt, obwohl sie entscheidend zum Funktionieren von Wirtschaft und Gesellschaft beitragen. Alternative Konzepte des *social provisioning* bzw. der Sorgewirtschaft sollen die Care-Aufgaben im Rahmen des Konzepts einer Care-Ökonomie neu bewerten. Die ökonomische Sichtbarmachung zum Beispiel von familienbezogener Pflege wurde im Rahmen einer Modellrechnung für erweiterte Sozialproduktrechnungen beispielhaft vorgestellt. In einer weiteren Konkretisierung wurden die ethischen Anforderungen der Pflegearbeit im Rahmen einer kontextsensitiven Fürsorgeethik, der Charta der Rechte hilfe- und pflegebedürftiger Menschen und des Ethik-Kodex des internationalen Weltbunds der Pflegeberufe vorgestellt. Die Unterscheidung zwischen *care* und *cure* wurde in ihren Auswirkungen auf die Arbeitsteilung in der häuslichen Pflege deutlich gemacht. Die besonderen Anforderungen an die Pflegearbeit zeigt das arbeitswissenschaftliche Konzept der Interaktionsarbeit, das sich noch zu wenig in der Pflegepraxis durchgesetzt hat.

Literatur

Aranda S, Brown R (2006): Nurses Must Be Clever to Care. In: Nelson S, Gordon S (Hrsg.): The Complexities of Care. Nursing Reconsidered (S. 122–142). London: Cornell University Press.

Auth D (2013): Ökonomisierung in der Pflege – Formalisierung und Prekarisierung von Pflegearbeit. WSI-Mitteilungen, 6/2013, 412–422.

Backes GM, Amrhein L, Wolfinger M (2008): Gender in der Pflege – Herausforderungen für die Politik. WISO Diskurs, 8/2008, Bonn: Friedrich-Ebert-Stiftung.

Benner P, Wrubel J (1989): The Primacy of Caring: Stress and Coping in Health and Illness. California: Addison Wesley Pub Co Inc.

Benner P, Wrubel J (1997): Pflege, Streß und Bewältigung. Gelebte Erfahrung von Gesundheit und Krankheit. Bern: Hans Huber.

Biesecker A (2014): Neue Formen des Wirtschaftens aus (re)produktionstheoretischer Sicht. Zeitschrift für Sozialökonomie (ZfSÖ), 51(182/183), Oktober, 52–59.

Bischoff C (1982): Krankenpflege als Frauenberuf. Pflege und Medizin im Streit, Jahrbuch für kritische Medizin, Band 8, Argument-Sonderband, AS 86, S. 13–27.

Böhle F, Glaser J, Büssing A (2006): Interaktion als Arbeit – Ziele und Konzept des Forschungsverbundes. In: Böhle F, Glaser J, Büssing A (Hrsg.): Arbeit in der Interaktion – Interaktion als Arbeit. Arbeitsorganisation und Interaktionsarbeit in der Dienstleistung (S. 25–41). Wiesbaden: VS Verlag für Sozialwissenschaften.

Die Charta der Rechte hilfe- und pflegebedürftiger Menschen (2006): Acht Artikel der Pflege-Charta. URL: https://www.pflege-charta.de/de/die-pflege-charta/acht-artikel.html [abgerufen am 20.09.2017].

Conradi E (2001): Take Care. Grundlagen einer Ethik der Achtsamkeit. Frankfurt a. M.: Campus.

Conradi E (2013): Ethik im Kontext sozialer Arbeit. EthikJournal 1(1), 1–19.

Deutscher Berufsverband für Pflegeberufe DBFK (2010): ICN-Ethikkodex für Pflegende. Berlin.

Deutscher Bundestag (2016): Siebter Bericht zur Lage der älteren Generation in der Bundesrepublik Deutschland. Sorge und Mitverantwortung in der Kommune – Aufbau und Sicherung zukunftsfähiger Gemeinschaften. Drucksache 18/10210.

Donath S (2000): The Other Economy. A suggestion for a Distinctively Feminist Economics. Feminist Economics, 6(1), 115–123.

Enquete-Kommission des deutschen Bundestages (2013): Schlussbericht der Enquetekommission „Wachstum, Wohlstand, Lebensqualität" – Wege zu nachhaltigem Wirtschaften und gesellschaftlichem Fortschritt in der Sozialen Marktwirtschaft. Deutscher Bundestag, Drucksache 17/13300, Berlin.

Friesacher H (2009): Ethik und Ökonomie. Zur kritisch-normativen Grundlegung des Pflegemanagements und der Qualitätsentwicklung. Pflege und Gesellschaft 14(1), 5–23.

Gordon S (2006): Nursing Against the Odds. How Health Care Cost Cutting, Media Stereotypes, and Medical Hubris Undermine Nurses and Patient Care (The Culture and Politics of Health Care Work). Ithaca: Cornell University Press.

Heffels WM (2002): Pflegeethik als Verpflichtung zur Wahrnehmung personaler Verantwortung der Pflegenden in funktionalisierten Handlungsfeldern der Pflege. Fakultät für Gesellschaftswissenschaften der Gerhard-Mercator-Universität Duisburg.

Hellige B (2004): Behandlungs- und Pflegepfade: Instrument zur Patientenorientierung oder -ignorierung? Pflege und Gesellschaft 9(3/2004), 85–90.

Hilbert J, Mickley B, Evans M (2011): Soziale Gesundheitswirtschaft: Mehr Gesundheit – gute Arbeit – qualitatives Wachstum. WISO Diskurs, 9/2011, Bonn: Friedrich-Ebert-Stiftung.

Himmelweit S (2005): Can we afford (not) to care: prospects and policy. London School of Economics, Gender Institute, New Working Paper Series, Issue 15, July 2005.

International Council of Nurses (ICN) (2016): Definition of Nursing. Genf. URL: http://www.icn.ch/about-icn/icn-definition-of-nursing [abgerufen am 17.05.2016].

Jochimsen MA, Knobloch U (2006): Lebenswelt als Ort wirtschaftlicher Globalisierung. In: Jochimsen MA, Knobloch U (Hrsg.): Lebenswelt als Ort wirtschaftlicher Globalisierung (S. 9–19). Bielefeld: Kleine.

Käppeli S (2000): Tradition und Entwicklung der Pflegewissenschaft. Festvortrag zur Eröffnung des Deutschen Institutes für angewandte Pflegeforschung e. V., 14.7.2000, Köln. URL: www.dip.de/fileadmin/data/pdf/material/Festrede_Silvia_Kaeppeli.pdf [abgerufen am 17.05.2016].

Käppeli S (2004): Vom Glaubenswerk zur Pflegewissenschaft. Geschichte des Mitleidens in der christlichen, jüdischen und freiberuflichen Krankenpflege. Bern: Hans Huber.

Klie T, Frommelt M (2013): Abschlussbericht Herausforderung Pflege – Modelle und Strategien zur Stärkung des Berufsbildes Altenpflege. Alter. Gesellschaft. Partizipation. Freiburg: Institut für angewandte Sozialforschung.

Knobloch U (2013a): Sorgeökonomie als kritische Wirtschaftstheorie des Sorgens. Denknetz, Jahrbuch 2013, 9–23.

Knobloch U (2013b): Versorgen – Fürsorgen – Vorsorgen. Normative Grundlagen einer Sorgeökonomie als allgemeine Wirtschaftstheorie und die Ethik des Vorsorgenden Wirtschaftens. In: Netzwerk Vorsorgendes Wirtschaften (Hrsg.): Wege des Vorsorgenden Wirtschaftens (S. 21–42). Marburg: Metropolis.

Kohlen H, Kumbruck C (2008): Care-(Ethik) und das Ethos fürsorglicher Praxis (Literaturstudie). artec-paper, 151, Bremen.

Lauber A (2007): Band 1: Grundlagen beruflicher Pflege (Verstehen und Pflegen). Stuttgart: Thieme.

Lay R (2004): Ethik in der Pflege. Ein Lehrbuch für die Aus-, Fort- und Weiterbildung. Hannover: Schlütersche Verlagsgesellschaft.

Madörin M (2006): Plädoyer für eine eigenständige Theorie der Care-Ökonomie. In: Niechoj T, Tullney M (Hrsg.): Geschlechterverhältnisse in der Ökonomie (S. 277–297). Marburg: Metropolis.

Madörin M (2014): Ökonomisierung des Gesundheitswesens – Erkundungen aus der Sicht der Pflege. Teil 1: Der Kostendruck auf das Gesundheitswesen und auf die Pflege. Winterthur: ZHAW Zürcher Hochschule für Angewandte Wissenschaften.

Madörin M (2015): Ökonomisierung des Gesundheitswesens – Erkundungen aus der Sicht der Pflege. Teil 3: Die Pflege im Schatten von Standardisierung und Effizienzkalkül. Winterthur: ZHAW Zürcher Hochschule für Angewandte Wissenschaften.

McDowell L (2009): Working Bodies. Interactive Service Employment and Workplace Identities. Chichester: Wiley-Blackwell.

Nachrichtendienst des Deutschen Vereins für öffentliche und private Fürsorge (NDV) (1965): Die Altenpflegerin. Beratungsergebnisse des Fachausschusses III – Altenhilfe 45(6). Frankfurt a. M.

Nelson S, Gordon S (2006) (Hrsg.): The Complexities of Care. Nursing Reconsidered. Ithaca: Cornell University Press.

Nussbaum M (2003): Langfristige Fürsorge und soziale Gerechtigkeit. Deutsche Zeitschrift für Philosophie, 51 (2003) 2, 179–198.

Power M (2004): Social Provisioning as a Starting Point for Feminist Economics. Feminist Economics, 10(3), 3–19.

Robert Bosch Stiftung (1996): Pflegewissenschaft: Grundlegung für Lehre, Forschung und Praxis. Denkschrift, Gerlingen.

Rumpf M (2007): Geschlechterverhältnisse und Ethos fürsorglicher (Pflege-)Praxis im Wandel. Literaturstudie und Problemskizzen zu häuslicher Pflege (Kurzfassung). artec-paper, 145, Bremen.

Runder Tisch Pflege (2005): Charta der Rechte hilfe- und pflegebedürftiger Menschen. Ergebnisse der Arbeitsgruppe IV. Berlin: Deutsches Zentrum für Altersfragen, Geschäftsstelle Runder Tisch Pflege. URL: http://www.dza.de/fileadmin/dza/pdf/ergebnisse_runder_tisch_arbeitsgruppe_IV.pdf.; https://www.pflege-charta.de/de/startseite.html [abgerufen am: 10.04.2017].

RWI, IGEUS-Institut (2015): Ökonomische Herausforderungen der Altenpflegewirtschaft – Endbericht. Studie im Auftrag des Bundesministeriums für Wirtschaft und Energie. Berlin, Essen.

Safranski R (1994): Ein Meister aus Deutschland: Heidegger und seine Zeit. München, Wien: Carl Hanser.

Salvage J (1993): National Action Plans for Nursing: from Vision to Implementation. Copenhagen: WHO Regional Office for Europe.

Schwarzkopf L, Menn P, Kunz S, Holle R, Lauterberg J, Marx P, Mehlig H, Wunder S, Leidl R, Donath C, Graessel E (2011): Costs of Care for Dementia Patients in Community Setting: An Analysis for Mild and Moderate Disease Stage. Value in Health, 14(6), 827–835.

Simoes E (2013): Pflege in der Familie und Armut. Vortrag beim 22. Wissenschaftlichen Kolloquium des Statistischen Bundesamts. Wiesbaden.

Statistisches Bundesamt (2015): Zeitverwendungserhebung – Aktivitäten in Stunden und Minuten für ausgewählte Personengruppen, 2012/2013. Wiesbaden.

Steppe H (1990): Das Selbstverständnis der Krankenpflege: Die historische Entwicklung eines beruflichen Selbstverständnisses in der Krankenpflege zwischen Beruf und Berufung. Deutsche Krankenpflege-Zeitschrift, Beilage, 43(5/1990), 2–11.

Thiele G (2004): Ökonomik des Pflegesystems. Gesundheitswesen in der Praxis. Heidelberg: Economica.

Tronto JC (1993): Moral Boundaries: A Political Argument for an Ethic of Care. New York: Routledge.

Tronto JC, Fisher B (1990): Toward a Feminist Theory of Caring. In: Abel E, Nelson M (Hrsg.): Circles of Care (S. 36–54). Albany, NY: SUNY Press.

Worschech S (2011): Care Arbeit und Care Ökonomie: Konzepte zu besserem Arbeiten und Leben? Heinrich-Böll-Stiftung. URL: www.gwi-boell.de/de/2011/02/22/care-arbeit-und-care-%C3%B6konomie-konzepte-zu-besserem-arbeiten-und-leben [abgerufen am 03.04.2014].

Voges W (2002): Pflege alter Menschen als Beruf: Soziologie eines Tätigkeitsfeldes. Wiesbaden: VS Verlag für Sozialwissenschaften.

Zimmermann B (2012): Über die Möglichkeit einer Ethik der Pflege im Anschluss an Martin Heidegger. Internationale Zeitschrift für Philosophie und Psychosomatik, 1/2012. URL: www.izpp.de/fileadmin/user_upload/Ausgabe_6_1-2012/19_1-2012_B-Zimmermann.pdf [abgerufen am 06.01.2015].

Zimmermann DA (2011): Ökonomisierung und Privatisierung im bayerischen Gesundheitswesen. Mythen als Legitimationsmuster. München: Friedrich-Ebert-Stiftung, BayernForum.

Zwicker-Pelzer R (2013): Sorgende und umsorgende Aspekte in der Beratung von Familien im Kontext von Alter und Pflegebedürftigkeit. In: Kontext, 44(3), 273–281. Göttingen: Vandenhoeck & Ruprecht.

2 Die Entwicklung der Kranken- und Altenpflege zum Beruf

Zum Verständnis der besonderen Stellung heutiger Pflegeberufe, deren Feminisierung sowie ihrer immer noch geringen gesellschaftlichen Anerkennung sollen in Kapitel 2 die geschichtlichen Ursprünge der Kranken- und Altenpflege untersucht werden. Historisch betrachtet reichen die Anfänge der personenbezogenen Pflege bis in das frühe Christentum zurück (siehe Kapitel 2.1). Die geistlichen Leitsätze für die Pflegetätigkeit entstammen der christlichen Ethik des Mittelalters. Im 19. Jahrhundert bestimmen tief greifende gesellschaftliche und ökonomische Änderungen auch die Ausgestaltung der professionellen Pflege, aus denen heraus teilweise Strukturen geschaffen wurden, die bis heute prägend sind. Beim Rückblick ist zwischen den historischen Grundlagen der Krankenpflege und der lange Zeit ein Randdasein führenden Altenpflege zu unterscheiden. Während die Entwicklung der Krankenpflege in der Bundesrepublik bereits recht frühzeitig zur beruflichen Eigenständigkeit und Emanzipation von der Medizin geführt hat (siehe Kapitel 2.2), sind in der Altenpflege erst mit dem Altenpflegegesetz von 2003 die Voraussetzungen für eine einheitliche Berufsausbildung geschaffen worden (siehe Kapitel 2.3).

2.1 Historische Entwicklung der Krankenpflege

Die Entstehung der Krankenpflege geht zurück bis in das frühe Christentum. Mit dessen Verbreitung veränderte sich die Einstellung gegenüber kranken Menschen zugunsten des Gebots der Barmherzigkeit. Nachdem das Christentum im Jahr 380 in der trinitarischen Form zur Staatsreligion im Römischen Reich erhoben wurde, sollte jeder Bischof in seiner Diözese sogenannte „Xenodochien" (gr. Mz.; Siechenheime und Obdachlosenasyle) errichten, die neben den eigentlichen Krankenhäusern (den Nosokomien) Herbergen waren, in denen nicht nur Pilger Aufnahme fanden, sondern alle Elenden, Hilfsbedürftigen, Kinder, Greise und Kranke (vgl. Mühlberger 1966/67).

Die Geschichte der Krankenpflege ist eng verknüpft mit dem Mönchs- und Klosterwesen. Die etwa ab dem sechsten Jahrhundert zunehmenden Klostergründungen wie St. Benedict von Nursia in Montecassino, Hirsau und Bingen sowie die im 12. Jahrhundert entstandenen zahlreichen Zisterzienserklöster waren die ersten Betreiber von Einrichtungen zur Krankenpflege. In Folge der Kreuzzüge am Ende des 11. Jahrhunderts wurde eine Reihe von geistlichen, ritterlichen und weltlichen Orden (z. B. Orden der Barmherzigen Brüder, Johanniterorden, Malteserorden) gegründet, denen auch Schwesternschaften angeschlossen waren (vgl. Albert 1998). Nach der Eroberung Jerusalems im Jahre 1099 wurde dort ein Xenodochium errichtet, das der Versorgung der verwundeten Kreuzritter diente und zur Gründungsstätte des späteren Johanniterordens wurde. Die Statuten des Johanniterordens wurden Vorbild für viele spätere

https://doi.org/10.1515/9783110431698-002

Krankenpflegeorden, wie zum Beispiel den Deutschritterorden oder die Hospitäler des Heiligen Lazarus.

2.1.1 Pflege aus christlicher Barmherzigkeit

Im Christentum wird der Dienst am hilflosen Nächsten mit dem Dienst an Gott gleichgesetzt: „Die christliche Caritas ist seit den Worten der Heiligen Schrift eine nicht auflösbare Einheit der Gottes- und der Nächstenliebe [...]. Die Gleichnisse vom Weltgericht (Matthäus 25,31) und vom barmherzigen Samariter, welche zur Grundlage der Gottes- und der Nächstenliebe [...] eigentlich christlichen Krankenpflege geworden sind, erheben die barmherzige Haltung zur Tugend: ‚Wieviel ihr getan habt an einem meiner geringsten Brüder, soviel habt ihr an mir getan.' Denn im Dienste am Kranken ist es Gott selbst, dem der Barmherzige dient. [...]." (vgl. Evangelium nach Matthäus 25,40 und Lukas 10,30, zitiert nach Zellhuber 2003: 74).

Die christliche Einstellung zur Krankheit war im Mittelalter mit dem medizinischen Fortschritt nicht zu vereinbaren. Krankheit wurde als Prüfung der unsterblichen Seele gesehen. Eine Behandlung der körperlichen Leiden war demnach nicht erforderlich. Die Epoche der Klostermedizin wurde im 12. Jahrhundert abgelöst durch die scholastische Medizin, die in Medizinschulen und an ersten Universitäten praktiziert wurde (vgl. Ackerknecht & Murken 1992: 57 f.). Das Verbot von ärztlichen Tätigkeiten für Mönche und die Entstehung der weltlichen Medizinschulen können als erste historische Gründe angesehen werden, die zur Trennung der Bereiche „Medizin" und „Pflege" beitrugen.

Im 16. und 17. Jahrhundert bestimmte die katholische Kirche in katholischen Ländern die Versorgung Kranker. Vinzenz von Paul (1581–1660) und Louise von Marillac (1591–1660) gründeten die „Confrérie des Dames de la Charité" – die „Bruderschaft der Damen der christlichen Liebe" – als Zusammenschluss von verwitweten und verheirateten Frauen, die zur häuslichen Pflege von Armen und Kranken verpflichtet wurden. Die „Confrérie de la Charité" war Vorgängerin für den Orden der Barmherzigen Schwestern, die bis heute tätig sind.

2.1.2 Weichenstellungen im 19. Jahrhundert

Im 19. Jahrhundert kam es zu grundlegenden Veränderungen, die Einflüsse auf die Organisation der Pflegetätigkeiten und den gesellschaftlichen Umgang mit der Pflege hatten, die weit bis ins 20. Jahrhundert hinein anhielten.

Bürgerliche Wertvorstellungen zur Pflege

Die Tradition der „freien Liebesthätigkeit" (vgl. Kreitmair 1857) der (katholischen) Kirchen im Rahmen der Armenfürsorge und Krankenpflege bestimmte das Bild der sozialen Unterstützung bis zum 19. Jahrhundert. Die Krankenpflegerinnen gehörten zur damaligen Zeit größtenteils katholischen und evangelischen Ordensgemeinschaften an. Die Ausübung der Pflege war an die christliche Barmherzigkeit mit der Versorgung der Ärmsten der Armen gebunden. Die Pflege um Christi Willen hatte einen höheren gesellschaftlichen Stellenwert und wurde mit göttlichem Lohn vergolten. Die Pflege für Lohn wurde abgewertet, da Pflege eine nach dieser christlich geprägten Sichtweise unbezahlbare Tätigkeit sein sollte.

Nach Behrens (2013: 28) herrschte zudem bis etwa 1830 in der bürgerlichen Gesellschaft die Auffassung, erwerbsmäßige Pflege sei „schmutzige und unsittliche" Tätigkeit, die zu gleichen Teilen von männlichen und weiblichen Lohnwärtern erbracht wurde, die niedrigen Volksschichten angehörten. Zu dieser Zeit konnte die Pflege kranker Menschen von jedermann ohne fachliche Kenntnisse ausgeübt werden. Die niedere Stellung der Pfleger macht Dieffenbach (1832, zitiert nach Sticker 1960: 90) eindrucksvoll deutlich:

> Es ist ein wahrer Jammer anzusehen, welche Menschen man als Krankenwärter und Wärterinnen anstellt. Jeder Alte, Versoffene, Triefäugige, Blinde, Taube, Lahme, Krumme, Abgelebte, jeder, der zu nichts in der Welt mehr taugt, ist dennoch nach der Meinung der Leute zum Wärter gut genug. Menschen, die ein unehrliches Gewerbe getrieben haben, Faulenzer, Taugenichtse, alle die scheinen vielen noch außerordentlich brauchbar als Krankenwärter.

Gesellschaftliche und wirtschaftliche Umwälzungen

Erst mit der Entstehung von Krankenhäusern und dem Wechsel vom humoralpathologischen Arzt (welcher nach der Vier-Säfte-Lehre vorging) zum naturwissenschaftlichen Mediziner wurde die berufliche Rolle der Krankenpflege erstmalig bestimmt (vgl. Heffels 2002). Die überwiegend ordensgebundene „Liebestätigkeit" wandelte sich formal zu einem neuen Beruf, der aber von seinem Selbstverständnis an der christlichen beziehungsweise humanistischen Vorstellung des in Gemeinschaft auszuübenden Liebens festhielt.

Das 19. Jahrhundert war geprägt durch tief greifende gesellschaftliche und wirtschaftliche Veränderungen. Dieser Umwälzungsprozess schuf auch die Voraussetzungen für die Entstehung des Krankenpflegeberufs, während die Altenpflege erst wesentlich später berufliche Form annahm. Für die Herausbildung des Krankenpflegeberufs sind als wesentliche Einflussfaktoren die Bildung von Hospitälern, die naturwissenschaftlich fundierte Medizin sowie die Notwendigkeit der Versorgung von Kriegsversehrten anzusehen.

Pflege Kriegsverwunderter

Im 19. Jahrhundert wurde die Pflege Verwundeter in den Kriegen zu einer nationalen Aufgabe höchsten Ranges. Zwei der wichtigsten Initiativen zur Etablierung der professionellen Krankenpflege sind die der Nightingale-Bewegung und die des Roten Kreuzes. Der Schweizer Geschäftsmann und Humanist christlicher Prägung Henri Dunant erlebte 1859 auf dem Schlachtfeld von Solferino/Lombardei im Sardischen Krieg zwischen Österreich und Sardinien mit dessen Verbündeten Frankreich unmittelbar das Leiden der Verwundeten und Gefangenen, die ohne jede Versorgung blieben. Dunant forderte, Hilfsorganisationen zu gründen, die Freiwillige ausbildeten, um die im Krieg Verwundeten zu versorgen (vgl. Sudahl 2001). Er gilt als Begründer der internationalen Rotkreuz- beziehungsweise Rothalbmondbewegung. Das Deutsche Rote Kreuz wurde 1864 in Genf gegründet. In Deutschland wurden neben den freiwilligen Hilfskräften beginnend in den 1860er-Jahren Krankenschwestern in Schwesternschaften des Roten Kreuzes ausgebildet. Eine weitere wichtige Persönlichkeit, deren Initiativen ebenfalls auf Kriegserlebnissen basierten, und die ihre pflegerische Ausbildung bei den Barmherzigen Schwestern in Paris und an der Diakonissenanstalt Kaiserswerth absolvierte, ist Florence Nightingale (1820–1910). Ihre Erfahrungen im britischen Militärsanitätswesen flossen in die professionelle Ausbildung in der Krankenpflege ein.

Zwischen Mitte des 19. und Anfang des 20. Jahrhunderts entstanden die religiös und weltanschaulich gebundenen Wohlfahrtstellen und -verbände, die bis heute die Strukturen der Freien Wohlfahrtspflege bestimmen:

- Central-Ausschuss für die Innere Mission der Deutschen Evangelischen Kirche (1848) als Vorläufer des Diakonischen Werks der EKD (1957), heute Diakonie Deutschland
- Deutscher Caritasverband (1897)
- Zentralwohlfahrtsstelle der deutschen Juden (1917)
- Arbeiterwohlfahrt (1919)
- Vaterländische Frauen-Vereine vom Roten Kreuz (1866) als Vorläufer des Deutschen Roten Kreuzes (1921)
- Deutscher Paritätischer Wohlfahrtsverband (1924)

Bürgerliche Wertvorstellungen zur Rolle der Frau

Im Laufe des 19. Jahrhunderts forderten bürgerliche Frauen, Berufe für Frauen zu erschließen, die „ihrer Natur entsprachen" (vgl. Bischoff 1992: 17). Der Pfarrer Theodor Fliedner (1800–1864) gründete 1836 in Kaiserswerth die erste große evangelische Pflegegemeinschaft, den „Evangelischen Verein für christliche Krankenpflege in der Rheinprovinz und Westfalen", in dem bürgerliche Töchter Pflege als unbezahlte, aber versorgte eheähnliche ganzheitliche Liebestätigkeit ausübten (vgl. Behrens & Langer 2010). Äußerlich kennzeichnete die Diakonissentracht die verheiratete bürgerliche Frau, die mit „Schwester" angesprochen wurde. Die ersten Krankenschwestern erhielten keine individuellen Arbeitsverträge, sondern wurden von ihren Mütterhäusern per Gestellungsvertrag an Krankenhäuser oder Haushalte vermietet.

Die evangelische Kirche engagierte sich bis ins 19. Jahrhundert hinein kaum in der Krankenpflege. In den protestantischen Ländern verrichteten von den Städten und Gemeinden bezahlte Frauen und Männer die pflegerischen Tätigkeiten (vgl. Bischoff

1992: 26), das heißt die Feminisierung des Berufs setzte erst später ein. Die freiberufliche Krankenpflege in Deutschland begann gegen Ende des 19. Jahrhunderts. Agnes Karll (1868–1927) erlernte im Rot-Kreuz-Mutterhaus in Hannover die Krankenpflege. 1891 schied sie dort aus und arbeitete zehn Jahre in der Privatpflege in Berlin. Die belastende Tätigkeit führte ihr die Notwendigkeit einer Berufsorganisation vor Augen, sodass sie 1903 mithilfe der bürgerlichen Frauenbewegung die Berufsorganisation der Krankenpflegerinnen Deutschlands gründete. 1904 trat die Berufsorganisation dem Weltbund der Krankenpflegerinnen (ICN) bei. Agnes Karll war von 1909 bis 1912 Präsidentin des Weltbunds.

Die Entwicklung der Pflege zum Frauenberuf wurde dadurch gefördert, dass die weibliche Krankenpflege die „menschliche Seite der abstrakten Medizin verkörpern und gleichzeitig Hilfsfunktionen für die Medizin übernehmen sollte" (vgl. Bischoff 1992: 22). Die Krankenpflege übernahm bürgerliche Weiblichkeitsideologien der Emotionalität, Hingabe, Unterordnung sowie der Nichtbezahlung. Die geschlechtsspezifische Ausrichtung der Pflege bedeutete die scheinbare Übereinstimmung zwischen immanenten weiblichen Wesensmerkmalen (Charaktereigenschaften) und geförderten Berufsmerkmalen. Diese Deckungsgleichheit ermöglichte die Trennung zwischen der männlichen Medizin und einer weiblichen Pflege durch bürgerliche Frauen (vgl. Bischoff 1992: 19). Dahinter stand die Übertragung der Rollenaufteilung zwischen Mann und Frau nach dem Vorbild der damaligen bürgerlichen Familie.

Die Krankenpflege des 19. Jahrhunderts geriet zunehmend in den Konflikt zwischen karitativer Liebestätigkeit, Erwerbsmöglichkeiten von Frauen sowie Assistenzfunktion der Ärzte (vgl. Kruse 1987: 20). Dieses Spannungsverhältnis beeinflusste maßgeblich die Entwicklung des Krankenpflegeberufs. Bis in die 1960er-Jahre hinein stand das „Dienen" im Gegensatz zum „Verdienen" weitgehend im Vordergrund. Erwerbsmöglichkeiten durch pflegerische Tätigkeiten waren gesellschaftlich nicht anerkannt. Pflege galt immer noch als „religiös-sittliche" Verpflichtung, für die keine Vergütung erforderlich war (vgl. Kruse 1987: 21).

Nach der Sicherstellung der pflegerischen Versorgung kranker Menschen im Krankenhaus war die Absenkung der Kindersterblichkeit ein wichtiges gesundheitspolitisches Ziel. 1930 wurde die Kinderkrankenpflege als Beruf eingeführt. Ihre Ausbildungs- und Prüfungsbestimmungen waren zunächst auf die Erziehung gesunder Kinder und die Betreuung kranker Kinder bezogen, ab 1957 nur noch auf Letzteres. Der Beruf der Altenpflegerin entstand erst später, zum einen wegen der lange Zeit niedrigeren Lebenserwartung, zum anderen, weil die Arbeit häufig von Familienangehörigen, insbesondere Frauen, geleistet wurde.

Grundlegende Hierarchie im öffentlichen Gesundheitswesen

Aus der NS-Zeit stammen zentrale gesundheitspolitische Festlegungen, die bis zum Ende des vergangenen Jahrhunderts die hierarchische Struktur der Leistungserbringung im öffentlichen Gesundheitswesen prägten (vgl. zum Folgenden Dangel & Korporal 2016: 9). Hierzu zählen die Privilegierung der Ärzte in der öffentlichen Gesundheitsversorgung und die Hierarchisierung der Gesundheitsberufe durch Regelungen der Fachaufsicht.

Die nachgeordnete Stellung der Krankenpflege geht auf das Gesetz zur Vereinheitlichung des Gesundheitswesens von 1934 und seine drei Durchführungsverordnungen aus dem Jahr 1935 zurück. Durch dieses Gesetz wurden die für die Gesundheitsaufsicht zuständigen sogenannten Kreisphysikusse mit den Stadtärzten, die im Wesentlichen sozialmedizinische Aufgaben der Gesundheitsfürsorge wahrnahmen, im neu geschaffenen öffentlichen Gesundheitsdienst zusammengefasst und Ärzte wurden als Beamte beschäftigt. In der dritten Durchführungsverordnung zum Vereinheitlichungsgesetz wurden die untergeordnete Stellung von Hebammen und Pflege- und Gesundheitsfachberufen sowie die ärztliche Aufsicht in der öffentlichen Gesundheitsversorgung festgeschrieben.

Diese rechtliche Position der Pflege blieb in der Bundesrepublik Deutschland lange Zeit erhalten, da die Ablösung durch die Gesundheitsdienstgesetze der Länder erst in den 1970er-Jahren begann und bis über die Jahrhundertwende hinaus andauerte. Das Vereinheitlichungsgesetz prägte die 1938 beschlossenen Reichsgesetze für Hebammen und Pflegekräfte. Die Reichsärzteverordnung legte die den Ärzten vorbehaltenen Tätigkeiten fest und regelte einen universalen ärztlichen Berufsvorbehalt. Eine vergleichbare Vorbehaltsregelung wurde ansatzweise für Hebammen, aber nicht – obwohl ursprünglich beabsichtigt – für die Krankenpflege geschaffen. Im Hinblick auf die Hierarchisierung im Gesundheitswesen blieb das Krankenpflegegesetz von 1938 bis zur Novellierung 2003 strukturbestimmend.

2.2 Berufliche Entwicklung der Krankenpflege in der Bundesrepublik

Nach dem Zweiten Weltkrieg regelten zunächst die Bundesländer die Ausbildung in der Krankenpflege. Die bundeseinheitliche Gesetzgebung erfolgte erstmalig mit dem Krankenpflegegesetz vom 15.07.1957 (Gesetz über die Ausübung des Berufs der Krankenschwester, des Krankenpflegers und der Kinderkrankenschwester, BGBl. Jg. 1957, Teil 1, S. 716–719) und einer Prüfungsordnung vom 22.04.1959. Die theoretische und praktische Ausbildung dauerte zwei Jahre. Nach Novellierung des Gesetzes am 20.09.1965 wurde die Ausbildungsdauer auf drei Jahre erhöht. Die schulische Voraussetzung war generell der Realschulabschluss oder eine andere vergleichbare Schulbildung. 1985 wurde das Gesetz über die Berufe in der Krankenpflege neu gefasst und an europäische Richtlinien angeglichen. Mit der Neufassung des Gesetzes 2003 wurde die theoretische Ausbildung intensiviert und die Bezeichnung „Krankenschwester" in Gesundheits- und Krankenpfleger/-in umbenannt.

Seit den 1960er-Jahren wandelte sich die berufliche Krankenpflege zum einen aufgrund von Reformen im Gesundheitswesen, die auch den Krankenhausbereich betrafen, und zum anderen aufgrund der Integration des angloamerikanischen Pflegeverständnisses in das bundesrepublikanische Pflegewesen. In der zweiten Hälfte des zwanzigsten Jahrhunderts prägten wesentliche Strukturänderungen die Krankenpflege (vgl. Heffels 2002). In der ersten medizinorientierten Phase differenzierte sich der Pflegeberuf in die Grund- und die Behandlungspflege. Die Grundpflege konnte an die neu etablierte Krankenpflegehilfe abgegeben werden, wodurch die ausgebildete Krankenpflegekraft andere und wichtigere Aufgaben übernehmen sollte. Damit bildete sich nach und nach eine Hierarchie der Pflegetätigkeiten heraus. Auf der anderen Seite erhielten patientenferne Arbeiten und medizinische Assistenzaufgaben einen höheren Stellenwert als die grundpflegerischen Arbeiten an und mit dem Patienten. Des Weiteren wurden die Fachweiterbildungen, wie zum Beispiel die in der Intensiv- und Anästhesiepflege, eingeführt. Diese Pflegearbeiten sind bis heute gegenüber der Pflegearbeit auf einer Normalstation höher vergütet. Die zweite Phase (ab Mitte der 1970er-Jahre bis heute) kann als Emanzipation der (Kranken-)Pflege von der Medizin und Suche nach einer neuen Identität bezeichnet werden. Die berufliche Eigenständigkeit erforderte eine Abgrenzung beruflicher Zuständigkeiten. Die Pflegenden versuchten zwischen berufsimmanenten und berufsfremden Tätigkeiten zu differenzieren. Zum anderen wurde durch den Einfluss angloamerikanischer Pflegetheorien im Krankenpflegeprozess ein eigenbestimmtes Handeln begründet, aber noch nicht rechtlich durchgesetzt. Daneben wurden zur herkömmlichen Funktionspflege andere alternative Arbeitsorganisationsmodelle entwickelt und vereinzelt umgesetzt (z. B. Gruppenpflege, Bezugspflege).

2.3 Entwicklung des Altenpflegeberufs

Der Altenpflegeberuf entstand deutlich später als der Krankenpflegeberuf. Zudem unterscheiden sich seine historischen Ursprünge, die vornehmlich von der Armenfürsorge herrühren. Schließlich ist die Entwicklung der Altenpflege weg vom sozialpflegerischen Beruf hin zum Gesundheitsfachberuf nachzuzeichnen, die erst im letzten Jahrzehnt abgeschlossen wurde.

2.3.1 Von der Armen- zur Altenpflege

Im geschichtlichen Rückblick findet sich bereits im 4. Jahrhundert nach Christus der Begriff „Gerokomeion", der „Altenheim" bedeutet (vgl. Bauer 1965 nach Zellhuber 2003). In Deutschland reicht die Altenpflege historisch in die Armenpflege der mittelalterlichen Städte zurück. Nach damaligen Maßstäben alte Menschen, die nicht von der Familie versorgt wurden, lebten in Armenhäusern. In diesen Einrichtungen, die unter kirchlicher Führung standen, wurden hauptsächlich „sieche" Personen untergebracht. Mit diesem Begriff wurden bis Anfang der 1960er-Jahre Personen bezeichnet, die alt, chronisch krank und meist nicht zu heilen waren (vgl. Zellhuber 2003: 55).

Im 18. Jahrhundert wurde zunehmend zwischen chronisch Kranken und Alten differenziert. Invalide, die besser behandelt werden sollten, und „Sieche" wurden getrennt. Gleichzeitig begann im 19. Jahrhundert die Differenzierung der Armenfürsorge in das Sozial- und Gesundheitssystem. Auf der Basis der Preußischen Städteordnung von 1808 entwickelte sich eine „duale" Aufgabenverteilung (das sog. Eberfelder System), wonach einerseits die (ehrenamtlichen) Armenpfleger der Kommunen und andererseits karitative kirchliche und bürgerliche Kräfte tätig wurden (vgl. Wollmann 2015: 537). Im weiteren Verlauf wurde der (in der katholischen Soziallehre verankerte und durch einen Kompromiss zwischen katholischer Kirche und preußischem Staat anerkannte) Grundsatz der Subsidiarität für den Vorrang der (gemeinnützigen) gesellschaftlichen, vor allem kirchlichen Organisationen in der Leistungserbringung bestimmend.

2.3.2 Berufliche Entwicklung der Altenpflege in der Bundesrepublik

Nach dem Zweiten Weltkrieg herrschte im Altenpflegebereich in Deutschland akuter Personalmangel (vgl. Zellhuber 2003: 78). Als Fachkräfte arbeiteten in den Heimen zunächst Krankenschwestern sowie Angehörige religiöser Pflegegemeinschaften. Mit der verringerten Zahl von Pflegegemeinschaften und dem Ausbau von Altenheimen verschärfte sich der Personalmangel zum Ende der 1950er-Jahre hin.

Der Arbeitskräftemangel in der Pflege sollte zu dieser Zeit durch eine möglichst kostenneutrale Gewinnung von Nachwuchs gedeckt werden (vgl. zum Folgenden Oschmianski 2013: 127 f.). Die Arbeitsverwaltung finanzierte Schulungsmaßnahmen für bestimmte weibliche Personengruppen, die 1958 von der Arbeiterwohlfahrt und später von den übrigen Wohlfahrtsverbänden aufgenommen wurden. Die Kurse zielten vor allem auf Berufsrückkehrerinnen, Berufswechslerinnen wie ältere Angestellte und Arbeiterinnen ab, die ihren Beruf nicht mehr ausüben konnten. Auch jüngere Frauen, die keine zweijährige Krankenpflegeausbildung absolvieren konnten oder wollten, wurden angesprochen. Die Tätigkeit der Altenpflege in dieser Zeit kann als randständig bezeichnet werden. Heimträger verstanden die kurzzeitig ausgebildeten Pflegekräfte zunächst als „billige Version der Krankenpflege". Die Orientierung an „Jedefrau-Qualifikationen" legitimierte kurze Schulungszeiten. Das Ziel der Ausbildungen lag vornehmlich darin, Hilfskräfte für besser qualifizierte Berufsangehörige zu schaffen (vgl. Oschmianski 2013: 128).

Vor dem Hintergrund des veränderten gesellschaftlichen Verständnisses von Alter abseits einer Gleichsetzung mit Armut oder Krankheit wurden Ende der 1950er-Jahre in der Bundesrepublik Deutschland die Weichen für einen eigenständigen Beruf gestellt, dessen Entwicklung zum bundesweit einheitlichen Berufsbild erst im vergangenen Jahrzehnt abgeschlossen wurde.

2.3.3 Entwicklung vom sozialpflegerischen Beruf zum Heilberuf

Für die Altenpflege als Beruf galten bis in die jüngere Vergangenheit besondere Bedingungen, die sie vom herkömmlichen Berufskonzept unterschieden. Dazu trugen zum einem die geschilderten Kurzschulungen von Pflegekräften in den 1950er-Jahren bei, zum anderen der Charakter der schulischen Ausbildung. Vom Grundsatz her sollte es sich bei der Altenpflege um einen sozialpflegerischen Beruf handeln, der allerdings aufgrund der Zuständigkeit der Länder für die Ausbildung zu sehr unterschiedlichen Ausrichtungen führte und letztlich in der Praxis nicht nachhaltig verankert werden konnte.

Die Ausbildung zum Altenpfleger war seit jeher eine schulische Ausbildung. Im Gegensatz zur dualen Ausbildung wurde keine Ausbildungsvergütung gewährt (vgl. zum Folgenden Oschmianski 2013: 129). Eine weitere Besonderheit war, dass die Länder nicht verpflichtet waren, staatliche Schulen für den Berufsschulunterricht bereitzustellen. Staatliche Fördermittel wurden hingegen zur Einrichtung von Altenpflegeschulen zur Pflege und Betreuung alter Menschen gewährt, die sich traditionell in der Trägerschaft karitativer und konfessioneller Institutionen befanden. Die Wohlfahrtsverbände dominierten somit den Altenpflegesektor. Sie gaben die Ausbildungsinhalte vor und rekrutierten das Personal, für dessen Ausbildung sie keine Vergütung aufbrachten. Die Arbeitsämter wiederum konnten schwer vermittelbare oder von Arbeitslosigkeit bedrohte Frauen in eine sichere Stellung vermitteln. Durch den Einsatz der Wohlfahrtsverbände wurden die staatlichen Organe entlastet, die dadurch nicht selbst tätig werden mussten.

In den 1960er-Jahren wurde zunehmend die Notwendigkeit erkannt, die fachlichen Kenntnisse für die Pflegearbeit zu verbessern (vgl. Oschmianski 2013: 129 f.). Die Spitzenverbände der Wohlfahrtspflege schufen in Kooperation mit dem Deutschen Verein für öffentliche und private Fürsorge zu Beginn der 1960er-Jahre mehr als 200 eigene Schulen, in denen Altenpflegerinnen ausgebildet wurden. Wegen der noch fehlenden staatlichen Regelung basierte die Ausbildung auf Mindeststandards. Zugangsvoraussetzung war ein erfolgreicher Hauptschulabschluss. Die Ausbildung erstreckte sich auf zwei Jahre plus Anerkennungsjahr. Der Stundenumfang sollte insgesamt 2400 Stunden betragen (vgl. Belardi 2001). Da die Ausbildungsordnungen von den Ländern festgelegt wurden, war der Stundenumfang im theoretischen Bereich jedoch länderspezifisch höchst unterschiedlich und variierte zwischen 1600 und 2250 Stunden, im praktischen Bereich zwischen 1400 und 3000 Stunden (vgl. Bundesverfassungsgericht 2002). Die Ausbildung in der Altenpflege wurde in einigen Bundesländern der Ausbildung der Krankenpflege zugeordnet, in anderen derjenigen in den sozialen Berufen.

Da die einzelnen Ausbildungen unterschiedlich in Dauer, Inhalten und Zielsetzungen waren, versuchte der Deutsche Verein für öffentliche und private Fürsorge im Jahr 1965 mit einer Berufsbildbeschreibung und einem „Ausbildungsplan" die Ausbildung auf einem Mindestniveau zu vereinheitlichen. Der Beruf der Altenpflegerin sollte kein Hilfsberuf des Krankenpflegers sein, sondern ein „moderner sozial-pflegerischer Beruf", wobei die Tätigkeitsbereiche aufgeteilt wurden in Grund-, Behandlungs- und Sozialpflege (vgl. Bundesverfassungsgericht 2002). Die Ausbildung zum/zur Altenpfleger/-in und zum/zur Altenpflegehelfer/-in wurde erstmals 1969 durch Allgemeine Prüfungsordnungen (APO) geregelt. In der ehemaligen DDR wurde Altenpflege nicht durch examinierte Berufsangehörige geleistet. Bis zur Wende gab es außerhalb der wenigen kirchlichen Institutionen (und dort ohne staatliche Anerkennung) kaum ausgebildete Altenpfleger/-innen. Die Pflege in den Einrichtungen der Altenhilfe wurde von Krankenschwestern geleistet (vgl. Heusinger & Klünder 2005).

Ein zweiter Versuch einer bundesweiten Vereinheitlichung der Ausbildungsstandards, bei dem wiederum das sozialpflegerische Profil der Berufe in der Altenpflege in den Vordergrund gestellt wurde, erfolgte durch den Deutschen Verein im Jahr 1980. Der Altenpflegeberuf sollte sich zunächst als sozialpflegerischer Beruf nicht auf die medizinische Versorgung konzentrieren. Stattdessen war das Ziel, die Gestaltung individuellen, altersgemäßen Lebens in den Einrichtungen der Altenhilfe sicherzustellen. Gleichzeitig wandelten sich die Altenpflegeeinrichtungen von den traditionellen Verwahranstalten mit den drei „s" „satt, sauber, still" der 1960er-Jahre hin zur offenen Altenhilfe (vgl. Fuchs 1997). Psychosoziale Aspekte der Betreuung sowie Anleitung und Beratung zur Beschäftigung wurden allerdings zugunsten der gesundheitlichen Aufgaben kaum praktiziert.

Zwischen dem sozialpflegerischen Anspruch und dem krankenpflegerischen Schwerpunkt der Berufs- und Ausbildungspraxis traten zunehmend Konflikte auf. Dazu trug auch bei, dass das sozialpflegerische Profil der Ausbildung von Anfang an nicht eindeutig festgelegt war. Die Vorstellung von der Altenpflege als sozialpflegerischen Beruf konnte sich zudem weder in der Öffentlichkeit noch bei potenziellen Arbeitgebern hinreichend durchsetzen (vgl. Kühn & Heumer 2010: 195).

Nachdem Nordrhein-Westfalen 1969 die erste Ausbildungsordnung erlassen hatte, zogen in der folgenden Zeit die anderen Bundesländer mit zum Teil sehr unterschiedlichen Regelungen nach. Probleme bei der Anerkennung der Abschlüsse durch die Bundesländer und die zunehmende Ausweitung der Ausbildungsinhalte ließen Forderungen nach einer Vereinheitlichung der Ausbildung in Deutschland aufkommen. Die Kultusministerkonferenz und die Arbeits- und Sozialministerkonferenz beschlossen Mitte der 1980er-Jahre eine Rahmenvereinbarung, die Mindestanforderungen an Dauer und Inhalte der Ausbildung festlegte.

Es dauerte dann schließlich bis zum Jahr 2000, bis ein Bundesgesetz die Ausbildung zum Beruf in Altenpflege vereinheitlichte. Das Bundesgesetz zur Altenpflegeausbildung vom November 2000 konnte allerdings erst 2003 in Kraft treten, nachdem das Bundesverfassungsgericht aufgrund eines Normenkontrollverfahrens, das

das Bundesland Bayern anstrengte, entschied, dass der Bund Gesetzgebungskompetenz in diesem die Länder betreffenden Gebiet hat. Gleichzeitig äußerte sich das Gericht in seinem Urteil dazu, ob die Altenpflege ein sozialpflegerischer oder eher ein medizinisch-pflegerischer Beruf sei. So heißt es im ersten Leitsatz zum Urteil vom 24.10.2002: „Der Gesetzgeber ist hinsichtlich der Festlegung des Berufsbildes der Altenpflege nicht starr an bestehende, traditionelle Vorprägungen gebunden; er ist vielmehr befugt, zur Durchsetzung wichtiger Gemeinschaftsinteressen die Ausrichtung des überkommenen Berufsbildes zeitgerecht zu verändern. Der Beruf des Altenpflegers ist, anders als der Beruf des Altenpflegehelfers, ein ‚anderer Heilberuf' im Sinne des Art. 74 Abs. 1 Nr. 19 GG.“

Das Bundesverfassungsgericht stellte die Zugehörigkeit der Altenpflege zu den Gesundheitsfachberufen fest. In der Begründung des Bundesverfassungsgerichts heißt es, dass die Anforderungen an die Pflege seit Mitte der 1990er-Jahre aufgrund der Pflegeversicherung und der geänderten Altersstruktur der Bevölkerung zugenommen und sich die Aufgaben von Kranken- und Altenpfleger weitgehend angenähert hätten. Das Altenpflegegesetz gibt dem Berufsbild der Altenpfleger einen heilkundlichen Schwerpunkt, der sich deutlich von dem sozialpflegerischen Profil entfernt hat, wie es in den Anfängen der Altenpflege bestand und betont wurde. Damit wird den sozialpflegerischen Aspekten jedoch keine untergeordnete Rolle zugewiesen. Vielmehr hat der Gesetzgeber nach Ansicht des Bundesverfassungsgerichts einen „ganzheitlichen“ Ansatz gewählt, in dem beiden Teilen Gewicht zukommt.

2.4 Berufskundliche Erläuterung zu Pflegeberufen

Zum Abschluss von Kapitel 2 werden die berufskundlichen Informationen zu den Tätigkeiten der vier quantitativ bedeutsamsten Pflegeberufe, die die Bundesagentur für Arbeit im sogenannten Berufenet zur Verfügung stellt, wiedergegeben. Das Berufenet stellt online Informationen über alle in Deutschland bekannten Berufe zur Verfügung. Die Datenbank wird vor allem bei der Berufsberatung oder bei der Arbeitsvermittlung genutzt und umfasst momentan ca. 3900 Einzelberufe. Es enthält zum Beispiel Informationen über die zu erledigenden Aufgaben in der jeweiligen beruflichen Tätigkeit, über die verwendeten Arbeitsmittel, über die Gestaltung von Arbeitsbedingungen, über notwendige Ausbildungen oder rechtliche Regelungen.[1]

---

1 Die folgenden Angaben sind mit freundlicher Genehmigung der Bundesagentur für Arbeit aus dem Berufenet entnommen.

2.4.1 Gesundheits- und Krankenpfleger/-innen

Aufgaben und Tätigkeiten kompakt

Gesundheits- und Krankenpfleger/innen pflegen und betreuen Patienten. Aufmerksam beobachten sie deren Gesundheitszustand, um Veränderungen frühzeitig feststellen zu können. Nach ärztlichen Anweisungen führen sie medizinische Behandlungen durch. Sie bereiten Patienten auf diagnostische, therapeutische oder operative Maßnahmen vor und assistieren bei Untersuchungen und operativen Eingriffen. Zudem übernehmen sie Aufgaben in der Grundpflege. Beispielsweise betten sie pflegebedürftige Patienten und helfen ihnen bei Nahrungsaufnahme und Körperpflege. Außerdem übernehmen sie Organisations- und Verwaltungsaufgaben sowie die Dokumentation der Pflegemaßnahmen.

Aufgaben und Tätigkeiten (Beschreibung)
Worum geht es?

Gesundheits- und Krankenpfleger/innen betreuen und versorgen kranke und pflegebedürftige Menschen, führen ärztlich veranlasste Maßnahmen durch, assistieren bei Untersuchungen und Behandlungen und dokumentieren Patientendaten.

Gute Besserung!

Bei der Behandlungspflege betreuen Gesundheits- und Krankenpfleger/innen Patienten in Fachabteilungen wie Chirurgie, Innere Medizin, Psychiatrie, Gynäkologie, Onkologie und Orthopädie, aber auch ambulant. Zudem können sie medizinische Versorgungsaufgaben in anderen Einrichtungen übernehmen, z. B. im Schiffshospital von großen Kreuzfahrtschiffen.

Nach ärztlicher Verordnung verabreichen sie beispielsweise Medikamente, versorgen Wunden und legen Verbände und Schienen an. Sie führen Punktionen, Infusionen, Transfusionen etc. durch oder assistieren Ärzten und Ärztinnen dabei. Je nach Krankheit oder Verletzung wenden sie ggf. auch physikalische Maßnahmen an, beispielsweise medizinische Bäder, Inhalationen und Bestrahlungen. Zudem bereiten sie ihre Patienten auf diagnostische, therapeutische und operative Maßnahmen vor und betreuen sie dabei.

Um den Genesungsverlauf festzustellen, achten sie auf Aussehen, Schlaf und Appetit ihrer Patienten, messen regelmäßig Temperatur, Blutdruck, Puls und Körpergewicht. Sie werten die Daten aus, dokumentieren diese systematisch und informieren die behandelnden Ärzte und Ärztinnen. Außerdem erstellen sie Pflegepläne, überwachen deren Verlauf und modifizieren sie ggf., um den Patienten die bestmögliche Pflege zukommen zu lassen.

Hilfe im Alltag

Maßnahmen der Grundpflege führen Gesundheits- und Krankenpfleger/innen stationär oder ambulant durch. Sie helfen pflegebedürftigen Menschen bei Verrichtungen des alltäglichen Lebens, wie z. B. der Körperpflege oder Ernährung. Gesundheits- und Krankenpfleger/innen waschen und baden ihre Patienten und helfen ihnen ggf. bei der Nahrungsaufnahme. Dabei gehen sie auch auf spezielle Bedürfnisse und mögliche kulturelle Besonderheiten bei Patienten mit Migrationshintergrund ein. Um Thrombosen und Wundliegen bei bettlägerigen Patienten zu vermeiden, betten und lagern sie diese regelmäßig um. Wenn sie die Patienten über einen längeren Zeitraum betreuen, entsteht oft ein Vertrauensverhältnis, denn in der Regel sind die Gesundheits- und Krankenpfleger/innen die ersten Ansprechpartner. Dann ist Einfühlungsvermögen gefragt: Sie hören ihren Patienten aufmerksam zu und finden aufheiternde, beruhigende oder tröstende Worte.

Bindeglied zwischen Arzt und Patient

Gesundheits- und Krankenpfleger/innen assistieren bei ärztlichen Maßnahmen wie operativen Eingriffen oder Untersuchungen. Dazu bereiten sie die jeweilige Maßnahme vor und sind an deren Durchführung beteiligt, beispielsweise reichen sie Instrumente zu. Dabei obliegt ihnen auch die medizinische und psychische Betreuung der Patienten.

Sie setzen ärztliche Anweisungen eigenverantwortlich um. Da sie mit schweren Schicksalen von Patienten konfrontiert werden und mitunter auch Sterbende pflegen, sollten sie psychisch äußerst belastbar sein.

Zu ihren Aufgaben gehört es auch, Patienten und deren Angehörige über anstehende Pflegemaßnahmen und gesundheitsfördernde Maßnahmen zu informieren und sie zur Selbsthilfe anzuleiten. Bei der ergonomischen oder behindertengerechten Gestaltung von Wohn- und Arbeitsumfeld stehen sie ihnen beratend zur Seite und informieren Krankenkassen über die Nutzung von Hilfs- und Pflegemitteln. Zudem wirken sie bei der Feststellung von Pflegebedürftigkeit im medizinischen Dienst der Kranken- und Pflegeversicherung mit und führen in diesem Rahmen auch Beratungen durch. Gesundheits- und Krankenpfleger/innen, die im Fallmanagement arbeiten, erstellen individuelle Hilfepläne und Pflegearrangements und sorgen für die Verknüpfung von ärztlicher Behandlung, Pflege, sozialer und hauswirtschaftlicher Unterstützung.

Wenn sie als Pflegeexperten bzw. Pflegeexpertinnen tätig sind, betreuen sie z. B. Frauen mit Brusterkrankungen vor, während und nach der Behandlung.

Organisieren und Verwalten

Gesundheits- und Krankenpfleger/innen übernehmen zudem administrative Aufgaben. Mit Krankenhausinformationssystemen erledigen sie Dokumentations-, Kodier-, Abrechnungs-, Organisations- und Verwaltungsarbeiten. Sie überwachen und verwalten den Materialbestand und Arzneimittelvorrat und bestellen rechtzeitig nach.

Pflegemaßnahmen und Beobachtungen dokumentieren sie sorgfältig in Patientenakten, aus denen sie ggf. auch den Pflegebedarf ermitteln. Sie erstellen Pflegepläne und koordinieren Pflege- und Behandlungsprozesse in Zusammenarbeit mit medizinischen und therapeutischen Fachkräften. Zudem sind sie an der Qualitätssicherung beteiligt. Sie fungieren als Ansprechpartner für Gesundheits- und Krankenpflegeschüler/innen während der praktischen Ausbildung sowie für Pflegehilfskräfte und Praktikanten.

Aufgaben und Tätigkeiten im Einzelnen

– Pflegemaßnahmen planen, koordinieren, anpassen, dokumentieren und sichern
    – Pflegebedarf der Patienten ermitteln und in der Pflegeplanung mitwirken
    – Pflegemaßnahmen und Beobachtungen dokumentieren, z. B. in Patientenkurven, Pflegeprotokollen und sonstigen Patientenakten, i. d. R. unter Anwendung spezifischer Softwaresysteme
    – bei Konzepten und Maßnahmen der Qualitätssicherung mitwirken
– bei pflegebedürftigen Personen Maßnahmen der Grundpflege durchführen, dabei patientenorientiert und kultursensibel pflegen
    – bei der Körperpflege und Verrichtungen des täglichen Lebens helfen, z. B. beim Waschen oder Baden, beim Haarewaschen, beim Aufstehen und Gehen
    – Patienten betten und lagern; ggf. Lagerungshilfsmittel anwenden, vorbeugende Maßnahmen gegen Dekubitus oder Thrombose (Verschluss eines Blutgefäßes) ergreifen
    – Speisen und Getränke austeilen und ggf. bei der Nahrungsaufnahme helfen
– Maßnahmen der Behandlungspflege, der speziellen Pflege und (Pflege-)Maßnahmen in besonderen Situationen durchführen, dabei patientenorientiert und kultursensibel pflegen
    – Patientendaten ermitteln, Patienten z. B. nach Operationen oder während einer Therapie beobachten; Temperatur, Blutdruck, Puls, Körpergewicht messen
    – körperliche, seelische und soziale Bedürfnisse und Probleme der Patienten erkennen und beurteilen
    – ärztliche Verordnungen ausführen, z. B. Medikamente verabreichen, Wunden versorgen, Verbände und Schienen anlegen
    – Punktionen, Infusionen, Transfusionen, Blutentnahmen, Spülungen durchführen bzw. dabei helfen

– Patienten auf diagnostische, therapeutische und operative Maßnahmen vorbereiten und während solcher Maßnahmen betreuen (z. B. bei Röntgenuntersuchungen, Funktionsüberprüfungen, Operationen)
– Nachtwachen durchführen
– Sterbende begleiten und pflegen, Verstorbene versorgen
– Organisieren und Verwalten
  – Pflegeberichte schreiben; pflegedienstbezogene Abrechnungs-, Organisations- und Verwaltungsarbeiten erledigen
  – Arzneimittel nach Vorschriften verwalten
– Patienten und Angehörige beraten, anleiten
  – in Gesundheitsvorsorge und Rehabilitation mitwirken, insbesondere Patienten und Angehörige über gesundheitsfördernde Verhaltensweisen informieren und zur Selbsthilfe anleiten
  – bei der Feststellung von Pflegebedürftigkeit im medizinischen Dienst der Kranken- und Pflegeversicherung mitwirken
  – Pflegeberatung nach § 7a Sozialgesetzbuch (SGB) XI durchführen
  – individuelle psychosoziale Hilfestellung leisten
(Berufenet der Bundesagentur für Arbeit 2016a)

2.4.2 Gesundheits- und Krankenpflegehelfer/-in

Aufgaben und Tätigkeiten kompakt

Gesundheits- und Krankenpflegehelfer/innen wirken bei Körperpflegemaßnahmen mit, betten und lagern Patienten um, teilen Essen aus und helfen bei der Nahrungsaufnahme. Sie beobachten und kontrollieren Puls, Temperatur, Blutdruck und Atmung ihrer Patienten. Zudem begleiten oder befördern sie diese zu Untersuchungen und Behandlungen. An physikalischen Therapiemaßnahmen sind sie ebenso beteiligt. Gesundheits- und Krankenpflegehelfer/innen sind zudem für Sauberkeit und Hygiene zuständig: Sie reinigen und pflegen Instrumente, räumen die Krankenzimmer auf und richten die Betten. Außerdem führen sie einfache ärztliche Anweisungen und Verordnungen durch, helfen bei der Pflegedokumentation und -organisation mit und unterstützen Pflegefachkräfte wie Gesundheits- und Krankenpfleger/innen oder Altenpfleger/innen bei den Nachtwachen.

Aufgaben und Tätigkeiten (Beschreibung)

Worum geht es?

Gesundheits- und Krankenpflegehelfer/innen unterstützen Pflegefachkräfte wie Gesundheits- und Krankenpfleger/innen oder Altenpfleger/innen bei der Versorgung und Pflege von Patienten. Sie wirken bei Therapiemaßnahmen mit und sorgen für Sauberkeit und Hygiene auf der Station.

Unverzichtbare Unterstützung

Der moderne Krankenhausbetrieb kommt nicht ohne die Unterstützung von Gesundheits- und Krankenpflegehelfern und -helferinnen aus. Diese übernehmen Assistenzaufgaben und werden auf Anweisung und unter Aufsicht von Gesundheits- und Krankenpflegern und -pflegerinnen mit allgemeinpflegerischen und hauswirtschaftlichen Tätigkeiten betraut. Bei der Aufnahme neuer Patienten füllen sie den pflegerischen Aufnahmebogen aus und zeigen den Patienten ihr Zimmer und die Einrichtungen auf der Station. Freundlichkeit und Kontaktfreudigkeit sind hierbei besonders gefragt.

Wenn sie den Patienten bei den Verrichtungen des täglichen Lebens helfen, ist ein zuvorkommendes Verhalten gefordert. Das Tätigkeitsspektrum reicht dabei von Hilfestellungen beim Aufstehen, beim Benutzen des Rollstuhls, beim Waschen und beim Toilettengang bis hin zum

Haarkämmen. Dabei gehen sie auch auf spezielle Bedürfnisse und mögliche kulturelle Besonderheiten bei Patienten mit Migrationshintergrund ein. Falls erforderlich, kümmern sie sich um das Anreichen der Mahlzeiten oder die Inkontinenzversorgung. Bei Patienten, die sich kaum bewegen können, achten Gesundheits- und Krankenpflegehelfer/innen auf sachgemäßes Umbetten, um Wundliegen zu vermeiden. Zudem begleiten oder befördern sie Patienten zu Untersuchungen. Darüber hinaus unterstützen sie Pflegefachkräfte bei Nachtwachen und helfen bei der Pflegedokumentation und -organisation mit.

Ihre Arbeit ist nicht immer einfach: Täglich werden sie mit Blut und Körperausscheidungen konfrontiert, beim Umbetten müssen sie gelegentlich schwer heben, und der Umgang mit Desinfektionsmitteln kann die Haut belasten und zu Allergien führen. Der Kontakt zu Menschen unterschiedlichsten Charakters, die Auseinandersetzung mit Schicksalsschlägen und die Konfrontation mit Sterben und Tod erfordern Einfühlungsvermögen und eine stabile Persönlichkeit. Vielfach wird im Schichtdienst gearbeitet, und auch Wochenend- und Feiertagsarbeit gehören zum beruflichen Alltag.

Aufmerksame Beobachter

Gesundheits- und Krankenpflegehelfer/innen verteilen Medikamente, führen Temperatur- und Blutdruckmessungen durch und tragen die Werte in dafür vorgesehene Protokolle ein. Dabei beobachten sie stets den Gesundheitszustand der Patienten. Ihre Beobachtungen, z. B. dass ein Patient nichts gegessen hat, sein Zustand sich merklich verschlechtert oder er sich auffällig verhält, teilen sie umgehend den zuständigen Gesundheits- und Krankenpflegern oder -pflegerinnen mit. Ggf. assistieren sie diesen anschließend bei diagnostischen und therapeutischen Maßnahmen oder führen einfache Pflegeverordnungen durch (z. B. Einreibungen oder Wickel).

Hygiene

Ihre Kenntnisse in Hygiene setzen sie in den Behandlungsräumen oder in der Zentralsterilisation ein. Sie sind dafür verantwortlich, dass Instrumente und Geräte immer sauber und einsatzbereit sind. Zudem halten sie Patientenzimmer sauber, beziehen Betten und holen Schmutzwäsche zur Weitergabe an die Reinigung ab.

Aufgaben und Tätigkeiten im Einzelnen

- Pflegemaßnahmen durchführen, dabei patientenorientiert und kultursensibel pflegen
    - Patienten betten und lagern
    - bei Körperpflegemaßnahmen helfen oder solche durchführen, z. B. waschen, Bettpfanne reichen
    - Essen verteilen, bewegungseingeschränkten Patienten bei der Nahrungsaufnahme helfen
    - Patienten zu Untersuchungen und Behandlungsmaßnahmen begleiten oder befördern
    - Puls, Temperatur, Blutdruck, Atmung beobachten und kontrollieren
    - bei Patienten mit Migrationshintergrund auf spezielle Bedürfnisse und kulturelle Besonderheiten achten
- an physikalischen Therapiemaßnahmen mitwirken
    - Eisbeutel, Wärmflaschen, Umschläge verabreichen
    - Inhalationen und medizinische Bäder vorbereiten
    - Rotlichtbestrahlungen durchführen
- bei der Krankenbehandlung mithelfen
    - einfache ärztliche Anweisungen und Verordnungen ausführen, z. B. Salben einreiben, Augentropfen verabreichen oder Einläufe vorbereiten
    - vorbeugende Maßnahmen durchführen, z. B. Gliedmaßen in Funktionsstellung lagern, bei der Mobilisierung bettlägeriger Patienten helfen, etwa bei Bewegungsübungen oder Aufstehversuchen

- beim Vorbereiten und Durchführen diagnostischer und therapeutischer Maßnahmen helfen
- bei der Pflege Sterbender helfen, z. B. Maßnahmen zur Atemerleichterung durchführen, Mundschleimhäute feucht halten, bei der Versorgung Verstorbener mitwirken
- bei der Pflege in besonderen Bereichen helfen, z. B. in der Chirurgie, der Wochenpflege, der Geriatrie oder der Infektionsabteilung
- für einwandfreie hygienische Zustände sorgen
  - Pflegeutensilien reinigen, desinfizieren und aufräumen
  - Betten abziehen und beziehen
  - für Sauberkeit in der näheren Umgebung der Patienten sowie in allen für die Pflege wichtigen Bereichen sorgen
- bei Pflegedokumentation und -organisation assistieren
  - bei Patientenbeobachtung und Berichterstattung helfen
  - bei Aufnahme, Verlegung und Entlassung von Patienten helfen
- Nachtwachen unter Aufsicht von Gesundheits- und Krankenpflegern/-pflegerinnen durchführen

(Berufenet der Bundesagentur für Arbeit 2016c)

2.4.3 Altenpflegefachkraft

Aufgaben und Tätigkeiten kompakt

Altenpfleger/innen pflegen, betreuen und beraten hilfsbedürftige ältere Menschen. Dabei unterstützen sie diese bei Verrichtungen des täglichen Lebens, etwa bei der Körperpflege, beim Essen oder beim Anziehen. Sie sprechen mit ihnen über persönliche Angelegenheiten, motivieren sie zu aktiver Freizeitgestaltung und begleiten sie bei Behördengängen oder Arztbesuchen. Vor allem bei der ambulanten Pflege arbeiten Altenpfleger/innen auch mit Angehörigen zusammen und unterweisen diese in Pflegetechniken. In der Behandlungspflege und Rehabilitation nehmen sie auch therapeutische und medizinisch-pflegerische Aufgaben wahr, z. B. wechseln sie Verbände, führen Spülungen durch und verabreichen Medikamente nach ärztlicher Verordnung.

Aufgaben und Tätigkeiten (Beschreibung)
Worum geht es?

Altenpfleger/innen betreuen und pflegen hilfsbedürftige ältere Menschen. Sie unterstützen diese bei der Alltagsbewältigung, beraten sie, motivieren sie zu sinnvoller Beschäftigung und nehmen pflegerisch-medizinische Aufgaben wahr.

In Würde alt werden

Damit ältere Menschen trotz Gebrechen oder Krankheit ein aktives und weitgehend noch selbstbestimmtes Leben führen können – sei es in der eigenen Wohnung oder in einem Pflegeheim – ist oft die Pflege und Betreuung im Sinne einer ganzheitlichen Hilfe durch Altenpfleger/innen erforderlich. Diese planen je nach individuellen Bedürfnissen der zu betreuenden Personen den Pflegeprozess. Die auf dieser Grundlage eingeleiteten Maßnahmen dokumentieren sie und werten sie aus. Dies ist wichtig, um z. B. die Behandlungspflege nach ärztlicher Verordnung korrekt durchzuführen und auch nachprüfbar festzuhalten. Beispielsweise messen sie Puls, Temperatur, Blutdruck und ggf. auch den Blutzuckerspiegel, wechseln Verbände, verabreichen Medikamente, legen Infusionen, kontrollieren die Flüssigkeitsbilanz und lagern bettlägerige Personen fachgerecht. Altenpfleger/innen benötigen in ihrem Beruf, den sie in Altenpflegeheimen sowie bei ambulanten Pflegediensten ausüben, neben einem Interesse an Medizin und einer guten Konstitution vor allem Einfühlungsvermögen, Belastbarkeit, Geduld, Verantwortungsbewusstsein und Achtung vor dem Leben.

Pflegen und motivieren

Altenpfleger/innen behandeln ältere Menschen nicht nur, sondern sie beobachten ihre Krankheitsverläufe über einen längeren Zeitraum und versuchen, selbstständige Kompetenzen der zu Pflegenden zu erhalten bzw. zu aktivieren – auch im Sinne einer Rehabilitation. Dazu führen sie z. B. Bewegungstrainings durch. Je nach Bedarf helfen sie im Rahmen der Grundpflege bei der Körperpflege, beim An- und Ausziehen, bei der Versorgung mit Nahrungsmitteln und bei der Essensaufnahme. Im psychosozialen Bereich betreuen und beraten Altenpfleger/innen ältere Menschen in vielfältiger Weise. Sie gestalten Feste, Ausflüge und Veranstaltungen selbstständig oder in Zusammenarbeit mit den Senioren. Sie fördern und verbessern durch geeignete Maßnahmen die Kommunikation der älteren Menschen untereinander und bieten helfende Gespräche an, um zwischenmenschliche Beziehungen zu fördern und einer Isolation und Vereinsamung vorzubeugen. Dabei gehen sie auch auf mögliche kulturelle Besonderheiten bei Menschen mit Migrationshintergrund ein. Besonders in der häuslichen Pflege unterweisen Altenpfleger/innen Familienangehörige in Pflegetechniken, etwa im korrekten Lagern und im Gebrauch von Hilfsmitteln. Auch das Begleiten Sterbender und das Versorgen Verstorbener gehört zum altenpflegerischen Aufgabenbereich.

Darüber hinaus spielt die Qualitätssicherung der Arbeit eine große Rolle, umso mehr, als es um die Pflege und Betreuung von Menschen geht. Um die nötige Qualität zu gewährleisten, handeln Altenpfleger/innen beispielsweise nach der ‚Berufsordnung für professionell Pflegende‘ des Deutschen Pflegerates e. V.

Aufgaben und Tätigkeiten im Einzelnen

- betreuungsbedürftige alte Menschen in stationären und ambulanten Einrichtungen oder zu Hause eigenverantwortlich und umfassend betreuen und pflegen
    - Grundpflegemaßnahmen ausführen, bei der Körperpflege, beim An- und Auskleiden, bei der Versorgung mit Nahrungsmitteln und ggf. beim Essen helfen, dabei patientenorientiert und kultursensibel pflegen
    - die Betreuten aktivieren, z. B. zu regelmäßiger Bewegung anregen, zu Bewegungs- und Atemübungen anleiten und dabei helfen
- nach ärztlicher Verordnung Maßnahmen der Behandlungspflege durchführen und bei der Rehabilitation helfen
    - Medikamente zusammenstellen und verabreichen
    - spezielle Pflegemaßnahmen durchführen (etwa Einläufe, Spülungen und Injektionen durchführen, Verbände wechseln, mit Salben einreiben, Infusionen legen)
- Kooperieren, Beobachten und Dokumentieren
    - Betreute auf Veränderungen ihres jeweiligen Zustands beobachten
    - Pflegemaßnahmen dokumentieren
    - mit dem behandelnden Arzt/der behandelnden Ärztin zusammenarbeiten (z. B. Arztvisiten vorbereiten, über gesundheitliche und psychische Veränderungen informieren, Maßnahmen absprechen), auch im Rahmen von Case-Management
- bei Notfällen und in lebensbedrohlichen Situationen helfen
- alte Menschen in ihren persönlichen und sozialen Angelegenheiten betreuen und beraten
    - bei der Erhaltung selbstständiger Lebensführung und sinnvoller Gestaltung des Tagesablaufs unterstützen
    - in schwierigen Lebenssituationen beraten, bei Krisen helfend eingreifen (z. B. nach Verlust des Ehepartners bei der Neuordnung des Lebens beraten und unterstützen)
    - Kontakt zu Diensten und Behörden herstellen und erhalten
- Pflegeberatung nach § 7a Sozialgesetzbuch (SGB) XI durchführen
- Angehörige beraten und anleiten
- bei der Freizeitgestaltung und der Pflege sozialer Kontakte unterstützen

- Sterbende begleiten
- Verstorbene versorgen
- organisatorische und verwaltende Tätigkeiten der Altenpflege ausführen; z. B. Pflegeleistungen abrechnen; ggf. die Verwaltung des Nachlasses vorbereiten

(Berufenet der Bundesagentur für Arbeit 2016b)

2.4.4 Altenpflegehelfer/-in

Aufgaben und Tätigkeiten kompakt

Altenpflegehelfer/innen arbeiten bei der Betreuung, Versorgung und Pflege gebrechlicher bzw. kranker oder auch gesunder älterer Menschen mit. Sie helfen bei der Körperpflege und beim Essen oder verabreichen nach ärztlicher Anordnung Medikamente. Auch bei der Bewältigung von Alltagssituationen leisten sie Hilfe: Sie begleiten ältere Menschen z. B. bei Arztbesuchen oder Behördengängen. Gemeinsam mit anderen Pflegefachkräften wie Altenpflegern und -pflegerinnen organisieren sie Programme zur Freizeitgestaltung für Senioren, z. B. Spielenachmittage oder sportliche Aktivitäten.

Aufgaben und Tätigkeiten (Beschreibung)
Worum geht es?

Altenpflegehelfer/innen unterstützen Pflegefachkräfte wie Altenpfleger/innen bei allen Tätigkeiten rund um die Betreuung und Pflege älterer Menschen.

Gemeinsam sind wir stark

Auch im fortgeschrittenen Alter möchten Menschen trotz Gebrechen oder Krankheit noch ein aktives und weitgehend selbstbestimmtes Leben führen – sei es in der eigenen Wohnung oder in einem Pflegeheim. Altenpflegehelfer/innen betreuen und versorgen gemeinsam mit anderen Pflegefachkräften pflegebedürftige ältere Menschen. Ihre Hauptaufgabe ist die sogenannte Grundpflege in den Bereichen Körperpflege (Waschen, Duschen, Toilettengang), Ernährung (Zubereiten und Aufnahme der Nahrung) und Mobilität (An- und Auskleiden, Aufstehen und Zubettgehen, Umbetten). Nach ärztlicher Verordnung verabreichen sie Medikamente, machen Einläufe und wechseln Verbände. In Pflegeheimen bereiten sie Zimmer für Neuaufnahmen vor, sorgen für einen ausreichenden Vorrat an Stationswäsche und halten Nachtwachen. Zudem regen sie die älteren Menschen nach Möglichkeit zu körperlicher Bewegung an, um deren Gesundheit und Wohlbefinden zu fördern. Altenpflegehelfer/innen benötigen neben einer guten Konstitution vor allem Einfühlungsvermögen – auch im Umgang mit pflegebedürftigen Menschen aus anderen Kulturkreisen – zudem Belastbarkeit, Geduld und Verantwortungsbewusstsein.

Bei schweren Lebenssituationen helfen

Altenpflegehelfer/innen stehen älteren Menschen auch in schwierigen Lebenssituationen zur Seite, z. B. wenn der Ehepartner stirbt. Sie unterstützen pragmatisch die Neuordnung des Lebens, stellen Kontakte zu sozialen Diensten und Behörden her und helfen beim Ausfüllen von Formularen und Anträgen. Gleichermaßen bieten sie Gespräche an, helfen Kontakte im Umfeld der Wohnung oder des Heims zu knüpfen und zu pflegen, regen die Teilnahme der älteren Menschen an kulturellen Veranstaltungen an und gestalten gemeinsam mit anderen Pflegefachkräften Feste und Ausflüge. Im Bereich der häuslichen Pflege führen Altenpflegehelfer/innen Familienangehörige in Pflegetechniken und den Gebrauch von Hilfsmitteln ein. Sie zeigen, wie man ältere Patienten fachgerecht umbettet oder Gehhilfen einsetzt. Zu ihren Aufgaben gehört es außerdem, bei der Sterbebegleitung und der Versorgung von Verstorbenen mitzuwirken.

Aufgaben und Tätigkeiten im Einzelnen

- ältere Menschen im Rahmen der Grundpflege versorgen, dabei patientenorientiert und kultursensibel pflegen

- bei der Körperpflege behilflich sein, z. B. Waschen, Duschen, Zahnpflege, Darm- oder Blasenentleerung
- bei der Ernährung unterstützen, z. B. Nahrung mundgerecht zubereiten
- im Bereich Mobilität, z. B. beim An- und Auskleiden, Aufstehen oder Zubettgehen helfen
- Medikamente nach ärztlicher Verordnung verabreichen
- bei Pflichtgängen (Arztbesuche, Behördengänge) innerhalb und außerhalb des Heimes/der Wohnung begleiten
- bei Beschäftigungs- und Aktivierungsmaßnahmen mitwirken, z. B. zu Bastel- oder Handarbeiten ermuntern
- Feste, Feiern und Veranstaltungen mitgestalten
- bei alten Menschen mit Migrationshintergrund auf kulturelle Besonderheiten achten und eingehen
- Angehörige betreuen, informierende Gespräche führen
- Sterbende begleiten, Verstorbene versorgen

(Berufenet der Bundesagentur für Arbeit 2016d)

Zusammenfassung

In Kapitel 2 wurde die historische Entwicklung der Pflegeberufe untersucht. Die Entstehung der Krankenpflege geht auf das frühe Christentum zurück. Nachhaltige Strukturen wurden bereits vor mehreren Jahrhunderten mit dem Mönchs- und Klosterwesen geschaffen. Eng verbunden mit den Ursprüngen der Ausübung ist das Motiv der christlichen Barmherzigkeit, welches die lange Zeit weitgehend geringe Entlohnung der Schwestern mitbestimmte. Das Verbot von ärztlichen Tätigkeiten für Mönche und die Entstehung der weltlichen Medizinschulen waren erste Gründe, die zur Trennung der Bereiche „Medizin" und „Pflege" beitrugen.

Das 19. Jahrhundert war geprägt durch tief greifende gesellschaftliche und wirtschaftliche Veränderungen und legte die Grundlage für die Trennung zwischen einer männlich konnotierten Medizin und einer weiblich geprägten Pflege. Dieser Umwälzungsprozess schuf auch die Voraussetzungen für die Entstehung des Krankenpflegeberufs, während die Altenpflege erst wesentlich später berufliche Form annahm. Der Krankenpflegeberuf verdankt seine Entstehung der Bildung von Hospitälern, der naturwissenschaftlich fundierten Medizin sowie der Notwendigkeit der Versorgung von Kriegsversehrten.

Während der NS-Zeit wurde die hierarchische Struktur der Leistungserbringung im öffentlichen Gesundheitswesen festgelegt, die bis zum Ende des vergangenen Jahrhunderts wegen der allmählichen Überarbeitung der Ländergesetze vorherrschte. Hierzu zählen die Privilegierung der Ärzte in der öffentlichen Gesundheitsversorgung und die Hierarchisierung der Gesundheitsberufe durch Regelungen der Fachaufsicht. Die berufliche Krankenpflege wandelte sich etwa seit den 1960er-Jahren zum einen aufgrund von Reformen im Gesundheitswesen, zum anderen aufgrund der Integration des angloamerikanischen Pflegeverständnisses in das bundesrepublikanische Pflegewesen. In der ersten medizinorientierten Phase differenzierte sich der Pflegeberuf in die Grund- und die Behandlungspflege. Patientenferne Arbeiten und medizinische Assistenzaufgaben erhielten einen höheren Stellenwert als die grundpflegerischen Arbeiten an und mit dem Patienten. Fachweiterbildungen wurden, wie zum Beispiel die der Intensiv- und Anästhesiepflege, eingeführt. Die zweite Phase (ab Mitte der 1970er-Jahre bis heute) kann mit dem Begriff der Emanzipation der (Kranken-)Pflege von der Medizin und der Suche nach einer neuen Identität bezeichnet werden. Daneben wurden zur herkömmlichen Funktionspflege andere alternative Arbeitsorganisationsmodelle entwickelt und vereinzelt umgesetzt (z. B. Gruppenpflege, Bezugspflege).

Die historischen Ursprünge der Altenpflege rühren vornehmlich von der Armenfürsorge her. In Deutschland reicht die Altenpflege historisch in die Armenpflege der mittelalterlichen Städte zurück. Im 19. Jahrhundert begann die Differenzierung der Armenfürsorge in das Sozial- und Gesundheitssystem. Auf der Basis der Preußischen Städteordnung von 1808 entwickelte sich eine „duale" Aufgabenverteilung (das sog. Eberfelder System), wonach einerseits die (ehrenamtlichen) Armenpfleger der Kommunen, andererseits karitative kirchliche und bürgerliche Kräfte tätig wurden. Im weiteren Verlauf wurde der (in der katholischen Soziallehre verankerte und durch einen Kompromiss zwischen katholischer Kirche und preußischem Staat anerkannte) Grundsatz der Subsidiarität für den Vorrang der (gemeinnützigen) gesellschaftlichen, vor allem kirchlichen Organisationen in der Leistungserbringung bestimmend.

In der jungen Bundesrepublik herrschte ein Arbeitskräftemangel in der Altenpflege, vor dessen Hintergrund Kurzschulungen von Frauen im Auftrag der Arbeitsämter durchgeführt wurden. In den 1960er-Jahren wurde zunehmend die Notwendigkeit erkannt, die fachlichen Kenntnisse für die Pflegearbeit zu verbessern.

Die einzelnen Ausbildungen in der Altenpflege unterschieden sich in Dauer, Inhalten und Zielsetzungen. Im Jahr 1965 versuchte der Deutsche Verein für öffentliche und private Fürsorge mit einer Berufsbildbeschreibung und einem „Ausbildungsplan", die Ausbildung auf einem Mindestniveau zu vereinheitlichen. Der Beruf der Altenpflegerin sollte kein Hilfsberuf des Krankenpflegers sein, sondern ein „moderner sozialpflegerischer Beruf", wobei die Tätigkeitsbereiche aufgeteilt wurden in Grund-, Behandlungs- und Sozialpflege. Letztlich konnte sich die sozialpflegerische Orientierung des Altenpflegeberufs allerdings nur in Ansätzen durchsetzen.

Nachdem Nordrhein-Westfalen 1969 die erste Ausbildungsordnung in der Altenpflege erlassen hatte, zogen in der folgenden Zeit die anderen Bundesländer nach. Aufgrund der Länderhoheit unterschieden sich die Ausbildungsregelungen teilweise erheblich. Ein Bundesgesetz vereinheitlichte erst 2000 die Ausbildung zum Beruf in der Altenpflege. Das Bundesgesetz zur Altenpflegeausbildung vom November 2000 konnte allerdings erst 2003 in Kraft treten, nachdem das Bundesverfassungsgericht aufgrund eines Normenkontrollverfahrens Bayerns entschied, dass der Bund Gesetzgebungskompetenz in diesem die Länder betreffenden Gebiet hat. Gleichzeitig legte das Gericht fest, dass der Beruf des Altenpflegers, anders als der Beruf des Altenpflegehelfers, ein „anderer Heilberuf" im Sinne des Art. 74 Abs. 1 Nr. 19 GG ist. Das Altenpflegegesetz gibt dem Berufsbild der Altenpfleger einen heilkundlichen Schwerpunkt. Der sozialpflegerische Aspekt spielt auch eine Rolle, da der Gesetzgeber nach Ansicht des Bundesverfassungsgerichts einen „ganzheitlichen" Ansatz gewählt hat.

Literatur

Ackerknecht EH, Murken AH (1992): Geschichte der Medizin (7. Auflage). Stuttgart: Thieme.

Albert M (1998): Krankenpflege auf dem Weg zur Professionalisierung. Eine qualitative Untersuchung mit Studierenden der berufsintegrierten Studiengänge „Pflegedienstleitung/ Pflegemanagement" und „Pflegepädagogik" an der Katholischen Fachhochschule Freiburg (Dissertation). Freiburg: Pädagogische Hochschule Freiburg.

Behrens J (2013): Am 8.6.1913 war von Pflege- und Therapiewissenschaften noch keine Rede. Sind es überhaupt eigenständige Grund legende Wissenschaften mit eigenen Theorien? Vortrag vom 08.06.2013, Veranstaltung der Martin-Luther-Universität Halle-Wittenberg, 100 Jahre Pflege- und Gesundheitsstudiengänge an Universitäten in der Mitte Deutschlands 1913–2013. URL: www.medizin.uni-halle.de/fileadmin/Bereichsordner/Institute/ GesundheitsPflegewissenschaften/Sonstige_Downloads/100_Jahre/Pr%C3%A4sentation-Behrens-Pflegetheorie_8_6_2013.pdf [abgerufen am 11.11.2015].

Behrens J, Langer G (2010): Evidence-based Nursing and Caring: Interpretativhermeneutische und statistische Methoden für tägliche Pflegeentscheidungen und die pflegerische Versorgungsforschung. Zur Ethik professionellen pflegerischen Handelns (3. überarbeitete und ergänzte Auflage). Bern: Huber.

Belardi N (2001): Supervision, Organisationsentwicklung, Evaluation. Innovationen für Non-Profit-Einrichtungen. Chemnitzer Beiträge zur Sozialpädagogik. Hamburg: Dr. Kovač.

Berufenet der Bundesagentur für Arbeit (2016a): Tätigkeitsinhalte von Gesundheits- und Krankenpflegern/innen. URL: https://berufenet.arbeitsagentur.de/berufenet/faces/index?path=null/ kurzbeschreibung/taetigkeitsinhalte&dkz=27354&such=Gesundheits-+und+Krankenpfleger% 2Fin [abgerufen am 13.03.2017].

Berufenet der Bundesagentur für Arbeit (2016b): Tätigkeitsinhalte von Altenpflegern/innen. URL: https://berufenet.arbeitsagentur.de/berufenet/faces/index?path=null/kurzbeschreibung/ taetigkeitsinhalte&dkz=9065&such=Altenpfleger%2Fin [abgerufen am 13.03.2017].

Berufenet der Bundesagentur für Arbeit (2016c): Tätigkeitsinhalte von Gesundheits- und Krankenpflegerhelfern/innen. URL: https://berufenet.arbeitsagentur.de/berufenet/faces/index? path=null/kurzbeschreibung/taetigkeitsinhalte&dkz=30191&such=Gesundheits-+und+ Krankenpflegehelfer%2Fin [abgerufen am 13.03.2017].

Berufenet der Bundesagentur für Arbeit (2016d): Tätigkeitsinhalte von Altenpflegerhelfern/innen. URL: https://berufenet.arbeitsagentur.de/berufenet/faces/index?path=null/ kurzbeschreibung/taetigkeitsinhalte&dkz=9063&such=Altenpflegehelfer%2Fin [abgerufen am 13.03.2017].

Bischoff C (1992): Frauen in der Krankenpflege. Zur Entwicklung von Frauenrolle und Frauenberufstätigkeit im 19. und 20. Jahrhundert. Frankfurt a. M: Campus.

Bundesverfassungsgericht (2002): Urteil des Zweiten Senats vom 24. Oktober 2002 – 2 BvF 1/01. URL: https://www.bundesverfassungsgericht.de/SharedDocs/Entscheidungen/DE/2002/10/ fs20021024_2bvf000101.html [abgerufen am 03.05.2014].

Dangel B, Korporal J (2016): Die novellierte berufsgesetzliche Regelung der Pflege – Struktur und mögliche Wirkungen. G&S Gesundheit und Sozialpolitik, Zeitschrift für das gesamte Gesundheitswesen, 70(1/2016), 8–18.

Dieffenbach JF (1832): Anleitung zur Krankenwartung. Berlin: Hirschwald.

Fuchs H (1997): Die Wohltaten der Pflegekasse. Satt, sauber, still – Prozessqualität im Sinne des Pflegeversicherungsgesetzes? Soziale Sicherheit, Zeitschrift für Arbeitsmarkt- und Sozialpolitik 46(10), 321–331.

Heffels WM (2002): Pflegeethik als Verpflichtung zur Wahrnehmung personaler Verantwortung der Pflegenden in funktionalisierten Handlungsfeldern der Pflege (Dissertation). Duisburg: Gerhard-Mercator-Universität.

Heusinger J, Klünder M (2005): Ich lass mir nicht die Butter vom Brot nehmen – Aushandlungsprozesse in häuslichen Pflegearrangements (Dissertation). Berlin: Freie Universität Berlin.

Kreitmair G (1857): Das Recht und die Pflicht der freien Liebesthätigkeit gegründet auf die heilige Schrift und aus der Geschichte und Erfahrung nachgewiesen. Landau: Kaußler.

Kruse AP (1987): Die Krankenpflegeausbildung seit der Mitte des 19. Jahrhunderts (1. Auflage). Stuttgart u. a.: Kohlhammer.

Kühn C, Heumer M (2010): Die Entstehung und Entwicklung der Altenpflegeausbildung: Historische Rekonstruktion des Zeitraums 1950 bis 1994 in Nordrhein-Westfalen. Hamburg: Diplomica.

Mühlberger M (1966/1967): Geschichte der Krankenpflege. URL: www.carolusbrevis.de/martina/KPflege/Krankenpflege.pdf [abgerufen am 21.03.2017].

Nachrichtendienst des Deutschen Vereins für öffentliche und private Fürsorge (NDV) (1965): Die Altenpflegerin. Beratungsergebnisse des Fachausschusses III – Altenhilfe 45(6). Frankfurt a. M.

Oschmianski H (2013): Zwischen Professionalisierung und Prekarisierung: Altenpflege im wohlfahrtsstaatlichen Wandel in Deutschland und Schweden (Dissertation). Berlin: Freie Universität Berlin.

Seidler E (1993): Geschichte der Medizin und der Krankenpflege. Stuttgart, Berlin & Köln: Kohlhammer.

Sticker A (1960): Die Entstehung der neuzeitlichen Krankenpflege. Stuttgart: Kohlhammer.

Sudahl A (2001): Das Rote Kreuz im Königreich Württemberg (Dissertation). Heidelberg: Universität Heidelberg.

Wollmann H (2015): Die Erbringung öffentlicher und soziales Dienstleistungen zwischen Kommunen, Staat, Privatem und Drittem Sektor – im Wandel und Sog der Leitbilder und Reformschübe. In: Döhler M, Franzke J, Wegrich K (Hrsg.): Der gut organisierte Staat. Festschrift für Werner Jann zum 65.Geburtstag (S. 531–558). Baden-Baden: Nomos.

Zellhuber B (2003): Altenpflege – ein Beruf in der Krise? Eine empirische Untersuchung der Arbeitssituation sowie der Belastungen von Altenpflegekräften im Heimbereich (Dissertation). Königsbrunn: Universität Dortmund.

3 Grundlegende Arbeitsmarkttheorien

In Kapitel 3 wird ein Überblick über mikroökonomische und arbeitssoziologische Ansätze zur Erklärung des Arbeitsmarktgeschehens gegeben. Sie liefern eine analytische Grundlage zu den Arbeitsbeziehungen von Beschäftigten und Betrieben (Betreibern von Pflegeeinrichtungen) im Pflegesektor. Dabei wird mit dem abstrakten neoklassischen Standardmodell begonnen, das zwar auf realitätsfernen Annahmen basiert, aber Einsichten in Grundzusammenhänge ökonomischer Theorien, wie zum Beispiel die Regulierung von Angebots- und Nachfrageüberhängen am Arbeitsmarkt, vermittelt (siehe Kapitel 3.1). Die Humankapitaltheorie (siehe Kapitel 3.2) und Ansätze
der neuen Institutionenökonomie verwenden realitätsnähere Annahmen wie heterogene Arbeit und asymmetrische Information zwischen den Vertragspartnern (siehe Kapitel 3.3). Zentrale Gesichtspunkte zur Analyse von Arbeitsbeziehungen sind
Transaktionskosten alternativer Organisations- beziehungsweise Vertragsformen und
die besonderen Eigenschaften von Ausbildungsinvestitionen (siehe Kapitel 3.3.1). Auf
der Beobachtung von realen Phänomenen in den Arbeitsbeziehungen postfordistischer[1] Ökonomien basieren zum Beispiel die arbeitssoziologischen Ansätze der Arbeitsmarktsegmentation (siehe Kapitel 3.4). Dabei wird auf die betriebsbezogene Neuformulierung der Arbeitsmarktsegmentation zurückgegriffen (siehe Kapitel 3.5). Ziel
der theoretischen Erörterungen ist es, aus verschiedenen Theoriesträngen gemeinsame Erklärungen für die Arbeitsbeziehungen im Pflegebereich zu finden, zum Beispiel, was die Instrumente der Leistungserbringung in den Betrieben oder die Wahl
von bestimmten Erwerbsformen angeht. Dabei wird eine nicht formale Darstellung
präferiert, wie sie bei Sesselmeier und Blauermel (1998) zu finden ist, und an denen sich große Teile von Kapitel 3 orientieren. Wesentlich für die Funktionsweise des
deutschen Arbeitsmarkts ist das Berufsbildungssystem, das bereits in Kapitel 2 in seiner historischen Entwicklung dargestellt wurde, und das hier nochmals unter berufs-
und professionalisierungstheoretischen Aspekten sowie dem Gesichtspunkt der geschlechtsspezifischen Segregation untersucht wird (siehe Kapitel 3.6 und 3.7).

3.1 Das neoklassische Standardmodell

Ausgangspunkt der neoklassischen ökonomischen Theorie ist das Gedankenkonstrukt eines frei wählenden und rational handelnden Homo oeconomicus. Die (später
stark formalisierte) Theorie kann unter bestimmten Annahmen ableiten, dass das

---

[1] Bis etwa in die 1970er-Jahre hinein bezeichnete der Fordismus die Massenproduktion standardisierter Güter als dominante Wirtschaftsform im Kapitalismus. Der Postfordismus bezieht sich auf die
anschließende Phase der flexiblen Spezialisierung, die unter anderem höhere Anforderungen an die
Qualifikation der Arbeitskräfte stellt und durch flachere Hierarchien gekennzeichnet ist.

https://doi.org/10.1515/9783110431698-003

eigennützige Handeln der Wirtschaftssubjekte (das sog. Eigennutzaxiom) bei Unterstellung vollkommener Wettbewerbsbedingungen zu einem gesamtwirtschaftlichen Optimum beziehungsweise allgemeinen Gleichgewicht führt. Zentrale Voraussetzung für die Theorie ist, dass jedes ökonomische Problem in einer Welt der Knappheit als ein Entscheidungsproblem unter Nebenbedingungen (Maximierung unter Restriktionen) formuliert werden kann, in dem Nutzen und Kosten verschiedener Handlungsmöglichkeiten gegeneinander abgewogen werden. Alle individuellen Handlungen erfolgen über den Markt als gedachten Ort des Tausches und über den Preis als Verteilungsmechanismus aller ökonomischen Größen (Allokationsmechanismus). Die Wirtschaftssubjekte reagieren dabei auf den sich aus dem Marktmechanismus ergebenden Preis (Preisnehmer) durch Anpassung ihrer mengenmäßigen Angebotsbeziehungsweise Nachfrageentscheidung (Mengenanpasser). Der Markt strebt unter den noch anzugebenden Bedingungen nach einem Gleichgewichtszustand, der durch eine optimale Faktor- und Güterallokation gekennzeichnet und in der Arbeitslosigkeit nur freiwillig ist.

Der Arbeitsmarkt ist in der neoklassischen Theorie Teil eines Systems wechselseitiger Interdependenzen zwischen den verschiedenen Märkten für Güter, Kapital und Geld. Zentraler Ausgleichsmechanismus auf dem Arbeitsmarkt ist der Lohn, der durch Angebot von und Nachfrage nach Arbeitskräften bestimmt wird. Es werden (zunächst) keine Besonderheiten für die Ware „Arbeitskraft" und ihren Markt angenommen. Im neoklassischen Standardmodell werden folgende institutionelle Prämissen und Verhaltensannahmen postuliert:

- Auf dem Arbeitsmarkt herrscht vollkommene Konkurrenz ohne Wettbewerbsbeschränkungen und Zutrittsbarrieren.
- Alle Anbieter auf einem speziellen Arbeitsmarkt sind gleich produktiv und austauschbar (Homogenitätsannahme).
- Alle Wirtschaftssubjekte sind über die jetzige und die zukünftige Arbeitsmarktsituation vollständig informiert (vollkommene Information).
- Die Arbeitskräfte sind vollständig mobil zwischen Sektoren, Regionen und Tätigkeiten.
- Löhne und Preise sind vollkommen flexibel und passen sich unmittelbar veränderten Knappheitssituationen an.
- Die Unternehmen können ihren gewinnmaximalen Output am Markt absetzen.
- Arbeitskräfte sind an Nutzenmaximierung interessiert, die Unternehmen an Gewinnmaximierung.

Unter diesen Voraussetzungen und der Annahme rationalen Verhaltens der Marktteilnehmer ergibt sich ein Gleichgewicht zwischen Arbeitsangebot und Arbeitsnachfrage mit einem Gleichgewichtslohn, bei dem gilt, dass der Grenzerlös für jede Arbeitskraft in jeder Beschäftigung gleich ist. Zentraler Mechanismus ist das Marginalprinzip, das die Optimierung auf beiden Marktseiten steuert, nämlich das Grenznutzentheorem zur Bestimmung des Arbeitsangebots und das Grenzproduktivitätstheorem zur Bestimmung der Arbeitsnachfrage. Nach diesem Kalkül bietet eine Erwerbsperson gerade genauso viele Arbeitsstunden an, dass das zusätzlich erzielte Einkommen einer Stunde genau ihren subjektiven Kosten aus dem Verzicht auf Freizeit entspricht. Die Unternehmen orientieren sich bei ihrer Nachfrage nach Arbeitskräften am herrschenden (Real-)Lohn.[2] Bei Gültigkeit des Gesetzes vom abnehmenden Grenzertrag fragen Unternehmen genauso viele Arbeitskräfte nach, bis der Grenzertrag des zuletzt eingestellten Arbeitnehmers beziehungsweise der letzten geleisteten Arbeitsstunde den Kosten, also dem Lohn, gleich ist. Der Lohn entspricht im Gleichgewicht somit dem Wertgrenzprodukt der Arbeit. Übersteigt der Lohn den erwirtschafteten Grenzertrag, folgt aus dem neoklassischen Gewinnkalkül, dass die Nachfrage nach Arbeitskräften von den Unternehmen reduziert wird und Arbeitslosigkeit entsteht.

Nach diesen Überlegungen lässt sich das Angebots-Nachfrage-Diagramm des neoklassischen Arbeitsmarkts erstellen (siehe Abbildung 3.1). Das Arbeitskräfteangebot (LS_{t_0}) steigt mit zunehmendem Reallohn (w/p). Die Nachfrage nach Arbeitskräften (LD_{t_0}) nimmt mit steigendem Reallohn ab. Im Schnittpunkt der beiden Geraden (A) herrscht Gleichgewicht auf dem Arbeitsmarkt. Es wird Arbeit im Umfang von L_{t_0} zum Lohnsatz $(w/p)_{t_0}$ angeboten und nachgefragt. Steigt nun die Nachfrage nach Pflege-

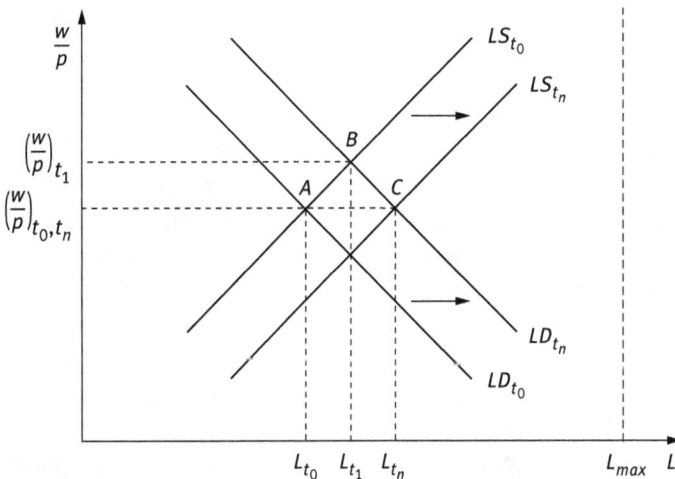

Abb. 3.1: Nachfrageanstieg auf dem neoklassischen Arbeitsmarkt für Pflegekräfte mit homogener Arbeitsqualifikation (eigene Darstellung).

---

2 Die Entwicklung des Preisniveaus ist hier beiden Marktseiten bekannt. In der keynesianischen Theorie kann es zu Reallohnsenkungen kommen, wenn die Arbeitnehmer die Inflationsrate unterschätzen, wodurch zusätzliche Arbeitskräfte eingestellt werden. Passen die Arbeitnehmer ihre Lohnforderung an die Inflation an, geht die Nachfrage nach Arbeit zurück und es entsteht Arbeitslosigkeit. Dies ist der Zusammenhang zwischen Inflation und Arbeitslosigkeit, wie ihn die Phillips-Kurve darstellt.

kräften aufgrund einer wachsenden Zahl von Pflegebedürftigen oder einer abnehmenden häuslichen Versorgung, verschiebt sich die Nachfragekurve nach außen (LD_{t_n}). Das neue Gleichgewicht in Punkt (B) ist durch eine zusätzliche Beschäftigungsmenge $L_{t_n} - L_{t_0}$ und einen höheren Lohn $(w/p)_{t_1}$ gekennzeichnet. Der höhere Lohn veranlasst berufsfremde Arbeitskräfte und Ausbildungsabsolventen, in den Markt einzutreten, wodurch sich die Angebotsfunktion nach (LS_{t_n}) verschiebt. Der Lohn fällt im Gleichgewichtspunkt (C) auf sein ursprüngliches Niveau $(w/p)_{t_n}$ zurück. Die Beschäftigung ist insgesamt um den Betrag $l_{t_n} - L_{t_0}$ gestiegen.

Im neoklassischen Standardmodell wird von homogenen, das heißt gleichartigen Arbeitskräften ausgegangen. Erweiterungen ermöglichen aber auch die Analyse von heterogenen Arbeitskräften, zum Beispiel solchen mit beruflicher Qualifikation und solchen ohne Ausbildung. Dabei wird eine Komplementärbeziehung zwischen beiden Arten von Arbeit postuliert, die auch empirisch belegt ist.

Dies ist für die Pflege in weiten Teilen plausibel, da beide Arbeitnehmergruppen bei steigender Zahl von Pflegebedürftigen benötigt werden. Aber auch ein gewisses Substitutionsverhältnis in Teilbereichen ist nicht auszuschließen, da Teilaufgaben, die bisher den Fachkräften vorbehalten waren, durch günstigere Hilfskräfte erbracht werden (siehe Kapitel 5). In Abbildung 3.1 wurde unterstellt, dass alle Arbeitskräfte die gleiche Qualifikation aufweisen. Nun lässt sich das neoklassische Standardmodell erweitern, indem heterogene Arbeitskräfte eingeführt werden.

Auf den Fall des Pflegearbeitsmarkts angewendet wird zwischen dem Markt für Pflegefachkräfte und dem für Pflegehilfskräfte unterschieden. Eine weitere Annahme bezieht sich auf das Verhältnis zwischen den beiden Beschäftigtengruppen, das als komplementär angesehen werden kann. Es wird erneut von einem Nachfrageanstieg nach Arbeitskräften ausgegangen. Jetzt handelt es sich zunächst um einen Anstieg im Bereich qualifizierter Arbeit. Die Nachfragekurve verschiebt sich nach außen (von LD_{t_0} nach LD_{t_n}) und die angebotene Arbeitsmenge steigt. Die Beschäftigten erhalten einen höheren Lohn (siehe Abbildung 3.2). Parallel zur gestiegenen Nachfrage nach qualifizierten Beschäftigten erhöht sich auch die Nachfrage nach Hilfskräften (Verschiebung von $LD_{t_0}^u$ nach $LD_{t_n}^u$). Damit erhöhen sich auch im Markt für unqualifizierte Pflegekräfte die Arbeitsmenge und der Lohn. In der anschließenden Phase reagiert wiederum das Angebot auf beiden Märkten, was zu weiterer Ausdehnung der angebotenen Arbeitsmenge führt. Zum Abschluss ist auf beiden Märkten wieder das ursprüngliche Lohnniveau erreicht und die Zahl der Pflegekräfte angestiegen.

In diesen Beispielen einzelner Teilarbeitsmärkte wurde gezeigt, wie das Zusammenwirken der Marktseiten bei flexiblem Reallohn erfolgt.[3] Auf makroökonomische Zusammenhänge angewendet gilt, dass Arbeitskräftemangel bei vollständigem Wettbewerb einen Anpassungsmechanismus auslöst, bei dem sich der Reallohn erhöht

---

3 Diese zentrale Annahme der neoklassischen Theorie wird vom Keynesianismus kritisiert, der diejenigen Gründe für Lohnrigiditäten untersucht, die eine Anpassung verhindern.

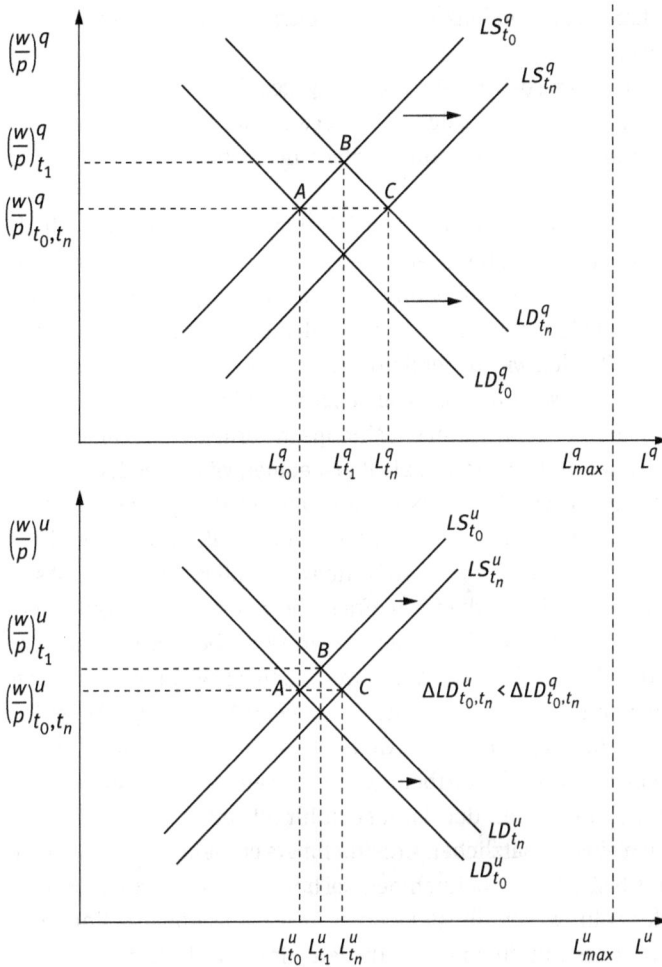

Abb. 3.2: Nachfrageänderung im neoklassischen Arbeitsmarkt für qualifizierte und unqualifizierte Pflegekräfte (eigene Darstellung).

und daraufhin die Arbeitsanbieter ihr Angebot erhöhen. Der Anpassungsprozess geht so lange, bis ein stabiles Gleichgewicht erreicht ist. Beim Gleichgewichtslohnsatz gibt es keine Arbeitskräfte mehr, die zu diesem Lohn arbeiten möchten, aber keine Arbeit finden. Ebenfalls suchen keine Unternehmen mehr Arbeitskräfte. Konkurrenz und Preismechanismus führen in dem Modell zum Gleichgewicht. Es gilt das Say'sche Theorem, wonach sich jedes volkswirtschaftliche Angebot seine eigene Nachfrage selbst schafft, da mit der Herstellung von Gütern gleichzeitig die Einkommen erzielt werden, um diese Güter nachzufragen. Gesamtwirtschaftliches Angebot und Nachfrage haben danach die Tendenz zu einem Gleichgewichtszustand, bei dem Vollbeschäftigung herrscht.[4]

Arbeitslosigkeit als Überhang des Arbeitsangebots gegenüber der Arbeitsnachfrage ist nur bei zu hohen Reallöhnen möglich. Die Frage richtet sich dann nach den Ursachen überhöhter Löhne, wie zum Beispiel Tarifvereinbarungen oder staatlichen Mindestlöhnen.

Neben der Idealvorstellung des vollkommenen Wettbewerbs lassen sich auch Abweichungen davon analysieren. Im Falle sogenannter monopsonistischer Marktstrukturen steht nur ein Nachfrager vielen Anbietern auf dem Markt gegenüber (vgl. Manning 2003). Dies ist in der Realität denkbar, wenn ein alleiniger Nachfrager auf einem lokalen Arbeitsmarkt auftritt oder, wie im Bereich der Altenpflege, ein großer einheitlicher Nachfrager – die Pflegekassen und Sozialversicherungsträger – vielen Anbietern von Pflegeleistungen gegenübersteht. Wenn ein Monopson vorliegt, dann agieren die Unternehmen auf dem Gütermarkt weiterhin als Preisnehmer, wählen jedoch am Arbeitsmarkt nicht mehr zu einem gegebenen exogenen Lohnsatz die optimale Beschäftigung. Für den einzigen Nachfrager ist eine Situation vorteilhafter, die zu geringeren Löhnen und geringerer Beschäftigung als im Wettbewerbsfall führt. Dies lässt sich dadurch erklären, dass ein einzelner Arbeitsnachfrager bei vollständiger Konkurrenz auf dem Arbeitsmarkt den Marktlohn nicht beeinflussen kann. Der zusätzliche Lohn (Grenzlohn) ist gleich dem Marktlohn. Das Wettbewerbsgleichgewicht entspricht der Beschäftigtenzahl L_0 bei herrschenden Lohnsatz w/p_0 (siehe Abbildung 3.3). Im Falle eines Monopsons fallen Arbeitsangebot und Grenzlohnkosten auseinander, da der (einzige) Nachfrager einen zusätzlichen Arbeitnehmer nur einstellen kann, wenn er diesem einen höheren Lohn anbietet, der dann auch für alle anderen Arbeitskräfte gilt. Die Grenzlohnkosten eines zusätzlichen Arbeitnehmers enthalten damit auch die Lohnerhöhungen an alle bisherigen Arbeitnehmer. Bei höherer Nachfrage des Monopsonisten würde sich der Lohn wegen der steigenden Arbeitsangebotsfunktion erhöhen, wodurch der Gewinn des Unternehmens reduziert wird. Aus diesem Grund sind die Arbeitsnachfrage eines Monopsonisten um $L_1 - L_0$ niedriger und der Lohnsatz um $w/p_0 - w/p_1$ geringer als im Modell vollkommener Konkurrenz.

Das neoklassische Standardmodell wurde in zahlreichen Punkten kritisiert. So wird zum Beispiel die Gestalt der Arbeitsangebotskurve hinterfragt. Dabei ist zu berücksichtigen, dass eine Reallohnerhöhung auch zugunsten von mehr Freizeit verwendet werden kann, wodurch sich eine rückwärts geneigte Kurve ergibt. Diese ist allerdings in der Neoklassik wegen der angenommenen Einkommensmaximierung ausgeschlossen. Vor allem die Arbeitszeitflexibilität des Einzelnen wird als unrealistisch angesehen, da die Arbeitskräfte ihre Arbeit nicht in beliebig kleinen Portionen am

---

4 Genau dieses Postulat wird von Keynes anhand der Weltwirtschaftskrise Ende der 1920er-Jahre infrage gestellt, der das (unzureichende) gesamtwirtschaftliche Nachfragevolumen unterhalb des Vollbeschäftigungsniveaus zu erklären versucht.

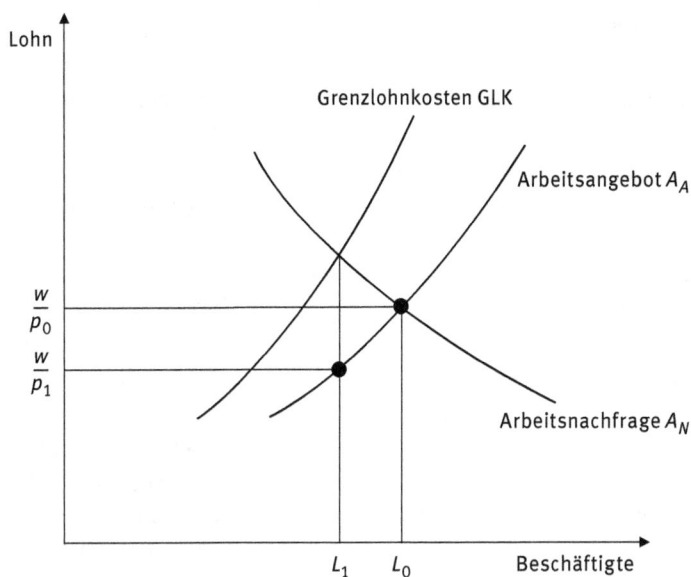

Abb. 3.3: Der Arbeitsmarkt mit einem Nachfrager (Monopson) (eigene Darstellung).

Arbeitsmarkt anbieten. Gleichwohl hat sich die Arbeitszeitflexibilität in den letzten Jahren deutlich erhöht, sodass dieser Einwand weniger relevant ist.

Grundsätzlich kommt es auch weniger auf das genaue Zutreffen dieser Annahmen in der Realität an, sondern darauf, dass das Modell Beurteilungsmöglichkeiten für bestimmte Marktsituationen eröffnet. So stellt sich die Frage, warum Löhne in der Altenpflege kaum auf die veränderte Knappheitssituation am Arbeitsmarkt reagieren. Andererseits zeigt das Beispiel der Einstellungsprämien für Leasingkräfte in der Pflege die Reaktion der Unternehmen auf eine Knappheit der Arbeitskräfte, die treffend anhand des einfachen neoklassischen Modells vorhergesagt werden kann.

Beim Pflegearbeitsmarkt kann weiterhin ein fehlender Organisationsgrad aufseiten der Arbeitskräfte die geringen Löhne erklären, da professionelle Verhandlungsführer der Gewerkschaften besser in der Lage sind, Lohnforderungen durchzusetzen als Einzelpersonen, die über weniger Geschick und/oder Informationen über die Marktsituation verfügen. Auch auf der Nachfrageseite können Restriktionen vorliegen, höhere Löhne im System der Pflegesatzverhandlungen der sozialen Pflegeversicherung durchzusetzen. Zwar besteht ein prinzipieller Anspruch auf Erstattung sämtlicher Kosten (siehe Kapitel 7). Aufgrund des hohen Lohnkostenanteils in den Pflegeeinrichtungen wirken sich Lohnerhöhungen aber stark auf die Pflegesätze und damit auf die Eigenanteile der Pflegebedürftigen beziehungsweise auf die Ausgaben für die Hilfe zur Pflege der Sozialämter aus. Überdurchschnittliche Kostensteigerungen könnten Wettbewerbsnachteile für die betroffenen Einrichtungen verursachen, sodass vorrangig an den Arbeitskosten gespart wird.

3.2 Die Humankapitaltheorie

Eine der wichtigsten Theorien in der Ökonomie ist die Humankapitaltheorie. Ihre Anfänge reichen bis zu Adam Smith (Originalwerk 1776; hier Smith 2001), der den Zusammenhang zwischen Ausbildung und Leistungsfähigkeit von Arbeitskräften erkannte. Neuere Fassungen wurden zu Beginn der 1960er-Jahre von Mincer (1962) und Becker (1964) entwickelt.

Die Humankapitaltheorie dient zur Erklärung verschiedener Phänomene, die mit der herkömmlichen Theorie nicht vereinbar waren, wie die unterschiedliche Beschäftigungsstabilität in Berufen oder häufigere Arbeitsplatzwechsel von jüngeren Arbeitnehmern. Die Humankapitaltheorie erweitert das neoklassische Modell des homogenen Faktors „Arbeit" und erklärt die Verteilung der Arbeitseinkommen mit einem nach Ausbildungsinvestitionen differenzierten Arbeitsangebot. Die Vorstellung ist hierbei, dass Arbeitskräfte im Verlauf ihres Lebens unterschiedlich hohe Investitionen in ihr Arbeitsvermögen (Humankapital) tätigen. Diese Bildungsinvestitionen führen zu einer unterschiedlich hohen Leistungsfähigkeit einzelner Arbeitnehmer, die sich in differierenden Einkommens- und Karrierechancen widerspiegelt und darüber hinaus zu Unterschieden im Arbeitsmarktverhalten und beim Eingehen von Arbeitsmarktrisiken führt.

Die Ausbildung eines Arbeitnehmers wird nach dieser Theorie zu einem Investitionsgut, in das zur Steigerung der Leistungsfähigkeit investiert werden kann. In Analogie zur Investitionsentscheidung wird ein Optimierungskalkül aufgestellt, nach dem so lange in die (Aus-)Bildung investiert wird, bis der Grenznutzen der Bildungsaktivität gleich dem Gegenwartswert der erwarteten zukünftigen Grenzerträge ist.

Die Investitionen in die Qualifikation setzten sich aus Ausbildungskosten und entgangenen Arbeitseinkommen während der Ausbildung (Opportunitätskosten) zusammen. Die künftigen Mehrerträge stammen aus dem zusätzlichen Arbeitseinkommen in der Zukunft, das auf einen Barwert zum Zeitpunkt der Investitionsentscheidung abgezinst wird.

Analytisch vereinfachend wird im Folgenden zwischen allgemeinem und betriebsspezifischem Humankapital unterschieden. Bildungsinvestitionen erfolgen zum einen vor dem Eintritt in den Arbeitsmarkt in Form von allgemein-schulischer, zum anderen im Unternehmen in Form von betriebsspezifischer Ausbildung. Diese Unterscheidung ist zentral für die Finanzierung der Investitionen. Die allgemeine Ausbildung erhöht die Produktivität in vielen Unternehmen, während die betriebsspezifische Ausbildung die Produktion nur in einer Firma beziehungsweise in Firmen gleichen Typs erhöht.

Die Kosten für die allgemeine Ausbildung trägt in der Regel der Staat, da diese Investitionen (theoretisch) nicht mit dem Gewinnmaximierungskalkül der Unternehmer vereinbar sind. Demgegenüber liegt die betriebsspezifische Ausbildung im Unternehmerinteresse. Im Extremfall ist dies aus Sicht des Arbeitnehmers eine Investition, die er nicht am allgemeinen Arbeitsmarkt verwerten kann und die sich nicht im Lohnsatz auf dem Arbeitsmarkt niederschlägt.

Investiert ein Unternehmen indes in die Beschäftigten, zum Beispiel in die betriebsspezifische Ausbildung eines Mitarbeiters, möchte es von diesen Investitionen auch profitieren. Um die Fluktuation des Arbeitnehmers mit betriebsspezifischen Kenntnissen zu verhindern, wird der Betrieb einen Lohn an diesen Beschäftigten zahlen, der über dem Marktlohn liegt. Damit ermöglicht die Existenz von betrieblichem Humankapital eine Bindung des Arbeitnehmers an das Unternehmen. Arbeit wird zum quasifixen Faktor. Die oben beschriebene Grenzproduktivitätsregel bei der Einstellung von Arbeitskräften gilt nur noch für Unqualifizierte, denn bei den qualifizierten Arbeitnehmern soll sich die firmenspezifische Ausbildung auszahlen, woraus eine geringere Fluktuationsneigung und eine geringere spätere Entlassung im konjunkturellen Abschwung resultieren.

In der Praxis ist die eindeutige Unterscheidung zwischen den beiden Ausbildungsarten schwierig und in vielen Fällen gibt es Überschneidungen. Wie häufig in der ökonomischen Theorie gelten die Aussagen nur in abstrakten Situationen.

Einige Autoren heben zwar den Vorzug der Humankapitaltheorie hervor, die die Homogenitätsannahme des Faktors „Arbeit" aufhebt, sehen aber weiterhin die unrealistischen Annahmen der Neoklassik als kritisch an, insbesondere in Bezug auf die Annahme der freiwilligen Arbeitslosigkeit (vgl. Sesselmeier & Blauermel 1998: 59). Gleichwohl kann die Humankapitaltheorie als erster Ansatz für die Erklärung der Stabilität von Beschäftigungsverhältnissen und Lohnstrukturen herangezogen werden, die im Folgenden in anderen theoretischen Zusammenhängen behandelt wird.

3.3 Neue Institutionenökonomie und die Besonderheiten des Arbeitsvertrags

Wesentlich für das Analyseverfahren der Neuen Institutionenökonomie (vgl. Williamson 1985) ist die Annahme einer begrenzten Rationalität der Individuen aufgrund unvollständiger Informationen, die zudem noch ungleich zwischen den Akteuren verteilt sein können (vgl. Richter/Furubotn 2003). Mehrere Arten von Unsicherheit führen dazu, dass Arbeitsverträge aus Sicht der beiden Vertragspartner unbestimmt ausgestaltet werden. Zudem verhindert die Verhaltensannahme der beschränkten Rationalität in Verbindung mit Unsicherheiten über zukünftige Ereignisse und betrieblichen Umweltfaktoren das Zustandekommen zustandsabhängiger Zukunftsverträge. Bei den Interaktionsbeziehungen zwischen Wirtschaftssubjekten sind verschiedene Arten von Transaktionskosten zu berücksichtigen. Die Koordinations- beziehungsweise Transaktionskosten sind vor allem Kosten der Informationsbeschaffung, die für die Vereinbarung und Kontrolle eines als gerecht empfundenen Leistungsaustauschs zwischen Arbeitsmarktpartnern entstehen. Transaktionskosten können auch zur Erklärung des Entstehens von Unternehmen herangezogen werden, wie dies von Ronald Coase (1937) in seinem bahnbrechenden Aufsatz getan wurde. Er erklärt die Existenz von Unternehmen durch eingesparte Transaktionskosten gegenüber dem atomistischen Wettbewerb von einzelnen Akteuren.

3.3.1 Transaktionskostentheorie

Nach Ronald Coase ist Oliver Williamson der bedeutendste Impulsgeber der Transaktionskostentheorie. Williamson prägte den Begriff der Neuen Institutionenökonomik, welche ähnlich wie die alte Institutionenökonomik die Bedeutung von Verfügungsrechten, informellen Absprachen und Gewohnheiten im Wirtschaftsleben untersucht (vgl. Erlei et al. 1999). Der Ansatz der Transaktionskostentheorie fußt auf zwei wesentlichen Bausteinen: sogenannten Umweltfaktoren und dem Postulat von Verhaltensannahmen, deren Kombination als systemimmanent für die Funktionsweise von Organisationen und Märkten angesehen werden (siehe zum Folgenden Dietl 2007 und Nienhüser et al. 2012).

Allgemein formuliert sind die Höhe und die Struktur der Transaktionskosten sowie die Effizienz alternativer Koordinationsformen abhängig von den Eigenschaften der ausgetauschten Leistungen, bei denen Spezifität, Unsicherheit und Häufigkeit unterschieden werden.

Spezifität

Die Auswirkungen spezifischer Investitionen, unter anderem auch in die Ausbildung von Arbeitskräften und deren Marktbewertung, stehen im Zentrum der Transaktionskostentheorie. Sogenannte „idiosynkratische" Investitionen sind dadurch gekennzeichnet, dass sich ihr Wert in einer alternativen Verwendung deutlich von dem der ursprünglich vorgesehenen unterscheidet. Solche Investitionen können zu irreversiblen Investitionskosten werden, die beim Bruch der Vertragsbeziehungen nicht mehr zurückgeholt werden können, also gewissermaßen versinken (*sunk costs*). Der Spezifitätsgrad einer Leistung ist umso höher, je stärker sich die beabsichtigten und die nächstbesten Verwendungsmöglichkeiten unterscheiden. Der Anbieter einer solchen Leistung bezieht eine sogenannte „Quasirente", denn er kann den Wert nur in einer spezifischen Verwendung erzielen. Ein Beispiel sind Profi-Tennisspieler, die nur in ihrem Sport enorm hohe Einkommen erzielen können, aber auf dem allgemeinen Arbeitsmarkt wesentlich weniger verdienen würden. Bei hoher Spezifität der ökonomischen Austauschbeziehungen kommt es zu „monopolartigen" Leistungsbeziehungen mit wechselseitigen Abhängigkeiten und Sicherungsbedürfnissen (Small-Numbers-Situation). Aufgrund der begrenzten Rationalität der Transaktionspartner entstehen Spielräume für opportunistisches Verhalten, deren Ausnutzung vor allem bei hoher Spezifität zu hohen Transaktionskosten (z. B. bei Wechsel des Transaktionspartners) führen kann.

Unsicherheit und Komplexität

Die Bewältigung von Unsicherheit kann als eines der Hauptprobleme einer ökonomischen Organisation der Gesellschaft angesehen werden. Dabei wird zwischen primärer Unsicherheit im Sinne von Zufallsabhängigkeit und sekundärer Unsicherheit als Mangel an Koordinationsfähigkeit der Akteure unterschieden. Hinzu kommt Verhaltensunsicherheit vor allem im Fall bilateraler Verträge, wobei diese im Unterschied zur sekundären Unsicherheit strategischer Natur ist. Bezug nehmend auf die Knight'sche Unterscheidung zwischen Risiko und Unsicherheit liegt der Schwerpunkt nicht auf dem statistischen Risiko mit bekannten Wahrscheinlichkeitsverteilungen, sondern auf echter Unsicherheit, die sich durch unvollständige Verträge ergibt (vgl. Knight 1964).

Häufigkeit

Als dritte Einflussgröße wird die Häufigkeit (*frequency*) der Transaktionen angenommen (vgl. Williamson 1985: 60 f.). Mit zunehmender Anzahl identischer Transaktionen besteht die Möglichkeit zur Realisierung von (Fix-)Kostendegressions-, Skalen- und Synergieeffekten. Sofern diese Potenziale genutzt werden, sinken die Produktions- und Transaktionskosten je Transaktion mit der Zunahme identischer Transaktionen. Im Vergleich zu den ersten beiden Kosteneinflussgrößen spielt die Häufigkeit innerhalb der Transaktionskostenanalyse eine untergeordnete Rolle.

Begrenzte Rationalität

Beschränkte Rationalität bedeutet, dass die Akteure aufgrund kognitiver Aufnahme- und Verarbeitungsgrenzen (sowie kommunikativer Probleme) im Ergebnis nur unvollkommen rational handeln können, obwohl sie rationales Verhalten anstreben (vgl. Williamson 1985: 45 f.). Im Zusammenhang mit einer unsicheren und/oder komplexen Umwelt ergeben sich hieraus Probleme für die Vertragsgestaltung, da die Akteure nicht in der Lage sind, in Verträgen sämtliche Bedingungen vollkommen zu spezifizieren, wodurch nachvertragliche „Unsicherheitszonen" entstehen. Dies gilt insbesondere auch für Arbeitsverträge, in denen nicht jede Arbeitsleistung im Detail festgelegt werden kann.

Opportunismus

Die Annahme des Opportunismus unterstellt den Akteuren, dass sie sich gegenüber ihren Vertragspartnern strategisch verhalten, also versuchen, ihre Interessen (auch gegen die Vertragsnorm) durchzusetzen, und dabei auch nicht vor List, Tücke und Täuschung zurückschrecken (vgl. Williamson 1985: 47–50; 210). Williamson umschreibt Opportunismus deshalb auch als „self-interest seeking with guile" (Williamson 1985: 47), was sich in etwa mit „listige Verfolgung des Eigeninteresses" übersetzen lässt. Opportunistisches Verhalten kann demnach sowohl vor (Ex-ante-

Opportunismus) als auch nach Vertragsschluss (Ex-post-Opportunismus) auftreten (Williamson 1985: 47–49). Insbesondere Ex-post-Opportunismus, also der Versuch eines Akteurs, nachvertraglich sein Eigeninteresse – etwa auf der Basis von Informationsasymmetrien oder der Unvollständigkeit des Vertrags – durchzusetzen, wird in der Transaktionskostentheorie behandelt. Die praktischen Implikationen sind, dass Verträge oder Absprachen allgemein nur dann eingehalten werden, wenn die Kosten des Regelverstoßes die Kosten der Befolgung überwiegen. Daher bedarf es für den jeweils anderen Vertragspartner der Absicherung gegen die Folgen des Opportunismus, wobei auch die Kosten der Absicherung einbezogen werden.

3.3.2 Principal-Agent-Theorie (Vertretungstheorie)

Ausgangspunkt der folgenden Überlegungen sind die Kontrollkosten über die vertragliche Leistungserbringung, die bei der Ausgestaltung von Arbeitsverträgen zentral sind. Einerseits ist der Arbeitgeber annahmegemäß nur zu sehr hohen Kosten in der Lage, die kontinuierliche Arbeitsleistung des Arbeitnehmers zu überprüfen. Andererseits ist die Unbestimmtheit von (Arbeits-)Verträgen auch dadurch begründet, dass das Unternehmen bei wechselnden Anforderungen flexibel reagieren muss. Hierdurch ändert sich das Wesen des Produktionsfaktors „Arbeit" gegenüber dem neoklassischen Standardmodell, denn die Arbeitsleistung ist nicht mehr ex ante vorbestimmt. Damit erhält der Arbeitgeber durch den Arbeitsvertrag nur mehr die Arbeitskraft und nicht die Arbeit selbst: Tauschergebnis ist die betriebliche Verweildauer im Betrieb (vgl. Sesselmeier & Blauermel 1998: 139 f.).

Grundsätzlich besteht zwischen Arbeitnehmer und Unternehmen ein Interessenskonflikt: Das Unternehmen ist an maximaler Arbeitsleistung seiner Beschäftigten interessiert, der Arbeitnehmer eher an Arbeit nach Vorschrift. Aufgrund der zwischen Arbeitnehmer und Arbeitgeber asymmetrischen Informationsverteilung über die Arbeitsleistung ist im Betrieb ein Arrangement zu finden, das den Arbeitnehmer zur unternehmensgerechten Leistung veranlasst.

Kontakttheoretische Überlegungen, die die Existenz von Unternehmen auf die Herstellung von Teamproduktion zurückführen, legen nahe, dass sich eine solche immer dann durchsetzt, wenn der gemeinsam zu erzielende Output größer ist als die Summe der einzelnen Produktionsmengen. Allerdings besteht das Problem, dass zwar der Gesamtoutput messbar ist, aber nicht der Beitrag des einzelnen Teammitglieds, woraus sich das Risiko opportunistischen Verhaltens einzelner Teammitglieder ergibt. Um die denkbar schlechteste Situation zu vermeiden, dass niemand Leistung erbringt und auch niemand Lohn erhält (Gefangenendilemma), ist es plausibel, dass sich die Teammitglieder aus eigenem Interesse einem Überwacher unterwerfen, der die Leistungen kontrolliert.

Die in der Vertretungstheorie untersuchten Beziehungen sind durch eine asymmetrische Informationsverteilung zwischen den beteiligten Partnern gekennzeichnet.

Der Agent beziehungsweise Ausführende (z. B. der Arbeitnehmer) hat dabei gegenüber dem Prinzipal beziehungsweise Auftraggeber (z. B. dem Vorgesetzten) einen Informationsvorsprung. Um Aufgaben nicht selbst zu erledigen, überträgt der Prinzipal Aufgaben und Entscheidungskompetenzen auf den Agenten. Ein Beispiel für diese Beziehung ist die zwischen Eigentümer (einer Pflegeeinrichtung) und dem/der Geschäftsführer/-in. Die Handlungen des Agenten beeinflussen daher nicht nur sein eigenes Nutzenniveau, sondern auch das des Prinzipals. Ziel des Ansatzes ist es, durch ein Arrangement von richtig gesetzten Anreizen den Agenten dazu zu bewegen, im Interesse seines Prinzipals zu handeln. Da die Interessen des Prinzipals meist denen des Agenten entgegenstehen, bedarf es gezielter Anreizmechanismen, wie zum Beispiel die leistungsorientierte Bezahlung von Führungskräften.

Zentrale Annahme ist, dass die Arbeitnehmer die Qualität und das Niveau ihrer Arbeitsleistungen innerhalb bestimmter Bandbreiten variieren können, ohne dass die Unternehmen derartige Verhaltensweisen genau oder nur zu prohibitiv hohen Kosten kontrollieren können. Daher versuchen die Arbeitgeber, die Leistungsmotivation ihrer Arbeitnehmer durch Zahlung höherer Löhne zu steigern (Anreiz- und Motivationsfunktion des Lohnaufschlags). Der lohnsetzende Unternehmer erreicht durch einen über dem markträumenden Lohn liegenden, freiwillig gezahlten Effizienzlohn eine Erhöhung der Arbeitsproduktivität, des Outputs und dessen Gewinns. Diese Lohnerhöhungen finden so lange statt, wie der Mehrerlös die zusätzlichen Lohnkosten gerade noch übersteigt. Die Unternehmen versuchen, die Arbeitskosten pro Effizienz-, nicht pro Arbeitseinheit zu minimieren. Die gegenwärtige Leistungsintensität beziehungsweise Effizienz des Arbeitnehmers ist eine positive und konkave Funktion des aktuellen Lohnsatzes. Entsprechend der neoklassischen Optimalitätsbedingungen muss zum einen das Wertgrenzprodukt eines Arbeitnehmers, gemessen in Effizienzeinheiten, den Lohnkosten je Effizienzeinheit entsprechen, zum anderen mit den Grenzkosten einer Erhöhung der Effizienz um eine Einheit identisch sein. Aus beiden Bedingungen ergibt sich, dass der vom Unternehmer zu setzende optimale Lohnsatz, und damit gleichzeitig auch die optimale Beschäftigungsmenge, dann erreicht sind, wenn die Lohnelastizität der Leistungsintensität, die Elastizität der Arbeitseffizienz in Bezug auf den Lohnsatz, den Wert 1 aufweist (vgl. Keller 2010).

Somit lässt sich festhalten, dass ein Interesse beider Seiten an einem weitgehend unspezifischen Arbeitsvertrag besteht, der ein hohes Maß an Flexibilität im Nachhinein erlaubt. Williamson betont die Relevanz der Transaktionssphäre für die Kooperation der Arbeitsmarktparteien und die Langfristigkeit des Arbeitsvertrags. Die Transaktionsatmosphäre wird wesentlich durch soziale Aspekte bestimmt, zum Beispiel durch die Vertrauensbasis zwischen Vertragspartnern. Die Transaktionsatmosphäre hat einen Einfluss auf die Wirksamkeit der Transaktionsfaktoren „Unsicherheit" und „Faktorspezifität". Eine positive Atmosphäre verhindert opportunistisches Verhalten und wirkt vertrauensfördernd. Die langfristige Beziehung zwischen den Akteuren unterscheidet sich als Organisationsform deutlich vom Spotgütermarkt, selbst wenn nur mündliche Absprachen vorliegen. Ursache sind die wechselseitigen „Investitionen" in das Beziehungskapital der Transaktionsatmosphäre. Insgesamt gilt, dass Arbeitsverträge trotz aller Kontroll- und Sanktionsmöglichkeiten von beidseitigem Vertrauen gekennzeichnet sein müssen.

3.3.3 Effizienzlohnmodelle

Ursprünglich dienen Effizienzlohnmodelle zur Erklärung der Begrenzung der Lohnflexibilität (nach unten) und der daraus folgenden Existenz von unfreiwilliger Arbeitslosigkeit (vgl. Yellen 1984). Sie tragen aber auch zum Verständnis von Arbeitsbeziehungen bei. Eine Voraussetzung in diesem Modell ist wiederum, dass die Arbeitskräfte in der Lage sind, das Niveau ihrer Leistungen im Betrieb zu variieren, ohne dass dies vom Arbeitgeber vollständig beobachtet werden kann.

Der Ansatz erklärt, dass von Arbeitgebern Löhne oberhalb des (markträumenden) Gleichgewichtslohns gesetzt werden, weil sie sich davon Vorteile einer besseren Arbeitsleistung ihrer Beschäftigten versprechen. Höhere Löhne steigern die Leistungserbringung der Arbeitnehmer durch

- bessere Arbeitsmoral,
- höhere Durchschnittsqualität der Arbeitsplatzbewerber,
- geringere Fluktuation,
- geringeres „Schummeln" (*shirking*) wegen höherer Opportunitätskosten der Entlassung.

Auf diesem Grundgedanken basieren verschiedene Erklärungen von Arbeitsbeziehungen, nämlich der Gift-Exchange-Ansatz, der Labour-Turnover-Ansatz, der Shirking-Ansatz und auch die Theorie der Senioritätsentlohnung.

Gift-Exchange-Ansatz

Ausgangspunkt dieses Erklärungsansatzes ist der Umstand, dass Unternehmen aufgrund sozialer Konventionen darauf verzichten, weniger produktive Arbeitnehmer aus Gründen des betrieblichen Friedens zu entlassen. Loyalität der Mitarbeiter und das Betriebsklima werden als wichtige Determinante der Arbeitsproduktivität angesehen.

Abgeschlossene Arbeitsverhältnisse gründen demnach auf dem Prinzip des gegenseitigen Beschenkens (*gift exchange*), wonach dem Arbeitgeber eine höhere Arbeitsleistung im Gegenzug zu einem höheren Lohn „dargebracht" wird (vgl. Akerlof 1982). In dieses Konzept findet die traditionelle soziologische Sichtweise Eingang, dass Normen bestimmter Arbeitnehmergruppen demnach ebenso Einfluss auf die Arbeitsleistungen haben wie Vorstellungen davon, wie faire Arbeitsbedingungen auszusehen haben. Das betriebliche Klima bestimmt damit die Produktivität des Arbeitnehmers.

Labor-Turnover-Ansatz

Im Labor-Turnover-Ansatz steht der Effekt der Entlohnung auf die Arbeitskräftefluktuation im Vordergrund. Zur Stabilisierung einer bestimmten Belegschaftsstruktur dient ein über dem Marktgleichgewicht liegender Lohn. Dabei sind zwei Zusammenhänge von Bedeutung, und zwar

1. der Zusammenhang zwischen Fluktuationsquote und Produktivität sowie
2. der Zusammenhang zwischen Fluktuation und Lohndifferenzen.

Unter der Annahme, dass neu eingestellte Arbeitskräfte aufgrund fehlender Einarbeitung eine geringere Produktivität als die Stammbelegschaft aufweisen, ergibt sich ein Zusammenhang zwischen Fluktuationsquote und durchschnittlicher Produktivität. Je notwendiger ein betriebliches Training für die Erlangung einer bestimmten Produktivität ist und je schwieriger es für die neu eingestellten Arbeitnehmer ist, sich mit den betrieblichen Verhältnissen vertraut zu machen, desto größer sind die Produktivitätsverluste steigender Fluktuation.

Der Lohn fungiert in diesem Modell als Bindungselement, das Kosten der (übermäßigen) Fluktuation von Arbeitskräften verhindert. Je höher der relative Lohnsatz, desto geringer ist der Anreiz für den Arbeitnehmer zu kündigen. Außerdem bedeutet eine niedrige Fluktuationsquote eine hohe Durchschnittsproduktivität, die wiederum einen hohen Lohnsatz ermöglicht.

Der Shirking-Ansatz

Ein weiterer Mechanismus zur Erzielung höher Arbeitsleistung setzt wiederum an der asymmetrischen Informationsverteilung zwischen Arbeitnehmer und Unternehmer an (vgl. Shapiro/Stiglitz 1984). Statt der neoklassischen Sichtweise des genau spezifizierten Austauschs von Arbeitsleistung und Lohn ist in diesem Ansatz die Beziehung zwischen Arbeitnehmer und Arbeitgeber durch das Principal-Agent-Problem gekennzeichnet. Der Arbeitnehmer hat die Möglichkeit, seine Leistung innerhalb einer gewissen Bandbreite selbst zu bestimmen, was ihm einen Freiraum eröffnet. Neben dem fest vereinbarten Lohnsatz ergibt sich ein Nutzen aus dem „Bummeln", solange dies vom Arbeitgeber nicht eindeutig nachgewiesen werden kann. Die vollständige Kontrolle wäre nämlich so aufwändig, dass sie sich im Verhältnis zum Ertrag nicht lohnen würde. „Diese Nachteile infolge der unvollkommenen Informationsstruktur kompensieren nun die Unternehmen durch die Zahlung eines Effizienzlohnes, mit dem es die Arbeitnehmer zu unternehmenskonformen Verhalten disziplinieren möchte." (Sesselmeier & Blauermel 1998: 166) Zwischen Lohn und Arbeitsleistung besteht eine positive Korrelation. Deshalb kommt für den Arbeitgeber eine Lohnkürzung nicht infrage, um abweichendes Verhalten des Angestellten zu bestrafen. Ein möglicher Verlust des Arbeitsplatzes bedeutet für den Arbeitnehmer, der nach dem Effizienzlohn bezahlt wird, einen größeren Nachteil als für eine Arbeitskraft, die Einkommen aufgrund des Marktlohns bezieht. Daraus folgt: „Je höher der Effizienzlohn, desto geringer ist die Neigung des Arbeitnehmers zu bummeln, da er bei der eventuellen Kündigung deswegen mit höheren Opportunitätskosten zu rechnen [hat]" (Sesselmeier & Blauermel 1998: 166).

Wenn alle Unternehmen Effizienzlöhne oberhalb des Markträumungslohns zahlen, entsteht definitionsgemäß Arbeitslosigkeit. „Neben dem direkten Druck, den ein Unternehmen über den Effizienzlohn auf den Arbeitnehmer ausübt, zeigt noch ein indirekter Effekt seine Wirkung: [N]eben dem Effizienzlohn veranlasst auch das Risiko, arbeitslos zu werden und zu bleiben, den Arbeitnehmer[,] sich entsprechend der Unternehmensforderung zu verhalten" (Sesselmeier & Blauermel 1998: 166). Damit wird im Rahmen der Effizienzlohntheorie modelltheoretisch die Wirkung einer (drohenden) Arbeitslosigkeit auf das Verhalten der Arbeitskräfte abgeleitet, das nach allgemeiner Intuition plausibel ist.

Die Senioritätsentlohnung

Ein weiteres Instrument zur Steigerung der Arbeitsleistung kann in dem Ansatz der Senioritätsentlohnung gesehen werden. Der Grundgedanke entspricht dem der Effizienzlohntheorie, der bei diesem Ansatz auf längere Zeiträume angewendet wird. Nach dieser Idee erhält eine Arbeitskraft in der Anfangszeit ihrer Betriebszugehörigkeit einen Lohn, der unterhalb ihres Wertgrenzprodukts liegt. Mit zunehmender Betriebszugehörigkeit steigt dann der Lohn über das Wertgrenzprodukt hinaus. Aus dem Senioritätslohnprofil ergibt sich ein Anreiz für den Arbeitnehmer, im Zeitablauf nicht in der Arbeitsleistung nachzulassen beziehungsweise im Betrieb zu bleiben, um den höheren Lohn im Alter zu realisieren.

Den Unternehmen bleibt damit das betriebsspezifische Wissen erhalten, das ihnen bei Entlassung verloren ginge. Eine zentrale Frage ist jedoch dabei, ob Unternehmen Arbeitskräfte bereits zu dem Zeitpunkt entlassen, in dem sie mehr kosten als sie an Wertschöpfung erzielen, wodurch die Arbeitgeber die implizite langfristige Abmachung brechen würden (*moral hazard*). Wenn dies allerdings von den Kollegen beobachtet werden kann, ist dies für das Unternehmen wiederum von Nachteil, da die Arbeitnehmer an der Glaubhaftigkeit der Abmachung zweifeln und ihrerseits in der Arbeitsleistung nachlassen.

Die Vorstellung der verschiedenen ökonomischen Ansätze zur Analyse von Arbeitsbeziehungen hat einige Mechanismen deutlich gemacht, wie die Arbeitsleistung in den Betrieben gesteigert werden kann. Zudem sind die Probleme der Koordinierung und des Austauschs wirtschaftlicher Aktivitäten, insbesondere der Transaktionskosten, analysiert worden. Schließlich wurden die Principal-Agent-Probleme bei asymmetrischen Informationen zwischen Vertragspartnern erörtert, die auch auf Arbeitsbeziehungen angewendet werden können. Gleichwohl ist der Faktor „Arbeit" von besonderer Beschaffenheit, denn er wird nicht auf einem Spotmarkt beziehungsweise unpersönlich und direkt ausgetauscht. Der Faktor „Arbeit" ist keine lagerfähige beliebig teilbare Stromgröße, wodurch die besonderen Arbeitnehmer-Arbeitgeber-

Beziehungen in den Mittelpunkt rücken. Sie bedürfen weiterer Analysen, die die Funktionsweise interner Arbeitsmärkte zum Gegenstand haben.

3.4 Ansätze der Arbeitsmarktsegmentation

Nachdem das neoklassische Grundmodell, dessen Erweiterungen sowie modernere Ansätze, die sich dem Leistungsproblem im Betrieb widmen, erörtert wurden, sollen weitere Erklärungen vorgestellt werden, die jeweils unterschiedliche Aspekte des allgemeinen und betrieblichen Arbeitsmarkts beleuchten. Dabei werden segmentationstheoretische Erklärungen, die Theorie der geschlechtsspezifischen Arbeitsmarktsegregation (siehe Kapitel 3.6) und solche Ansätze herangezogen, die die Besonderheiten der sozialen und haushaltsnahen Berufe erklären (siehe Kapitel 3.7).

In Kapitel 3.4 werden die arbeitssoziologischen Ansätze interner Arbeitsmärkte sowie der Segmentation dargestellt. Diese Ansätze versuchen, sich der Realität stärker anzunähern und eine Alternative zum rein ökonomischen Ansatz zu formulieren. Dabei handelt es sich eher um ein Konglomerat von Theoremen statt um eine geschlossene Theorie. Auch methodisch wird ein anderer Weg beschritten. Die Neoklassik geht deduktiv vor, das heißt, sie postuliert eine allgemeine Theorie und wendet diese anschließend auf spezielle Arbeitsmarktprobleme an. Die Segmentationsforschung dagegen basiert eher auf induktivem Verständnis. Sie erkennt Phänomene in den Betrieben und versucht, sie durch Fallstudien zu belegen und dann theoretisch zu erklären.

Schließlich herrscht zwischen den beiden Theoriesträngen ein anderes Verständnis des Arbeitsmarkts. Arbeitskräfte werden in den neoklassischen Ansätzen als mehr oder weniger gegeneinander austauschbar angesehen. Zwar lässt auch die Neoklassik unterschiedliche Teilarbeitsmärkte zu, aber deren Funktionsweise folgt im Prinzip den gleichen Marktprinzipien, während in den Segmentationsansätzen dauerhafte Barrieren erkannt werden.

3.4.1 Der Radikalökonomische Ansatz

Bei den sogenannten „Radicals" handelt es sich um eine Gruppe kritischer US-amerikanischer Ökonomen, die eine Gegenposition zur neoklassischen Position einnehmen. Ihr zentrales Erkenntnisinteresse ist, Ungleichheiten am Arbeitsmarkt als Ergebnis historischer, ökonomischer und gesellschaftlicher Prozesse zu erklären.

Das Hauptkriterium für eine Trennung am Arbeitsmarkt sehen Reich et al. (1973) in den Stabilitätseigenschaften der Arbeitsplätze. Primäre Arbeitsplätze sind gekennzeichnet durch günstige Arbeitsbedingungen und hohe Löhne, die eine positive Einstellung der Arbeitnehmer zu ihrer Arbeit und einen langen Verbleib im Betrieb begünstigen, während sekundäre Arbeitsplätze keine Bindung der Beschäftigten an den

Betrieb ermöglichen und eine negative Einstellung zur Arbeit auslösen. Die Löhne sind gering und die Fluktuation der Beschäftigten ist hoch.

In historischer Analyse der US-amerikanischen Entwicklung wird von Reich et al. (1973) die Herausbildung primärer und sekundärer Arbeitsmarktsegmente untersucht. Im Zuge wirtschaftlicher Konzentrationsprozesse bildet sich ein primärer Arbeitsmarkt heraus, der in Betrieben mit gewisser Marktmacht und hohen Fixkosten beziehungsweise hoher Kapitalintensität entsteht. Im primären Segment des Arbeitsmarkts werden obere und untere Bereiche unterschieden. Der obere primäre Arbeitsmarkt bietet Arbeitsplätze mit hoher Autonomie und Kreativität und erfordert Problemlösungsvermögen, während im unteren Bereich Jobs für Arbeiter mit unterschiedlichen Formen der Kontrolle – einfach, technisch oder bürokratisch organisiert – entstehen.

In der Peripherie der Ökonomie bildet sich ein sekundärer Arbeitsmarkt heraus. In Unternehmen mit arbeitsintensiver Technologie und geringer Marktmacht können keine hohen Löhne gezahlt werden. Geringe Qualifikation der Beschäftigten und niedrige Fixkosten führen zu hoher Fluktuation der Arbeitskräfte.

Reich et al. (1973) verbinden die unternehmensseitige Spaltung des Arbeitsmarkts mit der für US-amerikanische Verhältnisse bestehenden Segmentierung nach Personengruppen, zum Beispiel nach ethnischer Zugehörigkeit und Geschlecht. „While minority workers are present in secondary, subordinate primary and independent primary segments they often face distinct segments within those submarkets. Certain jobs are ‚race-typed‘, segregated by prejudice and by labor market institutions." (Reich et al. 1973: 360). Die Autoren geben auch Hinweise auf eine geschlechtsspezifische Segmentierung: „Certain jobs have generally been restricted to men; others to women. Wages in the female segment are usually lower than in comparable male jobs; female jobs often require and encourage a ‚serving mentality‘ – an orientation toward providing services to other people and particularly to men. These characteristics are encouraged by family and schooling institutions" (Reich et al. 1973: 360). Die radikale Kritik am Kapitalismus der kritischen Ökonomen äußert sich darin, dass die Segmentierung der Arbeitskräfte in unterschiedliche Gruppen als funktional im Monopolkapitalismus angesehen wird. Sie verhindere, dass die Gewerkschaften für eine große Zahl von Arbeitskräften eine Gegenmacht ausüben können. „Labor market segmentation arose and is perpetuated because it is functional that is, it facilitates the operation of capitalist institutions. Segmentation is functional primarily because it helps reproduce capitalist hegemony. First, as the historical analysis makes quite clear, segmentation divides workers and forestalls potential movements uniting all workers against employers." Die Unterschiede der Arbeitsmarktsegmente basieren bei den Radicals auf der Art des Kontrollmechanismus für die Arbeiter. Der Ansatz bezieht sich auf amerikanische Verhältnisse und die Entwicklung in der Industrie sowie der Landwirtschaft. Dabei bleiben weitere Differenzierungen, insbesondere vor dem Hintergrund des deutschen Modells der dualen Berufsausbildung, unberücksichtigt.

3.4.2 Der institutionalistische Ansatz von Doeringer und Piore

Die folgenden Ansätze eröffnen durch ihre breitere Vorgehensweise neue Forschungs-
felder und richten sich gegen die Vereinfachungen und Postulate der herkömmlichen Arbeitsmarkttheorie, wie isolierte Entscheidungen der Wirtschaftssubjekte,
die Dominanz des Lohns als Regulativ der Arbeitskräfteallokation, der Tendenz zur
Markträumung sowie der Vernachlässigung historischer, sozialer, rechtlicher und
institutioneller Faktoren. Es sind keine geschlossenen Theorien, sondern die Begrün-
dungsschwerpunkte betonen jeweils unterschiedliche Aspekte des Arbeitsmarkts.

Grundlegend ist bei Doeringer und Piore (1971) die Spaltung des Gesamtarbeitsmarkts, zunächst in ein primäres und ein sekundäres Arbeitsmarktsegment. Im primären Arbeitsmarktsegment herrschen
- stabile Arbeitsplätze,
- Aufstiegschancen,
- festgelegte Karrieremuster,
- hohe Einkommen,
- gute Arbeitsbedingungen,
- geringe Fluktuation,
- hohe Qualifikationsanforderungen,
- formelle oder informelle Regelungen für Aufstiegskriterien/Entlassungen.

Im sekundären Arbeitsmarktsegment sind dagegen verbreitet
- instabile Arbeitsverhältnisse,
- schlechte Arbeitsbedingungen,
- geringe Qualifikationsanforderungen,
- häufige Arbeitslosigkeit,
- hohe Fluktuation,
- keine oder nur geringe Aufstiegschancen.

Diese Struktur wird in einem späteren Schritt weiter differenziert, in dem der primäre
Arbeitsmarkt weiter in ein oberes und ein unteres Segment aufgeteilt wird. Das obere
Segment umfasst professionelle Arbeitsfelder und Managementjobs, für die Kreativität, Eigeninitiative und individuelle Flexibilität erforderlich sind. Im unteren Segment
dominieren Tätigkeiten, in denen auf einem unteren bis mittleren Qualifikationsniveau vor allem Disziplin, Zuverlässigkeit und eine gewisse Monotonietoleranz abver-
langt werden (vgl. Henneberger & Kaiser 2000: 10).

Der sekundäre Arbeitsmarkt bildet die Restgröße von Arbeitsplätzen, die den
oben genannten Bedingungen nicht entsprechen. Der so differenzierte Arbeitsmarkt
gleicht einer Pyramide, das heißt, die Größe der Segmente nimmt nach oben hin
ab. Die Zuordnung der Arbeitskräfte zu einem bestimmten Arbeitsmarktsegment
erfolgt über ihre Qualifikationen. Zur Unterscheidung der Segmente und näheren
Beschreibung der Arbeitsmarktmechanismen wird das Konzept der Mobilitätsketten

eingeführt. Hinzu kommt eine Differenzierung der Arbeitskräfte nach drei sozialen Schichten. Charakteristisch für die einzelnen Teilarbeitsmärkte sind besondere Abfolgen beruflicher und außerberuflicher, allgemein sozialer Stationen. Diese Mobilitätskette beschreibt den typischen Karriereverlauf eines Arbeitnehmers innerhalb eines Segments. Die Rekrutierung für das obere Segment erfolgt durch eine Mobilitätskette, die in der Mittelschicht beginnt und die ein hohes formales Qualifikationsniveau durch betriebsübergreifende Mobilität ermöglicht. Der untere primäre Sektor ist ebenfalls durch Mobilitätsketten sowie innerbetriebliche Stabilität und Senioritätsrechte gekennzeichnet, während der sekundäre Teilarbeitsmarkt von den Mobilitätsketten ausgeschlossen ist.

Die Eigenschaften der Beschäftigten in letzterem Segment werden als ungünstig angesehen. Während die Beschäftigten der Arbeiterschicht einem stabilen Lebensstil nachgehen, wird angenommen, dass solche im sekundären Sektor unpünktlicher sind, häufiger fehlen oder sich weniger unterordnen und durch Poor Work Historie gekennzeichnet sind. Zudem wird wie in den anderen Segmentationsansätzen zwischen externem und internem Arbeitsmarkt unterschieden. Im internen Arbeitsmarkt gelten institutionalisierte Regeln zur Gratifikation und Entlohnung, während der externe Arbeitsmarkt durch den Wettbewerb gesteuert wird.

Zusammenfassend kann festgehalten werden, dass die Ursachen der Dualität auf die technologisch-wirtschaftliche Entwicklung und eine Spaltung der sozialen Schichten zurückgeführt werden. In der Wirtschaft werden, ähnlich wie in der radikalökonomischen Schule, ein monopolisierter Kernbereich und ein peripherer Wettbewerbsbereich unterschieden. Die Zweiteilung der Ökonomie basiert auf sinkenden Durchschnittskosten und solchen mit U-förmiger Durchschnittskostenkurve, die eine instabile Produktion und damit immer wieder Krisen verursachen.

3.4.3 Alternativrollen-Ansatz

In diesem Erklärungsmodell werden alternative Rollen von Arbeitskräften außerhalb des Erwerbssystems als Diskriminierungsinstrument der Arbeitgeber angesehen. Hierdurch ergibt sich ein neuer angebotsorientierter Zugang zur Dualisierungsthese des Arbeitsmarkts, die von den sogenannten Problemgruppen des Arbeitsmarkts ausgeht. Nach Offe und Hinrichs (1984) geht es in ihrem Ansatz um die Gründe, weshalb der sekundäre Arbeitsmarkt aus bestimmten Personengruppen besteht. Für die Funktionsweise des Arbeitsmarkts werden zwei Annahmen vorausgesetzt. Zum einen besteht ein Machtgefälle zwischen Arbeit und Kapital, das heißt, Arbeitskräfte sind den Unternehmern grundsätzlich unterlegen. Zum zweiten herrscht ein Ungleichgewicht zwischen einzelnen Gruppen unter den Arbeitskräften. Rechtliche und kulturelle Normen weisen bestimmten Gruppen am Arbeitsmarkt eine allgemein akzeptierte Freistellungsrolle zu. So galt für Frauen lange Zeit die Hausarbeit beziehungsweise die Kinderbetreuung als die gesellschaftlich anerkannte Rolle, Älteren

wurde der Ausstieg in den Vorruhestand nahegelegt, Jüngere wurden auf das Schul-
und Bildungssystem oder Übergangssystem verwiesen.

Diese Problemgruppen können aus humankapitaltheoretischer Sicht von den
Unternehmen diskriminiert werden, da ihre längerfristige Bindung an den Betrieb
aufgrund der Alternativrollen unsicher ist. Eine Investition in das Arbeitsvermögen
dieser Personen ist deshalb besonders risikoreich. Der Einsatz solcher Arbeitskräfte
geschieht meist auf Arbeitsplätzen mit geringen Einstellungs- und Ausbildungskosten. Derartige „Jedeperson-Arbeitsplätze" kennzeichnen hohe Ersetzbarkeit, fehlende
Aufstiegschancen, restriktive Arbeitsbedingungen und geringer Lohn.

3.4.4 Der dreigeteilte Arbeitsmarkt und berufliche Teilarbeitsmärkte

Während im institutionalistischen Ansatz das interne Arbeitsmarktsegment mit „guten" (primären) und das externe mit „schlechten" (sekundären) Bedingungen gleichgesetzt wurde, wird von Lutz und Sengenberger (1974) ein „guter externer" Teilarbeitsmarkt nachgewiesen. Dieser wird dadurch ermöglicht, dass fachliche Qualifikationen
in Berufen gebündelt und von Berufsverbänden überbetrieblich Qualifizierungswege organisiert werden, die Arbeitsplatzwechsel zwischen den Betrieben zu guten
Bedingungen möglich machen. Zwar kann davon ausgegangen werden, dass viele
Beschäftigte eher Risiken vermeiden und deshalb bereit sind, zugunsten von Beschäftigungssicherheit im internen Arbeitsmarkt auf externe Beschäftigungsoptionen zu
verzichten. Beschäftigte im primär externen Teilarbeitsmarkt können aber mit dem
Warencharakter ihrer Arbeitskraft (Kommodifizierung) gut umgehen, weil sie auch
dort gute Gehälter erzielen und bei Betriebswechsel schnell wieder Anstellung finden
(vgl. Barthelheimer et al. 2014).

Berufsfachliche Arbeitsmärkte werden auch der Realität des deutschen Arbeitsmarktes besser gerecht. In den USA beschränken sich solche Märkte nur auf klassische handwerkliche Bereiche mit Berufsgewerkschaften. Berufsfachliche Arbeitsmärkte zählen bei Sengenberger (1987), anders als bei Doeringer und Piore (1971),
nicht zu den internen, sondern zu den externen Arbeitsmärkten.

Die untersuchten Teilarbeitsmärkte lassen sich allgemein gesprochen als abge-
grenzte Struktureinheiten des Gesamtarbeitsmarkts charakterisieren, innerhalb derer
sich Allokation, Entlohnung und Qualifikationserwerb der Arbeitskräfte unterscheiden. Sie weisen einen je eigenen Grad der Schließung gegenüber dem Restarbeits-
markt auf und unterscheiden sich nach dem Niveau der Beschäftigungs- und Ein-
kommenssicherheit sowie der Qualität der Arbeitsbedingungen. Je nach Ausprägung
und Kombination dieser Merkmale kann der gesamte Arbeitsmarkt in einzelne Teilarbeitsmärkte untergliedert werden. Diese sind mehr oder weniger gegeneinander ab-
geschottet. Neben strukturell eingeschränkten Mobilitätsmöglichkeiten zwischen den
Teilarbeitsmärkten bestehen vor allem auch ungleiche, beschränkte Zugangschan-
cen, die soziologisch als Phänomen der sozialen Schließung bezeichnet werden.

Idealtypisch wird zwischen einem unstrukturierten, einem berufsfachlichen und einem betriebsinternen Arbeitsmarktsegment unterschieden. Während im unstrukturierten Teilarbeitsmarkt unqualifizierte Tätigkeiten vorherrschen, sind für den Eintritt in das berufsfachliche Segment berufsspezifische Zertifikate nötig und eine Mobilität innerhalb des beruflichen Teilarbeitsmarkts ist gewährleistet. Im betriebsinternen Teilarbeitsmarkt befinden sich ebenfalls qualifizierte Arbeitskräfte, die jedoch betriebsspezifische Qualifikationen erworben haben, die sie von einem Wechsel in einen anderen Betrieb abhalten. Im Gegensatz zum Ansatz der dualen Segmentation können in Sengenbergers Ansatz die verschiedenen Teilarbeitsmärkte im gleichen Betrieb koexistieren (vgl. auch Krause & Köhler 2011). Zentrales Unterscheidungskriterium der Arbeitsmarktsegmente ist also die Qualifikation. Tatsächliche Segmentation wird allerdings erst durch die sogenannte Schließung der Segmente erzeugt. Bei einer Schließung von Teilarbeitsmärkten kann man Belegschaftsteile nach folgenden Kriterien unterscheiden (Kalina 2012: 30)

1. Stabilität der Arbeitsplätze,
2. Arbeitsaufgaben und Tätigkeiten,
3. Qualifizierung bei Betriebseintritt, unterschiedliche Qualifizierungs-, Aufstiegs- und Karrierechancen,
4. Rechtsstatus des Arbeitsverhältnisses,
5. Häufigkeit und Dauer von Kurzarbeit und Freisetzung,
6. personenbezogene Merkmale,
7. individuelle und kollektive Interessensvertretung.

Auf dem unstrukturierten Arbeitsmarkt fehlen spezifische Qualifikationen und institutionelle Regelungen. Das Verhältnis zwischen Arbeitgebern und Arbeitnehmern wird nahezu ausschließlich über den Preis- beziehungsweise Lohnmechanismus bestimmt, wobei das Machtungleichgewicht zwischen der Kapital- und der Arbeitnehmerseite den Handlungsrahmen bildet. Der Arbeitsmarkt funktioniert weitgehend wie ein Gütermarkt, der lediglich durch generelle Arbeitsnormen, in Deutschland beispielsweise tarifliche Regelungen, Kündigungsschutzgesetze und Arbeitszeitbestimmungen, geregelt ist. Arbeitsplätze und Arbeitskräfte sind homogen und undifferenziert. Es bestehen wenige bis keine Mobilitätshemmnisse, und weder für den Arbeitgeber noch für den Arbeitnehmer entstehen bei einem Wechsel des Arbeitsplatzes größere Rekrutierungs- und Anpassungskosten. Je größer die Flexibilität der Jobs ist, desto weniger spielen Qualifikationsaspekte eine Rolle und aufgrund der unsicheren Situation haben weder die Arbeitgeber noch die Beschäftigten ein Interesse an einer Weiterentwicklung ihrer Qualifikation. Als Beispiel können einfache Servicetätigkeiten, zum Beispiel im Reinigungs- oder Transportgewerbe, dienen.

Der berufsfachliche Arbeitsmarkt ist hingegen durch wechselseitige Bindungen von Arbeitskräften und Arbeitgebern charakterisiert. Der fachliche Arbeitsmarkt ist institutionell stark geregelt und beruht auf der Existenz allgemein anerkannter beruflicher Qualifikationen. Die Inhalte und Standards dieser Berufe werden durch überbetriebliche Einrichtungen festgelegt. Die zertifizierten Ausbildungsabschlüsse sind für die Arbeitnehmer ihr „Arbeitsmarktausweis" über bestimmte Mindestkenntnisse und -fähigkeiten (Sengenberger 1987: 126). Der Zugang zum beruflichen Teilarbeitsmarkt ist beschränkt und erfolgt über das duale System der Berufsausbildung in Deutschland mit seiner Kombination betrieblich-praktischer und schulischer Ausbildung.

Berufliche Arbeitsmärkte werden durch überbetriebliche Akteure geschaffen, die erforderliche Regelungen der Arbeitskräfteallokation, Standardisierung und Zertifizierung der Qualifikationen sicherstellen. Sowohl der Staat als auch die Verbände von Arbeitgebern und Gewerkschaften bestimmen durch Verhandlungsprozesse die Inhalte der Berufe. Essenziell für die Funktionsfähigkeit berufsfachlicher Arbeitsmärkte ist die Bereitschaft der Unternehmen, sich an den Regelungen und Einrichtungen der Ausbildung zu beteiligen.

Von überbetrieblich ausgerichteten unstrukturierten und beruflichen Teilarbeitsmärkten sind betriebsinterne Märkte zu unterscheiden. Ihr zentrales Merkmal ist, dass die Qualifizierung und Allokation von Arbeitskräften grundsätzlich innerhalb einzelner Unternehmen stattfindet. Der Bezug zum externen Arbeitsmarkt ist über bestimmte „Einstiegsarbeitsplätze" gegeben. In einem Großteil der internen Arbeitsmärkte hat die Qualifikation der Arbeitnehmer betriebs- oder tätigkeitsspezifischen Charakter, vorherrschend ist das Training-on-the-Job.

Kennzeichnend für die in diesem Ansatz dargestellte Herausbildung der Teilarbeitsmärkte ist eine humankapitaltheoretische Argumentation, die der neoklassischen Argumentation weitgehend entspricht. Aufgrund der betriebsspezifischen Investitionen haben die Unternehmen ein Interesse, dass sich ihre Investitionen amortisieren, wodurch eine längerfristige Bindung an den Betrieb zustande kommt. Zugleich wird eine Polarisierung der Beschäftigtenstruktur in Stamm- und Randbelegschaften abgeleitet. Die Angehörigen der Stammbelegschaften erhalten höhere Löhne und ihnen werden Aufstiegsmöglichkeiten geboten. Die Arbeitskräfte in den Randbelegschaften stellen eine flexible Reserve dar. Zwar werden die besonderen Vorteile berufsfachlicher Arbeitsmärkte für die zwischenbetriebliche Mobilität erkannt, es wird indes eine abnehmende Bedeutung des berufsfachlichen gegenüber dem betrieblichen Arbeitsmarkt festgestellt. Empirischer Hintergrund dürfte die Entwicklung in der Industrie gewesen sein, bei der in den 1970er- und 1980er-Jahren die betriebsinterne Karriere von Mitarbeitern noch stärker verbreitet war.

3.5 Betriebsbezogene Neuformulierung der Arbeitsmarktsegmentation

In der neueren Entwicklung der 1990er-Jahre war zu beobachten, dass betriebsinterne Karrieremuster auch unter dem zunehmenden Druck der Globalisierung nicht mehr automatisch erfüllt wurden. Aus diesem Grund wurde von Köhler und andere (2008) ein viertes, das intern sekundäre Segment in das Konzept der Arbeitsmarktsegmentation eingeführt. Im Zuge des globalen Wettbewerbs stellte lange Betriebszugehörigkeit keine Garantie für hohe Löhne mehr dar. Des Weiteren führte die soziologische Forschung im Anschluss an neuere Ansätze aus der Arbeitsmarkt- und Personalökonomik das Konzept des „betrieblichen Beschäftigungssystems" (BBS) (Köhler et al. 2008) ein, um „[s]ozioökonomische Räume innerhalb von Erwerbsorganisationen" (Köhler et al. 2008: 13) zu unterscheiden. Angestellte desselben Betriebs können demnach unterschiedlichen betrieblichen Beschäftigungssystemen angehören, die entsprechend der primären und sekundären Arbeitsmarktsegmente durch „[d]istinkte Regeln und Strukturmuster der Allokation, Qualifikation und Gratifikation" gekennzeichnet sind. Auch die theoretische Fundierung des Segmentationsansatzes galt es weiterzuentwickeln, da der auf Betriebsspezifik abhebende humankapitaltheoretische Erklärungsansatz „das Gesamtbild nicht plausibel erklären" (Köhler & Loudovici 2008: 55) konnte und sich empirisch auch nicht überall bestätigte (vgl. Köhler & Krause 2010: 404 f.). Stattdessen wurde eine neoinstitutionalistische Erklärungsstrategie gewählt, in der „unter ökonomischen Constraints und im Rahmen institutioneller Strukturen handelnde Akteure im Zentrum der Analysen stehen" (Köhler & Krause 2010: 404). Auch hier wird Segmentation wieder weitgehend von der Nachfrageseite der Arbeit her erklärt: Arbeitgebern stellen sich Verfügbarkeits- und Leistungsprobleme ihrer Arbeitskräfte (vgl. Köhler & Loudovici 2008: 56).

3.5.1 Personalpolitische Grundprobleme

Das Verfügbarkeitsproblem betrifft die Menge und Qualifikation der extern oder intern verfügbaren Arbeitskräfte. Dabei gehen Humankapital-, Transaktionskosten- und Segmentationsansätze davon aus, dass mit der Spezifität der Arbeitssysteme auch die Spezifität des betrieblichen Wissens zunimmt. Betriebsspezifische Qualifikationen sind qua Definition nicht auf dem Arbeitsmarkt verfügbar und müssen in der Erwerbsorganisation aufgebaut werden. Arbeitgeber und Arbeitnehmer sind diesem Ansatz zufolge durch ihre Investitionen in betriebsspezifisches Humankapital wechselseitig aneinander gebunden, sodass soziale Schließung und geschlossene Beschäftigungssysteme zu erwarten sind.

Das Leistungsproblem beschreibt den Zusammenhang, demzufolge Arbeitgeber aufgrund der Unvollständigkeit von Arbeitsverträgen auf die „freiwillige" Leistungsbereitschaft der Arbeitnehmer angewiesen sind. Auf Vertrauen und Anerkennung gerichtete Ansätze (wie auch der mikroökonomische Principal-Agent-Ansatz) heben hervor, dass mit der Komplexität der Arbeitsaufgaben und geforderten Qualifikationen auch der Bedarf an Beschäftigungsstabilität zur Sicherstellung der Leistungsbereitschaft zunimmt (Köhler et al. 2008: 22).

Zugespitzt könnte man diese Hypothesen wie folgt zusammenfassen: Je höher die Komplexität der Arbeitsaufgabe und die Qualifikation der Arbeitskraft und je geringer die Zurechenbarkeit der Leistung zu einzelnen Personen, desto schwieriger ist die direkte Kontrolle durch den „Prinzipal" und desto eher muss der Arbeitgeber auf die Sicherheitserwartungen der Beschäftigten eingehen, langfristige Beschäftigungsperspektiven bieten und Vertrauen schaffen, um eine hohe Leistungsbereitschaft zu erzielen (Köhler et al. 2008: 22).

Betriebe werden in der Arbeitssoziologie als soziale Produktionssysteme angesehen. Die Ausgestaltung von Beschäftigungssystemen basiert zu großen Teilen auf Aushandlungsprozessen der Akteure (vgl. Struck & Dütsch 2012). Wichtig ist dabei, dass auch der Arbeitnehmer auf dem Arbeitsmarkt über eine Verhandlungsmacht verfügt und vom Betrieb zur Leistung motiviert werden muss, denn das Vorhandensein beruflicher und professioneller Qualifikationen ermöglicht „gesicherte Mobilität", das heißt den Wechsel in andere Betriebe.

3.5.2 Betriebliche Beschäftigungssysteme

Betriebliche Beschäftigungs-(sub-)systeme (BBS) gelten für Gruppen von Arbeitskräften innerhalb von Betrieben, die sich nach innen (gegenüber anderen Arbeitsbereichen) und nach außen (gegenüber den überbetrieblichen Arbeitsmärkten) abgrenzen (vgl. Köhler et al. 2008). Unternehmen und Betriebe operieren in der Regel mit mehreren und verschiedenen Beschäftigungssystemen (vgl. Krause & Köhler 2011). Zentraler Indikator für die Abgrenzung der innerbetrieblichen gegenüber den überbetrieblichen Teilarbeitsmärkten ist die Dauer der Beschäftigung.

Grundsätzlich bestimmen jeweils unterschiedliche arbeitsmarkt- beziehungsweise betriebsbezogene Verhältnisse die Erlangung beruflicher Positionen in den verschiedenen Teilarbeitsmärkten. Auf „internen Märkten" werden die beruflichen Positionen innerhalb von Betrieben durch außermarktliche Prozesse zugewiesen. Mobilität erfolgt vor allem zwischen Arbeitsplätzen innerhalb des Betriebs. Stellenbesetzung, Qualifizierung und Belohnungsbestandteile vollziehen sich nach den Regeln der Organisation (geschlossenes BBS). Dies könnte in großen Krankenhäusern oder beim Leitungspersonal von Pflegeeinrichtungen der Fall sein. Demgegenüber steuern in den offenen BBS die Verhältnisse auf externen Arbeitsmärkten die Besetzung von Arbeitsplätzen in verschiedenen Betrieben, zwischen denen Arbeitskräfte mehr oder weniger häufig wechseln. Standardisierte berufliche Kenntnisse erleichtern die Betriebswechsel. Sie sind in der Pflege- und Gesundheitsbranche verbreitet. Das Personal wechselt (freiwillig) zum einen häufig im ärztlichen Bereich, zum anderen aber auch sehr häufig im Bereich der Kranken- und Altenpflege. Weiterer Einfluss geht von der Marktsituation in dem Beruf aus. Bei niedriger Arbeitslosigkeit, wie sie seit Längerem bei qualifizierten Pflegekräften anzutreffen ist, wird mehr (freiwillig) gewechselt als bei hoher.

3.5.3 Betriebliche Beschäftigungssysteme im segmentierten Arbeitsmarkt

Weiterhin werden in der neuen Konzeptionierung der Arbeitsmarktsegmentation primäre und sekundäre Teilarbeitsmärkte voneinander unterschieden. Angenommen wird, dass sekundäre Teilarbeitsmärkte durch eine instabile Arbeitskräftenachfrage, Angebotsüberschüsse und Arbeitslosigkeit charakterisiert sind, was sich in geringen Einkommen und hoher Fluktuation niederschlägt. Arbeitskräfteüberschüsse (wie bei Hilfskräften in der Altenpflege) erlauben die Rekrutierung von Personal bei geringen Löhnen. Primäre Teilarbeitsmärkte zeichnen sich durch überdurchschnittliche Löhne aus, von denen die Angehörigen dieses Segments profitieren.

In geschlossenen BBS werden unter anderem sogenannte Effizienzlöhne als Motivationstreiber angesehen. Dem liegt die Überlegung zugrunde, dass höhere als marktübliche Löhne Beschäftigte dazu veranlassen, höhere Arbeitsleistung (durch weniger „Bummeln") zu erbringen. Unter Umständen könnten diese überdurchschnittlichen Löhne auch in offenen BBS eine Rolle spielen, um Beschäftigte zu binden, und so Transaktionskosten häufiger Neueinstellungen zu sparen. Für die qualifizierte Pflege sind die verschiedenen Aufgaben im offenen betrieblichen Beschäftigungssystem beschrieben, wobei staatliche Vorgaben über berufliche Zertifikate hinzukommen. Der Zusatz „berufsfachlich/professionell" verweist auf die Eigenschaft berufsfachlicher Arbeitsmärkte, die das Informationsproblem durch standardisierte Berufsprofile gelöst haben, das heißt ein Arbeitgeber ist bei einem examinierten Altenpfleger sicher, dass bestimmte Aufgaben übernommen werden können.

Regulierte berufsfachliche Beschäftigungssysteme ermöglichen damit in besonderem Ausmaß den flexiblen betrieblichen Austausch von Erwerbspersonen. Die Standardisierung erfolgt über staatlich und berufsständisch festgelegte und kontrollierte Berufsqualifikationen und zertifizierte Berufszugangsregeln. Die curriculare Ausgestaltung (und teilweise auch die Zahl) der Ausbildungsmöglichkeiten werden durch Standesvertretungen, staatliche Behörden oder Körperschaften des öffentlichen Rechts bestimmt. Der Zugang zu einem Beschäftigungssegment ist über die Fachspezifik des beruflich zertifizierten Abschlusses definiert. Die Sicherstellung ausreichend qualifizierten Personals erfolgt über berufsfachliche Ausbildung sowie externe berufsfachlich qualifizierte Erwerbspersonen. Sowohl (Weiterbildungs-)Zertifikate als auch informelles Lernen sind verbreitet. Motivation und Bindung der Beschäftigten kann über die Sicherstellung des Erhalts der Qualifikation beziehungsweise das Angebot von Spezialisierungen, gutes Betriebsklima, fairen Lohn sowie Übertragung von Verantwortung gefördert werden. Das Gros der Pflegefachkräfte dürfte dem oberen Bereich dieses Beschäftigungssegments angehören. Allerdings gibt es in dem primären externen Segment Erosionstendenzen, die durch zunehmende Flexibilitätsanforderungen (auch durch Auftreten neuer Anbieter) ausgelöst werden. Deshalb wird der primäre externe Arbeitsmarkt in ein oberes und unteres Segment unterteilt (siehe Tabelle 3.1). Letzteres ist durch Leiharbeit und Befristungen gekennzeichnet. Zwischen

Tab. 3.1: Betriebliche Beschäftigungssysteme unter segmentationshistorischem Blickwinkel (eigene Zusammenstellung nach Oschmianski 2013 und Krause & Köhler 2012).

Qualität der Beschäftigungsverhältnisse	Dauer der Beschäftigungsverhältnisse / Arbeitsmarkttyp	betriebliches Beschäftigungssystem (BBS) interner Arbeitsmarkt geschlossenes BBS	berufsfachlicher bzw. Puffer- und unstrukturierter Arbeitsmarkt externer Arbeitsmarkt offenes BBS
primärer Arbeitsmarkt (Kernbelegschaft)		oberes primäres BBS, geschlossen hohe Qualifikationen und Löhne betriebsspezifische Investitionen in Humankapital längere Beschäftigungsdauer Rekrutierung: junge Einsteiger aus interner/externer Ausbildung Motivation: Aufstiegsleitern, Sicherheitsversprechen, z. B. Betriebsrente, Effizienz- und Senioritätslöhne interne zeitliche Flexibilität Geschäftsführer, Spezialisten, Experten Verwaltung in Pflegebetrieben Führungskräfte in der Pflege, Pflegedienstleitung, Stationsleitung	oberes primäres BBS, offen mittlere Qualifikationen und durchschnittliche Löhne Lohnzuwächse durch zwischenbetriebliche Mobilität Transferierbarkeit durch anerkannte standardisierte Berufsabschlüsse mittlere Beschäftigungsdauer, geringe Arbeitslosigkeit Rekrutierung: Ausbildungssystem, beruflicher Arbeitsmarkt Motivation: Erhalt der Qualifikation, Weiterbildung, Betriebsklima, (Effizienz-) Löhne ausgebildete Fachkräfte im dualen System examinierte Pflegekräfte, inklusive Helfer in der Krankenpflege unteres primäres BBS offen ähnliche Beschäftigte wie oben, aber in flexiblen Arbeitsverhältnissen Leiharbeit, Befristungen

Tab. 3.1: Fortsetzung.

Qualität der Beschäftigungsverhältnisse	Dauer der Beschäftigungsverhältnisse Arbeitsmarkttyp	
	betriebliches Beschäftigungssystem (BBS) interner Arbeitsmarkt geschlossenes BBS	berufsfachlicher bzw. Puffer- und unstrukturierter Arbeitsmarkt externer Arbeitsmarkt offenes BBS
sekundärer Arbeitsmarkt (Randbelegschaft)	**unteres sekundäres BBS geschlossen** eingeführt durch Köhler et al. (2008) entsteht durch Abbau von Senioritätsrechten bei verstärktem Wettbewerbsdruck Einbußen von Senioritätsrechten, z. B. nicht mehr mit Betriebszugehörigkeit steigende Lohnprofile Abdrängen in Vorruhestand bzw. niedrigere Funktionen im Betrieb **ältere Pflegekräfte**	**unteres sekundäres BBS offen** Pufferarbeitsmarkt zur Abwälzung von Marktrisiken und Kostendruck geringe Qualifikationsanforderungen, niedrige Löhne kurze Beschäftigungsdauern, hohe Arbeitslosigkeit Rekrutierung: allgemeiner Arbeitsmarkt Motivation durch Aussicht auf stabilere Verhältnisse temporale Flexibilität: Minijobs, Teilzeit, Leiharbeit **Helfer in der Altenpflege** vollkommen unstrukturierter „Jedeperson-Arbeitsmarkt", sehr hohe Fluktuation, Hire-and-Fire-Prinzip **Betreuungskräfte in der Pflege, hauswirtschaftliche Versorgung, Servicebereiche**

diesem Bereich und dem sekundären externen Arbeitsmarkt bestehen Wechselbeziehungen.

Ein Bereich, dessen Expansion von kritischen Beobachtern des Arbeitsmarkts befürchtet wird, ist das sekundäre offene BBS. Die externe Flexibilität steht hier für die Betriebe im Vordergrund. Der Arbeitsmarkt hat den Charakter eines Puffers, um Marktrisiken und Kostendruck abzufedern. Charakteristisch sind flexiblere Beschäftigungsformen, wie sie sich im Bereich der Hilfskräfte beziehungsweise Helfer in der Altenpflege zunehmend ausweiten. Aber auch im geschlossenen BBS finden möglicherweise Verschlechterungen in der betrieblichen Position von Arbeitskräften statt. So ist denkbar, dass ältere Beschäftigte im Pflegesektor aufgrund des höheren Drucks Einbußen an Senioritätsrechten hinnehmen müssen und an den Rand der Belegschaft gedrängt werden.

Insgesamt ist die betriebliche Personalpolitik in offenen Beschäftigungssystemen nicht nur generell in höherem Maße von der Arbeitsmarktsituation (regional und beruflich) abhängig, sondern auch von den Planungsstrategien der Mitarbeiter, mit denen diese ihre eigene Beschäftigungsunsicherheit zu reduzieren versuchen.

3.5.4 Flexible Beschäftigungsstrategien und Erwerbsformen

Neben dem Verfügbarkeits- und Leistungsproblem sieht sich die Personalpolitik der Betriebe der Herausforderung gegenüber, sich flexibel an veränderte Marktsituationen anzupassen. Zudem lässt sich in vielen Wirtschaftsbereichen ein zunehmender Kostendruck beobachten, sei es durch verstärkten internationalen Wettbewerb, sei es zum Beispiel durch Vorgaben der Gesundheitspolitik oder durch den Zutritt neuer Anbieter im Pflegesektor.

Mit Blick auf die obigen Überlegungen zur Bindung von Arbeitgebern und -nehmern lassen sich kurzfristig externe und langfristig interne Beschäftigungsstrategien unterscheiden, die Auswirkungen auf die Art der gewählten Beschäftigungsform haben. Aus betrieblicher Sicht sind die (Brutto-)Arbeitskosten, Transaktionskosten und Qualifizierungskosten verschiedener Beschäftigungsformen gegeneinander abzuwägen. Auf Basis der neueren personalökonomischen und transaktionskostentheoretischen Perspektive lässt sich die Abweichung vom Normalarbeitsverhältnis erklären (vgl. Neubäumer & Tretter 2008: 259). Bezugspunkt ist die unbefristete, abhängige Vollzeitbeschäftigung, die sozial abgesichert und deren Rahmenbedingungen (Arbeitszeit, Löhne, Transferleistungen) kollektivvertraglich beziehungsweise arbeits- und sozialrechtlich geregelt sind. Die Nichteinbindung in das System der sozialen Sicherung und/oder abweichende Arbeitsverträge mit niedrigeren Bruttolöhnen und weniger Sozialleistungen führen für die Betriebe zur Senkung der Arbeitskosten. Allerdings fallen bei befristeten Arbeitsverhältnissen häufiger Einarbeitungskosten und Transaktionskosten für Suche und Auswahl an. Zudem ist nicht auszuschließen, dass bei nicht sorgfältiger Auswahl höhere Transaktionskosten für Kontrollen und durch unzureichende Arbeitsleistungen entstehen. Dagegen entfallen Kündigungskosten weitgehend. Kürzere Arbeitszeiten führen ebenfalls häufiger zu Einarbeitungskosten und Transaktionskosten für Suche und Auswahl. Sie erhöhen zudem die internen Transaktionskosten und die Weiterbildungskosten gegenüber Normalarbeitsverhältnissen, denn unternehmensinterne Information und Kommunikation sowie Weiterqualifizierung nehmen einen höheren Anteil der Arbeitszeit in Anspruch. Mehr externe Flexibilität kann zu höherer Beschäftigungssicherheit für die Stammbelegschaft beitragen. Damit lassen sich bei ihr „externe Erlöse" durch niedrigere Kündigungs- und Arbeitskosten erzielen (vgl. Neubäumer & Tretter 2008: 256).

In den personalpolitischen Kalkülen sind arbeitsorganisatorische Aspekte für den Einsatz der Arbeitskräfte nach Arbeitszeit und Qualifikation zu berücksichtigen, denn eine Personalplanung, die auf vielen Personen (in Teilzeit) beruht, dürfte leichter zu bewerkstelligen sein als dies bei wenigen vollzeitbeschäftigten Pflegekräften der Fall wäre. Allerdings sind diese eingesparten Organisationskosten mit dem Mehraufwand (Transaktionskosten, Einarbeitung und Weiterbildungskosten) abzuwägen, der mit den zusätzlichen Teilzeitkräften entsteht.

In der Altenpflege ist der numerische und zeitliche Flexibilisierungsbedarf hoch, weil Dienste rund um die Uhr erforderlich sind und kurzfristige, unvorhersehbare Pflegebedarfe auftreten können. Die seit den 1990er-Jahren stark sinkende Verweildauer von Patienten in den Krankenhäusern dürfte ebenfalls den flexiblen Bedarf nach ambulanter Pflege erweitert haben. Kostentheoretische Argumente lassen erwarten, dass sich atypische Erwerbsformen und niedrige Qualifikationen in der Altenpflege aufgrund ihrer eher kurzfristig ausgelegten Beschäftigungsstrategien und des gestiegenen Kostendrucks verbreiten. Infolge der Arbeitsteilung wird die Tätigkeit mit den geringsten formalen Anforderungen, wie zum Beispiel die hauswirtschaftliche Versorgung, separiert und Arbeitskräften an der Peripherie des Arbeitsmarkts zugewiesen.

Der Einsatz höher qualifizierter Fachkräfte beruht hingegen auf einer längerfristigen Beschäftigungsstrategie, deren Vorteilhaftigkeit aus betrieblicher Sicht bereits in Kapitel 3.2 erläutert wurde. Der erhöhte Kostendruck führt dazu, dass Unternehmen unterschiedlich qualifizierte Arbeitskräfte in Form von differenzierten Erwerbsformen beschäftigen. Inwieweit sich die Dichotomie von Kern- und Randbelegschaften auf die Pflege anwenden lässt und Fachkräfte in der Kernbelegschaft von ungünstigen Arbeitsbedingungen ausgeschlossen werden können, wird anhand einiger Indikatoren zur Arbeitsqualität und der Beschäftigungsbedingungen zu klären sein. Im empirischen Teil werden verschiedene Indikatoren wie Krankenstand, die Fluktuationsraten und Entlohnung im Altenpflegesektor untersucht.

3.6 Geschlechtsspezifische Trennungen des Arbeitsmarkts

Die geschlechtsspezifische Segregation des Arbeitsmarkts beschreibt die Situation, dass sich Frauen und Männer nicht in allen Branchen, Berufen und Hierarchiestufen gleich häufig wiederfinden. Vielmehr ist der Arbeitsmarkt in typische Frauen- und

Männerberufe unterteilt (siehe zur Abgrenzung Schönwetter et al. 2014). Typische Frauenberufe werden durchschnittlich schlechter entlohnt als typische Männer- oder Mischberufe. Zwar werden Frauen in Männer- oder Mischberufen besser bezahlt als in typischen Frauenberufen, sie erreichen im Allgemeinen aber trotzdem nicht das Gehalt von Männern in diesen Berufen (vgl. Oerder 2011). Im umgekehrten Fall gilt hingegen: Männer in typischen Frauenberufen werden im Durchschnitt besser entlohnt als ihre Kolleginnen. Grund für eine Unterbewertung von typischen Frauenberufen ist unter anderem das Vorurteil, Frauenarbeit sei leichte Arbeit, zumal dann, wenn sie personenbezogen ist. Dass dies weder im physischen noch im psychischen Sinne richtig ist, zeigt sich anhand der Tätigkeiten von Kranken- und Altenpflegerinnen. Die vertikale oder tätigkeitsbezogene Arbeitsmarktsegregation beschreibt die Tatsache, dass Frauen und Männer innerhalb derselben Branche unterschiedlich bewertete und vergütete Tätigkeiten ausüben. Frauen sind häufig die Assistentinnen, Männer in der Regel die Führungskräfte.

Außerdem galt zumindest in Westdeutschland lange das Leitbild des männlichen Familienernährers, während die Ehefrau nicht oder nur zeitlich begrenzt im Rahmen einer atypischen Beschäftigung etwas zum Familieneinkommen hinzuverdiente. Ihre unentgeltliche Haushalts- und Familienarbeit schuf die Voraussetzung für die Verfügbarkeit des Ehemanns auf dem Arbeitsmarkt (vgl. Oschmianski 2013: 59).

Geschlechtsspezifische Segregation bedeutet zudem, dass nicht ein bestimmter Teilarbeitsmarkt gemeint ist, sondern auf allen Teilarbeitsmärkten Trennungslinien zwischen Männer- und Frauenarbeitsplätzen quer zu den Segmentationslinien verlaufen, die die beschriebenen Arbeitsmarktsegmente voneinander abgrenzen (vgl. Simonson 2000: 34). Dabei handelt es sich um Unterschiede zwischen männlichen und weiblichen Lebens- und Erwerbsmodellen, die das Ergebnis der gesellschaftlichen Arbeitsteilung sind und die auf unterschiedlichen Biografien basieren.

Nach der horizontalen Segregation sind Frauen und Männer in unterschiedlichen Tätigkeitsfeldern, Berufen und Branchen tätig. Der vertikalen Segregation zufolge sind Frauen auf unterschiedlichen Hierarchieebenen mit unterschiedlichen Arbeitsbedingungen beschäftigt. Dabei wird angenommen, dass die Einkommen, die berufliche Positionierung, das Arbeitslosigkeitsrisiko, aber auch zunehmend die geforderten Arbeitszeiten in den sogenannten Frauenberufen aufgrund der Segregation schlechter als in anderen Berufen sind.

Der Altenpflegearbeitsmarkt ist als klassischer Frauenarbeitsmarkt mit einem Frauenanteil von über 80 Prozent stark geschlechtsspezifisch geprägt, was nach segregationstheoretischer Auffassung entsprechend ungünstige Arbeitsbedingungen erwarten lässt (vgl. Oschminanski 2013: 52; Elson 1999). Jenson (2002) sieht in der häuslichen und informellen Pflege ein Arbeitsmarktsegment mit besonderen Funktionsbedingungen: „Gone is the idea of a single labour market, into which women might be incorporated as equals. Instead, we find a multiplication of labour markets, functioning according to a variety of rules. The market for care, whether home care or informal care, is one of these segments". (Jenson 2002: 81 zitiert nach Oschmianski 2013: 52)

3.7 Berufs- und professionalisierungstheoretische Ansätze

Wie in Kapitel 3.4.4 erläutert, spielt die berufliche Ausbildung für die Erlangung von gesicherten Positionen auf dem Arbeitsmarkt eine wichtige Rolle. In diesem Zusammenhang ist der ausbildungspolitische Sonderweg für personenbezogene Dienstleistungen und die (mangelnde) Einbindung der beruflichen Ausbildung der personenbezogenen Dienstleistungen in das traditionelle duale Berufsbildungssystem zu erörtern.

Nach Friese (2004: 12) hat die Herausbildung der Industrie- und Dienstleistungsgesellschaft einerseits dazu geführt, dass Frauen neue Berufe und Erwerbsmöglichkeiten eröffnet wurden. Andererseits hat das gesellschaftlich bestimmte Geschlechterverhältnis auf dem Arbeitsmarkt dazu beigetragen, nachhaltige Professionswege und systematische Karrierebildungen von Frauen zu verhindern. Historisch betrachtet ist das deutsche Berufsbildungssystem ohne die Teilhabe von Frauen und Mädchen aus den männlich geprägten Gilden des Handwerks hervorgegangen. Das Prinzip der Beruflichkeit wurde im Rahmen des dualen Systems als Domäne des Mannes definiert, während Frauen unbezahlte Familienarbeit oder reproduktionsnahe Erwerbstätigkeit auf der Basis vollzeitschulischer Ausbildung und semiprofessioneller Berufsarbeit zugewiesen wurde (vgl. Friese 2004: 13).

Berufe lassen sich zunächst durch ein abgestimmtes Bündel von Qualifikationen im Sinne charakteristischer Ausprägungen und Anordnungen von Wissen und Sozialkompetenz charakterisieren (vgl. Dostal 2002: 464). Aus gesellschaftspolitischer Sicht sind die soziale und personale Identitätsbildung durch den Beruf und der Berufsschutz als Element sozialer Stabilität bedeutsam. Das Prinzip der Beruflichkeit bedeutet, dass sich mit Berufen gesellschaftliche Definitionskämpfe verbinden, „in denen Beschäftigtengruppen die Anerkennung ihrer besonderen Qualifikations-/Kompetenzprofile und Zuständigkeiten sowie damit verbundene Einkommens-, Status- und Autonomieansprüche durchzusetzen versuchen" (Kalkowski 2004: 1). Der Professionsbegriff, der sich vor allem auf akademische Berufe bezieht, betont als prägende Elemente selbst generiertes wissenschaftlich fundiertes Sonderwissen, exklusives Monopol für die Handlungskompetenz, Monopolisierung von Zuständigkeiten sowie eine hohe Autonomie in der Berufsausübung einschließlich einer Selbstkontrolle der Arbeitsbedingungen. Auf die Fachkräfte in der Krankenpflege und noch stärker in der Altenpflege wird der Begriff der Semiprofessionalität angewendet, der im Verhältnis zu den echten Professionen kürzere Berufsausbildung, niedrigeren sozialen Status, weniger spezielles Wissen und geringe Selbstkontrolle in der Berufsausübung beinhaltet (vgl. Kalkowski 2004: 2).

Für personennahe Dienstleistungen war die berufliche Bildung lange Zeit nicht über ein einheitliches Berufsgesetz geregelt, das Ausbildungssuchende und beruflich Qualifizierte aus dem gewerblich-technischen und dem kaufmännischen Bereich vor der unmittelbaren Einbindung in Arbeitgeberinteressen schützt.

Das charakteristische Merkmal der Berufsfelder im Gesundheits- und Sozialwesen war nach Meifort (1999) die Zersplitterung der Berufe und Ausbildungsordnungen, da die Bundesländer keine einheitlichen Berufsprofile festlegten. Im Bereich der Hilfskräfte in der Altenpflege liegen die Ausbildungsordnungen nach wie vor in der Obhut der Bundesländer. Die mangelnde Ausbildungsqualität und Professionalität beruflicher Bildung hat bereits in den 1990er-Jahren dazu geführt, dass die Dauer der Berufsausübung in der Pflege kürzer war als in professionellen Berufen (vgl. Becker 1999).

Der Mangel an Kenntnissen über personenbezogene Dienstleistungsarbeit und die fehlende gesellschaftliche Anerkennung ehemals privat und unbezahlt geleisteter Arbeiten von Frauen sind weitere Aspekte der Sonderstellung von Pflegetätigkeiten. Frauen wurden aufgrund ihrer im Haus erworbenen Sozialkompetenz Eigenschaften zugeschrieben, die auch in der Ausbildung als Pflegekräfte als günstig angesehen wurden. Die geschlechtsspezifisch sozialisierten Fähigkeiten einer spezifischen Genderkompetenz und die pädagogisch und kulturell konstruierte „Kulturaufgabe der Frau" wurden zur beruflichen Schlüsselqualifikation, die den bis in die jüngste Gegenwart gültigen Status der Semiprofessionalität von Frauenberufen und personenbezogenen Dienstleistungsberufen herbeiführt (vgl. Friese 2004: 14).

Demgegenüber zählen zu den Merkmalen professionell-beruflicher Arbeit der Kompetenzerwerb und die Möglichkeit, Aufgaben selbstständig zu planen, durchzuführen und auszuwerten. Diese eröffnen vielfältige Beschäftigungsoptionen und berufliche Mobilität aufgrund transparenter Kompetenzprofile, die Befähigung, sich stetig fachlich weiterzuentwickeln und nicht zuletzt die Einordnung in das Tarif- und Sozialrechtssystem. Da die personenbezogene Arbeit nur wenig standardisiert ist, das Ergebnis ungewiss ist und neue Kompetenzen zu erwerben sind, stellt sich die Forderung nach einer stärkeren Professionalisierung (vgl. Oschmianski 2013: 83). Damit kommt der dreijährigen Ausbildung zum/zur Altenpfleger/-in in Deutschland eine hohe Bedeutung zu. Das Berufskonzept konnte sich erst seit 2003 mit Inkrafttreten des Altenpflegegesetzes herausbilden, das die Ausbildung in der Altenpflege erstmals bundeseinheitlich regelt.

Zusammenfassung

In Kapitel 3 wurden ökonomische und arbeitssoziologische Ansätze zur Erklärung der Arbeitsbeziehungen von Beschäftigen und Betrieben im Pflegesektor dargestellt. Ausgangspunkt war das neoklassische Standardmodell des Arbeitsmarkts, dessen zentrale Annahmen und Ergebnisse skizziert wurden. In der ersten Version wurde ein

Modell mit gleich qualifizierten Arbeitskräften, in der zweiten mit unterschiedlicher Qualifikation erläutert. Gegenüber dem Wettbewerbsmodell ist eine realitätsnähere Variante, insbesondere für die Verhältnisse in der Altenpflege, eine monopsonistische Marktstruktur. Hier tritt ein Nachfrager (z. B. die Pflegekasse) gegenüber vielen Anbietern auf. Dieser ist in der Lage, den Lohn unter das Wettbewerbsergebnis zu senken.

Die Humankapitaltheorie als eine der wichtigsten ökonomischen Theorien erklärt den Zusammenhang zwischen Ausbildung und Entlohnung von Arbeitskräften. Sie erweitert das neoklassische Modell des homogenen Faktors „Arbeit" und erklärt die Verteilung der Arbeitseinkommen mit einem nach Ausbildungsinvestitionen differenzierten Arbeitsangebot. Die Humankapitaltheorie liefert zudem Argumente für die Stabilität von Beschäftigungsverhältnissen und Lohnstrukturen, die auch in den institutionalistischen Ansätzen behandelt werden. Zentrale Gesichtspunkte zur Analyse von Arbeitsbeziehungen sind hier Transaktionskosten alternativer Organisations- beziehungsweise Vertragsformen und die besondere Eigenschaft von Ausbildungsinvestitionen.

Die Neue Institutionenökonomie geht von einer begrenzten Rationalität der Individuen aufgrund unvollständiger Informationen aus, die zudem ungleich zwischen den Akteuren verteilt sein können. Mehrere Arten von Unsicherheit führen dazu, dass Arbeitsverträge aus Sicht der beiden Vertragsparteien unbestimmt ausgestaltet werden. Bei den Interaktionsbeziehungen zwischen Wirtschaftssubjekten sind verschiedene Arten von Transaktionskosten zu berücksichtigen. Die Koordinationsbeziehungsweise Transaktionskosten sind vor allem Kosten der Informationsbeschaffung, die für die Vereinbarung und Kontrolle eines als gerecht empfundenen Leistungsaustauschs zwischen Arbeitsmarktpartnern entstehen.

Die Vorstellung der verschiedenen ökonomischen Ansätze zur Analyse von Arbeitsbeziehungen zeigte einige Mechanismen, wie die Arbeitsleistung in den Betrieben gesteigert werden kann.

Bei der ökonomischen Analyse von Arbeitsverträgen wurden bereits die besonderen Arbeitgeber-Arbeitnehmer-Beziehungen deutlich, deren weitere Charakterisierung im Rahmen der Segmentationstheorie erfolgte. Arbeitssoziologische Ansätze interner Arbeitsmärkte sowie der Segmentation versuchen als ein Konglomerat von Theoremen voneinander getrennte Teilarbeitsmärkte zu erklären. Dabei wurde die Entwicklung der Segmentationstheorie, ausgehend vom zweigeteilten Arbeitsmarkt nach Doeringer und Priore hin zum dreigeteilten Arbeitsmarkt von Lutz und Sengenberger, erläutert, das berufsfachliche Arbeitsmärkte als externen Arbeitsmarkt mit gesicherten Bedingungen einführt.

In der jüngeren arbeitssoziologischen Diskussion wird das Konzept betrieblicher Beschäftigungssysteme entwickelt, um Unterschiede in Karriereoptionen und Arbeitsbedingungen zwischen verschiedenen Arbeitnehmergruppen zu erklären. Zudem sind Flexibilitätsaspekte betrieblicher Beschäftigungsstrategien zu berücksichtigen, die die arbeitgeberseitige Wahl bestimmter Erwerbsformen erklären können.

Die Neuformulierung der Arbeitsmarktsegmentation durch das Konzept betrieblicher Beschäftigungssysteme diente zur Erklärung der Funktionsweise des Pflegearbeitsmarkts. Dabei wurde einerseits nach Dauer und Qualität der Beschäftigungsverhältnisse sowie andererseits nach geschlossenem und offenem Beschäftigungssystem unterschieden. Daraufhin wurden diesen betrieblichen Subsystemen verschiedene Beschäftigtengruppen im Pflegesektor zugeordnet. Des Weiteren wurden die Gründe für die geschlechtsspezifische Trennung des Arbeitsmarkts dargestellt, die für die Pflege als Frauenberuf gelten. Die Benachteiligung der Frauen lässt sich auch auf berufs- und professionalisierungstheoretische Ursachen zurückführen.

Literatur

Akerlof GA (1982): Labor Contracts as Partial Gift Exchange. The Quarterly Journal of Economics 97(4), 543–569.

Bartelheimer P, Kohlrausch B, Lehweß-Litzmann R, Söhn J (2014): Teilhabebarrieren: Vielfalt und Ungleichheit in segmentierten Bildungs- und Beschäftigungssystemen. SOFI-Working Paper, 2014–10.

Becker GS (1964): Human Capital: A Theoretical and Empirical Analysis, With Special Reference to Education. New York: Columbia University Press.

Becker W (1999): Altenpflege – eine Arbeit wie jede andere? Ein Beruf fürs Leben? Abschließende Ergebnisse der Verlaufsuntersuchung in der Altenpflege in den alten Bundesländern. In Meifort B, Becker W, Csongar G, Kramer H, Mettin G, Podeszfa H (Hrsg.): Berufsbildung und Beschäftigung im personenbezogenen Dienstleistungssektor – Berufe und Berufsbildung im Gesundheits- und Sozialwesen zwischen Veränderungsdruck und Reformstau. Bestandsaufnahmen und Konzepte für Aus- und Weiterbildung. Bundesinstitut für Berufsbildung, Wissenschaftliche Diskussionspapiere 43, 97–108.

Christopherson S (1997): Childcare and Elderly Care: What Occupational Opportunities for Women? OECD Labour Market and Social Policy Occasional Papers 27.

Coase RH (1937): The Nature of the Firm. Economica 4(16), 386–405.

Dietl HM (2007): Transaktionskostentheorie. In: Köhler R, Küpper HU, Pfingsten A (Hrsg.): Handwörterbuch der Betriebswirtschaft (S. 1750–1760). Stuttgart: Schäffer-Poeschel.

Doeringer P, Piore M (1971): Internal Labor Markets and Manpower Analysis. New York, London: M. E. Sharpe.

Dostal W (2002): Der Berufsbegriff in der Berufsforschung des IAB. In: Kleinhenz G (Hrsg.): IAB-Kompendium Arbeitsmarkt- und Berufsforschung, Beiträge zur Arbeitsmarkt- und Berufsforschung, BeitrAB 250, 463–474.

Elson D (1999): Labor Markets as Gendered Institutions: Equality, Efficiency and Empowerment Issues. In: World Development 27(3), 611–627.

Erlei M, Leschke M, Sauerland D (1999): Neue Institutionenökonomik. Stuttgart: Schäffer-Poeschel.

Friese M (2004): Arbeit und Geschlecht in der Erziehungswissenschaft unter besonderer Berücksichtigung personenbezogener Dienstleistungsberufe. In: GendA – Netzwerk feministische Arbeitsforschung, Philipps-Universität Marburg, Discussion Papers 7/2004.

Henneberger F, Kaiser C (2000): Die Auswirkungen der Globalisierung auf die Segmente des Arbeitsmarktes: Welthandel, multinationale Unternehmen und Lohnsetzung. In: Diskussionspapiere des Forschungsinstituts für Arbeit und Arbeitsrecht an der Universität St. Gallen Nr. 65.

Jenson J (2002): Paying for Caring. The Gendering Consequences of European Care Allowances for the Frail Elderly. In: Bashevkin S (Hrsg.): Women's Work Is Never Done: Comparative Studies in Care-Giving, Employment, and Social Policy Reform (S. 67–84). New York: Routledge.

Kalina T (2012): Niedriglohnbeschäftigte in der Sackgasse? Was die Segmentationstheorie zum Verständnis des Niedriglohnsektors in Deutschland beitragen kann (Dissertation). Duisburg: Universität Duisburg-Essen.

Kalkowski P (2004): Zur Klärung der Begriffe „Beruflichkeit und Professionalisierung". URL: www.sofi-goettingen.de/fileadmin/Peter_Kalkowski/Material/Begriffsklaerungen.pdf [abgerufen am 15.05.2016].

Keller B (2010): Arbeitsmarkttheorien (Lexikoneintrag). In: Roberts L et al. (Hrsg.): Gabler-Wirtschafts-Lexikon (S. 183–188), 17. Auflage, Wiesbaden: Gabler. URL: http://wirtschaftslexikon.gabler.de/Definition/arbeitsmarkttheorien.html?referenceKeywordName=Segmentationstheorien [abgerufen am 27.01.16].

Knight FH (1964): Risk, Uncertainty and Profit. New York: Augustus M. Kelley.

Köhler C, Krause A (2010): Betriebliche Beschäftigungspolitik. In: Böhle F, Voß GG, Wachtler G (Hrsg.): Handbuch Arbeitssoziologie (S. 387–412). Wiesbaden: VS Verlag für Sozialwissenschaften.

Köhler C, Loudovici K, Struck O (2007): Generalisierung von Beschäftigungsrisiken oder anhaltende Arbeitsmarktsegmentation? Berliner Journal für Soziologie 17(3), 387–406.

Köhler C, Loudovici K (2008): Betriebliche Beschäftigungssysteme und Arbeitsmarktsegmentation. In: Köhler C, Struck O, Grotheer M, Krause A, Krause I, Schröder T (Hrsg.): Offene und geschlossene Beschäftigungssysteme – Determinanten, Risiken und Nebenwirkungen (S. 31–63). Wiesbaden: Springer.

Köhler C, Struck O, Bultemeier A (2004): Geschlossene, offene und marktförmige Beschäftigungssysteme – Überlegungen zu einer empiriegeleiteten Typologie. In: Köhler C, Struck O (Hrsg.): Beschäftigungsstabilität und betriebliche Beschäftigungssysteme in West- und Ostdeutschland (S. 049–074). Universität Jena, Mitteilungen/Sonderforschungsbereich 580, 2004(14), Jena, Halle.

Köhler C, Struck O, Grotheer M, Krause A, Krause I, Schröder T (2008): Offene und geschlossene Beschäftigungssysteme – Determinanten, Risiken und Nebenwirkungen. Wiesbaden: Springer.

Krause A, Böhm A, Gerstenberg S (2012): Offene betriebliche Beschäftigungssysteme. Quantitative und qualitative Befunde. Universität Jena, Mitteilungen/Sonderforschungsbereich 580, 2012(40), Jena, Halle.

Krause A, Köhler C (2011): Von der Vorherrschaft interner Arbeitsmärkte zur dynamischen Koexistenz von Arbeitsmarktsegmenten. WSI-Mitteilungen, H. 11/2011, 588–596.

Krause A, Köhler C (2012): Arbeit als Ware: Zur Theorie flexibler Arbeitsmärkte. Bielefeld: transcript.

Lutz B (1987): Arbeitsmarktstruktur und betriebliche Arbeitskräftestrategie: Eine theoretisch-historische Skizze zur Entstehung betriebszentrierter Arbeitsmarktsegmentation. Frankfurt a. M.: Campus.

Lutz B, Sengenberger W (1974): Arbeitsmarktstrukturen und öffentliche Arbeitsmarktpolitik: Eine kritische Analyse von Zielen und Instrumenten. Göttingen: Schwartz.

Manning A (2003): Monopsony in Motion: Imperfect Competition in Labor Markets. Princeton: Princeton University Press.

Meifort B (1999): Probleme der Verrechtlichung der Berufsbildung für Berufe im Gesundheits- und Sozialwesen. In: Meifort B, Becker W, Csongar G, Kramer H, Mettin G, Podeszfa H (Hrsg.): Berufsbildung und Beschäftigung im personenbezogenen Dienstleistungssektor – Berufe und Berufsbildung im Gesundheits- und Sozialwesen zwischen Veränderungsdruck und Reformstau. Bestandsaufnahmen und Konzepte für Aus- und Weiterbildung. Bundesinstitut für Berufsbildung, Wissenschaftliche Diskussionspapiere 43, 19–27.

Mincer J (1962): On-the-Job Training: Costs, Returns, and Some Implications. Journal of Political Economy 70(5-2), 50–79.

Neubäumer R, Tretter D (2008): Mehr atypische Beschäftigung aus theoretischer Sicht. Industrielle Beziehungen: Zeitschrift für Arbeit, Organisation und Management 15(3), 256–278. URL: http://nbnresolving.de/urn:nbn:de:0168-ssoar-343655 [abgerufen am 07.07.2015].

Nienhüser W, Jans M, Köckeritz M (2012): Grundbegriffe und Grundideen der Transaktionskostentheorie – am Beispiel von „Make-or-Buy"-Entscheidungen über Weiterbildungsmaßnahmen. Universität Duisburg. URL: https://www.uni-due.de/apo/GrundbegriffeTAKT.pdf [abgerufen am 05.05.2015].

Oerder L (2011): Entgeltgleichheit – endlich gleich! Gegenblende (Online-Magazin). URL: http://www.gegenblende.de/++co++54c23ebc-48c3-11e0-7a25-001ec9b03e44 [abgerufen am 04.05.2015].

Offe C, Hinrichs K (1984): Sozialökonomie des Arbeitsmarktes: primäres und sekundäres Machtgefälle. In: Offe C (Hrsg.): „Arbeitsgesellschaft". Strukturprobleme und Zukunftsperspektiven (S. 44–86). Frankfurt a. M.: Campus.

Oschmianski H (2013): Zwischen Professionalisierung und Prekarisierung: Altenpflege im wohlfahrtsstaatlichen Wandel in Deutschland und Schweden (Dissertation). Berlin: Freie Universität Berlin.

Reich M, Gordon DM, Edwards RC (1973): Arbeitsmarktsegmentation und Herrschaft (Original: A Theory of Labor Market Segmentation). American Economic Review, Papers and Proceedings 63(2).

Richter R, Furubotn E (2003): Neue Institutionenökonomik. Tübingen: Mohr Siebeck.

Schönwetter S, Bogai D, Wiethölter D (2014): Die Entwicklung der beruflichen Segregation in Berlin und Brandenburg. Eine Analyse anhand von Berufsordnungen. IAB-Regional Berlin-Brandenburg, 01/2014, Nürnberg.

Sengenberger W (1987): Struktur und Funktionsweise von Arbeitsmärkten: Die Bundesrepublik Deutschland im internationalen Vergleich. Frankfurt a. M.: Campus.

Sesselmeier W, Blauermel G (1998): Arbeitsmarkttheorien: Ein Überblick. Heidelberg: Physica-Verlag.

Shapiro C, Stiglitz JE (1984): Equilibrium Unemployment as a Worker Discipline Device. The American Economic Review 74(3), 433–444.

Simonson J (2000): Der Einfluss individueller und struktureller Merkmale auf die „Stabilität" von Beschäftigung. Eine Untersuchung von Übergängen im Beschäftigungssystem in Ost- und Westdeutschland (Diplomarbeit). Universität Bremen.

Smith A (2001): Der Wohlstand der Nationen: Eine Untersuchung seiner Natur und seiner Ursachen. München: dtv. Engl. Original: URL: http://www.econlib.org/library/Smith/smWN.html [abgerufen am 05.05.2015].

Struck O, Dütsch M (2012): Gesicherte Mobilität am Arbeitsmarkt: Zur Bedeutung berufsfachlicher Qualifikationen in geschlossenen und offenen Beschäftigungssystemen. In: Industrielle Beziehungen 19(2), 154–186.

Williamson OE (1985): The Economic Institutions of Capitalism – Firms, Markets, Relational Contracting. New York: New York Free Press.

Williamson OE, Wachter ML, Harris JE (1975): Understanding the Employment Relation: The Analysis of Idiosyncratic Exchange. The Bell Journal of Economics 6(1), 250–278.

Yellen JL (1984): Efficiency Wage Models of Unemployment. The American Economic Review 74(2), 200–205.

4 Determinanten der Nachfrage nach Pflegekräften

Der gesellschaftliche Megatrend vieler entwickelter Industriestaaten ist die Alterung der Bevölkerung. Die höhere Lebenserwartung ist die Errungenschaft verschiedener Faktoren, wie der verbesserten medizinischen Versorgung und des gestiegenen Lebensstandards. Der demografische Wandel wird indes grundlegende gesellschaftliche Veränderungen hervorrufen, welche die Daseinsvorsorge im Wohlfahrtsstaat betrifft. Die Vorbereitungen können angesichts des allmählichen Veränderungsprozesses bereits heute getroffen werden. Die zentrale Herausforderung ist die Sicherstellung der Pflege im Wohlfahrtsstaat, das heißt, es sind Vorkehrungen zu treffen im Hinblick auf bereitgestellte Ressourcen, die zur Verfügung stehenden Arbeitskräfte und eine angemessene Qualität der Versorgung Pflegebedürftiger.

In Kapitel 4 werden die Zusammenhänge zwischen der Alterung der Bevölkerung und dem sich daraus ergebenden Zuwachs an Pflegebedürftigen dargestellt. Die demografische Entwicklung bestimmt bei gegebenen Versorgungsstrukturen Pflegebedürftiger die Nachfrage nach Pflegekräften. Ausgangspunkt für das Verständnis des demografischen Wandels sind die grundlegenden Trends der natürlichen Bevölkerungsentwicklung für Deutschland insgesamt (siehe Kapitel 4.1). Der demografische Wandel trifft die Regionen Deutschlands unterschiedlich stark. Dies wird anhand einer regional differenzierten Darstellung des künftigen Alterungsprozesses verdeutlicht (siehe Kapitel 4.1.5). Von besonderer Bedeutung für den künftigen Pflegebedarf ist zudem die Entwicklung der alters- sowie geschlechtsspezifischen Pflegerisiken (siehe Kapitel 4.2).

Mit der alternden Bevölkerung hat die Pflegebedürftigkeit zugenommen, allerdings ist die Stärke dieses Zusammenhangs unsicher. Hierzu wird in Kapitel 4.3 die bisherige Entwicklung der Pflegebedürftigkeit in Deutschland und in den einzelnen Bundesländern erörtert. Dabei zeigen sich erhebliche regionale Unterschiede zwischen moderaten und stärkeren Zunahmen der Pflegebedürftigkeit. Die altersspezifische Pflegebedürftigkeit variiert ebenfalls zwischen den Bundesländern. Die künftigen Pflegebedarfe ließen sich beispielsweise begrenzen, wenn die Bundesländer mit den höchsten altersspezifischen Pflegequoten die Werte der Länder mit dem geringsten Pflegerisiko erreichen würden.

In Kapitel 4.3.4 werden die Versorgungsstrukturen der Pflegebedürftigen und der Schweregrad der Pflegebedürftigkeit untersucht. Derzeit werden noch rund zwei Drittel der Pflegebedürftigen zu Hause von Angehörigen und mobilen Pflegedienstleistern versorgt. Die Pflegearrangements haben eine zentrale Bedeutung für den Bedarf an professionellen Pflegekräften. Auch hier sind erhebliche regionale Unterschiede feststellbar, die wiederum Auswirkungen auf die regionale Nachfrage nach Pflegekräften haben.

https://doi.org/10.1515/9783110431698-004

4.1 Der demografische Wandel

Der Begriff „demografischer Wandel" umfasst die Änderung der Bevölkerungszusammensetzung und -größe durch die natürliche Bevölkerungsentwicklung sowie durch Bevölkerungswanderungen. Die natürliche Bevölkerungsentwicklung wiederum ist die Differenz aus der Anzahl der Geburten und Sterbefälle eines Jahres. Die drei Kernelemente des demografischen Wandels in Deutschland sind sinkende Geburtenhäufigkeit, steigende Lebenserwartung sowie, seltener erwähnt, die zunehmende Heterogenisierung der Bevölkerungszusammensetzung durch Migration.

Demografische Untersuchungen beschäftigen sich mit langen Zeiträumen. Jährliche Änderungen, zum Beispiel in der Geburtenhäufigkeit, wirken sich erst längerfristig auf die Altersstruktur der Bevölkerung aus. Gleichzeitig ist der Blick auf rückwärtige Zeiträume gerichtet, da die heute Hochbetagten im ersten Viertel des zwanzigsten Jahrhunderts geboren wurden. Zudem haben Änderungen, zum Beispiel in der Lebenserwartung, langfristig bedeutsame Auswirkungen auf die Altersstruktur der Bevölkerung.

Da die demografische Entwicklung in ihren wesentlichen Aspekten einerseits gut vorauszusagen ist, andererseits gravierende Auswirkungen auf Kernbereiche der Sozial- und Gesellschaftspolitik hat, soll ein kurzer Rückblick auf zentrale politische Kommissionen beziehungsweise Institutionen gegeben werden, die auf die grundlegenden Trends in der Bevölkerungsentwicklung Deutschlands aufmerksam gemacht haben.

4.1.1 Das Demografie-Thema auf der politischen Agenda

Obwohl die Geburtenraten zumindest in Westdeutschland bereits seit Mitte der 1970er-Jahren unter ihr bestandserhaltendes Niveau von 2,1 Kindern je Frau absanken, kam die politische Diskussion darüber erst deutlich später in Gang. Zu Beginn der 1990er-Jahre nahm die Enquete-Kommission des Deutschen Bundestags zum demografischen Wandel ihre Arbeit auf. Damit befasste sich der Bundestag erstmals eingehend mit den „Herausforderungen unserer älter werdenden Gesellschaft an den Einzelnen und die Politik" (vgl. Deutscher Bundestag 1994). Der erste Zwischenbericht der Kommission wurde bereits 1994, der Endbericht 2002 vorgelegt. In den 1990er-Jahren war die Deutsche Einheit das zentrale innenpolitische Thema und der Grund, weshalb die demografischen Herausforderungen vorübergehend aus dem Blickfeld der Politik gerieten. Mit der guten konjunkturellen Entwicklung und dem überraschend hohen Bedarf an Fachkräften der Informations- und Kommunikationstechnologie Ende der 1990er-Jahre wurde die Debatte über einen aktuellen arbeitsmarktgesteuerten Zuwanderungsbedarf ausgelöst. Die darauf vom Bundesinnenministerium eingesetzte „Unabhängige Kommission Zuwanderung", die ihren Bericht mit einer langfristigen demografischen Analyse 2001 vorlegte, machte Anfang des vergangenen Jahrzehnts deutlich, welche enormen längerfristigen Bevölkerungsänderungen absehbar sind, und zeigte auf, dass Zuwanderung zur Abmilderung des demografischen Wandels beitragen kann (vgl. Unabhängige Kommission Zuwanderung 2001). Allerdings sah sich die Politik nicht in der Lage, bereits frühzeitig Erfahrungen mit einer Strategie der dauerhaften Zuwanderung etwa nach dem Vorbild der klassischen Einwanderungsländer – wie von der Kommission vorgeschlagen – zu sammeln.

Im Jahre 2011 erstellte die Bundesregierung erstmals einen Bericht zur demografischen Lage und künftigen Entwicklung des Landes (vgl. Bundesministerium des Innern 2011). Seit 2013 ist es möglich, sich in einem Demografieportal des Bundes und der Länder über regionale Herausforderungen des demografischen Wandels zu informieren (vgl. Demografie-Portal 2016). Diese werden in solche der Daseinsvorsorge im Bereich der sozialen und technischen Infrastruktur sowie der Wirtschaftskraft unterschieden. Zudem wird auf den regional unterschiedlichen Integrationsbedarf von Personen mit Migrationshintergrund sowie Zuwanderern aus dem Ausland hingewiesen.

4.1.2 Entwicklung der Geburten

In Deutschland ist seit Jahrzehnten eine kontinuierliche Abnahme der Geburtenzahlen zu beobachten. Nach den zusammengefassten Geburtenziffern für Frauen im Alter von 15 bis 50 Jahren hat jede Frau bis zum Ende des 19. Jahrhunderts im Mittel noch mehr als vier Kinder geboren. Allerdings ist zu berücksichtigen, dass die Säuglingssterblichkeit in dieser Zeit mit rund einem Viertel der Neugeborenen extrem hoch war. Ein erster demografischer Übergang, das heißt, ein Sinken von einem stabil hohen Niveau der Geburten auf ein stabil niedriges Niveau, setzte in der Zeit nach dem Ersten Weltkrieg ein, wobei erstmalig im Zuge der Weltwirtschaftskrise eine Zahl von zwei Kindern je Frau allerdings nur kurzfristig unterschritten wurde. Der zweite demografische Übergang umfasst den Zeitraum von der zweiten Hälfte der 1960er- bis zur Mitte der 1970er-Jahre, in dem die Geburtenziffer deutlich unter ihr bestandserhaltendes Niveau absinkt. Am Ende dieses Zeitraums steht eine stabil niedrige Geburtenrate (vgl. Tivig & Hetze 2007).

Das Geburtenhoch nach dem Zweiten Weltkrieg brachte die sogenannte Babyboomer-Generation hervor, zu denen die Geburtsjahrgänge 1959 bis 1968 gezählt werden können (vgl. Menning & Hoffmann 2009). In diesen zehn Jahrgängen war die jeweilige Geburtskohorte größer als 1,2 Mio. Lebendgeborene. 2014 wurden in Deutschland gut 700.000 Kinder geboren, nur noch halb so viel wie 1964.

In beiden Teilen Deutschlands erreichte die Geburtenhäufigkeit noch zu Beginn der 1960er-Jahre die höchste zusammengefasste Geburtenziffer der Nachkriegszeit von 2,5 Kindern je Frau. Das folgende rapide Sinken der Geburtenrate setzte in der ehemaligen Deutschen Demokratischen Republik (DDR) schon 1965 ein, im früheren Bundesgebiet ab 1967. Bis 1975 sank die Geburtenrate in beiden Teilen Deutschlands auf 1,5 Kinder je Frau (vgl. Statistisches Bundesamt 2013).

Bis zum Jahr 2011 lag die Geburtenrate je Frau im Alter zwischen 15 und 50 Jahren in Deutschland unter 1,4 Kindern. Auch wenn im Jahr 2014 mit einer Geburtenziffer von 1,47 Kindern je Frau ein Höchststand im vereinigten Deutschland erreicht wurde, bedeuten die gesunkenen Raten, dass in Deutschland deutlich weniger Kinder geboren werden, als zur zahlenmäßigen Bestandserhaltung der Bevölkerung notwendig wären. Die künftige Bevölkerungsabnahme ist wegen fehlender potenzieller Mütter selbst unter der Voraussetzung irreversibel, dass die Geburtenrate sich in einem oberen Bereich von rechnerisch 1,4 bis 1,6 Kindern (Variante „leichter Anstieg" in der 13. koordinierten Bevölkerungsvorausberechnung des Statistischen Bundesamts) bewegt. Die Anzahl der in Deutschland geborenen Kinder nimmt bei diesem Verhältnis um knapp ein Drittel je Generation ab.

Die Politik zur Erhöhung der Geburtenzahl konnte in Deutschland wenig am säkularen Abwärtstrend ändern. In der DDR haben verschiedene familienpolitische Maßnahmen dazu geführt, dass die Geburtenrate in den 1980er-Jahren auf 1,9 Kinder je Frau gestiegen ist. Jedoch wurde die Kinderentscheidung der Frauen nur zeitlich vorgezogen, die Gesamtzahl der Kinder je Frau blieb konstant. Auch die aktuell gültige Familienförderung dürfte die Geburtenzahl nur marginal beeinflussen, wie die Variante „leichter Anstieg" der 13. koordinierten Bevölkerungsvorausberechnung deutlich macht. Zuwanderung hat ebenfalls längerfristig nur begrenzte Auswirkungen auf die Altersverteilung der Bevölkerung. Schließlich müssten bis zum Jahr 2050 nach einer Studie der Vereinten Nationen fast 175 Mio. junge Zuwanderer nach Deutschland kommen, um die Altersstruktur der Bevölkerung konstant zu halten (vgl. United Nations 2000). Auch wenn aktuell vor allem krisenbedingt die Zahlen aus Südeuropa und aus den Kriegsregionen Asiens und Afrikas angestiegen sind, wird die Zuwanderung die Alterung der Bevölkerung nur abmildern, aber nicht aufhalten können.

4.1.3 Entwicklung der Lebenserwartung

Die zweite Komponente des demografischen Wandels betrifft die steigende Lebenserwartung der Menschen. Besonders stark nahm die Lebenserwartung im 20. Jahrhundert zu. Bis Mitte des vergangenen Jahrhunderts lag dies vor allem am Rückgang der Säuglingssterblichkeit. Gleichzeitig hat die sogenannte fernere Lebenserwartung etwa ab dem Alter von 60 Jahren zugenommen. Das bedeutet auch, dass immer mehr Menschen 80 Jahre und älter werden. In den Industrieländern lässt sich dies seit mehr als 150 Jahren feststellen (vgl. Oeppen & Vaupel 2002 und Vaupel & Hofäcker 2009). Frauen schneiden dabei grundsätzlich besser ab. In den Ländern mit der weltweit jeweils höchsten Lebenserwartung der Frauen ist in den zurückliegenden 170 Jahren ein Anstieg von fast drei zusätzlichen Lebensmonaten pro Jahr zu beobachten (vgl. Schnabel et al. 2005). Aber Männer holen auf: Im Schnitt der letzten 20 Jahre ist deren Lebenserwartung alle fünf Jahre um ein Jahr gestiegen. Seit Beginn der 1970er-Jahre hat sich die durchschnittliche Lebenserwartung bei Geburt um etwa 2,5 Jahre pro Dekade erhöht

(Wilke 2016: 220). Ein wesentlicher Einfluss geht dabei von der sozialen Lage aus (vgl. Kroll et al. 2008). Ein Ende ist nicht absehbar, allerdings scheint sich bei den Frauen der Anstieg der Lebenserwartung abzuflachen.

In Deutschland wurden erstmalig für die 1880er-Jahre Sterbetafeln der Bevölkerung berechnet. Danach hatten Männer am Ende des neunzehnten Jahrhunderts bei Geburt eine Lebenserwartung von 35,6 Jahren und Frauen eine von 38,5 Jahren. Bis zur aktuell verfügbaren Sterbetafel 2010/2012 ist die Lebenserwartung bei Geburt auf 77,7 Jahre für Männer und 82,8 Jahre für Frauen gestiegen. Damit hat sich die Lebenserwartung beider Geschlechter in gut einem Jahrhundert mehr als verdoppelt.

An dieser Stelle kann auf ein erstes Phänomen der regionalen Unterschiede in der demografischen Entwicklung hingewiesen werden, nämlich die zwischen den Bundesländern divergierenden Lebenserwartungen von Frauen und Männern. So ist festzustellen, dass sich die Lebenserwartung Anfang der 1990er-Jahre für beide Geschlechter zwischen den einzelnen Bundesländern um rund fünf Jahre unterschieden hat. Sie war in den neuen Bundesländern wesentlich niedriger als in den alten. Innerhalb von nur 20 Jahren hat sich die Lebenserwartung in dem Bundesland mit der niedrigsten Lebenserwartung, Mecklenburg-Vorpommern, um gut sechs Jahre bei den Frauen und mehr als acht Jahre bei den Männern erhöht. 2010/2012 ist die Differenz zwischen den Bundesländern deutlich geringer geworden. Die höchste Lebenserwartung haben die Neugeborenen in Baden-Württemberg (siehe Tabelle 4.1).

4.1.4 Alterung der Bevölkerung

Die Bevölkerung in Deutschland befindet sich aktuell mitten im Prozess der demografischen Alterung. So sind die stark besetzten Geburtsjahrgänge der 1950er- und 1960er-Jahre in das höhere Erwerbsalter von 50 Jahren und älter vorgerückt. In den letzten zweieinhalb Jahrzehnten ist die Anzahl der ab 70-Jährigen von 8,1 auf 13,1 Mio. Menschen gestiegen (siehe Abbildung 4.1). Insbesondere bei den oberen Altersklassen zeigt sich, dass mittlerweile nicht nur Frauen, sondern auch Männer ein höheres Lebensalter erreichen. Im Folgenden wird die Zunahme der Zahl älterer Menschen bis in die jüngste Vergangenheit dargestellt, denn das Zusammenwirken der demografischen Alterung mit den mit zunehmendem Alter steigenden Risiken, pflegebedürftig zu werden, bestimmt die Entwicklung der Anzahl Pflegebedürftiger.

Die Altersstruktur der Bevölkerung in Deutschland ist bereits jetzt von einer Entwicklung hin zu immer mehr Hochbetagten geprägt. Die Zahl der über 80-Jährigen stieg zwischen den Jahren 1999 und 2014 von 2,9 Mio. auf 4,5 Mio. Personen, was einem Zuwachs von 55 Prozent entspricht (siehe Abbildung 4.1). Der Anteil der Hochbetagten an der Gesamtbevölkerung erhöhte sich in diesem Zeitraum von 3,8 Prozent auf 5,6 Prozent. Die Zahl der 65- bis 79-Jährigen stieg im selben Zeitraum von 6,4 Mio. auf 12,5 Mio. und damit um 95 Prozent, während die Zahl jüngerer Menschen unter 15 Jahren von 12,9 Mio. auf 10,7 Mio. zurückging.

Tab. 4.1: Durchschnittliche fernere Lebenserwartung in den Bundesländern nach der allgemeinen Sterbetafel 2013/2015 (Statistisches Bundesamt 2016).

Bundesländer	im Alter von ... Jahren[1]						
	0	1	20	40	60	65	80
Männer							
Baden-Württemberg	79,52	78,77	59,97	40,54	22,41	18,43	8,08
Bayern	78,93	78,18	59,39	40,03	22,02	18,07	7,89
Berlin	77,76	77,03	58,23	38,83	21,39	17,72	8,24
Brandenburg	77,38	76,61	57,81	38,53	21,15	17,46	7,64
Bremen	76,82	76,18	57,42	38,13	20,92	17,34	7,88
Hamburg	78,29	77,56	58,76	39,23	21,58	17,90	8,23
Hessen	78,76	78,04	59,23	39,80	21,84	17,94	7,91
Mecklenburg-Vorpommern	76,54	75,80	57,04	37,78	20,82	17,21	7,55
Niedersachsen	77,84	77,14	58,36	39,07	21,35	17,54	7,70
Nordrhein-Westfalen	77,88	77,21	58,40	38,99	21,21	17,44	7,73
Rheinland-Pfalz	78,35	77,63	58,83	39,44	21,50	17,63	7,69
Saarland	77,15	76,50	57,67	38,34	20,75	17,00	7,52
Sachsen	77,58	76,77	57,98	38,66	21,36	17,71	7,84
Sachsen-Anhalt	76,17	75,44	56,69	37,44	20,37	16,78	7,29
Schleswig-Holstein	78,00	77,29	58,50	39,16	21,45	17,66	7,75
Thüringen	77,17	76,39	57,64	38,41	21,01	17,22	7,45
Deutschland	**78,18**	**77,45**	**58,66**	**39,29**	**21,52**	**17,71**	**7,81**
Frauen							
Baden-Württemberg	83,90	83,14	64,29	44,59	25,82	21,44	9,54
Bayern	83,52	82,73	63,86	44,17	25,43	21,08	9,28
Berlin	83,02	82,26	63,38	43,71	25,23	21,03	9,69
Brandenburg	82,94	82,15	63,34	43,73	25,14	20,80	9,13
Bremen	82,34	81,71	62,92	43,32	25,03	20,87	9,63
Hamburg	83,00	82,29	63,44	43,71	25,20	21,05	9,73
Hessen	83,21	82,48	63,64	43,96	25,28	20,99	9,35
Mecklenburg-Vorpommern	82,88	82,03	63,20	43,61	25,12	20,81	9,19
Niedersachsen	82,77	82,04	63,20	43,57	25,04	20,79	9,23
Nordrhein-Westfalen	82,52	81,82	62,98	43,31	24,81	20,61	9,28
Rheinland-Pfalz	82,93	82,17	63,33	43,66	25,07	20,79	9,18
Saarland	82,13	81,39	62,58	42,92	24,54	20,35	9,05
Sachsen	83,58	82,77	63,94	44,28	25,60	21,24	9,34
Sachsen-Anhalt	82,45	81,66	62,84	43,22	24,75	20,48	8,95
Schleswig-Holstein	82,79	82,01	63,16	43,52	25,03	20,80	9,23
Thüringen	83,02	82,21	63,35	43,69	25,05	20,64	8,94
Deutschland	**83,06**	**82,31**	**63,46**	**43,79**	**25,19**	**20,90**	**9,30**

[1] Es beziehen sich: das Alter 0 auf den Zeitpunkt der Geburt, die anderen Altersangaben auf den Zeitpunkt, an dem jemand genau x Jahre alt geworden ist.

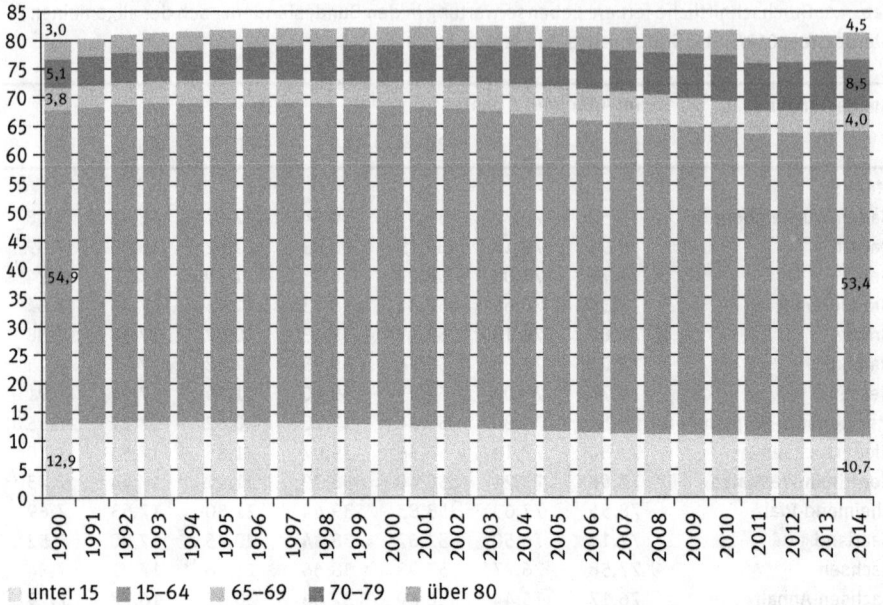

Abb. 4.1: Bevölkerung in Deutschland 1990–2014 nach Altersgruppen in Mio. (Statistisches Bundesamt, Genesis-Online, Datenstand: Februar 2016; eigene Berechnungen).

Betrachtet man die Entwicklung der Bevölkerung im Rentenalter detaillierter (siehe Abbildung 4.2), zeigt sich, dass die Altersgruppe der 75- bis 79-Jährigen zwischen 1999 und 2014 besonders stark gewachsen ist, nämlich um 44,2 Prozent.

Im Anschluss an die Trends der demografischen Alterung der Bevölkerung insgesamt wird in Kapitel 4.1.5 erläutert, dass die Zunahme der Zahl älterer Menschen in den Regionen Deutschlands sehr unterschiedlich verlaufen wird.

4.1.5 Die regionale Dimension des demografischen Wandels

Ein besonderes Merkmal des demografischen Wandels sind seine räumlich unterschiedlichen Auswirkungen, die die entsprechenden Prozesse von Alterung und Schrumpfung der Bevölkerung einerseits mildern, andererseits verstärken. Im Folgenden wird im Vorgriff auf die Bevölkerungsvorausberechnung in Kapitel 8 bis 2060 die Bevölkerungsentwicklung nach Kreisen bis 2035 und die Vorausberechnung der Entwicklung der Hochbetagten (im Alter von 80 Jahren und älter) betrachtet.

In den Agglomerationsräumen stellt sich die demografische Entwicklung im Vergleich zu den peripheren Regionen wesentlich weniger dramatisch dar. So ist zunächst festzustellen, dass sich die Gesamtbevölkerung zwischen 1990 und 2010 in nur wenigen Regionen Westdeutschlands verringert hat. Das genaue Gegenteil trifft

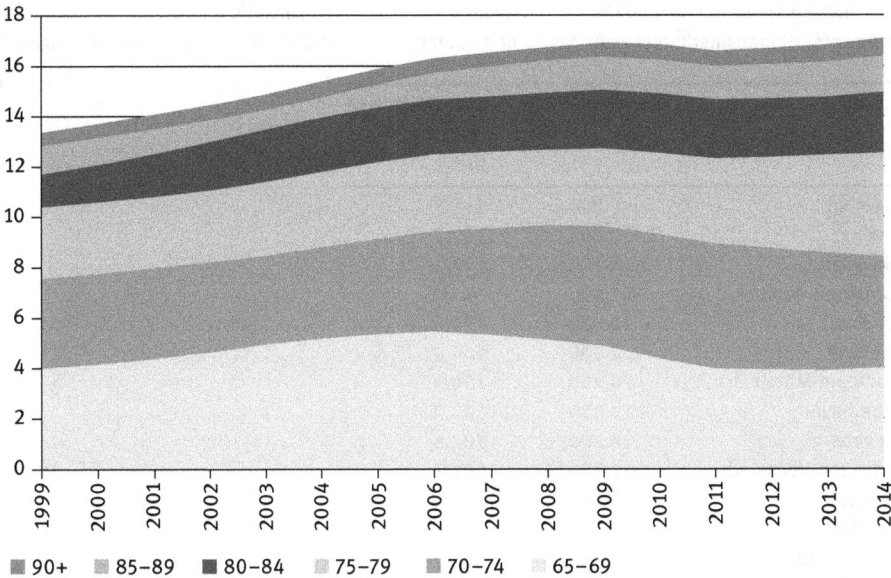

Abb. 4.2: Bevölkerung in Deutschland 1999–2014 der über 65-Jährigen – absolut in Mio. (Statistisches Bundesamt, Genesis-Online, Datenstand: Februar 2016; eigene Berechnungen).

für die neuen Länder zu, die in diesem Zeitraum einen Bevölkerungsverlust durch die natürliche Bevölkerungsentwicklung und Abwanderung von drei Mio. Menschen erlebten (vgl. Grobecker et al. 2013: 13). Nur in wenigen Regionen wie im Umland Berlins und anderen Umlandregionen von Großstädten stieg die Bevölkerungszahl. Zukünftig – bis zum Jahr 2035 – werden sich die Landstriche mit Bevölkerungsverlust weiter ausdehnen. Zuwächse erzielen vor allem die Verflechtungsregionen um die drei größten deutschen Städte. Des Weiteren dürften Landkreise im Süden und Westen Deutschlands noch moderate Bevölkerungsgewinne verzeichnen, während die Mitte Deutschlands und die peripheren Regionen des Nordens und Ostens Einwohner verlieren werden (vgl. Bundesinstitut für Bau-, Stadt- und Raumforschung 2014).

Die Angaben zur Entwicklung der Hochbetagten können Hinweise darauf geben, wo der Pflegebedarf am stärksten wachsen könnte. Insgesamt dürfte sich in Deutschland die Anzahl der 80-Jährigen und Älteren zwischen 2012 und 2035 um 61,4 Prozent erhöhen (siehe Tabelle 4.2). Der Zuwachs soll vor allem die Männer betreffen. Nach der Regionalprojektion der Bevölkerungsalterung wird der Landkreis Barnim nördlich von Berlin den höchsten Zuwachs älterer Menschen aufweisen. Weitere Umlandkreise Berlins und Münchens gehören zu den Regionen mit dem stärksten Zuwachs Hochbetagter. Aber auch die Metropolen Berlin und München selbst werden davon betroffen sein.

Weitere Kreise mit starken Zuwächsen Hochbetagter sind Abbildung 4.3 zu entnehmen. Diese finden sich vor allem in Mecklenburg-Vorpommern, Schleswig-Holstein

Tab. 4.2: 30 Kreise mit höchster Veränderung an über 80-jährigen Einwohnern 2012–2035 (Veränderung in %) (Bundesinstitut für Bau-, Stadt- und Raumforschung (BBSR) 2014; eigene Berechnungen).

Kreis	über 80-Jährige 2035	über 80-Jährige 2012 bis 2035 in %
Barnim	18.000	119,5
Erding	10.400	112,2
Havelland	14.500	107,1
Landkreis Rostock	21.400	105,8
Dachau	12.300	105,0
Freising	12.500	104,9
Potsdam-Mittelmark	20.200	104,0
Oberhavel	19.300	103,2
Segeberg	23.700	102,6
Erlangen-Höchstadt	11.700	101,7
Germersheim	10.800	100,0
Landsberg am Lech	10.300	98,1
Fürstenfeldbruck	18.900	96,9
Osterholz	10.400	96,2
Rosenheim	23.900	95,9
Rhein-Sieg-Kreis	54.400	95,7
Teltow-Fläming	15.400	94,9
Ammerland	11.300	94,8
Ebersberg	11.100	94,7
Harburg	22.000	94,7
Märkisch-Oderland	18.600	93,8
Regensburg	15.300	93,7
Berlin	276.600	92,9
München	29.700	92,9
Stade	17.500	92,3
Oldenburg	11.500	91,7
Rheingau-Taunus-Kreis	18.000	91,5
Emmendingen	15.300	91,3
Bodenseekreis	20.200	90,6
Alzey-Worms	11.300	88,3
Deutschland	**6.971.600**	**61,4**

und dem nördlichen Niedersachsen. In Bayern wird die Mehrzahl der Kreise starke Zuwächse erfahren. In Baden-Württemberg besteht ein gewisses Stadt-Land-Gefälle.

In den großen Städten bleibt der Anteil Hochbetagter an der Bevölkerung trotz ihres Zuwachses moderat. Anders ist dies in Ostdeutschland. Dort wird 2035 in den meisten Regionen der Anteil sehr alter Menschen überdurchschnittlich hoch sein (siehe Tabelle 4.3). So dürfte in Suhl der Anteil Hochbetagter 2035 fast doppelt so hoch sein wie im gesamten Bundesgebiet. Die überdurchschnittlichen Anteile älterer Men-

Tab. 4.3: 30 Kreise mit höchstem Anteil an über 80-jährigen Einwohnern im Jahr 2035 (Anteil in %) (Bundesinstitut für Bau-, Stadt- und Raumforschung (BBSR) 2014; eigene Berechnungen).

Kreis	über 80-Jährige 2035	Anteil über 80-Jährige an allen Einwohnern
Suhl	4000	16,1
Gera	10.300	14,7
Altenburger Land	9700	14,6
Greiz	10.800	14,4
Erzgebirgskreis	38.500	14,2
Oberspreewald-Lausitz	11.000	14,0
Vogtlandkreis	25.600	14,0
Elbe-Elster	10.600	13,9
Dessau-Roßlau	8600	13,9
Görlitz	28.100	13,8
Mansfeld-Südharz	14.300	13,7
Spree-Neiße	12.100	13,5
Saalfeld-Rudolstadt	11.300	13,5
Zwickau	35.300	13,4
Uckermark	12.300	13,4
Wittenberg	12.900	13,4
Chemnitz	24.700	13,2
Prignitz	7500	12,9
Osterode am Harz	7700	12,9
Sonneberg	5600	12,9
Saale-Orla-Kreis	8500	12,9
Frankfurt (Oder)	5600	12,8
Harz	22.000	12,8
Kyffhäuserkreis	7500	12,8
Salzlandkreis	19.000	12,8
Mittelsachsen	31.400	12,6
Mecklenburgische Seenplatte	25.500	12,6
Anhalt-Bitterfeld	15.800	12,6
Bautzen	30.800	12,5
Schwerin	9300	12,5
Deutschland	**6.971.600**	**8,9**

schen sind auf die Abwanderung jüngerer Personen beziehungsweise auf die geringe Geburtenrate in diesen Regionen zurückzuführen.

Nach der Darstellung der bisherigen demografischen Entwicklung und einer Regionalstudie zur künftigen Bevölkerungsalterung werden in Kapitel 4.2 die Zusammenhänge zwischen Alterung und Pflegebedürftigkeit vorgestellt.

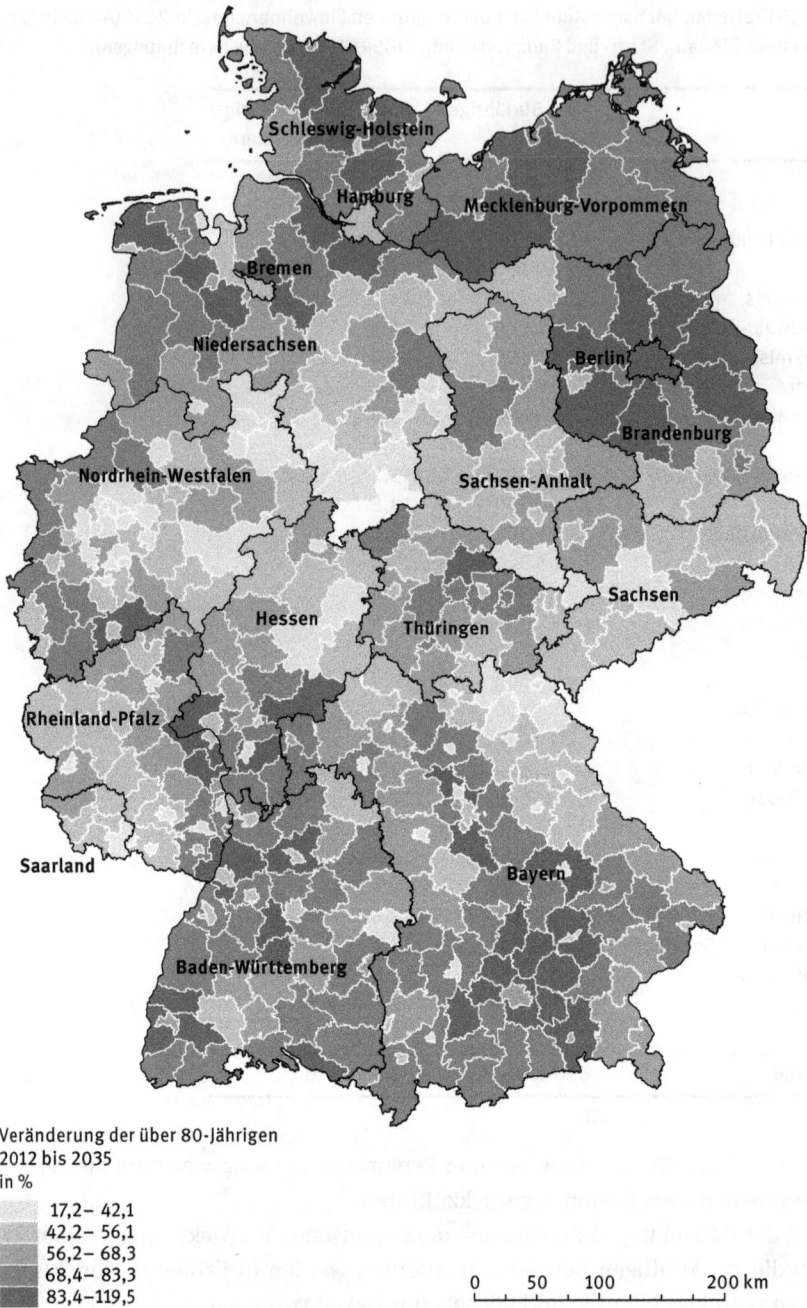

Veränderung der über 80-Jährigen
2012 bis 2035
in %

- 17,2– 42,1
- 42,2– 56,1
- 56,2– 68,3
- 68,4– 83,3
- 83,4–119,5

0   50   100   200 km

Abb. 4.3: Veränderung der Zahl der über 80-jährigen Einwohner 2012 bis 2035 nach Kreisen (Veränderung in %) (Bundesinstitut für Bau-, Stadt- und Raumforschung (BBSR) 2014; eigene Berechnungen).

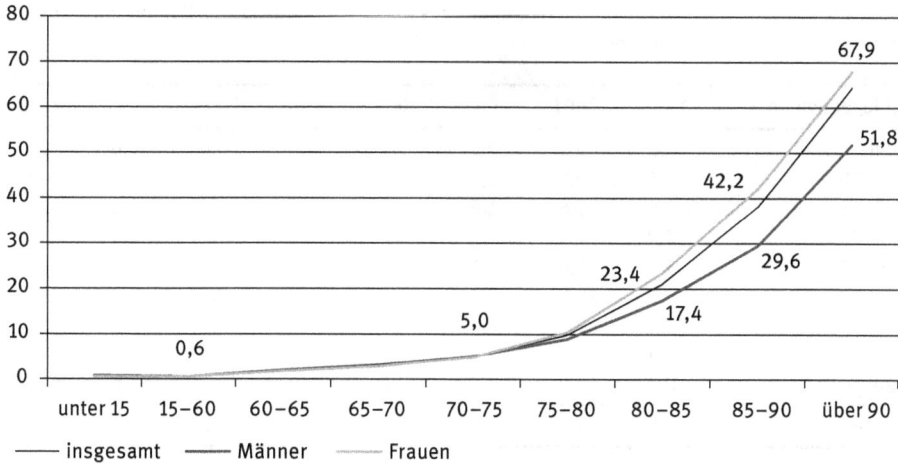

Abb. 4.4: Anteil der Pflegebedürftigen an der Bevölkerung nach Altersgruppen 2013 (Statistisches Bundesamt, Pflegestatistiken; eigene Berechnungen).

4.2 Pflegebedürftigkeit nach Alter und Geschlecht

Laut § 14 Sozialgesetzbuch XI gelten Personen als pflegedürftig, die „wegen einer körperlichen, geistigen oder seelischen Krankheit oder Behinderung für die gewöhnlichen und regelmäßigen wiederkehrenden Verrichtungen im Ablauf des täglichen Lebens auf Dauer [...] Hilfe benötigen". Wie in Kapitel 4.1.4 dargestellt, hat die Alterung der Bevölkerung wesentlichen Einfluss auf die Entwicklung der Pflegebedürftigkeit in Deutschland. Denn mit zunehmendem Alter wächst das individuelle Risiko, pflegebedürftig zu werden. Davon analytisch zu trennen ist die Entwicklung des altersspezifischen Pflegebedürftigkeitsrisikos, bei der bestimmt wird, ob eine Person im Alter von beispielsweise 80 Jahren im Jahr 2013 die gleiche Wahrscheinlichkeit wie im Jahr 1999 hat, pflegebedürftig zu werden.

Das Pflegebedürftigkeitsrisiko beziehungsweise die Pflegeprävalenz misst den prozentualen Anteil der Pflegebedürftigen an der Bevölkerung im jeweiligen Alter. Es beziffert somit die Wahrscheinlichkeit, dass eine Person aus der entsprechenden Altersgruppe Pflege benötigt. Dabei fällt der starke Unterschied zwischen Frauen und Männern auf (siehe Abbildung 4.4). Zudem wird deutlich, dass im Alter von 90 Jahren und älter jeder zweite Mensch derzeit pflegebedürftig ist und das Risiko bei Frauen stärker ausgeprägt ist als bei Männern.

Für den künftigen Bedarf an Pflegekräften ist entscheidend, wie sich das altersspezifische Pflegebedürftigkeitsrisiko von Männern und Frauen voraussichtlich entwickeln wird. Ein Blick auf die Daten der Pflegestatistik deutet im Zeitraum von 1999 bis 2013 auf einen leichten Anstieg der Gesamtquote von 2,5 Prozent auf 3,3 Prozent hin (siehe Tabelle 4.4). Hierbei ist allerdings zu berücksichtigen, dass ab 2008 und

Tab. 4.4: Pflegequoten nach Fünfer-Altersgruppen 1999 bis 2013 (Statistisches Bundesamt, Pflegestatistiken; eigene Berechnungen).

Pflegequote in %	1999	2001	2003	2005	2007	2009	2011	2013
unter 15	0,5	0,5	0,5	0,5	0,6	0,6	0,6	0,7
15–60	0,5	0,5	0,5	0,5	0,5	0,5	0,5	0,6
60–65	1,6	1,6	1,6	1,6	1,6	1,7	1,8	1,9
65–70	2,9	2,8	2,7	2,6	2,6	2,7	2,8	3,0
70–75	5,1	5,0	5,1	4,9	4,8	4,7	4,8	5,0
75–80	10,5	10,0	9,8	9,6	10,0	9,9	9,8	9,8
80–85	21,4	19,9	20,6	20,3	20,0	19,9	20,5	21,0
85–90	38,4	39,5	39,9	36,3	37,2	38,0	38,0	38,2
90+	60,2	0,0	0,0	0,0	61,6	59,1	57,8	64,4
Gesamt	**2,5**	**2,5**	**2,5**	**2,6**	**2,7**	**2,9**	**3,1**	**3,3**

2012 der Kreis der Anspruchsberechtigten auf Personen ausgeweitet wurden, die keinen Hilfebedarf im Sinne der definierten Pflegestufen aufweisen (§ 45a SGB XI).

Zwischen Männern und Frauen bestehen erhebliche Unterschiede in der Pflegebedürftigkeit. Im Untersuchungszeitraum sind unterschiedliche Trends festzustellen (siehe Tabelle 4.5). Unter der männlichen Bevölkerung ist das Pflegebedürftigkeitsrisiko 2013 zwar mit 2,3 Prozent deutlich geringer als unter den Frauen (4,1 Prozent). Allerdings hat sich zwischen 1999 und 2013 die Betroffenheit der Männer stärker erhöht als die der Frauen, die im Jahr 1999 bereits bei 3,3 Prozent lag.

Bei den Männern dürfte der Anstieg der Pflegebedürftigkeit in der obersten Altersgruppe 2013 auch auf leistungsrechtliche Erweiterungen zurückzuführen sein, durch die die Zahlen der Begutachtungen und dann auch der Pflegebedürftigen – insbesondere in Pflegestufe I – zunehmen.

Aus diesen Befunden geht hervor, dass über die zentrale Determinante des künftigen Pflegebedarfs – die Pflegeprävalenz der Bevölkerung – keine Sicherheit herrscht. Für die Vergangenheit hat die Mehrzahl der Studien für Deutschland auf Grundlage der nicht revidierten Bevölkerungszahlen zwar eine „leichte" Kompression der Pflegeprävalenzen (für eine Übersicht vgl. Pu 2011) ermittelt, doch scheint diese vor allem auf Verbesserungen bei leichter Pflegebedürftigkeit zurückzuführen sein. Seit dem Jahr 2007 zeigt sich anhand der revidierten Bevölkerungsdaten ein Anstieg der Pflegequote insgesamt. Ihr liegt vor allem eine Zunahme bei den Männern zugrunde. Beim höchsten Grad der pflegerischen Versorgung war über einen längeren Zeitraum (1993–2003) kein signifikanter Rückgang des Pflegerisikos zu beobachten (vgl. Ziegler & Doblhammer 2005). Hinzu kommt eine regionale (nicht erklärte) Komponente, denn zwischen den Bundesländern unterscheiden sich die Quoten stärker als dies durch die Zusammensetzung nach Alter- und Geschlecht erklärbar wäre. Zwischen 1999 und 2009 sind bei den Frauen in der Altersgruppe zwischen 85 und 90 Jahren vereinzelt sogar Anstiege der Pflegebedürftigkeit zu beobachten, die in Brandenburg bei sechs Prozentpunkten lagen (vgl. Behrens 2014: 30). Insgesamt ist festzuhalten, dass

Tab. 4.5: Pflegequoten in Deutschland nach Altersgruppen und Geschlecht 1999–2013 (Statistisches Bundesamt, Pflegestatistiken).

Altersgruppen	1999	2001	2003	2005	2007	2009	2011	2013
Männer								
unter 15	0,6	0,6	0,6	0,6	0,6	0,6	0,7	0,8
15–60	0,5	0,5	0,5	0,5	0,5	0,5	0,6	0,6
60–65	1,8	1,7	1,7	1,7	1,7	1,7	1,9	2,0
65–70	3,1	3,0	2,9	2,8	2,8	2,8	3,0	3,2
70–75	5,0	5,0	5,1	4,9	4,8	4,7	4,8	5,1
75–80	9,3	8,7	8,5	8,5	8,9	8,8	8,9	8,9
80–85	17,1	15,7	16,1	15,8	15,6	15,7	16,6	17,4
85–90	29,1	29,6	29,4	26,9	27,5	28,3	28,6	29,6
90+	42,0	40,9	39,7	39,2	38,9	36,8	36,9	51,8
Gesamt	**1,6**	**1,6**	**1,6**	**1,7**	**1,8**	**1,9**	**2,1**	**2,3**
Frauen								
unter 15	0,5	0,5	0,5	0,5	0,5	0,6	0,5	0,6
15–60	0,5	0,4	0,4	0,5	0,5	0,5	0,5	0,6
60–65	1,5	1,4	1,4	1,5	1,6	1,6	1,6	1,8
65–70	2,7	2,6	2,5	2,4	2,5	2,5	2,7	2,8
70–75	5,2	5,1	5,1	4,9	4,9	4,8	4,7	5,0
75–80	11,0	10,7	10,6	10,3	10,7	10,7	10,5	10,4
80–85	23,2	21,6	22,5	22,3	22,2	22,3	22,9	23,4
85–90	41,5	42,8	43,4	39,7	40,7	41,6	41,9	42,2
90+	65,3	65,1	65,2	66,5	68,8	66,7	65,2	67,9
Gesamt	**3,3**	**3,3**	**3,4**	**3,4**	**3,6**	**3,8**	**3,9**	**4,1**

belastbare Erkenntnisse zur künftigen Entwicklung der Pflegeprävalenzen derzeit nicht vorliegen. Zum einen sind die Zeiträume, für die Pflegeprävalenzen in Deutschland berechnet werden können, noch zu gering. Unsicherheiten ergeben sich zudem aus der Einstufungspraxis des medizinischen Dienstes der Krankenkassen, der sowohl regional als auch zeitlich nicht die gleichen Kriterien zugrunde legen dürfte. Somit sollten verschiedene Szenarien statt Projektionen die künftige Entwicklung der Pflegebedürftigkeit eingrenzen (siehe Kapitel 8).

4.3 Versorgungsstrukturen der Pflegebedürftigen in Deutschland

Seit dem Jahr 1999 liegen statistische Informationen über die Versorgungsstrukturen der Pflegebedürftigen nach dem SGB XI vor. Zusätzlich werden die Pflegeeinrichtungen nach privater, öffentlich-rechtlicher oder frei-gemeinnütziger Trägerschaft differenziert.

Tab. 4.6: Pflegebedürftige nach der Versorgungsart 2013 in Deutschland (Statistisches Bundesamt, Pflegestatistiken; eigene Berechnungen).

2.626.206 Pflegebedürftige insgesamt		
zu Hause versorgt **1.861.775 (70,09 %)**		**in Heimen vollstationär versorgt** **764.431 (29,10 %)**
durch Angehörige versorgt 1.245.929	zusammen mit/durch ambulante Pflegedienste versorgt 615.846	
	durch 12.745 ambulante Pflegedienste mit 320.077 Beschäftigten versorgt	**in 13.030 Pflegeheimen*** **mit 685.447 Beschäftigten** **versorgt**

* einschließlich teilstationäre Heime

4.3.1 Pflegebedürftige nach Versorgungsart und Trägerstruktur in Deutschland

Nach den Ergebnissen der Pflegestatistik wurden 2013 von den 2,6 Mio. Pflegebedürftigen 70,9 Prozent zu Hause versorgt (vgl. zu den folgenden Angaben Statistisches Bundesamt 2015). Von diesen mehr als 1,8 Mio. Personen wurden zwei Drittel ausschließlich durch Angehörige betreut, ein Drittel zusammen mit beziehungsweise durch fast 13.000 ambulante Pflegedienste (siehe Tabelle 4.6). In der ambulanten Pflege waren zwei Drittel der Dienste in privater Trägerschaft. Der Anteil der freigemeinnützigen Träger lag bei 35 Prozent. Öffentliche Träger hatten – aufgrund des Vorrangs der anderen Träger nach dem SGB XI – einen Anteil von lediglich einem Prozent. Fast alle ambulanten Pflegedienste (97 Prozent) boten neben den Leistungen nach SGB XI auch häusliche Krankenpflege nach dem SGB V (Gesetzliche Krankenversicherung) an. Zehn Prozent der Pflegedienste waren organisatorisch an Wohneinrichtungen angeschlossen, sechs Prozent an ein Pflegeheim.

Im Durchschnitt betreute ein Pflegedienst Ende 2013 48 Pflegebedürftige. Während die privaten Dienste im Schnitt 37 Pflegebedürftige versorgten, waren es in ambulanten Diensten unter freigemeinnütziger Trägerschaft dagegen im Durchschnitt knapp doppelt so viele Pflegebedürftige (68 je ambulantem Dienst). Von den insgesamt 616.000 ambulant betreuten Pflegebedürftigen wies gut ein Viertel (28 Prozent bzw. 171.000) auch eine erheblich eingeschränkte Alltagskompetenz auf. Bei weiteren 32.000 versorgten Männern und Frauen lag keine Pflegebedürftigkeit beziehungsweise Pflegestufe nach der Definition des Pflegeversicherungsgesetzes vor, sondern eine erhebliche eingeschränkte Alltagskompetenz.

Zwischen 1999 und 2013 ist die Zahl der ambulanten Pflegedienste lediglich um 18 Prozent auf 12.745 Leistungserbringer Ende 2013 gestiegen, obwohl sich die Zahl der ambulant Versorgten in diesem Zeitraum um 48,2 Prozent erhöhte. Während das Verhältnis von privaten Trägern und freigemeinnützigen Trägern 1999 noch annähernd ausgeglichen war, dominieren mittlerweile die Pflegedienste in privater Trägerschaft mit einem Anteil von fast zwei Dritteln. Dementsprechend ist ihre Zahl bis Ende 2013 um fast die Hälfte angestiegen. Dagegen hat die Bedeutung der Pflegedienste freigemeinnütziger Träger auf einen Anteil von zuletzt 31,7 Prozent kontinuierlich abgenommen. Die knapp 200 ambulanten Pflegedienste der öffentlichen Träger sind dagegen inzwischen unbedeutend.

Die in der Pflegestatistik erfassten 13.000 stationären Pflegeeinrichtungen Ende 2013 befanden sich zu 54 Prozent in freigemeinnütziger und zu 41 Prozent in privater Trägerschaft. Öffentliche Träger wiesen, wie im ambulanten Bereich, den geringsten Anteil auf (fünf Prozent). Jedes fünfte Heim (19 Prozent) betrieb neben dem Pflegebereich auch ein Altenheim oder betreutes Wohnen. Im Altenheim werden hauptsächlich ältere Menschen betreut, bei denen keine Pflegestufe vorliegt. Im Durchschnitt betreute ein Pflegeheim 63 Pflegebedürftige. Eher kleine Einrichtungen mit 56 Pflegebedürftigen im Mittel waren in privater Trägerschaft. In den freigemeinnützigen Einrichtungen waren es 67 Pflegebedürftige und in den öffentlichen Heimen 77.

Die meisten Pflegeheime (10.900) boten vollstationäre Dauerpflege an. Vollstationäre Dauerpflege erhielten Ende 2013 insgesamt 743.000 Pflegebedürftige, Kurzzeitpflege 21.000 Pflegebedürftige sowie Tagespflege 57.000 Personen.

Von den insgesamt 822.000 in Heimen betreuten Pflegebedürftigen wies mehr als die Hälfte (59 Prozent bzw. 486.000) eine erheblich eingeschränkte Alltagskompetenz auf. Die Zahl der Pflegeheime hat zwischen 1999 und 2013 um fast die Hälfte zugenommen. Die Zahl der stationären Pflegefälle ist in diesem Zeitraum lediglich um 29,3 Prozent gewachsen.

Ähnlich wie in ambulanten Pflegediensten sind auch bei den stationären Pflegeeinrichtungen die größten Zuwächse bei den privaten Trägern zu beobachten.

Während die Heimplätze zwischen 1999 und 2013 um insgesamt 40 Prozent ausgeweitet wurden, ist die Zahl der Pflegeheime um 47 Prozent angestiegen. Dadurch ging die durchschnittliche Pflegeplatzzahl pro Pflegeheim während des betrachteten Zeitraums von 73 auf 69 zurück. Die überwiegende Mehrheit der Heimplätze, etwa 95 Prozent, ermöglicht vollstationäre Dauerpflege. Zwischen 1999 und 2013 hat deren Zahl um 36 Prozent und die Zahl der Tagespflegeplätze um 228 Prozent zugenommen.

4.3.2 Entwicklung der Versorgungsstrukturen und Pflegestufen

Zwischen den Jahren 1999 und 2013 stieg die Zahl der Pflegebedürftigen von Jahr zu Jahr an. Zu den 2,6 Mio. Pflegebedürftigen 2013 kamen weitere 109.000 Männer und Frauen, die nach dem SGB XI nicht als pflegebedürftig im engeren Sinne gelten, denen aber eine „erheblich eingeschränkte Alltagskompetenz" zugesprochen wird (vgl. Statistisches Bundesamt 2015: 7). Diese Gruppe erhält im Status quo ebenfalls Leistungen aus der Pflegeversicherung, wenn auch in einem geringeren Umfang als jene

Tab. 4.7: Entwicklung der Zahl der Pflegebedürftigen nach der Versorgungsart 1999/2013 in Deutschland (Statistisches Bundesamt, Pflegestatistiken; eigene Berechnungen).

	Pflegebedürftige		Veränderung 1999–2013	
	1999	2013	absolut	in %
Versorgungsart – absolut				
allein durch Angehörige*	1.027.591	1.245.929	218.338	21,2
zusammen mit/durch ambulante Pflegedienste	415.289	615.846	200.557	48,3
Pflegebedürftige vollstationär in Heimen	573.211	764.431	191.220	33,4
Insgesamt	**2.016.091**	**2.626.206**	**610.115**	**30,3**
Versorgungsart – Anteil in %				
allein durch Angehörige*	51,0	47,4	–3,5	
zusammen mit/durch ambulante Pflegedienste	20,6	23,5	2,9	
Pflegebedürftige vollstationär in Heimen	28,4	29,1	0,7	
Insgesamt	**100,0**	**100,0**	**–**	

* entspricht den Empfänger(inne)n von ausschließlich Pflegegeld nach § 37 Abs. 1 SGB XI; Empfänger/-innen von Kombinationsleistungen nach § 38 Satz 1 SGB XI sind dagegen in den ambulanten Pflegediensten enthalten.

Personen, die nach den Kriterien für die Pflegestufen I bis III vor allem körperliche Beeinträchtigungen aufweisen.

Die professionelle Pflege (stationäre Pflege und Pflege durch ambulante Dienste) gewinnt bei der Versorgung der Pflegebedürftigen zunehmend an Bedeutung. Für den Zeitraum von 1999 bis 2013 lässt sich eine Verschiebung der Anteile der Pflegearten weg von Pflegegeldempfängern (minus 3,5 Prozentpunkte) und hin zur Versorgung durch ambulante Dienste oder in stationären Einrichtungen feststellen (siehe Tabelle 4.7).

Die Versorgung der Pflegebedürftigen durch professionelle, ambulante Dienste ist stärker gewachsen als die Familienpflege. Zunehmend werden auch neue Betreuungsformen der (professionellen) ambulanten Pflege, wie die vermehrt entstehenden Pflegewohngemeinschaften oder auch Demenz-WGs, geschaffen.

Neben der Versorgungstruktur der Pflegebedürftigen ist der Grad der Pflegebedürftigkeit für den Personalbedarf entscheidend. Bei der Schwere der Pflegebedürftigkeit werden in der Pflegeversicherung drei Stufen unterschieden (siehe Tabelle 4.8).

Über die Pflegestufe III hinaus können bei Härtefällen weitere Leistungen gewährt werden. Seit Juli 2008 haben auch Personen mit einer erheblich eingeschränkten Alltagskompetenz Anspruch auf Leistungen der Pflegeversicherung, selbst wenn sie keinen Hilfebedarf nach den oben beschriebenen Pflegestufen aufweisen.

Beim Grad der Pflegebedürftigkeit nahmen in diesem Zeitraum sowohl im ambulanten als auch im stationären Bereich leichtere Fälle zu (Pflegestufe I) (siehe Abbildung 4.5). Nach der Pflegestatistik ist der Anteil der Pflegestufe III an allen Pfle-

Tab. 4.8: Pflegestufen nach § 15, SGB XI (Bundesministerium der Justiz und für Verbraucherschutz 1994).

	Pflegestufe I = erheblich Pflegebedürftige	Pflegestufe II = Schwerpflegebedürftige	Pflegestufe III = Schwerstpflegebedürftige
Hilfebedarf bei Verrichtungen aus den Bereichen der Grundpflege (Körperpflege, Ernährung, Mobilität)	mindestens einmal täglich bei mindestens zwei Verrichtungen aus einem oder mehreren Bereichen der Grundpflege	mindestens dreimal täglich zu verschiedenen Tageszeiten	jederzeit (Tag und Nacht)
durchschnittlicher täglicher Zeitaufwand für die Grundpflege	mehr als 45 Minuten	mindestens 2 Stunden	mindestens 4 Stunden
Hilfebedarf bei der hauswirtschaftlichen Versorgung	mehrfach in der Woche	mehrfach in der Woche	mehrfach in der Woche
durchschnittlicher täglicher Zeitaufwand für die Hilfe gesamt	mindestens 90 Minuten	mindestens 3 Stunden	mindestens 5 Stunden

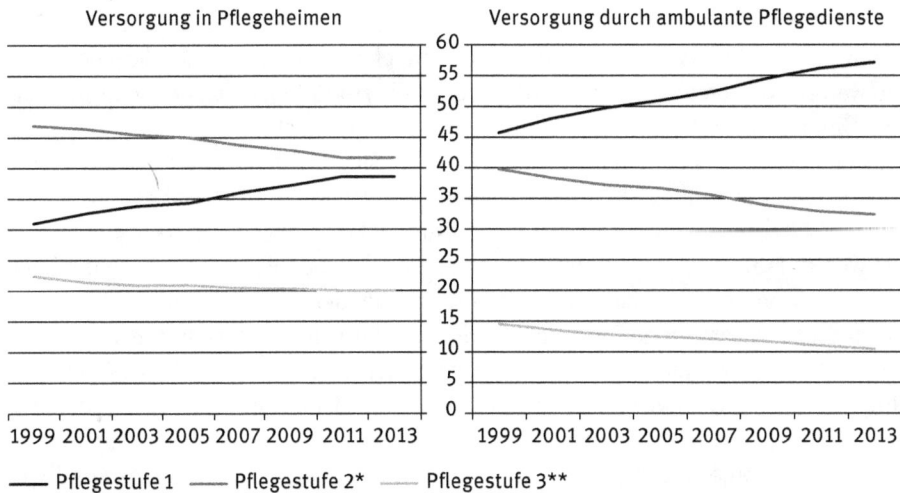

Abb. 4.5: Entwicklung der Zahl der Pflegebedürftigen nach Versorgungsart und Pflegestufen 1999 bis 2013 in Deutschland (Statistisches Bundesamt, Pflegestatistiken; eigene Berechnungen).
* Zur Anteilsberechnung wurden für die Pflegeheime die noch unbekannten Zuordnungen der Pflegestufe 2 zugeordnet.
** einschließlich Härtefälle.

gebedürftigen in der Pflegeversicherung gesunken. Andererseits wuchsen auch die sogenannten Härtefälle in Stufe III. Der zuletzt genannte Befund stützt die Wahrnehmung aus der Praxis hinsichtlich einer Zunahme des Versorgungsaufwands infolge häufigerer multimorbider und chronisch kranker Patienten. Nach Aussagen von Pflegedienstleistern hat sich die Versorgung in den letzten zwei Jahrzehnten dahingehend verändert, dass Pflegebedürftige häufiger an mehreren Krankheiten leiden oder chronisch krank und daher mit höherem Aufwand zu versorgen sind (vgl. Beske et al. 2012: 98).

Das IEGUS-Institut und das RWI stellen jüngst in einer Studie fest, dass

> anhand der verfügbaren Daten kaum nachweisbar ist, dass der pflegerische Versorgungsbedarf von Heimbewohnern generell deutlich zugenommen hat. Indizien dafür ergeben sich allerdings aus dem überproportionalen Anstieg der Zahl der Härtefälle in Pflegestufe III im Zeitraum 2003 bis 2013 um das 2,4-[F]ache. Ein zunehmend höherer pflegerischer Aufwand lässt sich auch anhand steigender Anteile von Pflegebedürftigen mit unterschiedlichen pflegerischen Risiken ableiten: Entsprechend der mit dem Alter stark ansteigenden Prävalenzrate bei demenziellen Erkrankungen hat sich auch der Anteil von Personen mit eingeschränkter Alltagskompetenz in Pflegeeinrichtungen erhöht. Weitere Symptome wie Inkontinenz, chronische Schmerzen, Ernährungsmangel und Sturzrisiko treten ebenfalls häufiger auf. (IEGUS-Institut & RWI 2015: 17 f.)

Die Menschen leben in Deutschland zunehmend länger. Allerdings scheint die Zahl der gesunden Lebensjahre, die ältere Menschen noch zu erwarten haben, in den letzten Jahren in Deutschland nicht mehr zu steigen. Sie beträgt nach Selbsteinschätzung der Befragten im Rahmen einer Eurostat-Erhebung zu den Lebensbedingungen Älterer bei 65-jährigen Männern und Frauen 2013 jeweils sieben Jahre (vgl. Eurostat 2016). Danach setzt bei älteren Menschen die Phase ein, chronisch krank und pflegebedürftig zu werden. Fasst man die verschiedenen Befunde zur Entwicklung des Schweregrads der Unterstützungsbedürftigkeit und zur Entwicklung beschwerdefreier Jahre im Alter zusammen, bestehen auch in diesem Bereich Unsicherheiten, die die Vorausberechnungen künftiger Pflegebedarfe erschweren.

Der Pflegebedürftigkeitsbegriff der Sozialen Pflegeversicherung nach § 14 SGB XI ist wenige Jahre nach seiner Einführung von Pflegeverbänden und Sachverständigen kritisiert worden, da er (zu) stark verrichtungsorientiert und auf rein physische und somatische Beschwerden bezogen sei (vgl. z. B. Bundesministerium für Gesundheit 2009). Der 1995 zur Einführung der Pflegeversicherung relativ eng gefasste Begriff definierte die Anspruchsvoraussetzungen für Pflegeversicherungsleistungen und diente dem Ziel der Kostenbegrenzung (vgl. Rothgang et al. 2011: 18). Der besondere Betreuungs- und Beaufsichtigungsbedarf kognitiv beeinträchtigter und verhaltensauffälliger Menschen blieb weitgehend unberücksichtigt. Künftig sollen nicht mehr die Defizite bei den alltäglichen Verrichtungen zum Ausgangspunkt der Begutachtung genommen werden, sondern es soll geprüft werden, welche Hilfestellungen notwendig sind, damit Pflegebedürftige am gesellschaftlichen Leben teilhaben können. Ziel ist es, den Unterstützungsbedarf der Personen mit eingeschränkter Alltagskompetenz systematisch abzubilden. Der neue Pflegebedürftigkeitsbegriff nach dem zweiten Pflegestärkungsgesetz (PSG II) sieht eine Einführung von fünf Pflegegraden statt der bisher drei Pflegestufen vor. Mit einem neuen Begutachtungsassessment (NBA) wird der Grad der Selbstständigkeit einer Person bei Aktivitäten in insgesamt sechs pflegerelevanten Bereichen, wie zum Beispiel kognitive und kommunikative Fähigkeiten oder der Umgang mit krankheits- und therapiebedingten Anforderungen, festgestellt (vgl. Bundesministerium für Gesundheit 2013).

Nach dem seit dem 01.01.2017 gültigen § 15 SGB XI (Ermittlung des Grades der Pflegebedürftigkeit, Begutachtungsinstrument) sind für das Vorliegen von Pflegebedürftigkeit Beeinträchtigungen der Selbstständigkeit oder Fähigkeitsstörungen in den nachfolgenden sechs Bereichen (Module) maßgeblich (§ 15 (2) SGB XI):

1. Mobilität (zehn Prozent) (z. B. Fortbewegen innerhalb des Wohnbereichs, Treppensteigen etc.)
2. Kognitive und kommunikative Fähigkeiten (z. B. örtliche und zeitliche Orientierung etc.)
3. Verhaltensweisen und psychische Problemlagen (mit Modul 2 = 15 Prozent) (z. B. nächtliche Unruhe, selbstschädigendes und autoaggressives Verhalten)
4. Selbstversorgung (40 Prozent) (z. B. Körperpflege, Ernährung etc., bisherige Grundpflege)
5. Bewältigung von und selbständiger Umgang mit krankheits- oder therapiebedingten Anforderungen und Belastungen (20 Prozent) (z. B. Medikation, Wundversorgung, Arztbesuche, Therapieeinhaltung)
6. Gestaltung des Alltagslebens und sozialer Kontakte (15 Prozent) (z. B. Gestaltung des Tagesablaufs)

Die Anlage 1 zu § 15 SGB XI enthält eine Bestandsaufnahme von Beeinträchtigungen, die in den jeweiligen Bereichen vorliegen und die mit Punktwerten versehen sind. Die bei der Begutachtung festgestellten Einzelpunkte in jedem Modul werden addiert und einem festgelegten Punktbereich sowie den sich daraus ergebenden gewichteten Punkten zugeordnet. Aus den Ergebnissen der Prüfung durch den medizinischen Dienst der Krankenkassen ergibt sich die Einordnung in einen der fünf Pflegegrade (siehe Tabelle 4.9). Die Prüfergebnisse von zwei weiteren Modulen (außerhäusliche Aktivitäten, Haushaltsführung) gehen nicht in die abschließende Bewertung der Pflegebedürftigkeit einer Person ein. Im Folgenden werden die künftigen Pflegegrade mit den Punktbereichen im Einzelnen beschrieben (vgl. Pflegegrad-org 2017).

– Pflegegrad 1 – geringe Beeinträchtigung der Selbstständigkeit (12,5 bis unter 27 Punkte) Der Pflegegrad 1 ist die niedrigste Stufe der Pflegebedürftigkeit und kommt für Menschen in Frage, die die Grundbedingungen für die Pflegestufe 0 bislang nicht erfüllt hatten. Damit werden nach dem neuen Pflegestärkungsgesetz prinzipiell mehr Menschen als Pflegebedürftige gelten.
– Pflegegrad 2 – erhebliche Beeinträchtigung der Selbstständigkeit (27–47 Punkte) Der Pflegegrad 2 entspricht der Pflegestufe 0 und der Pflegestufe 1 ohne eingeschränkte Alltagskompetenz. Im Unterschied zu den Pflegestufen wird der Pflegegrad 2 bereits mit einem geringeren Zeitaufwand an Pflege erreicht, wobei zwischen Pflegebedürftigen mit und ohne eingeschränkter Alltagskompetenz unterschieden wird.
– Pflegegrad 3 – schwere Beeinträchtigung der Selbstständigkeit (mehr als 47 bis unter 70 Punkte)

Dem Pflegegrad 3 entsprechen die noch bis Ende 2016 gültigen Pflegestufen 1 (mit eingeschränkter Alltagskompetenz) und 2 (ohne eingeschränkte Alltagskompetenz).

– Pflegegrad 4 – schwerste Beeinträchtigung der Selbstständigkeit (70–89,5 Punkte)
Menschen, die Pflegeleistungen der Pflegestufe 2 (mit eingeschränkter Alltagskompetenz)
und 3 in Anspruch genommen haben, werden nun dem Pflegegrad 4 zugeordnet.

– Pflegegrad 5 – schwerste Beeinträchtigung der Selbstständigkeit mit besonderen Anforderungen an die pflegerische Versorgung (ab 90 Punkte)
Dem Pflegegrad 5 als höchstem Pflegegrad werden Pflegebedürftige zugeordnet, die zuvor
der Pflegestufe 3 entsprachen beziehungsweise unter die Definition „Härtefall" gefallen
sind. Mit diesem Begriff werden Personen bezeichnet, die einen außergewöhnlich hohen
Pflegeaufwand erfordern.

Ab 2017 sind somit die Pflegestufen 0, 1, 2 und 3 von den Pflegegraden 1, 2, 3, 4 und
5 abgelöst worden. Diese Änderungen wurden im Rahmen des 2015 verabschiedeten
Pflegestärkungsgesetzes II beschlossen und sollen vor allem demenzkranken Älteren
die gleichen Pflegeleistungen zusichern wie körperlich Pflegebedürftigen (siehe Tabelle 4.9).

Die Erweiterung des Pflegebedürftigkeitsbegriffs auf Personen, die die Grundvor-
aussetzungen für die Pflegestufe 0 bislang nicht erfüllt haben, sowie die stärkere Berücksichtigung von Einschränkungen der Teilhabe führen zu zusätzlichen Pflegebedürftigen. Das Bundesministerium für Gesundheit veranschlagt deren Zahl auf rund
500.000 Personen (vgl. Bundesministerium für Gesundheit 2015).

Tab. 4.9: Pflegegrade nach § 15 SGB XI (2017) (Wingenfeld & Gansweid [2013]).

Pflegegrad		Grundpflege (Minuten)	psychosoziale Hilfe	nächtliche Hilfe	Anwesenheit am Tag
1		27 bis 60	gelegentlich	nein	nein
2		30 bis 127	bis 1-mal	bis 1-mal	nein
2	mit eingeschränkter Alltagskompetenz	8 bis 58	2- bis 12-mal	nein	stundenweise
3		131 bis 278	2- bis 6-mal	bis 2-mal	2- bis 6-mal
3	mit eingeschränkter Alltagskompetenz	8 bis 74	6-mal bis andauernd	bis 2-mal	6 bis 12 Stunden
4		183 bis 300	2- bis 6-mal	2- bis 3-mal	6 bis 12 Stunden
4	mit eingeschränkter Alltagskompetenz	128 bis 250	7- bis mehr als 12-mal	1- bis 6-mal	andauernd
5	mit eingeschränkter Alltagskompetenz	245 bis 279	mehr als 12-mal	3-mal	andauernd

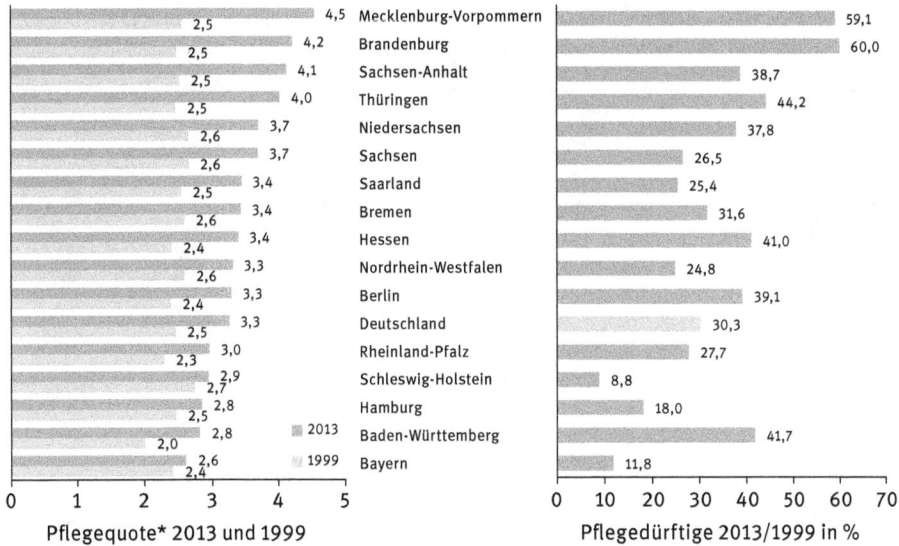

	Pflegequote* 2013 und 1999	Bundesland	Pflegedürftige 2013/1999 in %
2013 / 1999	4,5 / 2,5	Mecklenburg-Vorpommern	59,1
	4,2 / 2,5	Brandenburg	60,0
	4,1 / 2,5	Sachsen-Anhalt	38,7
	4,0 / 2,5	Thüringen	44,2
	3,7 / 2,6	Niedersachsen	37,8
	3,7 / 2,6	Sachsen	26,5
	3,4 / 2,5	Saarland	25,4
	3,4 / 2,6	Bremen	31,6
	3,4 / 2,4	Hessen	41,0
	3,3 / 2,6	Nordrhein-Westfalen	24,8
	3,3 / 2,4	Berlin	39,1
	3,3 / 2,5	Deutschland	30,3
	3,0 / 2,3	Rheinland-Pfalz	27,7
	2,9 / 2,7	Schleswig-Holstein	8,8
	2,8 / 2,5	Hamburg	18,0
	2,8 / 2,0	Baden-Württemberg	41,7
	2,6 / 2,4	Bayern	11,8

Abb. 4.6: Pflegequoten 2013/1999 und Entwicklung der Zahl der Pflegebedürftigen von 1999 bis 2013 nach Bundesländern in % (www.gbe-bund.de; Statistisches Bundesamt, Pflegestatistiken; eigene Berechnungen). * Anteil der Pflegebedürftigen an der Gesamtbevölkerung in %.

4.3.3 Pflegebedürftige nach Bundesländern

Zwischen den Bundesländern bestehen erhebliche Unterschiede in der Betroffenheit der Bevölkerung von Pflegebedürftigkeit. Insbesondere die Entwicklung der Anzahl Pflegebedürftiger zeigt zwischen 1999 und 2013 signifikante Unterschiede. Sie ist in den beiden Bundesländern Brandenburg und Mecklenburg-Vorpommern am stärksten gestiegen (siehe Abbildung 4.6). Relativ moderat war der Zuwachs Pflegebedürftiger in diesem Zeitraum in Hamburg und Schleswig-Holstein.

Absolut betrachtet sind Ende 2013 in Nordrhein-Westfalen 600.000, in Bayern 330.000, in Baden-Württemberg 300.000 und in Niedersachsen knapp 300.000 Menschen pflegebedürftig (siehe Tabelle 4.10). In Sachsen sind die Pflegebedürftigen relativ alt: Der Anteil der ab 85-jährigen Pflegebedürftigen an allen Pflegebedürftigen beträgt dort knapp 40 Prozent. Hingegen sind in Mecklenburg-Vorpommern (29 Prozent), Brandenburg (31 Prozent) und Berlin (32 Prozent) die Pflegebedürftigen jünger. Der Anteil der höchsten Pflegestufe ist am niedrigsten in Mecklenburg-Vorpommern (neun Prozent), am höchsten in Bayern (15 Prozent).

Der Anteil der Pflegebedürftigen variiert zwischen den Bundesländern erheblich. Im Bundesgebiet insgesamt hat sich die Pflegequote von 2,5 Prozent 1999 auf 3,3 Prozent 2013 erhöht (siehe Abbildung 4.6).

Tab. 4.10: Pflegebedürftige und Pflegequoten nach Altersgruppen und Bundesländern 2013 (www. gbe-bund.de; Statistisches Bundesamt, Pflegestatistiken; eigene Berechnungen).

	Pflege-bedürftige insgesamt	Pflegequote der ...			
		über 65-Jährigen	64- bis 74-Jährigen	75- bis 84-Jährigen	über 85-Jährigen
Baden-Württemberg	298.769	11,8	3,5	12,4	44,0
Bayern	329.016	10,9	3,2	11,7	41,4
Berlin	112.509	13,7	5,5	15,3	50,5
Brandenburg	102.953	15,4	5,3	17,7	56,5
Bremen	22.564	13,2	4,6	14,0	45,2
Hamburg	49.566	12,3	4,3	12,7	42,7
Hessen	205.126	14,0	4,5	15,3	48,7
Mecklenburg-Vorpommern	72.445	16,5	5,5	19,2	59,3
Niedersachsen	288.296	14,5	4,5	15,7	51,7
Nordrhein-Westfalen	581.492	13,3	4,3	14,4	46,2
Rheinland-Pfalz	117.910	12,1	3,5	12,7	43,1
Saarland	34.102	12,8	4,0	13,5	43,9
Sachsen	149.461	12,6	3,8	12,9	46,2
Sachsen-Anhalt	92.416	14,3	4,7	15,9	52,0
Schleswig-Holstein	82.692	10,7	3,5	11,3	41,7
Thüringen	86.889	14,1	4,7	15,9	51,4
Deutschland	**2.626.206**	**12,9**	**4,1**	**13,9**	**46,5**

Die Pflegequote bezogen auf die Gesamtbevölkerung ist insbesondere in den Bundesländern Mecklenburg-Vorpommern, Brandenburg und Sachsen-Anhalt hoch. Deutlich unterdurchschnittlich ist der Anteil der Pflegebedürftigen in Baden-Württemberg, Bayern, Hamburg und Schleswig-Holstein. In der Gesamtquote aller Pflegebedürftigen einzelner Bundesländer können unterschiedliche Altersstrukturen das Ergebnis beeinflussen. Deshalb ist die Pflegequote in den höheren Altersgruppen nach Bundesländern aussagekräftiger. Hier zeigt sich, dass das regionale Muster weitgehend erhalten bleibt. Die Pflegequote variiert in den höheren Altersgruppen wiederum zwischen Mecklenburg-Vorpommern und Brandenburg auf der einen Seite und den bereits vorgenannten Bundesländern auf der anderen Seite (siehe Tabelle 4.11). Betrachtet man die Pflegequote der 85-Jährigen und Älteren, so liegt die Spannweite zwischen niedrigstem (41,4 Prozent in Bayern) und höchstem Wert (59,3 Prozent in Mecklenburg-Vorpommern) bei nahezu einem Drittel.

Tab. 4.11: Versorgungsart der Pflegebedürftigen nach Bundesländern 2013 (Anteile in %) (www.gbe-bund.de; eigene Berechnungen).

	vollstationäre Pflege	ambulante Pflege	Pflegegeld (Betreuung durch Angehörige)
Baden-Württemberg	30,4	21,2	48,4
Bayern	32,2	22,8	45,0
Berlin	24,5	24,7	50,9
Brandenburg	22,9	28,5	48,6
Bremen	27,8	28,7	43,5
Hamburg	31,5	29,2	39,3
Hessen	24,8	21,7	53,5
Mecklenburg-Vorpommern	25,7	26,3	48,0
Niedersachsen	30,8	23,6	45,6
Nordrhein-Westfalen	27,6	22,6	49,8
Rheinland-Pfalz	28,9	21,3	49,8
Saarland	30,2	21,2	48,6
Sachsen	31,1	29,0	39,9
Sachsen-Anhalt	30,6	24,9	44,5
Schleswig-Holstein	40,5	20,3	39,3
Thüringen	26,9	24,1	49,0
Deutschland	**29,1**	**23,5**	**47,4**

4.3.4 Versorgungsarrangements in der Pflege nach Bundesländern

Der Bedarf an professionellen Pflegekräften wird auch davon bestimmt, wie die Versorgung der Pflegedürftigen organisiert ist. Der größte Arbeitsmarkteffekt geht von der vollstationären Pflege aus. Auch hier sind die Unterschiede zwischen den Bundesländern erheblich. Während in Brandenburg, Berlin und Hessen lediglich jeder vierte Pflegebedürftige vollstationär versorgt wird, sind es in Schleswig-Holstein zwei von fünf (siehe Tabelle 4.11). Bei den ambulanten Diensten sind die Unterschiede zwischen den Bundesländern ebenfalls deutlich.

So werden in Sachsen, Brandenburg, Bremen und Hamburg 2013 fast 30 Prozent der Pflegebedürftigen durch ambulante Dienstleister versorgt. Demgegenüber ist in den westdeutschen Flächenländern Schleswig-Holstein, Rheinland und Baden-Württemberg der Anteil deutlich geringer.

Zusammenfassung

In diesem Kapitel wurde die bisherige demografische Entwicklung in Deutschland skizziert, die durch sinkende Geburtenhäufigkeit, steigende Lebenserwartung sowie zunehmende Heterogenisierung der Bevölkerungszusammensetzung durch Migration gekennzeichnet ist. Der zentrale pflegerelevante Aspekt des demografischen Wandels ist die Alterung der Bevölkerung, die bereits heute voranschreitet und deren künftig zunehmenden regionalen Unterschiede verdeutlicht wurden.

Mit der überalternden Bevölkerung hat die Zahl der Pflegebedürftigen in Deutschland zugenommen. Der Zusammenhang von Überalterung und Pflegebedürftigkeit ist indes nicht eindeutig, denn es zeigen sich erhebliche regionale Unterschiede zwischen moderaten und stärkeren Zunahmen der Pflegebedürftigkeit zwischen den Bundesländern. Die altersspezifische Pflegebedürftigkeit variierte ebenfalls zwischen den Bundesländern.

Als weitere Determinante der Nachfrage nach Pflegekräften wurden die Versorgungsstrukturen der Pflegebedürftigen und die Entwicklung der Pflegestufen untersucht. Derzeit werden rund zwei Drittel der Pflegebedürftigen zu Hause von Angehörigen und mobilen Pflegedienstleistern versorgt. Die Pflegearrangements haben eine zentrale Bedeutung für den Bedarf an professionellen Pflegekräften. Auch hier wurden erhebliche regionale Unterschiede festgestellt, was wiederum Auswirkungen auf die regionale Nachfrage nach Pflegekräften hat.

Beim Grad der Pflegebedürftigkeit nahmen im untersuchten Zeitraum sowohl im ambulanten als auch im stationären Bereich leichtere Fälle zu (Pflegestufe I), während der Anteil der Pflegestufe III an allen Pflegebedürftigen in der Pflegeversicherung gesunken ist. Andererseits wuchsen auch die sogenannten Härtefälle in Stufe III. Dieser Befund stützt die Wahrnehmung aus der Praxis hinsichtlich einer Zunahme des Versorgungsaufwands infolge häufigerer multimorbider und chronisch kranker Patienten. Mit der Einführung der neuen Pflegegrade ab 2017 dürfte sich die Zahl der Pflegebedürftigen durch erweiterte Ansprüche an die Soziale Pflegeversicherung erhöhen, da vermehrt Hilfestellungen für die Teilhabe am gesellschaftlichen Leben gefördert werden sollen.

Literatur

Behrens J (2014): Brandenburger Fachkräftestudie Pflege – Kurzfassung. Studie im Auftrag des Ministeriums für Arbeit, Soziales, Frauen und Familie Brandenburg. Halle (Saale): Martin-Luther-Universität Halle-Wittenberg. URL: www.masgf.brandenburg.de/media_fast/4055/fks_pflege_kurz.pdf [abgerufen am 30.03.2016].

Beske F, Brix F, Gebel V, Schwarz T (2012): Gesundheit und Pflege in Schleswig-Holstein. Schriftenreihe Fritz Beske Institut für Gesundheits-System-Forschung, Bd. 122, Kiel: Schmidt & Klaunig.

Bundesinstitut für Bau-, Stadt- und Raumforschung (BBSR) (2014): Raumordnungsprognose 2035 nach dem Zensus. Veränderung der Bevölkerung, insgesamt und über 80-Jährige, 2012 bis 2035 (Kreise und kreisfreie Städte). URL: www.bbsr.bund.de/BBSR/DE/Raumbeobachtung/UeberRaumbeobachtung/Komponenten/Raumordnungsprognose/Download_ROP2035/Bev_Krs_Veraend_2012_2035.xlsx;jsessionid=3D43B9568046873E62A33AD196C766B0.live1041?__blob=publicationFile&v=3 [abgerufen am 14.03.2016].

Bundesinstitut für Bevölkerungsforschung (2012): (Keine) Lust auf Kinder? Geburtenentwicklung in Deutschland. Wiesbaden.

Bundesministerium des Innern (2011): Demografiebericht – Bericht zur demografischen Lage und künftigen Entwicklung des Landes. Berlin.

Bundesministerium der Justiz und für Verbraucherschutz (1994): Sozialgesetzbuch (SGB) – Elftes Buch (XI) – Soziale Pflegeversicherung (Artikel 1 des Gesetzes vom 26. Mai 1994, BGBl. I S. 1014). § 15 Ermittlung des Grades der Pflegebedürftigkeit, Begutachtungsinstrument. URL: https://www.gesetze-im-internet.de/sgb_11/__15.html [abgerufen am 13.03.2017].

Bundesministerium für Gesundheit (2015): Glossar: Zweites Pflegestärkungsgesetz (PSG II). URL: http://www.bundesgesundheitsministerium.de/service/begriffe-von-a-z/p/pflegestaerkungsgesetz-zweites-psg-ii.html [abgerufen am 24.03.2017].

Bucher H, Scholz R (2008): Die Prognose des Pflegebedarfs in Deutschland unter Berücksichtigung von Alterung und regionalen Besonderheiten – Modellrechnungen auf der Basis der Pflegestatistik des statistischen Bundesamtes (Vortrag). Workshop: Sterblichkeit, Gesundheit und Pflege in Deutschland, Deutsche Gesellschaft für Demographie. Rostock.

Demografie-Portal (2016): Demografie-Portal des Bundes und der Länder. URL: www.demografie-portal.de/DE/Home/home_node.html [abgerufen am 08.01.2016].

Deutscher Bundestag (1994): Zwischenbericht der Enquete-Kommission „Demographischer Wandel – Herausforderungen unserer älter werdenden Gesellschaft an den Einzelnen und die Politik". 12. Wahlperiode, Drucksache 12/7876 vom 14.06.94, Berlin.

Doblhammer G, Kruse A, Muth E (2008): Lebenserwartung der Deutschen: Analyse, Prognose und internationaler Vergleich. Rostock: Rostocker Zentrum zur Erforschung des Demografischen Wandels.

Enste D, Pimpertz J (2008): Wertschöpfungs- und Beschäftigungspotenziale auf dem Pflegemarkt in Deutschland bis 2050. IW-Trends 4/2008, 1–16.

Eurostat (2016): Statistiken über gesunde Lebensjahre. Datenauszug vom Mai 2015. URL: ec.europa.eu/eurostat/statistics-explained/index.php/Healthy_life_years_statistics/de [abgerufen am 02.02.2016].

Bundesministerium für Gesundheit (2009): Bericht des Beirats zur Überprüfung des Pflegebedürftigkeitsbegriffs. Berlin.

Bundesministerium für Gesundheit (2013): Bericht des Expertenbeirats zur konkreten Ausgestaltung des neuen Pflegebedürftigkeitsbegriffs. Berlin.

Grobecker C, Krack-Roberg E, Pötzsch O, Sommer B (2013): Bevölkerung und Demographie. In: Statistisches Bundesamt (Destatis), Wissenschaftszentrum Berlin für Sozialforschung (WZB) (Hrsg.): Datenreport 2013 – Ein Sozialbericht für die Bundesrepublik Deutschland (S. 11–42). Berlin: Bundeszentrale für politische Bildung.

Institut für Europäische Gesundheits- und Sozialwirtschaft (IEGUS-Institut), Rheinisch-Westfälisches Institut für Wirtschaftsforschung (RWI) (2015): Ökonomische Herausforderungen der Altenpflegewirtschaft – Endbericht. Studie im Auftrag des Bundesministeriums für Wirtschaft und Energie. Berlin & Essen.

Kroll L, Lampert T, Lange C, Ziese T (2008): Entwicklung und Einflussgrößen der gesunden Lebenserwartung. Veröffentlichungsreihe der Forschungsgruppe Public Health. WZB Discussion Paper, No. SP I 2008–306.

Menning S, Hoffmann E (2009): Die Babyboomer – ein demografisches Porträt. Deutsches Zentrum für Altersfragen, Report Altersdaten, GeroStat, 02/2009.

Oeppen J, Vaupel JW (2002): Broken Limits to Life Expectancy. Science, Policy Forum: Demography 296, 1029–1031.

Pflegegrad-org (2017): §15 Ermittlung des Grades der Pflegebedürftigkeit. URL: http://www.pflege-grad.org/pflegeversicherung/15-sgb-xi.html [abgerufen am 27.03.2017].

Pu Z (2011): Abhängigkeit der Pflegeversicherungsausgaben von der Entwicklung der Pflegewahrscheinlichkeiten. Mannheimer Forschungsinstitut Ökonomie und Demographischer Wandel, meaStudies 12, Mannheim.

Prognos AG (2012): Pflegelandschaft 2030. Eine Studie der Prognos AG im Auftrag der vbw – Vereinigung der Bayerischen Wirtschaft e. V. München.

Robert Bosch Stiftung (2011): Gesundheitsberufe neu denken, Gesundheitsberufe neu regeln. Grundsätze und Perspektiven – Eine Denkschrift der Robert Bosch Stiftung. Stuttgart.

Rothgang H, Iwansky S, Müller R, Sauer S, Unger R (2011): BARMER GEK Pflegereport 2011. Schriftenreihe zur Gesundheitsanalyse 11.

Schnabel S, Kistowski K, Vaupel J (2005): Immer neue Rekorde und kein Ende in Sicht. Der Blick in die Zukunft lässt Deutschland grauer aussehen als viele erwarten. Demografische Forschung, Aus Erster Hand, 2(2), 3.

Statistisches Bundesamt (2013): Geburtentrends und Familiensituation in Deutschland 2012. Wiesbaden.

Statistisches Bundesamt (2015): Pflegestatistik 2013 – Pflege im Rahmen der Pflegeversicherung. Deutschlandergebnisse. Wiesbaden.

Statistisches Bundesamt (2016): Sterbetafeln. Ergebnisse aus der laufenden Berechnung von Periodensterbetafeln für Deutschland und die Bundesländer, 2013/2015. Wiesbaden.

Tivig T, Hetze P (2007): Deutschland im Demografischen Wandel, Ausgabe 2007. Rostock: Rostocker Zentrum zur Erforschung des demografischen Wandels.

Vaupel J, Hofäcker D (2009): Das lange Leben lernen. Zeitschrift für Erziehungswissenschaft 12(3), 383–407.

Wilke CB (2016): Demografie und Arbeitsmarkt. Wirtschaftsdienst, Zeitschrift für Wirtschaftspolitik 96(3), 220–222.

Wingenfeld K, Gansweid B (2013): Abschlussbericht „Analysen für die Entwicklung von Empfehlungen zur leistungsrechtlichen Ausgestaltung des neuen Pflegebedürftigkeitsbegriffs". Im Auftrag des Bundesministeriums für Gesundheit. Bielefeld & Münster.

Unabhängige Kommission Zuwanderung (2001): Zuwanderung gestalten, Integration fördern – Bericht der Unabhängigen Kommission „Zuwanderung". Berlin: Bundesministerium des Innern.

United Nations (2000): Replacement Migration: Is It a Solution to Declining and Ageing Populations? New York: United Nations Population Division.

Ziegler U, Doblhammer G (2005): Reductions in the Incidence of Care Need in West and East Germany between 1991 and 2003: Compression of Morbidity or Policy Effect? IUSSP Working Paper, Tours.

5 Determinanten des Angebots an Pflegekräften

In diesem empirischen Kapitel 5 werden die Determinanten des Angebots an Pflegekräften verschiedener Qualifikationsstufen behandelt. Grundsätzlich wird das Angebot an Arbeitskräften vom zur Verfügung stehenden Erwerbspersonenpotenzial geprägt. Dieses besteht aus den Erwerbstätigen, den Arbeitslosen und der sogenannten Stillen Reserve am Arbeitsmarkt (siehe dazu Kapitel 6). Das theoretisch maximale Angebot an Arbeitskräften einer Volkswirtschaft umfasst alle Personen im erwerbsfähigen Alter zwischen 16 und 64 Jahren beziehungsweise aufgrund der verlängerten Lebensarbeitszeit künftig 66 Jahren. Von diesen sind allerdings nicht alle am Arbeitsmarkt aktiv. So befinden sich zum Beispiel jüngere Menschen noch in der Ausbildung inklusive Studium, vor allem Frauen mittleren Alters sind während der Familienphase nicht erwerbstätig. Die Erwerbsbeteiligung steigt mit zunehmendem Alter und erreicht bei den mittleren Altersgruppen insbesondere unter den Männern die höchsten Werte. Den größten Anteil am Erwerbspersonenangebot stellt das realisierte Arbeitskräfteangebot dar, das heißt die Personen, die erwerbstätig sind. Die Analyse der Beschäftigung, vor allem im Hinblick auf die Fachkräfte in der Kranken- und Altenpflege, steht im Zentrum dieses Kapitels.

In Kapitel 5.1 werden die verschiedenen Datengrundlagen zur Beschäftigung in der Kranken- und Altenpflege herangezogen, die zur Bestimmung der Beschäftigungsentwicklung von Pflegekräften dienen. Begonnen wird mit den Daten der Pflegestatistik, die seit 1999 Angaben zum Personal in den Pflegeeinrichtungen zur Verfügung stellt. Anschließend wird die Entwicklung der Beschäftigung von Pflegekräften in den Krankenhäusern dargestellt. Als dritte Datenquelle dient die Beschäftigungsstatistik der Bundesagentur für Arbeit, die neben der Beschäftigungsentwicklung nach Berufen und Wirtschaftszweigen auch Strukturangaben wie Alter, Qualifikation, betriebliches Anforderungsniveau und beruflichen Abschluss enthält. Die starke Verbreitung der Teilzeitarbeit, vor allem in der Altenpflege, wird in Kapitel 5.2 untersucht.

Die Qualitätsaspekte der Arbeit, die zum großen Teil die Attraktivität eines Berufs bestimmen, stehen im Mittelpunkt von Kapitel 5.3. Zunächst werden verschiedene mehrdimensionale Konzepte zur Erfassung der Arbeitsqualität vorgestellt. Daran schließen sich die empirischen Befunde ausgewählter Studien an. Insbesondere vor dem Hintergrund der auch in der Pflege alternden Belegschaften kommt auch der Arbeitsfähigkeit des Personals eine besondere Bedeutung zu, die anhand eines international gebräuchlichen Messkonzepts erfasst werden kann (siehe Kapitel 5.3.3).

Jährlich kommen die Absolventen pflegerischer Ausbildungsgänge neu auf den Arbeitsmarkt im Pflegebereich (siehe Kapitel 5.4). Die Entwicklung der Ausbildung in den drei Pflegeberufen der Gesundheits- und Krankenpflege, der Gesundheits- und Kinderkrankenpflege und der Altenpflege bildet ein zentrales Thema vor dem Hintergrund der Kontroverse um deren Vereinheitlichung, die im abschließenden Kapitel 9 behandelt wird, in dem die Perspektiven der Ausbildung ebenso wie die Stufung

https://doi.org/10.1515/9783110431698-005

der Ausbildungen nach dem Deutschen/Europäischen Qualifikationsrahmen erörtert werden. Ebenfalls ist zu berücksichtigen, dass die Anforderungen an Pflegekräfte steigen und zum Beispiel vom Wissenschaftsrat empfohlen wird, den Anteil von akademisch ausgebildeten Arbeitskräften in der Pflege zu erhöhen, was durch die künftige allgemeine Einführung einer primärqualifizierenden Hochschulausbildung erreicht werden soll (siehe Kapitel 5.5). Schließlich gilt es vor dem Hintergrund der internationalen Arbeitskräftemobilität, das Angebot an Pflegekräften mit Migrationshintergrund zu untersuchen, da im Angebot ausländischer Fachkräfte ein steigendes Potenzial an Pflegekräften vermutet wird (siehe Kapitel 5.6).

5.1 Entwicklung der Beschäftigung

Die Erfassung der Beschäftigten in den Pflegeeinrichtungen basiert auf unterschiedlichen statistischen Erhebungen. Mit der Einführung der Pflegeversicherung wurde die Pflegestatistik eingeführt, die seit 1999 Daten zum Personal nach den Kriterien des SGB XI bereitstellt (siehe Infobox „Zur Pflegestatistik"). Für das Personal im Bereich des SGB V ist die Krankenhausstatistik einschlägig. Im Rahmen der Beschäftigungsstatistik werden Daten zu den sozialversicherungspflichtig beschäftigten Pflegekräften erhoben, zu denen zahlreiche Strukturmerkmale bereitgestellt werden.

5.1.1 Pflegestatistik

Nach den Angaben der Pflegestatistik hat sich die Beschäftigtenzahl in der stationären Pflege von knapp 441.000 Ende 1999 auf gut 685.000 Personen Ende 2013 und damit um mehr als die Hälfte (55 Prozent) erhöht. In der ambulanten Versorgung wuchs das Personal in diesem Zeitraum von 184.000 auf 320.000 Personen und damit sogar um drei Viertel (74 Prozent) (siehe Tabelle 5.1).

Im Pflegesektor wird in großem Umfang in Teilzeit mit unterschiedlicher Stundenzahl gearbeitet. Werden die von den Beschäftigten geleisteten Arbeitsstunden rechnerisch zu Vollzeitäquivalenten (VZÄ) umgewandelt, fällt der Beschäftigungszuwachs in den beiden Versorgungsarten Pflegebedürftiger geringer aus (siehe Tabelle 5.2). Im stationären Bereich hat sich das Personal, in VZÄ gerechnet, zwischen 1999 und 2013 um 44 Prozent erhöht, in der ambulanten Pflege um 70 Prozent.

Unter den von Simon (2012a) ermittelten Einschränkungen, was die Zuordnung zu Fachkräften in der Altenpflege angeht, stellt sich die Entwicklung der Fachkräfte in den Pflegeeinrichtungen wie folgt dar: In den Heimen ist die Zahl der Pflegefachkräfte in VZÄ zwischen 2003 und 2013 um rund ein Viertel gestiegen (24,7 Prozent), während ihre Zahl in der ambulanten Versorgung im betrachteten Zeitraum um 58,8 Prozent wuchs (siehe Tabelle 5.3).

Tab. 5.1: Beschäftigte im Pflegesektor nach Beschäftigungsverhältnis (1999–2013) (Prognos 2012; Statistisches Bundesamt, Pflegestatistiken).

	1999	2001	2003	2005	2007	2009	2011	2013
ambulanter Bereich								
Vollzeit	56.914	57.524	57.510	56.354	62.405	71.964	79.755	85.866
Teilzeit über 50 %	49.149	55.008	60.762	68.141	77.762	89.052	100.514	113.604
Teilzeit unter 50 % aber mehr als geringfügig	28.794	30.824	32.797	35.040	36.683	40.279	42.487	44.307
geringfügig	39.126	37.326	42.565	47.957	53.034	60.496	61.671	65.432
Praktikant, Schüler, Auszubildender	1816	1809	2460	3530	3462	4492	5326	10.072
Freiwilliges Soziales Jahr	562	471	642	703	599	545	460	442
Zivildienst/Bundesfreiwilligendienst	7421	6605	4161	2582	2217	2062	501	354
Summe	**183.782**	**189.567**	**200.897**	**214.307**	**236.162**	**268.890**	**290.714**	**320.077**
stationärer Bereich								
Vollzeit	211.544	218.898	216.510	208.201	202.764	207.126	212.416	203.715
Teilzeit über 50 %	100.897	120.218	140.488	162.385	184.596	212.488	241.000	257.795
Teilzeit unter 50 % aber mehr als geringfügig	54.749	61.843	71.066	78.485	84.666	96.154	101.863	101.891
geringfügig	42.795	44.371	49.179	55.238	58.730	60.689	62.371	64.486
Praktikant, Schüler, Auszubildender	16.782	16.511	22.031	31.623	32.315	34.309	37.158	51.437
Freiwilliges Soziales Jahr	2389	2273	3373	4003	3951	3697	3628	3445
Zivildienst/Bundesfreiwilligendienst	11.784	11.254	8210	6462	6523	6928	2743	2678
Summe	**440.940**	**475.368**	**510.857**	**546.397**	**573.545**	**621.391**	**661.179**	**685.447**

Tab. 5.2: Beschäftigte im Pflegesektor nach Vollzeitäquivalenten (VZÄ) (1999–2013) (IEGUS/RWI 2015; Statistisches Bundesamt, Pflegestatistiken).

	1999	2001	2003	2005	2007	2009	2011	2013	1999–2013	
									absolut	in %
VZÄ Ambulante Pflegedienste	125.000	130.000	134.514	140.267	155.039	176.856	193.301	213.197	88.197	70,6
VZÄ Pflegeheime	340.000	364.000	388.749	405.394	420.625	452.713	479.547	490.875	150.875	44,4

Ergänzend diskutiert wird die Frage nach dem Anteil von Fachkräften in der Pflege in Kapitel 5.1.3, in dem die Daten der Beschäftigungsstatistik herangezogen werden. Diese Daten enthalten allerdings keine Angaben zu Vollzeitäquivalenten, da der Stundenumfang von Teilzeitbeschäftigten in dieser Statistik nicht erfasst wird.

In der Detailbetrachtung zeigt sich, dass die Teilzeitarbeit in der Pflege zwischen 1999 und 2013 stark ausgeweitet wurde. Während in den ambulanten Diensten im betrachteten Zeitraum fast 29.000 zusätzliche Personen vollzeitbeschäftigt waren, wurden in den stationären Einrichtungen über 7800 Vollzeitstellen abgebaut (siehe Tabelle 5.1). Dort hat sich die Anzahl der Teilzeitbeschäftigten in diesem Zeitraum um mehr als 200.000 erhöht. Dabei hat vor allem die Teilzeit über 50 Prozent, wie zum Beispiel mit einem Umfang von 30 Stunden pro Woche, an Bedeutung gewonnen. Außerdem haben die geringfügigen Beschäftigungsverhältnisse in dem Zeitraum von 14 Jahren um rund 21.700 beziehungsweise um die Hälfte zugenommen. Erkennbar ist auch der Anstieg der Ausbildung (siehe hierzu ausführlich Kapitel 5.4) und der Rückgang der Zivildienstleistenden in beiden Pflegeeinrichtungen.

Zur Pflegestatistik

Mit der Einführung der Pflegeversicherung wurden die Grundlagen der Pflegestatistik geschaffen. Die Vollerhebung bietet Daten ab 1999 im zweijährigen Rhythmus. Zum einen werden die ambulanten und stationären Pflegeeinrichtungen befragt, zum anderen liefern die Spitzenverbände der Pflegekassen und der Verband der privaten Krankenversicherung Informationen über die Empfänger von Pflegegeldleistungen – also die meist von Angehörigen gepflegten Leistungsempfänger/-innen. Der Erhebungsstichtag für die Erhebung in den ambulanten und stationären Pflegeeinrichtungen ist der 15.12.; der für die Pflegegeldempfänger/-innen ist der 31.12. Die Definitionen und Abgrenzungen der Statistik beruhen auf dem Pflegeversicherungsgesetz (SGB XI). Die Rechtsgrundlage für die Statistik bildet ebenfalls das SGB XI (§ 109 Abs. 1 in Verbindung mit der Pflegestatistikverordnung vom 24.11.1999, BGBl. I S. 2282, geändert durch Artikel 1 der Verordnung vom 19. Juli 2013, BGBl. I S. 2581). Seit dem 01.04.1995 gibt es Leistungen aus der Pflegeversicherung für ambulant versorgte Pflegebedürftige; für stationär Versorgte seit dem 01.07.1996.

Von der Pflegestatistik wird das Personal erfasst, das überwiegend Leistungen der „Grundpflege" beziehungsweise „Pflege und Betreuung" im Sinne des SGB XI erbringt. Simon (2012a) weist auf Defizite der Pflegestatistik im Hinblick auf die tatsächlich in den einzelnen Bereichen erbrachte Arbeitszeit hin. Ursache hierfür ist, dass die Pflegestatistik die Beschäftigten den Tätigkeitsbereichen „Pflegedienstleitung", „Grundpflege (Pflegedienste)" beziehungsweise „Pflege und Betreuung (Pflegeheime)", „hauswirtschaftliche Versorgung", „Verwaltung" beziehungsweise „Geschäftsführung" und „sonstiger Bereich" zuordnet. Die Beschäftigten werden dabei dem „überwiegenden Tätigkeitsbereich" zugeordnet, auf den der relativ größte Teil der individuellen Arbeitszeit entfällt.

Wie in Beispielrechnungen in den Erläuterungen des Erhebungsbogens angeführt, kann dies auch ein Tätigkeitsbereich sein, auf den lediglich 15 Prozent der Gesamtarbeitszeit einer Beschäftigten entfällt. Dies kann dann der Fall sein, wenn bspw. eine vollzeitbeschäftigte Pflegekraft im

Pflegeheim zu 61 Prozent in der Kurzzeitpflege und zu 10 Prozent in der häuslichen Krankenpflege tätig ist und nur zu 29 Prozent ihrer Arbeitszeit Leistungen der ambulanten Pflege erbringt, von denen wiederum nur 15 Prozent auf die Grundpflege nach SGB XI entfallen [...]. Diese Pflegekräfte, die nur zu 15 Prozent in der Grundpflege nach SGB XI tätig sind, wären entsprechend den Vorgaben der Pflegestatistik von der Einrichtung als „überwiegend in der Grundpflege tätig" zu melden. Aus dieser Erhebungsmethodik resultiert, dass die in der Pflegestatistik ausgewiesenen Daten keine Rückschlüsse auf das in den einzelnen Tätigkeitsbereichen eingesetzte Arbeitszeitvolumen erlauben. Damit erscheint die Berechnung von „geschätzten Vollzeitäquivalenten" als problematisch. (Simon 2012a: 17)

Eine zentrale Größe im Pflegesektor ist die Zahl der Pflegefachkräfte. In Personen gerechnet ist ihre Zahl zwischen 1999 und 2013 etwas stärker als das gesamte Personal in den Pflegeeinrichtungen gewachsen (siehe Tabelle 5.4). Die rechnerische Fachkräftequote bezogen auf das Gesamtpersonal hat im Untersuchungszeitraum um zwei Prozentpunkte auf 37,6 Prozent zugenommen. Auch die Zahl der Hilfskräfte ist stärker gewachsen als die Gesamtbeschäftigung in der Pflege. Zudem verfügten 2013 mehr als 160.000 Beschäftigte in den Pflegeeinrichtungen über keinen Ausbildungsabschluss. Außerordentlich hoch ist auch die Zahl der Beschäftigten, die über einen sonstigen (fachfremden) Berufsabschluss verfügen. Dies dürfte ein Beleg für zahlreiche Quereinstiege in dieses Berufsfeld sein.

5.1.2 Krankenhausstatistik

Nach Angaben der Krankenhausstatistik (siehe Infobox „Zur Krankenhausstatistik") waren 2013 rund 287.000 sogenannte Vollkräfte in den Krankenhäusern im Pflegedienst beschäftigt (siehe Tabelle 5.5). Diese Zahl liegt unter den Werten der 1990er-Jahre, weil in den zurückliegenden Jahrzehnten der finanzielle Spielraum der Krankenhäuser nach Simon (2012b; 2015) kontinuierlich eingeengt wurde. Zieht man das Basisjahr 1996 heran, in welchem die Budgetdeckelung nach Simon (2015) verschärft wurde, zeigt sich, dass der Pflegedienst bis 2013 um 35.000 Vollzeitkräfte beziehungsweise 10,8 Prozent reduziert wurde. Führte noch vor 1996 die Pflegepersonalregelung aus dem Jahr 1992 zu Personalmehrungen im Pflegedienst, wurden unmittelbar nach deren Außerkraftsetzung zwischen 1997 und 2007 fast 50.000 Stellen für Vollkräfte abgebaut. Die anschließend wieder steigenden Personalzahlen im Pflegedienst dürften auf das sogenannte Pflegeförderprogramm im Zuge der Krankenhausreform 2009 zurückzuführen sein (vgl. Simon 2015).

Nach den finanziellen Einschnitten Mitte des vergangenen Jahrzehnts steigt die Anzahl der in Krankenhäusern beschäftigten Gesundheits- und Krankenpfleger/-innen seit 2006 kontinuierlich an. In dieser Berufsgruppe ist mit fast 337.000 Personen 2013 ein vorläufiger Höchststand seit dem Jahr 2000 zu beobachten. Hinzu kommen rund 37.000 Gesundheits- und Kinderkrankenpfleger/-innen.

Tab. 5.3: Pflegefachkräfte* in Vollzeitäquivalenten in Einrichtungen (2003–2013) (IEGUS/RWI 2015; Statistisches Bundesamt, Pflegestatistiken) (* Altenpfleger, Gesundheits- und Krankenpfleger, Gesundheits- und Kinderkrankenpfleger, Heilerziehungspfleger/Heilerzieher, Hochschulabschluss pflegewissenschaftliche Ausbildung).

	2003	2005	2007	2009	2011	2013	2003–2013 absolut	in %
VÄQ Ambulante Pflegedienste	72.369	80.406	92.798	101.318	106.393	114.922	42.553	58,8
VÄQ Pflegeheime	145.479	157.850	167.366	170.854	174.126	181.337	35.858	24,6

Tab. 5.4: Beschäftigte im Pflegesektor nach Berufsabschluss (1999–2013) (Prognos 2012; Statistisches Bundesamt, Pflegestatistiken).

	1999	2001	2003	2005	2007	2009	2011	2013	2013/1999 in %
Pflegefachkräfte	223.864	241.791	272.226	304.529	333.305	350.920	359.511	378.487	69,1
Pflegehilfskräfte	48.385	49.824	48.888	49.438	57.183	67.568	77.686	85.642	77,0
andere pflegerische Ausbildungen	38.965	50.816	53.101	53.097	50.478	59.249	76.379	71.880	84,5
andere Heilberufe	9267	10.673	11.360	12.375	14.182	16.843	17.384	17.660	90,6
sozialpädagogischer Abschluss	11.280	12.754	13.408	13.902	16.673	15.549	15.435	15.552	37,9
Hauswirtschaft	26.275	27.842	28.271	30.456	47.122	39.941	40.080	41.303	57,2
sonstiger Berufsabschluss	139.692	148.851	157.730	166.404	172.436	205.707	224.927	233.916	67,5
ohne Berufsabschluss/in Ausbildung	126.994	122.384	126.770	130.503	118.328	134.505	140.491	161.084	26,8
Summe	624.722	664.935	711.754	760.704	809.707	890.282	951.893	1.005.524	61,0

Tab. 5.5: Beschäftigte in Krankenhäusern in Vollzeitäquivalenten und nach Diensten (Simon 2015: 14).

	Vollkräfte nicht ärztliches Personal					Veränderung	
	insgesamt	Pflegedienst insgesamt	Psychiatrie	ohne Psychiatrie	Funktionsdienst	Pflegedienst ohne Psychiatrie	Funktionsdienst
1991	724.272	296.518	14.844	281.674	75.384		
1992	733.090	303.990	16.627	287.363	75.943	5689	559
1993	729.816	306.127	16.787	289.340	76.847	1977	904
1994	729.894	313.359	15.384	297.975	77.197	8635	350
1995	734.998	322.110	17.209	304.901	78.323	6926	1126
1996	727.186	322.418	16.825	305.593	78.330	692	7
1997	711.508	316.253	16.758	299.495	78.302	−6098	−28
1998	700.443	313.281	16.642	296.639	78.786	−2856	484
1999	693.432	311.086	16.590	294.496	79.503	−2143	717
2000	683.354	308.138	16.034	292.104	80.020	−2392	517
2001	679.738	307.309	15.749	291.560	80.900	−544	880
2002	670.230	299.512	15.869	283.643	81.286	−7917	386
2003	660.592	293.020	15.673	277.347	81.500	−6296	214
2004	640.190	282.891	15.835	267.056	81.563	−10.291	63
2005	630.813	278.118	15.766	262.352	81.776	−4704	213
2006	625.107	275.427	16.893	258.534	82.511	−3818	735
2007	623.124	274.481	16.329	258.152	83.780	−382	1269
2008	625.604	276.320	16.534	259.786	85.924	1633	2144
2009	631.361	278.763	16.230	262.533	87.958	2748	2034
2010	635.459	280.842	16.624	264.218	90.120	1685	2162
2011	638.614	284.576	16.775	267.801	92.385	3583	2265
2012	643.554	285.264	16.687	268.577	94.824	776	2439
2013	650.615	287.444	17.128	270.316	97.118	1739	2294
1991–2013	−10,2	−3,1	15,4	−4,0	28,8	–	–
1999–2013	−6,2	−7,6	3,2	−8,2	22,2	–	–

Die Zahl der in Krankenhäusern beschäftigten Krankenpflegehelfer/-innen geht seit 1999, mit Ausnahme eines geringfügigen Anstiegs in den Jahren 2009 und 2010, zurück. 2013 waren mit knapp 18.000 Krankenpflegehelfer(inne)n 27,3 Prozent weniger Angehörige dieser Berufsgruppe beschäftigt als 1999.

Zur Krankenhausstatistik

Die Krankenhausstatistik und die Statistik der Vorsorge- und Rehabilitationseinrichtungen sind Vollerhebungen aller Einrichtungen. Die Einrichtungen unterliegen einer gesetzlichen Auskunftspflicht und haben die Daten an die statistischen Landesämter zu melden. Daten liegen für Westdeutschland ab dem Jahr 1970 vor und für das vereinte Deutschland ab 1991. Die beiden Statistiken bieten die differenziertesten und zuverlässigsten Daten, nicht nur zur Zahl der Beschäftigten, sondern auch zuverlässige Umrechnungen der Beschäftigtenzahlen in Vollzeitäquivalente, in der amtlichen Statistik zumeist „Vollkräfte" genannt. Die Zahl des Pflegepersonals wird allerdings nur für den „Pflegedienst" ausgewiesen, der nach der Abgrenzung dieser beiden Statistiken nur die bettenführenden Abteilungen (Normalstationen, Intensivstationen) einschließt. Grund ist, dass die Krankenhausstatistik bei der Zuordnung des Personals weitgehend der Krankenhausbuchführungsordnung folgt. In der Buchführungsverordnung werden unter „Pflegedienst" (Kontengruppe 6001) nur die Beschäftigten der bettenführenden Abteilungen erfasst. Das Personal in den Funktionsdiensten wird gesondert ausgewiesen, allerdings ohne Angabe der darin enthaltenen Zahl des Pflegepersonals.

Zum Funktionsdienst zählen unter anderem der Operationsbereich, die Funktionsdiagnostik (z. B. Röntgenabteilungen), Notfallaufnahmen und Ambulanzen. Dort ist nach Simon (2015) überwiegend Pflegepersonal tätig. Die Krankenhausstatistik weist jedoch deren Zahl nicht gesondert aus. Erfahrungsberichte aus den Krankenhäusern legen nahe, dass etwa 70 bis 90 Prozent der Beschäftigten im Funktionsdienst Pflegefachkräfte sind.

5.1.3 Beschäftigungsstatistik

Die dritte Datengrundlage für die Pflegebeschäftigung ist die Beschäftigungsstatistik der Bundesagentur für Arbeit (siehe Infobox „Zur Beschäftigungsstatistik").

Zur Beschäftigungsstatistik

Grundlage der Statistik bildet das Meldeverfahren zur Sozialversicherung, in das alle Arbeitnehmer (einschließlich der zu ihrer Berufsausbildung Beschäftigten) einbezogen sind, die der Kranken- oder Rentenversicherungspflicht oder Versicherungspflicht nach dem SGB III unterliegen. Auf Basis der Meldungen zur Sozialversicherung durch die Betriebe wird vierteljährlich (stichtagsbezogen) mit sechs Monaten Wartezeit der Bestand an sozialversicherungspflichtig und geringfügig Beschäftigten ermittelt. Sozialversicherungspflichtig Beschäftigte umfassen alle Arbeitnehmer, die kranken-, renten-, pflegeversicherungspflichtig und/oder beitragspflichtig nach dem Recht der Arbeitsförderung sind oder für die Beitragsanteile zur gesetzlichen Rentenversicherung oder nach dem Recht der Arbeitsförderung zu zahlen sind. Dazu gehören insbesondere auch Auszubildende, Altersteilzeitbeschäftigte, Praktikanten, Werkstudenten und Personen, die aus einem sozialversicherungspflichtigen Beschäftigungsverhältnis zur Ableistung von gesetzlichen Dienstpflichten (z. B. Wehrübung) einberufen werden. Nicht zu den sozialversicherungspflichtig Beschäftigten zählen dagegen Beamte,

Selbstständige, mithelfende Familienangehörige, Berufs- und Zeitsoldaten sowie Wehr- und Zivildienstleistende.

Die Beschäftigungsstatistik enthält einerseits Daten zu den Berufen der sozialversicherungspflichtig Beschäftigten sowie weitere Strukturmerkmale, andererseits Daten zu den Wirtschaftszweigen, in denen diese Personen tätig sind. Ein besonderer Vorzug dieser Statistik ist seit Neuestem, dass die betrieblichen Anforderungsniveaus der Beschäftigten und somit die tatsächliche Aufgabenerledigung erfasst werden (siehe Infobox „Betriebliches Anforderungsniveau").

Betriebliches Anforderungsniveau

Mit der Einführung der Klassifizierung der Berufe 2010 (KldB 2010) im Jahr 2012 liegen in der Beschäftigungsstatistik erstmals detaillierte Informationen für die Altenpfleger vor, die neben den Krankenpflegern im Detail untersucht werden können. Zuvor waren die Altenpfleger den Sozialarbeitern zugeordnet und konnten somit nicht isoliert ausgewertet werden. In der KldB 2010 können zudem berufliche Tätigkeiten nicht nur nach ihrer inhaltlichen Ausrichtung, sondern auch nach ihrem Anforderungsniveau unterschieden werden, also nach der Komplexität der jeweiligen Tätigkeit, und damit auch danach, welche Art von Ausbildung für die Ausübung in der Regel notwendig ist. Helfer führen einfache, wenig komplexe (Routine-)Tätigkeiten aus, für die kein formaler beruflicher Bildungsabschluss oder eine einjährige (geregelte) Berufsausbildung erforderlich ist. Fachkräfte verfügen über fundierte Fachkenntnisse und Fertigkeiten und überwiegend über den Abschluss einer dreijährigen Ausbildung oder eine vergleichbare Qualifikation. Spezialisten haben Spezialkenntnisse und -fertigkeiten, üben gehobene Fach- und Führungsaufgaben aus, für die in der Regel ein Fachschul- oder Hochschulabschluss erforderlich ist.

Mit der Beschäftigungsstatistik ist es möglich, den Einsatz von Beschäftigten in den betrieblichen Tätigkeiten beziehungsweise Hierarchiestufen der Gesundheits- und Pflegeeinrichtungen zu erfassen. So sind die hier ermittelten Helfer in der Altenpflege nicht mit den Hilfskräften zu verwechseln, denn auf Helferpositionen in der Pflege können Beschäftigte ohne beruflichen Abschluss oder solche mit einem Abschluss in einem anderen Beruf tätig sein.

Mitte 2015 waren insgesamt fast 1,2 Mio. sozialversicherungspflichtig beschäftigte Pflegekräfte unterschiedlicher Qualifikation in den verschiedenen Pflegeeinrichtungen und Krankenhäusern tätig. Von ihnen wurden gut zwei Drittel (822.000 Personen) in den Pflegeeinrichtungen und Krankenhäusern auf dem Anforderungsniveau von Fachkräften eingesetzt (siehe Tabelle 5.6). Gut die Hälfte der Pflegefachkräfte war in Krankenhäusern beschäftigt. Einen Altenpflegeberuf übten 2015 gut 450.000 sozialversicherungspflichtig Beschäftigte aus. Von ihnen waren 51,5 Prozent Fachkräfte. In den Pflegeheimen waren 2015 52,3 Prozent aller sozialversicherungspflichtig beschäftigten Pflegekräfte auf dem Fachkraftniveau tätig, in den Altenheimen waren es 52,1 Prozent. In den ambulanten Diensten liegt die Fachkraftquote bei 63,1 Prozent. Schließlich sind die vom Kenntnisstand und der hierarchischen Position interessanten Spezialisten in der Altenpflege zu erwähnen. Ihr Hauptbetätigungsfeld nehmen sie in Pflegeheimen wahr, wo sie zum Beispiel die Pflegedienstleitung übernehmen.

Tab. 5.6: Sozialversicherungspflichtig Beschäftigte* in der Pflege nach Einrichtungen und Anforderungsniveau (2015) (Beschäftigungsstatistik der Bundesagentur für Arbeit; eigene Berechnungen) (* sozialversicherungspflichtig Beschäftigte (SvB) am 30. Juni 2015 ohne Auszubildende).

	SvB gesamt	Pflegehelfer			Pflegefachkräfte			Spezialist
		gesamt	Krankenpflege	Altenpflege	gesamt	Krankenpflege	Altenpflege	Altenpflege
SvB absolut								
Gesamtwirtschaft	**29.439.925**	**360.264**	**142.169**	**218.095**	**822.131**	**590.485**	**231.646**	**2443**
Krankenhäuser	1.273.321	56.417	53.215	3.202	426.687	417.630	9.057	32
Pflegeheime	504.065	116.352	22.676	93.676	127.411	34.521	92.890	1032
Altenheime; Alten- und Behindertenwohnheime	313.712	63.492	12.040	51.452	69.134	19.425	49.709	709
ambulante soziale Dienste	298.950	66.771	26.020	40.751	114.152	61.953	52.199	369
Anteil an Gesamtwirtschaft in %								
Gesamtwirtschaft	**100,0**	**100,0**	**100,0**	**100,0**	**100,0**	**100,0**	**100,0**	**100,0**
Krankenhäuser	4,3	15,7	37,4	1,5	51,9	70,7	3,9	1,3
Pflegeheime	1,7	32,3	16,0	43,0	15,5	5,8	40,1	42,2
Altenheime; Alten- und Behindertenwohnheime	1,1	17,6	8,5	23,6	8,4	3,3	21,5	29,0
ambulante soziale Dienste	1,0	18,5	18,3	18,7	13,9	10,5	22,5	15,1
Anteil an Helfern gesamt bzw. Fachkräften gesamt in %								
Gesamtwirtschaft	**100,0**	**100,0**	**39,5**	**60,5**	**100,0**	**71,8**	**28,2**	
Krankenhäuser		100,0	94,3	5,7	100,0	97,9	2,1	
Pflegeheime		100,0	19,5	80,5	100,0	27,1	72,9	
Altenheime; Alten- und Behindertenwohnheime		100,0	19,0	81,0	100,0	28,1	71,9	
ambulante soziale Dienste		100,0	39,0	61,0	100,0	54,3	45,7	

Vergleicht man die Angaben der Beschäftigungsstatistik zu den Fachkräften in den Pflegeeinrichtungen mit denen der Pflegestatistik, ist Folgendes festzustellen: Gemäß der Pflegestatistik wurden (nach den aktuellen Daten) etwa 380.000 Personen als genuine Pflegefachkräfte im Bereich des SGB XI beschäftigt. Hinzu kommen rund 70.000 Beschäftigte mit anderen pflegerischen Ausbildungen und rund 30.000 mit sozialpädagogischem Beruf oder anderem Heilberuf, grob entspricht dies fast einer halben Million Fachkräfte im stationären und ambulanten Pflegesektor. Nach der Beschäftigungsstatistik arbeiten insgesamt rund 310.000 Pflegekräfte aus der Kranken- und Altenpflege auf dem betrieblichen Anforderungsniveau einer Fachkraft in den Pflegeeinrichtungen (siehe Tabelle 5.6). Hinzu kommen Pflegefachkräfte aus den Bereichen „andere pflegerische Ausbildungen", „andere Heilberufe" und solche mit sozialpädagogischen Abschlüssen" (insgesamt gut 100.000 Personen). Damit liegt die Anzahl der Fachkräfte in den Einrichtungen in der Beschäftigungsstatistik mit gut 410.000 um rund 70.000 niedriger als in der Pflegestatistik.

Pflegekräfte sind überwiegend weiblich. Gleichwohl sind gewisse Unterschiede in den Geschlechteranteilen nach Einrichtungen und Pflegeberufen festzustellen. Den höchsten Frauenanteil in den Pflegeeinrichtungen weisen die ambulanten Pflegedienste mit 84,4 Prozent auf (siehe Tabelle 5.7). Männer sind demgegenüber vergleichsweise häufig in den Krankenhäusern und dort als Helfer in der Krankenpflege und Fachkraft in der Altenpflege beschäftigt.

Mit den betrieblichen Anforderungen korrespondieren im Allgemeinen die beruflichen Qualifikationen der Pflegekräfte. Allerdings sind Personen mit Hochschulabschluss auch vereinzelt und sicherlich auch nur vorübergehend auf Helferpositionen tätig. Generell ist das deutsche berufszentrierte Beschäftigungssystem durch einen hohen Ausbildungsstand der Arbeitskräfte gekennzeichnet. So verfügen die sozialversicherungspflichtig Beschäftigten zu rund zwei Dritteln über einen anerkannten Ausbildungsabschluss. In der Pflege sind es sogar drei Viertel (siehe Tabelle 5.8).

Nach Einrichtungen des Gesundheits- beziehungsweise Pflegesystems differenziert, ist der Ausbildungsstand in den Krankenhäusern am höchsten. Die hohe Akademikerquote von 22 Prozent ist durch die Ärzte begründet. Bei den dort beschäftigten Helfern in der Pflege dominiert eine anerkannte Ausbildung. Noch höher ist der Anteil der fachlich Qualifizierten auf der mittleren Ebene der Krankenhäuser mit mehr als 90 Prozent. Dieses Muster gilt auch für die beiden Gruppen von Pflegekräften in Pflegeeinrichtungen.

Ohne abgeschlossene Berufsausbildung sind relativ viele Helfer sowohl in der Kranken- als auch in der Altenpflege tätig. In den ambulanten Diensten scheint der Anteil der ungelernten Kräfte geringer zu sein. Der ausgeprägte Anteil der Rubrik „Ausbildung unbekannt" deutet jedoch darauf hin, dass sich dahinter auch Ungelernte verbergen dürften. Der hohe Anteil von beruflich Qualifizierten in den ambulanten Pflegediensten mag den Befund relativieren, dass in diesem Bereich die Fachkraftquote nicht erreicht wird. Zumindest können wir festhalten, dass Pflegestatistik und Beschäftigungsstatistik hier unterschiedliche Aussagen treffen.

Tab. 5.7: Sozialversicherungspflichtig Beschäftigte* in der Pflege nach Einrichtungen, Geschlecht und Anforderungsniveau (2015) (Beschäftigungsstatistik der Bundesagentur für Arbeit; eigene Berechnungen) (* sozialversicherungspflichtig Beschäftigte (SvB) am 30. Juni 2015 ohne Auszubildende).

	SvB gesamt	Pflegehelfer			Pflegefachkräfte			Spezialist
		gesamt	Krankenpflege	Altenpflege	gesamt	Krankenpflege	Altenpflege	Altenpflege
Gesamtwirtschaft								
gesamt	**29.439.925**	**360.264**	**142.169**	**218.095**	**822.131**	**590.485**	**231.646**	**2443**
männlich	15.759.596	54.580	27.038	27.542	116.019	79.993	36.026	378
weiblich	13.680.329	305.684	115.131	190.553	706.112	510.492	195.620	2065
Krankenhäuser								
gesamt	**1.273.321**	**56.417**	**53.215**	**3202**	**426.687**	**417.630**	**9057**	**32**
männlich	306.424	12.557	11.978	579	61.141	59.152	1989	9
weiblich	966.897	43.860	41.237	2623	365.546	358.478	7068	23
Pflegeheime								
gesamt	**504.065**	**116.352**	**22.676**	**93.676**	**127.411**	**34.521**	**92.890**	**1032**
männlich	93.745	14.269	2939	11.330	18.230	4087	14.143	147
weiblich	410.320	102.083	19.737	82.346	109.181	30.434	78.747	885
Altenheime; Alten- und Behindertenwohnheime								
gesamt	**313.712**	**63.492**	**12.040**	**51.452**	**69.134**	**19.425**	**49.709**	**709**
männlich	59.699	8032	1694	6338	10.359	2607	7752	105
weiblich	254.013	55.460	10.346	45.114	58.775	16.818	41.957	604
ambulante soziale Dienste								
gesamt	**298.950**	**66.771**	**26.020**	**40.751**	**114.152**	**61.953**	**52.199**	**369**
männlich	46.596	8101	3430	4671	14.961	7133	7828	60
weiblich	252.354	58.670	22.590	36.080	99.191	54.820	44.371	309

Tab. 5.7: Fortsetzung.

	SvB gesamt	Pflegehelfer			Pflegefachkräfte			Spezialist
		gesamt	Krankenpflege	Altenpflege	gesamt	Krankenpflege	Altenpflege	Altenpflege
Geschlecht in Prozent								
Gesamtwirtschaft								
gesamt	**100,0**	**100,0**	**100,0**	**100,0**	**100,0**	**100,0**	**100,0**	**100,0**
männlich	53,5	15,2	19,0	12,6	14,1	13,5	15,6	15,5
weiblich	46,5	84,8	81,0	87,4	85,9	86,5	84,4	84,5
Krankenhäuser								
gesamt	**100,0**	**100,0**	**100,0**	**100,0**	**100,0**	**100,0**	**100,0**	**100,0**
männlich	24,1	22,3	22,5	18,1	14,3	14,2	22,0	28,1
weiblich	75,9	77,7	77,5	81,9	85,7	85,8	78,0	71,9
Pflegeheime								
gesamt	**100,0**	**100,0**	**100,0**	**100,0**	**100,0**	**100,0**	**100,0**	**100,0**
männlich	18,6	12,3	13,0	12,1	14,3	11,8	15,2	14,2
weiblich	81,4	87,7	87,0	87,9	85,7	88,2	84,8	85,8
Altenheime; Alten- und Behindertenwohnheime								
gesamt	**100,0**	**100,0**	**100,0**	**100,0**	**100,0**	**100,0**	**100,0**	**100,0**
männlich	19,0	12,7	14,1	12,3	15,0	13,4	15,6	14,8
weiblich	81,0	87,3	85,9	87,7	85,0	86,6	84,4	85,2
ambulante soziale Dienste								
gesamt	**100,0**	**100,0**	**100,0**	**100,0**	**100,0**	**100,0**	**100,0**	**100,0**
männlich	15,6	12,1	13,2	11,5	13,1	11,5	15,0	16,3
weiblich	84,4	87,9	86,8	88,5	86,9	88,5	85,0	83,7

Tab. 5.8: Sozialversicherungspflichtig Beschäftigte* in der Pflege nach Berufsabschluss (2015) (Anteile in %) (Beschäftigungsstatistik der Bundesagentur für Arbeit; eigene Berechnungen) (* sozialversicherungspflichtig Beschäftigte (SvB) am 30. Juni 2015 ohne Auszubildende).

	SvB gesamt	Pflegekräfte gesamt	Pflegehelfer			Pflegefachkräfte			Spezialist Altenpflege
			gesamt	Kranken-pflege	Alten-pflege	gesamt	Kranken-pflege	Alten-pflege	
Krankenhäuser									
gesamt	**100,0**	**100,0**	**100,0**	**100,0**	**100,0**	**100,0**	**100,0**	**100,0**	**100,0**
ohne Berufsabschluss	4,9	4,2	26,8	26,7	27,3	1,2	1,2	1,3	3,1
anerkannter Berufsabschluss	71,4	92,7	67,6	67,7	65,9	96,1	96,1	94,0	87,5
akademischer Berufsabschluss	22,5	2,3	2,5	2,5	2,1	2,3	2,3	4,3	9,4
keine Angabe	1,2	0,7	3,1	3,0	4,7	0,4	0,4	0,4	0,0
Pflegeheime									
gesamt	**100,0**	**100,0**	**100,0**	**100,0**	**100,0**	**100,0**	**100,0**	**100,0**	**100,0**
ohne Berufsabschluss	12,2	12,3	21,8	23,3	21,4	3,7	4,6	3,3	10,9
anerkannter Berufsabschluss	75,9	78,9	67,8	67,5	67,9	89,0	86,5	89,9	83,6
akademischer Berufsabschluss	6,4	2,9	1,9	2,2	1,8	3,8	4,5	3,5	3,3
keine Angabe	5,4	5,9	8,5	7,0	8,9	3,6	4,3	3,3	2,1
Altenheime; Alten- und Behindertenwohnheime									
gesamt	**100,0**	**100,0**	**100,0**	**100,0**	**100,0**	**100,0**	**100,0**	**100,0**	**100,0**
ohne Berufsabschluss	12,1	12,5	22,3	23,9	21,9	3,5	4,1	3,3	12,6
anerkannter Berufsabschluss	74,9	78,2	66,5	66,3	66,6	88,9	87,6	89,4	82,5
akademischer Berufsabschluss	7,7	2,9	2,0	1,8	2,1	3,7	4,4	3,5	3,5
keine Angabe	5,4	6,4	9,2	7,9	9,5	3,8	3,9	3,8	1,4

Tab. 5.8: Fortsetzung.

	SvB gesamt	Pflegekräfte gesamt	Pflegehelfer			Pflegefachkräfte			Spezialist
			gesamt	Kranken-pflege	Alten-pflege	gesamt	Kranken-pflege	Alten-pflege	Altenpflege
ambulante soziale Dienste									
gesamt	**100,0**	**100,0**	**100,0**	**100,0**	**100,0**	**100,0**	**100,0**	**100,0**	**100,0**
ohne Berufsabschluss	7,4	6,1	13,1	13,2	13,0	2,0	1,8	2,3	1,4
anerkannter Berufsabschluss	74,9	80,0	68,4	66,9	69,4	86,7	85,9	87,7	91,1
akademischer Berufsabschluss	7,7	4,1	2,6	2,8	2,4	5,0	5,5	4,4	4,9
keine Angabe	10,0	9,9	16,0	17,0	15,3	6,3	6,9	5,6	2,7
Gesamtwirtschaft									
gesamt	**100,0**	**100,0**	**100,0**	**100,0**	**100,0**	**100,0**	**100,0**	**100,0**	**100,0**
ohne Berufsabschluss	9,1	7,9	21,4	23,0	20,3	2,1	1,7	3,0	8,9
anerkannter Berufsabschluss	64,6	84,5	66,9	66,1	67,5	92,2	93,4	89,2	82,4
akademischer Berufsabschluss	14,9	3,0	2,2	2,5	2,0	3,3	3,1	4,0	6,5
keine Angabe	11,5	4,6	9,5	8,3	10,2	2,4	1,9	3,9	2,2

Eine wichtige Frage ist, wie weit die Akademisierung in den Pflegeeinrichtungen vorangeschritten ist (zur generellen Diskussion siehe Kapitel 9). In der Gesamtwirtschaft beträgt die Akademikerquote unter den sozialversicherungspflichtig Beschäftigten 2015 14,9 Prozent. In den Pflegeeinrichtungen liegt sie bei allen Beschäftigten zwischen 6,4 Prozent in den Pflegeheimen und 22,5 Prozent in den Krankenhäusern. Bezogen auf die Pflegekräfte reichen die Akademikeranteile von 2,9 Prozent in den Alten- und Pflegeheimen bis zu 4,4 Prozent in den ambulanten Diensten.

Nach Schaeffer (2012) haben etwa 10.000 bis 15.000 akademisch ausgebildete Pflegekräfte die Hochschulen verlassen. Mitte 2015 sind in der Altenpflege knapp 16.000 sozialversicherungspflichtig Beschäftigte mit akademischem Abschluss tätig, davon mehr als die Hälfte (58,1 Prozent) als Fachkräfte. Lediglich 14 Prozent sind qualifikationsadäquat, das heißt entweder als Spezialist oder in der Führung tätig (siehe Tabelle 5.9). Ein nicht näher zu beziffernder Teil der Pflegeakademiker kann allerdings in der Beschäftigungsstatistik als Führungskraft in der Krankenpflege verbucht worden sein. Zudem dürften einige der akademisch ausgebildeten Pflegeexperten in der Ausbildung tätig sein. Gleichwohl bleibt der ernüchternde Befund in Bezug auf eine nennenswerte unterwertige Beschäftigung von Akademikern bestehen.

Untersucht man die betrieblichen Einsatzfelder der akademisch ausgebildeten Pflegekräfte in den Pflegeeinrichtungen, so zeigt sich ein Schwerpunkt in den ambulanten Pflegediensten (siehe Tabelle 5.10). Dort sind mehr als 7000 Beschäftigte mit akademischem Abschluss tätig, die meisten von ihnen als Fachkräfte in der Krankenpflege. In der stationären Pflege zeigt sich, dass die Zahl der akademischen Mitarbeiter in den Pflegeheimen höher ist als in den Altenwohnheimen. Das Hauptbetätigungs-

Tab. 5.9: Betriebliches Anforderungsniveau akademisch ausgebildeter Pflegekräfte* (2015) (Beschäftigungsstatistik der Bundesagentur für Arbeit; eigene Berechnungen) (* sozialversicherungspflichtig Beschäftigte (Sv-Beschäftigte) am 30. Juni 2015 ohne Auszubildende).

Beruf	SvB mit akademischem Berufsabschluss
Altenpflege insgesamt	**15.910**
Berufe in der Altenpflege (ohne Spezialisierung)	13.844
Helfer Altenpflege	4446
Fachkraft Altenpflege	9240
Spezialist Altenpflege	158
Berufe in der Altenpflege (mit Spezialisierung)	434
Fachkraft Altenpflege	319
Spezialist Altenpflege	115
Führungskräfte in der Altenpflege	1632
SvB insgesamt	**4.388.564**

feld der Akademiker besteht in beiden Einrichtungen aus Fachkrafttätigkeiten in der Altenpflege.

Die im vierten Kapitel beschriebene demografische Entwicklung betrifft auch den Arbeitsmarkt. Ein wesentlicher Trend ist die Alterung der Beschäftigten. So ist das mittlere Alter der Erwerbstätigen zwischen 1980 (36,4 Jahre) und 2010 (41,4 Jahre) um fünf Jahre angestiegen. Hinzu kommt, dass die Erwerbsbeteiligung der Älteren steigt, da die Sonderregelungen des vorzeitigen Übergangs in die Rente nicht mehr bestehen. Nach einer Untersuchung von Tivig, Henseke und Neuhaus (2013) hat sich das Durchschnittsalter der Beschäftigten in der Gesundheits- und Krankenpflege (Einzelberufe der Berufsordnung 853) in den letzten beiden Jahrzehnten stark erhöht. Zwischen 1993 und 2011 stieg das Durchschnittsalter der Beschäftigten in dieser Berufsordnung um 6,6 Jahre an, bei allen Beschäftigten dagegen nur um 3,6 Jahre. Die starke Alterung bei den Fachkräften der Krankenpflege ist auf geringer besetzte jüngere Altersgruppen zurückzuführen. Die Zahlen der unter 40-jährigen Beschäftigten sind gegenüber 1993 merklich gesunken, weil die Berufe als eher unattraktives Tätigkeitsfeld relativ wenig Nachwuchs angezogen haben. Nur rund ein Drittel des gestiegenen Anteils älterer Beschäftigter in dieser Berufsordnung seit 1993 ist auf demografische Faktoren, der Rest auf Gründe wie geänderte Berufswahlentscheidungen zurückzuführen. Die Altersverteilung der Beschäftigten in den verschiedenen Pflegeberufen unterschieden nach Einrichtungen zeigt Tabelle 5.11.

Die Betrachtung der Altersstrukturen unter den sozialversicherungspflichtig Beschäftigten macht deutlich, dass die Pflegekräfte bereits jetzt älter sind als alle Beschäftigten im Durchschnitt. Rund die Hälfte aller Beschäftigten im Pflegesektor ist 45 Jahre alt und älter (siehe Tabelle 5.11). Noch etwas höher ist der Anteil der höheren Altersgruppen in den Pflegeeinrichtungen. Gleichzeitig zeigt sich, dass im Helferbereich in der Kranken- und Altenpflege vergleichsweise viele ältere Beschäftigte tätig sind. Bei den Fachkräften in der Pflege ist die Altersverteilung etwas günstiger, insbesondere in den ambulanten Diensten. Der Anteil der 55-Jährigen und älteren deutet auf einen Ersatzbedarf an Arbeitskräften von rund 20 Prozent in weniger als zehn Jahren hin. In den nächsten 20 Jahren erhöht sich dieser ceterum paribus auf die Hälfte aller Beschäftigten.

Tab. 5.10: Betriebliches Anforderungsniveau akademisch ausgebildeter Pflegekräfte* nach Einrichtungen (2015) (Beschäftigungsstatistik der Bundesagentur für Arbeit; eigene Berechnungen) (* sozialversicherungspflichtig Beschäftigte am 30. Juni 2015 ohne Auszubildende).

	gesamt	ohne Berufsabschluss	anerkannter Berufsabschluss	akademischer Berufsabschluss	unbekannt
Pflegeheime					
Helfer Krankenpflege	22.676	5275	15.302	503	1596
Fachkräfte Krankenpflege	34.521	1605	29.870	1565	1481
Helfer Altenpflege	93.676	20.054	63.603	1680	8339
Fachkräfte Altenpflege	92.890	3096	83.467	3247	3080
Spezialist Altenpflege	1032	113	863	34	22
Altenheime; Alten- und Behindertenwohnheime					
Helfer Krankenpflege	12.040	2882	7988	220	950
Fachkräfte Krankenpflege	19.425	797	17.015	847	766
Helfer Altenpflege	51.452	11.253	34.251	1067	4881
Fachkräfte Altenpflege	49.709	1646	44.439	1745	1879
Spezialist Altenpflege	709	89	585	25	10
ambulante soziale Dienste					
Helfer Krankenpflege	26.020	3440	17.403	741	4436
Fachkräfte Krankenpflege	61.953	1086	53.188	3407	4272
Helfer Altenpflege	40.751	5300	28.263	970	6218
Fachkräfte Altenpflege	52.199	1192	45.777	2285	2945
Spezialist Altenpflege	369	5	336	18	10
Gesamtwirtschaft					
Helfer Krankenpflege	142.169	32.720	93.965	3616	11.868
Fachkräfte Krankenpflege	590.485	10.073	551.259	18.139	11.014
Helfer Altenpflege	218.095	44.267	147.135	4446	22.247
Fachkräfte Altenpflege	231.646	6858	206.534	9240	9014
Spezialist Altenpflege	2443	217	2014	158	54

Tab. 5.11: Sozialversicherungspflichtig Beschäftigte* in den Pflegeberufen nach Einrichtungen und Altersgruppen (2015) (Anteil in %) (Beschäftigungsstatistik der Bundesagentur für Arbeit; eigene Berechnungen) (* sozialversicherungspflichtig Beschäftigte (SvB) am 30. Juni 2015 ohne Auszubildende).

	SvB gesamt	Pflegehelfer			Pflegefachkräfte			Spezialist
		gesamt	Krankenpflege	Altenpflege	gesamt	Krankenpflege	Altenpflege	Altenpflege
Krankenhäuser								
gesamt	100,0	100,0	100,0	100,0	100,0	100,0	100,0	100,0
unter 20 Jahre	0,6	7,9	7,9	7,8	0,2	0,2	0,2	0,0
20–24 Jahre	4,2	8,9	8,8	9,7	6,9	6,9	5,7	6,3
25–34 Jahre	23,0	15,5	15,4	17,5	24,9	24,8	25,5	9,4
35–44 Jahre	22,3	15,6	15,5	18,4	22,5	22,6	22,1	21,9
45–54 Jahre	30,4	28,0	28,0	28,5	29,6	29,6	29,2	34,4
über 55 Jahre	19,5	24,0	24,3	18,2	15,9	15,9	17,2	28,1
Pflegeheime								
gesamt	100,0	100,0	100,0	100,0	100,0	100,0	100,0	100,0
unter 20 Jahre	1,2	2,0	2,1	2,0	0,4	0,4	0,3	0,8
20–24 Jahre	4,7	5,8	5,3	5,9	6,1	4,4	6,8	5,0
25–34 Jahre	18,4	17,0	15,0	17,5	25,3	20,5	27,1	25,2
35–44 Jahre	19,2	19,6	18,3	19,9	19,9	20,4	19,8	20,9
45–54 Jahre	32,8	32,2	33,3	31,9	29,1	32,4	27,9	30,7
über 55 Jahre	23,6	23,4	26,0	22,7	19,2	21,9	18,2	17,3
Altenheime; Alten- und Behindertenwohnheime								
gesamt	100,0	100,0	100,0	100,0	100,0	100,0	100,0	100,0
unter 20 Jahre	1,3	2,4	3,7	2,1	0,3	0,4	0,3	1,0
20–24 Jahre	5,0	6,5	6,3	6,5	6,0	3,9	6,8	6,8
25–34 Jahre	19,1	17,3	13,9	18,0	25,1	20,2	27,0	26,5
35–44 Jahre	19,5	19,8	18,8	20,1	20,2	20,8	19,9	20,9
45–54 Jahre	32,3	31,7	31,8	31,6	29,4	33,1	28,0	28,1
über 55 Jahre	22,8	22,4	25,4	21,6	19,0	21,7	18,0	16,8

Tab. **5.11:** Fortsetzung.

	SvB gesamt	Pflegehelfer			Pflegefachkräfte			Spezialist
		gesamt	Krankenpflege	Altenpflege	gesamt	Krankenpflege	Altenpflege	Altenpflege
ambulante soziale Dienste								
gesamt	**100,0**	**100,0**	**100,0**	**100,0**	**100,0**	**100,0**	**100,0**	**100,0**
unter 20 Jahre	0,8	1,0	0,9	1,0	0,1	0,1	0,1	0,3
20–24 Jahre	4,7	4,8	4,4	5,0	5,0	4,4	5,8	3,8
25–34 Jahre	21,5	20,0	19,8	20,1	25,5	23,2	28,2	28,7
35–44 Jahre	21,7	22,1	22,2	22,1	22,1	22,6	21,5	27,9
45–54 Jahre	31,7	32,0	32,1	32,0	30,3	31,4	29,0	26,8
über 55 Jahre	19,6	20,2	20,6	19,9	16,9	18,2	15,3	12,5
Gesamtwirtschaft								
gesamt	**100,0**	**100,0**	**100,0**	**100,0**	**100,0**	**100,0**	**100,0**	**100,0**
unter 20 Jahre	0,6	3,7	5,5	2,6	0,2	0,2	0,3	0,7
20–24 Jahre	5,9	6,7	7,2	6,3	6,2	6,2	6,3	5,0
25–34 Jahre	22,8	17,5	16,5	18,1	24,8	24,0	26,9	25,5
35–44 Jahre	22,2	19,2	18,0	20,1	21,7	22,3	20,3	22,4
45–54 Jahre	29,8	30,8	29,9	31,4	29,9	30,4	28,6	29,5
über 55 Jahre	18,6	22,1	22,9	21,6	17,1	17,0	17,6	17,0

5.2 Arbeitszeiten in der Pflege

Angesichts der hohen Bedeutung der Teilzeitbeschäftigung im Dienstleistungssektor im Allgemeinen sowie im Gesundheitswesen im Besonderen werden in Kapitel 5.2 die Arbeitszeiten der Beschäftigten im Pflegesektor näher untersucht. Zunächst wird die Bedeutung der Teilzeitarbeit unter den sozialversicherungspflichtig Beschäftigten getrennt nach Pflegeberuf, betrieblichem Anforderungsniveau und Pflegeeinrichtung beziffert. Ergänzt wird die Beschäftigungsstatistik durch Analysen des Mikrozensus, in dem die geleisteten Arbeitsstunden von Pflegekräften und die Gründe für die Ausübung von Teilzeitbeschäftigung erfasst werden. Der Mikrozensus ist eine jährliche Befragung von einem Prozent aller Haushalte und den darin lebenden Bewohnern in Deutschland. Daten aus dem Mikrozensus beruhen also auf Angaben von Befragten, die Beschäftigungsdaten auf den Sozialversicherungsangaben der Arbeitgeber zu ihren Beschäftigten.

In den Pflegeeinrichtungen spielt die Teilzeitarbeit eine herausragende Rolle. In der Gesamtwirtschaft liegt die Teilzeitquote unter den sozialversicherungspflichtig Beschäftigten Mitte 2015 bei gut einem Viertel. In den Gesundheits- und Pflegeeinrichtungen ist sie wesentlich höher (siehe Tabelle 5.12). Spitzenreiter bilden die Altenheime mit einer Teilzeitquote von fast zwei Dritteln aller Beschäftigten. Die sehr hohe Bedeutung der Teilzeit in dieser Art der Pflegeeinrichtung korrespondiert mit derjenigen der Helfer in der Altenpflege, von denen fast drei von vier Beschäftigten eine Teilzeitbeschäftigung ausüben. Bei den Fachkräften im Pflegesektor insgesamt ist das Verhältnis zwischen Vollzeit und Teilzeit nahezu ausgeglichen. Dies liegt vor allem daran, dass die Teilzeit in den Krankenhäusern bei den Fachkräften in der Krankenpflege und selbst denen in der Altenpflege nicht so stark ausgeprägt ist. In den Krankenhäusern arbeiten auch die Helfer in der Krankenpflege überwiegend Vollzeit. Dies ändert sich, wenn sie in den Altenpflegeeinrichtungen tätig sind. Dies gilt auch für die Fachkräfte in der Krankenpflege, die im Krankenhaus mehrheitlich vollzeitberufstätig sind.

Mithilfe des Mikrozensus können der Stundenumfang der Teilzeitbeschäftigten und die Gründe der Beschäftigten bestimmt werden, Teilzeit zu arbeiten. Da die Fallzahlen für die Teilzeitbeschäftigten in den Gesundheitsberufen im Mikrozensus nur für Frauen für belastbare Analysen ausreichend sind, werden in diesem Kapitel keine nach dem Geschlecht differenzierten Ergebnisse präsentiert. Regional wird zwischen Ostdeutschland, Norddeutschland (Schleswig-Holstein bis Nordrhein-Westfalen) und Süddeutschland (Hessen bis Bayern) unterschieden.

Die Teilzeitkräfte in den Pflegeberufen arbeiten in Westdeutschland zwischen 20 und 23 Stunden, in Ostdeutschland zwischen 23 und über 27 Stunden pro Woche (siehe Abbildung 5.1). Die Unterschiede zwischen Nord- und Süddeutschland sind nur gering ausgeprägt und zeigen keine einheitliche Tendenz.

Die Gründe für Teilzeitarbeit sind vielfältig. Auffällig ist, dass in Ostdeutschland ein deutlich höherer Anteil der Befragten angibt, Teilzeit zu arbeiten, da eine Vollzeit-

Tab. 5.12: Beschäftigte* in der Pflege nach Einrichtungen, Arbeitszeit und Anforderungsniveau (2015) (Beschäftigungsstatistik der Bundesagentur für Arbeit; eigene Berechnungen) (* sozialversicherungspflichtig Beschäftigte (SvB) am 30. Juni 2015 ohne Auszubildende).

	SvB gesamt	Pflegehelfer			Pflegefachkräfte			Spezialist
		gesamt	Krankenpflege	Altenpflege	gesamt	Krankenpflege	Altenpflege	Altenpflege
Krankenhäuser								
Arbeitszeit gesamt	**1.273.321**	**56.417**	**53.215**	**3202**	**426.687**	**417.630**	**9057**	**32**
Vollzeit beschäftigt	748.793	29.959	28.488	1471	230.393	224.781	5612	23
Teilzeit beschäftigt	524.525	26.458	24.727	1731	196.294	192.849	3445	9
Pflegeheime								
Arbeitszeit gesamt	**504.065**	**116.352**	**22.676**	**93.676**	**127.411**	**34.521**	**92.890**	**1032**
Vollzeit beschäftigt	197.381	32.959	6788	26.171	57.858	14.503	43.355	381
Teilzeit beschäftigt	306.684	83.393	15.888	67.505	69.553	20.018	49.535	651
Altenheime; Alten- und Behindertenwohnheime								
Arbeitszeit gesamt	**313.712**	**63.492**	**12.040**	**51.452**	**69.134**	**19.425**	**49.709**	**709**
Vollzeit beschäftigt	117.901	18.031	3969	14.062	31.366	7703	23.663	321
Teilzeit beschäftigt	195.810	45.461	8071	37.390	37.768	11.722	26.046	388
ambulante soziale Dienste								
Arbeitszeit gesamt	**298.950**	**66.771**	**26.020**	**40.751**	**114.152**	**61.953**	**52.199**	**369**
Vollzeit beschäftigt	117.024	22.364	8827	13.537	50.967	26.604	24.363	204
Teilzeit beschäftigt	181.926	44.407	17.193	27.214	63.185	35.349	27.836	165
Gesamtwirtschaft								
Arbeitszeit gesamt	**29.439.925**	**360.264**	**142.169**	**218.095**	**822.131**	**590.485**	**231.646**	**2443**
Vollzeit beschäftigt	21.278.327	124.590	60.294	64.296	407.433	299.921	107.512	1033
Teilzeit beschäftigt	8.154.916	235.674	81.875	153.799	414.698	290.564	124.134	1410

Tab. 5.12: Fortsetzung.

	SvB gesamt	Pflegehelfer			Pflegefachkräfte			Spezialist
		gesamt	Krankenpflege	Altenpflege	gesamt	Krankenpflege	Altenpflege	Altenpflege
Krankenhäuser								
Arbeitszeit gesamt	**100,0**	**100,0**	**100,0**	**100,0**	**100,0**	**100,0**	**100,0**	**100,0**
Vollzeit beschäftigt	58,8	53,1	53,5	45,9	54,0	53,8	62,0	71,9
Teilzeit beschäftigt	41,2	46,9	46,5	54,1	46,0	46,2	38,0	28,1
Pflegeheime								
Arbeitszeit gesamt	**100,0**	**100,0**	**100,0**	**100,0**	**100,0**	**100,0**	**100,0**	**100,0**
Vollzeit beschäftigt	39,2	28,3	29,9	27,9	45,4	42,0	46,7	36,9
Teilzeit beschäftigt	60,8	71,7	70,1	72,1	54,6	58,0	53,3	63,1
Altenheime; Alten- und Behindertenwohnheime								
Arbeitszeit gesamt	**100,0**	**100,0**	**100,0**	**100,0**	**100,0**	**100,0**	**100,0**	**100,0**
Vollzeit beschäftigt	37,6	28,4	33,0	27,3	45,4	39,7	47,6	45,3
Teilzeit beschäftigt	62,4	71,6	67,0	72,7	54,6	60,3	52,4	54,7
ambulante soziale Dienste								
Arbeitszeit gesamt	**100,0**	**100,0**	**100,0**	**100,0**	**100,0**	**100,0**	**100,0**	**100,0**
Vollzeit beschäftigt	39,1	33,5	33,9	33,2	44,6	42,9	46,7	55,3
Teilzeit beschäftigt	60,9	66,5	66,1	66,8	55,4	57,1	53,3	44,7
Gesamtwirtschaft								
Arbeitszeit gesamt	**100,0**	**100,0**	**100,0**	**100,0**	**100,0**	**100,0**	**100,0**	**100,0**
Vollzeit beschäftigt	72,3	34,6	42,4	29,5	49,6	50,8	46,4	42,3
Teilzeit beschäftigt	27,7	65,4	57,6	70,5	50,4	49,2	53,6	57,7

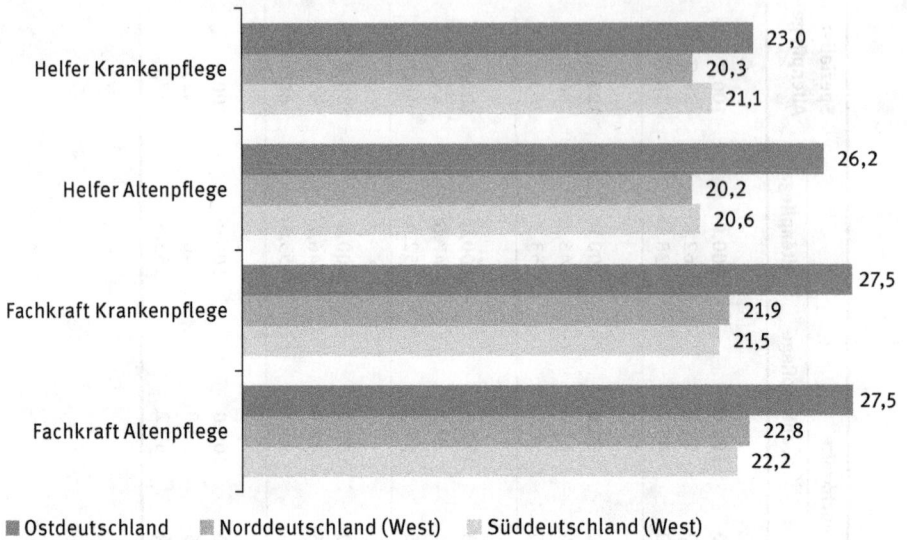

Abb. 5.1: Arbeitsumfang von Teilzeiterwerbstätigen in den Pflegeberufen (2013) (in Stunden) (Mikrozensus 2013; Sonderauswertung des Statistischen Bundesamts).

stelle nicht zu finden sei. Sie können also als unfreiwillig teilzeitbeschäftigt bezeichnet werden. Besonders häufig ist dies bei den Helfern in der Krankenpflege (41 Prozent) sowie bei Fachkräften und Helfern in der Altenpflege (55 Prozent und 46 Prozent) der Fall. Unter den Fachkräften in der Krankenpflege ist der Anteil mit 22 Prozent deutlich niedriger. Dafür überwiegen in dieser Berufsgruppe mit 42 Prozent persönliche oder familiäre Gründe. Die Teilnahme an einer Bildungsmaßnahme als Grund für eine Teilzeittätigkeit ist vornehmlich bei den Helfern in der Krankenpflege zu finden. Sie bilden sich besonders häufig nebenberuflich weiter oder arbeiten während eines Studiums in der Krankenpflege.

In Westdeutschland sind die Anteile der unfreiwilligen Teilzeit deutlich niedriger als im Osten. Es dominieren hier die persönlichen und familiären Gründe (siehe Abbildung 5.2). Dieses Ergebnis spiegelt damit einerseits die unterschiedliche Erwerbsneigung der ost- und westdeutschen Frauen wieder. Zugleich dürfte hierfür aber auch die schlechtere Versorgung mit Krippen und Kitaplätzen in Westdeutschland verantwortlich sein. Ansonsten treten die persönlichen und familiären Gründe auch im Westen unter den Fachkräften in der Krankenpflege am häufigsten auf, während unfreiwillige Teilzeit in den anderen Berufsgruppen stärker vertreten ist. Dabei geben die Befragten aus Norddeutschland wiederum häufiger an, keine Vollzeitstelle zu finden, als Befragte aus dem Süden. Auch in Westdeutschland ist die Teilnahme an Qualifizierungsmaßnahmen besonders unter den Helfern in der Krankenpflege ein häufiger Grund für die Ausübung einer Teilzeittätigkeit.

Süddeutschland (West)

	Vollzeittätigkeit nicht zu finden	persönliche oder familiäre Situation	Bildung, Ausbildung, Weiterbildung	andere Gründe
insgesamt	9	9	46	36
Helfer Altenpflege	14	3	50	33
Helfer Krankenpflege	14	11	38	37
Fachkraft Altenpflege	10	1	50	39
Fachkraft Krankenpflege	3	3	65	29

Norddeutschland (West)

Helfer Altenpflege	21	6	40	33
Helfer Krankenpflege	23	12	31	34
Fachkraft Altenpflege	16	2	44	38
Fachkraft Krankenpflege	5	4	59	32

Ostdeutschland

Helfer Altenpflege	55	1	16	27
Helfer Krankenpflege	41	15	12	32
Fachkraft Altenpflege	46	2	17	35
Fachkraft Krankenpflege	22	5	42	31

Vollzeittätigkeit nicht zu finden Bildung, Ausbildung, Weiterbildung
persönliche oder familiäre Situation andere Gründe

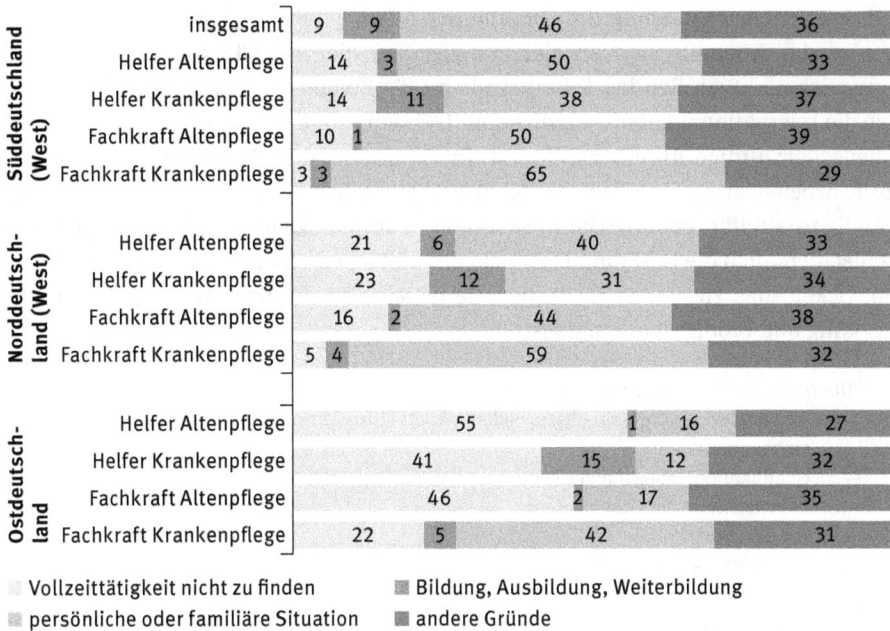

Abb. 5.2: Gründe für die Ausübung einer Teilzeittätigkeit (2013) (in %) (Mikrozensus 2013; Sonderauswertung des Statistischen Bundesamts).

5.3 Qualität der Arbeitsbedingungen

Nach der Darstellung der quantitativen Beschäftigungsentwicklung im Pflegesektor ist die Qualität der Arbeitsbedingungen zu untersuchen, die insbesondere vor dem Hintergrund des zunehmenden Wettbewerbs um die Arbeitskräfte von zentraler Bedeutung für die Gewinnung von Fachkräften ist. Zu Beginn von Kapitel 5.3 werden die verschiedenen Dimensionen zur Erfassung der Arbeitsqualität in entwickelten Volkswirtschaften erläutert, wie sie von der Europäischen Kommission und der Internationalen Arbeitsorganisation zugrunde gelegt werden. In Deutschland hat die Initiative Neue Qualität der Arbeit empirische Befunde zur allgemeinen Situation in Deutschland vorgelegt. Ein weiterer Versuch, Arbeitsbedingungen zu messen, ist der Indikator zur Arbeitsqualität von der Hans-Böckler-Stiftung, der auf 15 Einzelindikatoren basiert.

5.3.1 Mehrdimensionale Ansätze

Aspekte der Arbeitsqualität in den Betrieben werden seit dem letzten Jahrzehnt im internationalen wie nationalen Rahmen zunehmend diskutiert. Nicht zuletzt werden in der Europäischen Beschäftigungsstrategie in den gemeinsamen Richtlinien die Aspekte „Verbesserung der Qualität der Arbeit", „soziale Kohäsion" und „Steigerung der Beschäftigung" als gleichrangige Ziele der Beschäftigungspolitik betont (Kurz-Scherf 2005). Bei den Kriterien nimmt die Kommission Bezug auf diejenigen, die die International Labor Organisation (ILO) mit ihrem Konzept der „decent work" (menschenwürdige Arbeit) beschreibt. Im Einzelnen sind dies für die ILO Zugang zum Arbeitsmarkt, Einkommen, Rechte, Mitsprachemöglichkeiten, Anerkennung, Familienstabilität, persönliche Entwicklung, Fairness sowie Gleichstellung der Geschlechter. Auch die EU-Kommission hat ein Bündel von Qualitätskriterien für Arbeit entwickelt, das zusätzlich institutionelle Aspekte sowie die gesamtwirtschaftliche Leistung und Produktivität umfasst.

Übersicht: Qualitätskriterien von Arbeit in der EU
- Arbeitsplatzqualität (Arbeitszufriedenheit, qualifikationsgerechte Anforderungen, Arbeitseinkommen)
- Qualifikation, lebenslanges Lernen, berufliche Entwicklung
- Gleichstellung der Geschlechter
- Arbeitsschutz
- Flexibilität und Sicherheit
- Eingliederung und Zugang zum Arbeitsmarkt
- Arbeitsorganisation, Vereinbarkeit Arbeit/Leben
- Sozialer Dialog und Arbeitnehmermitbestimmung
- Diversifizierung und Nichtdiskriminierung
- Gesamtwirtschaftsleistung und Produktivität
(Com 2003: 23 ff.)

Diese Ansätze der ILO und der EU sind auf internationaler Ebene zu einem System von Indikatoren zur Qualität der Arbeit weiterentwickelt worden. Dazu wurde im Jahr 2007 bei der Wirtschaftskommission der Vereinten Nationen für Europa unter Beteiligung der ILO sowie dem Statistischen Amt der Europäischen Gemeinschaften eine Taskforce eingesetzt, die Anfang 2010 ihren Abschlussbericht vorgelegt hat (vgl. UNECE 2010). „Grundlegendes Ziel war es, objektive, international vergleichbare Informationen aus der Perspektive der Erwerbstätigen, insbesondere der abhängig Beschäftigten darzustellen, die alle relevanten Aspekte der Qualität der Arbeit umfassen" (UNECE 2010: 829). Ergebnis der Taskforce war die Festlegung von sieben Dimensionen, die die Qualität der Arbeit erfassen sollen.
- Dimension 1: Sicherheit am Arbeitsplatz und ethische Aspekte
- Dimension 2: Einkommen und indirekte Arbeitgeberleistungen
- Dimension 3: Arbeitszeit und Ausgleich beruflicher und privater Belange
- Dimension 4: Beschäftigungssicherheit und soziale Sicherung
- Dimension 5: Arbeitsbeziehungen
- Dimension 6: Qualifikation und Weiterbildung
- Dimension 7: Zusammenarbeit und Beziehungen am Arbeitsplatz

Die Dimensionen der Arbeitsqualität wurden nach dem Ansatz der Maslow'schen Bedürfnispyramide strukturiert, wobei Dimension 1 von Sicherheit ausgeht und die letzten Dimensionen das Bedürfnis nach Selbstverwirklichung beinhalten (vgl. UNECE 2010: 830). Diese sieben Dimensionen der Qualität der Arbeit werden durch insgesamt 66 Indikatoren, beginnend mit der Quote tödlicher Arbeitsunfälle bis zur Arbeitszufriedenheit, konkretisiert. Ein wichtiger Aspekt, insbesondere für die Kranken- und Altenpflege, ist die Lage der Arbeitszeit, die häufig Nacht-, Schicht- oder Wochenendarbeit umfasst.

Die deutsche Bundesregierung hat im Jahr 2001 die Initiative Neue Qualität der Arbeit (INQA) ins Leben gerufen, an der Tarifparteien, Sozialversicherungsträger, Berufsgenossenschaften, Vertreter der Länder und des Bundes sowie einzelne Betriebe beteiligt sind. Ihre zentrale Aufgabe ist die praktische Implementierung von Maßnahmen in den Bereichen „Sicherheit", „Gesundheit" und „Wettbewerbsfähigkeit" in den Betrieben. Die aus Sicht der Beschäftigten besonders relevanten Aspekte der Arbeitsqualität wurden im Rahmen von INQA durch eine repräsentative Erhebung festgelegt (vgl. Fuchs 2006). „Gute Arbeit" ist nach diesen empirischen Befunden, „ein festes, verlässliches Einkommen zu erhalten, unbefristet beschäftigt zu sein, die fachlichen und kreativen Fähigkeiten in die Arbeit einbringen und entwickeln zu können, Anerkennung zu erhalten und soziale Beziehungen zu entwickeln" (vgl. Fuchs 2006: 8). Positiv wird Arbeit von den Beschäftigten bewertet, wenn ausreichend Ressourcen vorhanden sind, zum Beispiel Entwicklungs-, Qualifizierungs- und Einflussmöglichkeiten, und ein gutes soziales Klima zu den Vorgesetzten und Kolleg(inn)en herrscht. Eine weitere wichtige Bedingung ist, dass das Anforderungsniveau der Arbeit nicht als zu stark belastend empfunden wird (vgl. Fuchs 2006: 8).

In der Untersuchung von Fuchs (2006) wurden allerdings ernüchternde Befunde zur Verbreitung von guter Arbeit in Deutschland, die den oben genannten Kriterien entspricht, ermittelt: Nur drei Prozent der Arbeitnehmer/-innen hatten demnach 2004 einen Arbeitsplatz, der den Kriterien guter Arbeit vollständig entspricht, das heißt, der ein Einkommen von mindestens 2000 Euro, ein geringes Fehlbelastungs- und ein hohes Ressourcenniveau beinhaltet. 13 Prozent der Arbeitsplätze hatten gute, ausbaufähige Grundlagen: Sie boten ebenfalls ein existenzsicherndes Einkommen, Einfluss- und Entwicklungsmöglichkeiten und soziale Einbindung (Ressourcen), aber das Spektrum der Fehlbelastungen war zu hoch. 84 Prozent der Arbeitsplätze von Arbeitnehmer(inne)n waren entweder durch extrem geringe Ressourcen und/oder durch ein bedenklich hohes Niveau der Fehlbeanspruchung gekennzeichnet, und/oder sie boten kein existenzsicherndes Einkommen.

Schließlich soll mit Blick auf die breite Palette an Dimensionen guter Arbeit der zusammengesetzte Qualitätsindikator der Hans-Böckler-Stiftung (HBS) vorgestellt werden. Konzeptionell lehnt sich dieser Indikator an den Index Gute Arbeit des DGB (2007), eine 2005 in 31 Ländern durchgeführte Personenerhebung, an. Beim DGB-Index Gute Arbeit (vgl. Institut DGB-Index Gute Arbeit 2014) handelt es sich um eine Repräsentativumfrage bei den Beschäftigten mit 42 Einzelfragen zur Arbeitsqualität.

Die Fragen werden zu den folgenden elf Kriterien der Arbeitsqualität gebündelt: Gestaltungsmöglichkeiten, Entwicklungsmöglichkeiten, Betriebskultur, Sinn der Arbeit, Arbeitszeitlage, emotionale Anforderungen, körperliche Anforderungen, Arbeitsintensität, Einkommen, betriebliche Sozialleistungen und Beschäftigungssicherheit.

Datengrundlage des HBS-Indikators ist die vierte Europäische Erhebung über Arbeitsbedingungen (vgl. European Foundation 2007). Im Rahmen der Erhebung werden EU-weit verschiedene Formen der Arbeitszeitflexibilität (Gleitzeit und Arbeitszeitkontensysteme, Teilzeitarbeit, Überstunden und Sonderarbeitszeiten) untersucht, Fragen zur Anwendung befristeter Arbeitsverhältnisse (externe Flexibilität) und zu Flexibilitätsaspekten bei der Vergütung gestellt sowie Maßnahmen zur Verbesserung der Einsatzfähigkeit der Belegschaft in unterschiedlichen Aufgabenfeldern (funktionale Flexibilität) ergründet (vgl. Seifert/Tangian 2009).

Der Gesamtindikator basiert auf 15 Teilindikatoren für einzelne Aspekte der Arbeitsbedingungen:

1. Qualifizierungs- und Entwicklungsmöglichkeiten
2. Möglichkeiten für Kreativität
3. Aufstiegsmöglichkeiten
4. Einfluss- und Gestaltungsmöglichkeiten
5. Informationsfluss
6. Führungsqualität
7. Betriebskultur
8. Kollegialität
9. Sinngehalt der Arbeit
10. Arbeitszeitgestaltung
11. Arbeitsintensität
12. körperliche Anforderungen
13. emotionale Anforderungen
14. berufliche Zukunftsaussichten/Arbeitsplatzsicherheit und
15. Einkommen

Bei der Qualitätsdiskussion von Arbeit ist zu berücksichtigen, dass atypische Beschäftigungsverhältnisse gegenüber der unbefristeten Vollzeitarbeit international und national an Bedeutung gewinnen. Hierzu zählen vor allem befristete, geringfügige und Teilzeitbeschäftigung sowie Leiharbeit. Diese Beschäftigungsformen erweitern einerseits das Flexibilitätspotenzial der Betriebe. Andererseits weisen sie im Vergleich zu Normalarbeitsverhältnissen im Hinblick vor allem auf das Einkommen, auf die Möglichkeiten, an betrieblicher Weiterbildung teilnehmen zu können, oder auf die Beschäftigungsstabilität Nachteile auf (vgl. OECD 2006).

Die vorgestellten Ansätze versuchen, die qualitativen Arbeitsbedingungen in ihren verschiedenen Dimensionen aus der Perspektive des Erwerbstätigen zu messen. Die Indikatoren basieren entweder auf amtlichen Statistiken, zum Beispiel über Arbeitsunfälle, oder auf repräsentativen Befragungsergebnissen, das heißt subjektiven Einschätzungen. Nicht berücksichtigt werden dabei die Besonderheiten von bestimmten Wirtschaftszweigen oder Berufen. Diese Besonderheiten des Berufs sowie des Arbeitsplatzes im Wirtschaftszweig Gesundheitswirtschaft, der spezifischen Humandienstleistungen, werden am Beispiel des Pflegeberufs in Kapitel 5.3.2 erläutert.

5.3.2 Empirische Befunde zu den Arbeitsbedingungen in der Pflege

Zu den Arbeitsbedingungen in der Pflege sind zahlreiche Untersuchungen durchgeführt worden. In Kapitel 5.3.2 werden zentrale Aspekte dargestellt. Zunächst werden die verschiedenen Dimensionen der Arbeitsplatzgestaltung und der Zusammenhang von guten Arbeitsbedingungen und Pflegequalität verdeutlicht. Der Übergang von der Ausbildung in den Beruf scheint nicht so reibungslos zu sein, wie von der Arbeitsmarktsituation her zu erwarten wäre. Ergebnis vieler Studien ist die enorme Belastung der Beschäftigten aufgrund der knappen Personalausstattung in den Pflegeeinrichtungen.

Bei den Arbeitsbedingungen sind die ergonomische Arbeitsplatzgestaltung, die organisatorische Arbeitsgestaltung sowie die technologische Gestaltung voneinander zu unterscheiden (vgl. Berthel & Becker 2010: 509 ff.). Die ergonomische Arbeitsplatzgestaltung stellt unter anderem ab auf die Gestaltung der Arbeitstätigkeit unter Einbeziehung von arbeitswissenschaftlichen Erkenntnissen. Für die Pflegetätigkeit ist zum Beispiel der Einsatz von Patientenhebern wichtig, um den Rücken der Pflegekraft beim Bewegen des Patienten zu schonen. Die Gestaltung des PC-Arbeitsplatzes oder das Tragen von Sicherheitskleidung zum eigenen Schutz sind zudem zu berücksichtigen. Im Mittelpunkt der organisatorischen Arbeitsplatzgestaltung stehen die Frage nach dem Aufgabenzuschnitt der Arbeitstätigkeit sowie die Arbeitszeitgestaltung. Diese organisatorischen Aspekte sind von besonderer Relevanz bei der pflegerischen Tätigkeit. Dies gilt bislang noch nicht für die technologische Gestaltung und den Grad der Mechanisierung des pflegerischen Arbeitsplatzes. Gegenwärtig gibt es Ansatzpunkte, auf diesem Gebiet die pflegerische Arbeit durch den Einsatz von Maschinen zu erleichtern beziehungsweise sie zu ersetzen. Bereits diese drei Felder der möglichen Arbeitsplatzgestaltung zeigen, wie unterschiedlich die Arbeitsbedingungen gestaltet werden können.

In den konventionellen Ansätzen zur Erfassung der Arbeitsbedingungen wird von einer Mensch-Maschine-Beziehung ausgegangen, wie sie für die Industriegesellschaft prägend war (vgl. Böhle et al. 2006: 25 f.). Von den Arbeitsbedingungen ausgehend, ist bei der pflegerischen Arbeit zu beachten, dass eine besondere Art der Arbeit geleistet wird, die Interaktionsarbeit. In der Pfleger-Patient-Beziehung steht die „Arbeit am Menschen" im Mittelpunkt. Es geht um die Mensch-Mensch-Beziehung. Dieser Mensch ist für die Pflegekraft entweder krank und/oder pflegebedürftig und damit nicht voll handlungsfähig. In Bezug auf die Arbeitsbedingungen bedeutet dies, dass nicht nur die erwerbstätige Pflegekraft betrachtet werden muss, sondern auch der Dienstleistungsempfänger, der Kranke, der Pflegebedürftige. Die Qualität der Arbeits-bedingungen beeinflusst das Arbeitsergebnis, das heißt die Qualität der Pflege und das Wohlbefinden des Pflegebedürftigen. So zeigte sich am Beispiel des Krankenhau-ses Folgendes:

> Die Ergebnisse der international beachteten „RN4Cast"[1]-Studie verweisen u. a. darauf, dass zwi-schen der Qualität der Arbeit und der Versorgungsqualität in Krankenhäusern statistisch signi-fikante Zusammenhänge bestehen. Krankenhäuser mit guten Arbeitswelten erzielen internatio-nal signifikant bessere Ergebnisse hinsichtlich des Outcome, der Patienten- und Mitarbeiterzu-friedenheit sowie der Wirtschaftlichkeit als Krankenhäuser mit unzureichenden Arbeitswelten. (Bräutigam et al. 2010: 14)

Im Folgenden werden empirische Studien vorgestellt, die die Arbeitsbedingungen der Pflegekräfte im Krankenhaus sowie in den Pflegeeinrichtungen untersuchen. Die Dar-stellung der Studien erfolgt anhand der Phasen: „Eintritt in den Pflegeberuf", „lang-jährige Pflegeberufsausübung" und „Übergang in die Rente."

Nach der Pflegeberufsausbildung beginnen die jungen Pflegekräfte zumeist im Krankenhaus, dem Alten- beziehungsweise Pflegeheim oder einem ambulanten Dienst ihre Berufsausübung. Studien belegen, dass in der jüngeren Vergangenheit einzelnen Gruppen unter den jungen Pflegekräften kaum existenzsichernde Beschäf-tigungsverhältnisse angeboten, sondern sie vielmehr auf die sich zunehmend ver-breitenden Nichtnormal-Arbeitsverhältnisse, vor allem die Teilzeitarbeit, verwiesen werden. Nach einer Untersuchung von Ver.di (2012) wurden Auszubildende der Ge-sundheits- und Krankenpflege, der Gesundheits- und Kinderkrankenpflege sowie der Altenpflege schriftlich in der Zeit vom Februar 2012 bis Juli 2012 befragt. Die Über-nahme durch den Ausbildungsbetrieb erfolgte für 25,5 Prozent der Auszubildenden in der Pflege. 66,5 Prozent konnten die Frage der Übernahme nach dem Ende der Ausbildung nicht sicher beantworten (vgl. Ver.di 2012: 53 f.). Eine deutlich höhere Übernahmequote von 37,6 Prozent wurde für Auszubildende der Altenpflege gegen-über 17,3 Prozent bei denen in der Krankenpflege ermittelt. Dies könnte eine Reaktion der Betriebe auf den stärkeren Fachkräftemangel in der Altenpflege sein.

Im Hinblick auf die Frage nach der Übernahme in ein befristetes beziehungsweise unbefristetes Arbeitsverhältnis sowie in eine Vollzeit- oder Teilzeitstelle hat die Unter-suchung die in Tabelle 5.13 dargestellten Unterschiede ermittelt.

Insgesamt liefert die Befragung Hinweise darauf, dass die Auszubildenden in der Altenpflege trotz höherer Übernahmequote nach ihrer Ausbildung in erheblichem Umfang in prekären Beschäftigungsverhältnissen tätig sind.

---

1 Registered Nurse Forecasting ist ein längerfristiges internationales Forschungsprojekt in 12 Län-dern, in dessen Rahmen in Deutschland an bundesweit 51 Krankenhäusern Pflegekräfte befragt wur-den.

Tab. 5.13: Art der angebotenen Beschäftigungsverhältnisse nach der Übernahme (3. Ausbildungsjahr) in Deutschland* (2012) (Angaben in Prozent) (Ver.di 2012) (* ohne Berlin und Saarland).

	Gesundheits- und (Kinder-)Krankenpflege	Altenpflege
nach Befristung		
unbefristete Übernahme	66,1	54,8
befristete Übernahme	33,9	45,2
nach Arbeitszeit		
Vollzeit	91,1	56,2
Teilzeit	8,9	43,8

In einer weiteren Studie von Ver.di (2013) werden die Auswirkungen organisatorischer Änderungen in der Arbeitsplatzgestaltung auf die Arbeitssituation von Pflegekräften untersucht. In der Studie gaben 87 Prozent der befragten Pflegekräfte an, dass sie seit Jahren in der gleichen Zeit immer mehr leisten müssen und sich bei ihrer Arbeit gehetzt fühlen. Die Hälfte von ihnen kann zwar die Arbeit selbstständig planen, aber sie können dabei auf ihr Arbeitspensum kaum Einfluss nehmen. Ebenfalls gab die Hälfte an, dass sie aufgrund dieser Situationen qualitative Abstriche bei der pflegerischen Arbeit vornehmen muss. In Bezug auf die Auswirkungen der ergonomischen Arbeitsplatzgestaltung gaben drei Viertel der Befragten an, dass sie körperliche Schwerarbeit leisten müssen. Zudem erfahren die Pflegekräfte oft mangelnde Wertschätzung durch ihre Vorgesetzten. Bei gut drei Viertel der Pflegekräfte kam es vor, dass sie an einem Tag gearbeitet haben, obwohl sie sich krank gefühlt haben.

Die Studie liefert Hinweise darauf, dass Arbeitsschutzbestimmungen offenbar in den hier betrachteten Einrichtungen nicht hinreichend beachtet werden. So konnte nur ein Viertel der Befragten berichten, dass ihre Arbeit einer Gefährdungsbeurteilung nach § 5 Arbeitsschutzgesetz unterzogen wurde, wonach der Arbeitgeber verpflichtet ist, den Gesundheitsschutz der Beschäftigten zu gewährleisten.

5.3.3 Arbeitsfähigkeit, Krankheitsbilder und Berufsaustritt von Pflegebeschäftigten

Neben der Tätigkeit an sich liegt in der knappen Personalausstattung der Grund für Berufsausstiege und vermehrte beruflich bedingte Krankheiten die zu einem erhöhten Bezug von Erwerbsminderungsrenten führen. Um dieses Risiko bereits vorzeitig zu erkennen, soll an dieser Stelle das Konzept der Arbeitsfähigkeit von Beschäftigten erläutert werden. Hierzu wird ein relativ einfaches Erhebungsinstrument vorgestellt. Die überdurchschnittliche Arbeitsbelastung im Pflegesektor äußert sich teilweise in häufiger auftretenden berufsbedingten Krankheitsbildern. Schließlich zeigen Befragungen, dass überdurchschnittlich viele Pflegebeschäftigte planen, den Beruf vorzeitig zu verlassen und diesen zum Teil auch verlassen.

Aus dem Blickwinkel der Arbeitswissenschaft lassen sich die Arbeitsbedingungen anhand des Work Ability Index (WAI) messen. Dieser von Juani Ilmarinen (vgl. Tuomi 1997) entwickelte Fragebogen wird den Beschäftigten vorgelegt und dient dazu, die Arbeitsfähigkeit von Beschäftigten zu beurteilen. Der Work Ability Index wurde ursprünglich aufgrund der Anfrage eines finnischen kommunalen Versicherungsunternehmens an das Finnische Institut für Arbeitsmedizin zur Bestimmung einer tätigkeitsspezifischen Altersgrenze für den Renteneintritt entwickelt. Der Mangel an alternativen epidemiologischen Methoden führte zur Gründung eines interdisziplinären Teams für die Entwicklung eines subjektiven Erhebungsinstruments zur Bestimmung der Arbeitsfähigkeit. Der Work Ability Index beinhaltet die subjektive Bewertung der psychischen und physischen Beanspruchung durch die Arbeit, des aktuellen Gesundheitszustands und der Leistungspotenziale einer Person.

Die Dimensionen des WAI beziehen sich auf

1. die derzeitige Arbeitsfähigkeit im Vergleich zur besten, je erreichten Arbeitsfähigkeit,
2. die eingeschätzte aktuelle Arbeitsfähigkeit in Bezug auf körperliche und psychische Arbeitsanforderungen,
3. die Art und Anzahl der aktuellen, vom Arzt diagnostizierten Krankheiten,
4. die geschätzten Beeinträchtigungen der Arbeitsleistung durch die Krankheiten,
5. den Krankenstand im vergangenen Jahr,
6. die Einschätzung der eigenen Arbeitsfähigkeit in den kommenden zwei Jahren,
7. die psychischen Leistungsreserven.

Nach den Ergebnissen des WAI ist die Beanspruchung der Pflegekräfte in Deutschland besonders hoch. So ermittelten Müller und Hasselhorn (2004), dass die WAI-Mittelwerte in Norwegen und den Niederlanden am höchsten und in Polen, Frankreich und Deutschland am niedrigsten waren. Bereits jüngeres deutsches Pflegepersonal hatte eine vergleichsweise niedrige Arbeitsfähigkeit, diese war in allen Altersstufen deutlich mit dem Wunsch verbunden, den Pflegeberuf vorzeitig zu verlassen.

In der europäischen Next-Studie wurden ebenfalls die Gründe untersucht, die Pflegekräfte veranlasst haben, ihren Beruf in Deutschland und anderen Ländern tatsächlich aufzugeben (Borchart et al. 2011). Die Analyse für Deutschland basiert auf Daten von 157 Pflegenden, die ihren Beruf verlassen haben. Im Fragebogen konnten in Form von Freitextantworten bis zu vier Gründe für die Beendigung der letzten Tätigkeit angegeben werden.

„Arbeitsbelastungen" wurden am häufigsten als Motiv für das Verlassen der letzten Tätigkeit angegeben ($n = 64$). Hierbei waren vor allem psychische und physische Belastungen durch Über- und Unterforderung bei der Arbeit ($n = 31$), Personalmangel ($n = 18$) sowie Zeitmangel bei der Versorgung der Bewohner ($n = 16$) ausschlaggebend. Pflegende, die „private Gründe" als Anlass für die Beendigung des Arbeitsverhältnisses nannten ($n = 63$), bezogen sich mehrheitlich ($n = 37$) auf Veränderungen persönlicher Umstände, wie einen Umzug, Schwangerschaft oder Veränderungen des Familienstatus. „Berufliche Entwicklungsmöglichkeiten" wurden von 47 Pflegekräften genannt. Hierzu zählen Gründe wie ein Mangel an Karrieremöglichkeiten ($n = 15$) und die Teilnahme an Fort-und Weiterbildungen im Pflegeberuf ($n = 14$) oder in einem neuen Beruf ($n = 13$). Ferner stellt die Kategorie „Führung" ($n = 38$) den vierthäufigsten Anlass für ein Verlassen der Einrichtung dar. Konflikte mit der Führungskraft wurden in diesem Zusammenhang am häufigsten genannt ($n = 17$). Darüber hinaus wurden unzureichende Anleitungs- und Organisationskompetenz ($n = 12$) und ein Mangel an Unterstützung und Verständnis durch die Führungsebene ($n = 9$), mehrfach als Gründe für die Beendigung des Arbeitsverhältnisses aufgeführt. (Borchardt et al. 2011: 1)

Eine Untersuchung von Braun (2014) bewertet die Arbeitssituation von Pflegekräften in den Krankenhäusern, die sich als Folge der Einführung von Fallpauschalen stark verändert hat. Die Einführung des DRG-Systems (Diagnosis Related Groups) basiert nach Ansicht dieses Autors auf unangemessen mechanistischen Vorstellungen, die Effizienz von Krankenhäusern zu erhöhen. „Dies schließt mit der Vorstellung eines theoretischen Ansatzes, der der Komplexität und Performance des organisatorischen und qualitativen Wandels eines derart großen sozialen Systems wie des Krankenhauses angemessener ist als viele Vorstellungen, die ‚das Krankenhaus' als eine Art Automat verstehen, der nach Einwurf eines Gesetzes eine neue Leistung nach der anderen liefert." (Braun 2014: 92) Mit diesem „theoretischen Ansatz" werden dann insbesondere die subjektiven Bedingungen der pflegerischen Arbeit vernachlässigt. Durch die Einführung der Fallpauschalen und die unzureichende Ausstattung der Krankenhäuser mit Pflegepersonal hat sich die Dienstleistung am Patienten verschlechtert. Dies lässt sich an einer Reihe von Pflegetätigkeiten festmachen, die von den Pflegekräften in geringerem Umfang ausgeführt werden können. Insgesamt haben die soziale und emotionale Zuwendung und psychosoziale Versorgung vonseiten der Pflegekräfte durch steigende berufliche Anforderungen und zunehmenden Zeitdruck abgenommen (vgl. Braun 2014: 107).

Die unzureichenden Arbeitsbedingungen in der Pflege wirken sich nachweisbar auf die Gesundheit der Pflegebeschäftigten aus. Im Mikrozensus 2007, der eine Sondererhebung zu gesundheitlichen Belastungen am Arbeitsplatz enthält, gaben von den befragten Gesundheits- und Krankenpfleger(inne)n 16 Prozent an, dass sie in den letzten zwölf Monaten mindestens ein arbeitsbedingtes Gesundheitsproblem hatten (vgl. Afentakis 2009). Bei den Beschäftigten in übrigen Gesundheitsdienstberufen und der Gesamtwirtschaft liegt der Anteil mit 6,4 Prozent beziehungsweise 6,5 Prozent deutlich niedriger. Gesundheitsbeschwerden konzentrieren sich bei den meisten Beschäftigten auf den Rückenbereich. Der Arbeitsausfall war bei den betroffenen Gesundheits- und Krankenpfleger(inne)n in den letzten zwölf Monaten mit durchschnittlich 38,1 Fehltagen deutlich länger als bei Beschäftigten mit arbeitsbedingten Gesundheitsproblemen in Gesundheitsdienstberufen und in der Gesamtwirtschaft (28,3 beziehungsweise 21,8 Fehltage). „Schwierige Körperhaltungen, Bewegungsabläufe oder Hantieren mit schweren Lasten" sowie „Zeitdruck und Arbeitsüberlastung" wurden als Hauptbelastungsfaktoren aller Befragten genannt. Gesundheits- und Krankenpfleger/-innen leiden deutlich häufiger unter „schwierigen Körperhaltungen, Bewegungsabläufen oder Hantieren mit schweren Lasten" (35 Prozent) sowie „Zeitdruck und Arbeitsüberlastung" (33 Prozent) als die Beschäftigten in Gesundheitsdienstberufen (15 Prozent und 24 Prozent) und in der Gesamtwirtschaft (7 Prozent und 15 Prozent).

Mit zunehmendem Alter nehmen Erkrankungen von Pflegekräften durch Beschwerden der Hals- und Lendenwirbelsäule zu, die häufig zum frühzeitigen Rentenbezug führen. „Medizinische Rehabilitationsleistungen bei Erkrankungen des Muskel-Skelett-Systems und des Bindegewebes haben in Pflegeberufen nicht den gewünschten langfristigen Erfolg, da durch die Arbeitsbedingungen erneut Belastungen im Bereich des muskuloskelettalen Systems entstehen und trotz Rehabilitation eine Erwerbsminderungsrente bezogen wird" (Harling et al. 2012: 197).

Mit dieser empirischen Studie sollte unter anderem die Frage geklärt werden, ob Beschäftigte aus den Pflegeberufen häufiger eine Rente wegen Erwerbsminderung beziehen als Beschäftigte aus anderen Berufsgruppen (vgl. Harling et al. 2012: 189)[2].

Wie Abbildung 5.3 zu entnehmen ist, beziehen Angehörige von Pflegeberufen (z. B. Krankenpfleger, Hebammen) mit 38,9 Prozent häufiger eine Erwerbsminderungsrente (EM-Rente) als Angehörige anderer Berufsgruppen (22,4 Prozent). Dabei sind Frauen stärker als Männer vom vorzeitigen Rentenbezug betroffen.

Zudem wurde in dieser Studie ermittelt, dass Krankenpfleger zu mehr als zwei Dritteln (68,6 Prozent) in den letzten fünf Jahren vor Beginn der EM-Rente mindestens eine Rehabilitationsmaßnahme in Anspruch genommen haben (vgl. Harling et al.

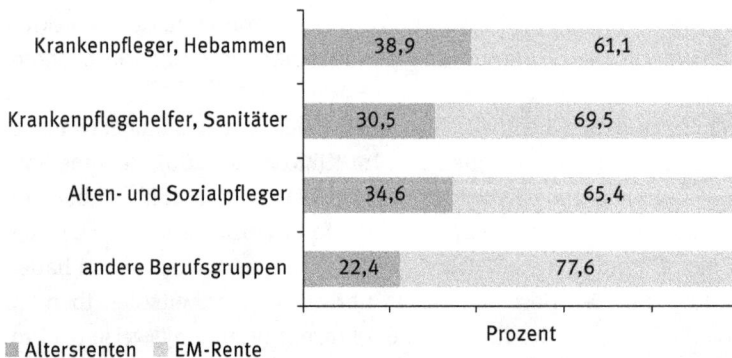

Abb. 5.3: Anteil der Altersrenten und Erwerbsminderungsrenten (EM-Rente) nach Berufsgruppen (Angaben in %) (Harling et al. 2012: 194).

---

2 Zur Beantwortung dieser Frage wurde auf den Scientific Use File „Abgeschlossene Rehabilitation 2006" sowie auf den Fernrechendatensatz „Versichertenrentenzugang 2007" zurückgegriffen.

2012: 196). Bei den anderen Berufsgruppen lag dieser Anteil bei der Hälfte (47,1 Prozent) der Befragten.

Die Ergebnisse der Studien verweisen auf ungünstige Arbeitsbedingungen für die Pflegekräfte in den unterschiedlichen Phasen des Erwerbslebens. Während des Berufseinstiegs erzeugen zum Teil prekäre Erwerbsformen per se Unsicherheit und belasten die Berufseinsteiger. Die Hauptphase, die mittel- bis langfristigen Berufsjahre der Pflegekräfte, ist gegenwärtig sowohl im Krankenhaus als auch in den Pflegeeinrichtungen durch belastende Arbeitsbedingungen angesichts der Unterausstattung der Einrichtungen mit Personal und Hilfsmitteln gekennzeichnet. Der Ausstieg aus dem Beruf, der Übergang in die Rente, erfolgte teilweise als Folge der nachteiligen Arbeitsbedingungen der Pflegekräfte in den vorangegangen Jahren beziehungsweise Jahrzehnten häufig vorzeitig. Erkrankungen des Muskel-Skelett-Systems und des Bindegewebes werden als Hauptdiagnosen für die EM-Renten von ehemaligen Pflegekräften anerkannt.

Insgesamt führen die hohe Fluktuation der Mitarbeiter und die unzureichende Personalausstattung in den Pflegeeinrichtungen dazu, dass die Arbeitsbelastung in der Pflege für die vorhandenen Mitarbeiter dauerhaft hoch ist, was bei ihnen wiederum zu Ausfällen führt. Die überdurchschnittlich häufigen krankheitsbedingten Fehlzeiten der Beschäftigten werden auch im jüngsten Fehlzeitenreport 2015 der AOK bestätigt, nach dem die Berufe in der Altenpflege bei den krankheitsbedingten Arbeitsunfähigkeitstagen im Vergleich mit allen Berufen an fünfter Stelle – mit durchschnittlich 26,7 Fehltagen je Versichertem – lagen (Badura et al. 2015).

Nach dieser Erhebung waren die Krankheitsarten, die im Pflegesektor in den letzten Jahren vermehrt zu Fehlzeiten wegen Arbeitsunfähigkeit geführt haben, vor allem die psychischen Erkrankungen. Bei den Pflegeberufen sind Erkrankungen der Psyche der zweitwichtigste Grund für Fehlzeiten durch Arbeitsunfähigkeit (vgl. Badura et al. 2013). Mehr als jeder siebte Arbeitsunfähigkeitstag bei den Beschäftigten in Pflegeberufen ist hierauf zurückzuführen. Der Sozialverband Deutschlands e. V. (VdK) sieht aufgrund der prekären Personalsituation in stationären Pflegeeinrichtungen bereits das Grundrecht der Pflegebedürftigen auf Menschenwürde gefährdet und unterstützt sieben Beschwerdeführer, die im November 2014 eine Verfassungsbeschwerde eingereicht haben (vgl. VdK 2014).

5.4 Ausbildung von Pflegekräften

Kennzeichnend für das deutsche Qualifikationssystem ist die herausgehobene Stellung der beruflichen Bildung, die im dualen Ausbildungssystem erworben wird (siehe Kapitel 3). Die Ausbildung von Pflegekräften weicht durch den beschriebenen Sonderweg (siehe Kapitel 2) davon ab. Die Ausbildung zur examinierten Altenpflegekraft ist erst seit gut zehn Jahren bundeseinheitlich geregelt. Im Folgenden werden zunächst die rechtlichen Regelungen zur Ausbildung von Pflegekräften dargestellt, deren Ablösung 2018 ansteht. Daran schließen die Regelungen zur Ausbildungsfinanzierung an, die sich immer noch nach Ländern und Berufen unterscheiden und die ebenfalls bis 2018 neu organisiert werden sollen.

5.4.1 Rechtliche Regelungen

Die rechtlichen Regelungen zur Ausbildung von Pflegefachkräften sind Bestandteil der gesetzlichen Regelungen über die Gesundheitsfachberufe (Zuständigkeit des Bundes). Grundlagen sind (vgl. zum Folgenden Prognos 2014):

– Altenpflegegesetz – AltPflG (2003)
– Altenpflege-Ausbildungs- und Prüfungsverordnung – AltPflAPrV (2002)
– Krankenpflegegesetz – KrPflG (2003)
– Krankenpflege-Ausbildungs- und Prüfungsverordnung – KrPflAPrV (2003)
– Gesetz zur Reform der Pflegeberufe (Pflegeberufereformgesetz) – PflBRefG (2016)

Für die Qualifizierungsmaßnahmen im niedrigschwelligen Bereich sowie für die einbeziehungsweise zweijährigen Ausbildungen zu Pflegehelfer(inne)n beziehungsweise zu Pflegeassistent(inn)en sind die Bundesländer zuständig. Auch der Fort- und Weiterbildungsbereich, der im Pflegesektor stark ausgeprägt ist, gehört in ihren Verantwortungsbereich.

Während der Bund für den Rahmen zuständig ist, obliegt die konkrete Ausgestaltung der Ausbildung im Pflegebereich dem jeweiligen Bundesland. In einigen Bundesländern ist die Krankenpflegeausbildung im Schulrecht verankert und untersteht der Kultushoheit des Bundeslands. Meist sind die Schulen den Krankenhäusern angegliedert. In der Regel zahlt das Land die Personalkosten der Lehrer, der Schulträger übernimmt dagegen die Sachkosten. Auch die Altenpflegeausbildung ist in manchen Ländern (z. B. in Bayern) im Schulrecht verankert.

5.4.2 Ausbildungsfinanzierung

Die Finanzierung der Ausbildung unterscheidet sich grundsätzlich bei der Kranken- und der Altenpflegeausbildung. Die Gesundheits- und (Kinder-)Krankenpflegeausbildung wird überwiegend aus Mitteln der Krankenversicherungen finanziert, und es sind sowohl ausbildende als auch nicht ausbildende Krankenhäuser an der Finanzierung beteiligt. In der Altenpflegeausbildung tragen die Pflegekassen die Kosten der praktischen Ausbildung, während größtenteils die Länder beziehungsweise Kommunen die schulische Ausbildung finanzieren. Zum Teil wird dafür noch Schulgeld von den Auszubildenden verlangt. Insbesondere bei vielen neu entstandenen Berufen und Ausbildungsgängen kommt es teilweise zu erheblichen (oder sogar zu vollständigen) Eigenbeiträgen der Auszubildenden (vgl. Berliner Bündnis für Altenpflege 2015).

Bei der Krankenpflegeausbildung erhalten ausbildende Häuser Zuschläge auf die Fallpauschalen, also die Erstattungen für die behandelten Krankheitsfälle. In der Regel trägt das Land die Aufwendungen für die pädagogischen Fachkräfte und einen Teil der Investitions- und Sachkosten, während der kommunale Schulträger die Aufwendungen für das nicht pädagogische Personal und die restlichen Investitions- und Sachkosten aufbringt. Dagegen werden die Sachkosten der Krankenpflegeausbildung meist über das Krankenhausfinanzierungsgesetz (KHG) finanziert.

In der Altenpflege können die Kosten der Ausbildung von den Einrichtungen auf die Tagessätze der Heimbewohner/-innen umgelegt werden. Aufgrund der höheren Tagessätze entstehen bei ausbildenden Trägern gegenüber den nicht ausbildenden Einrichtungen Wettbewerbsnachteile. Allerdings kann geltend gemacht werden, dass die Belastung durch die Ausbildung bei weniger als zwei Prozent des durchschnittlichen Pflegesatzes (inklusive der Kosten für Unterkunft und Verpflegung) liegt. Außerdem ist zu berücksichtigen, dass die auszubildenden Betriebe durch die eigene Ausbildung Vorteile bei der Rekrutierung von Fachkräften haben, da die Auszubildenden ihren Ausbildungsbetrieben vielfach auch nach Abschluss der Ausbildung erhalten bleiben („Klebeeffekte") (vgl. Berliner Bündnis für Altenpflege 2015).

Einige Bundesländer haben aufgrund des Fachkräftemangels eine Finanzierungslösung gefunden, um die Schulgeldzahlungen zu übernehmen. Rechtliche Schwierigkeiten bestehen allerdings darin, dass hierdurch eine Besserstellung gegenüber privaten Ersatzschulen in anderen Ausbildungszweigen entsteht.

Bei der Umlagefinanzierung zahlen alle Einrichtungen, unabhängig davon, ob sie ausbilden, in einen Fond ein. Die Zahlungen werden somit auf alle Pflegeeinrichtungen verteilt. Der § 25, Abs. 1 des Altenpflegegesetzes (AltPflG) erlaubt die Einführung einer solchen Umlage, wenn „ein Ausgleichsverfahren erforderlich ist, um einen Mangel an Ausbildungsplätzen zu verhindern oder zu beseitigen." Insgesamt vier Bundesländer haben aufgrund eines möglicherweise drohenden Fachkräftemangels in der Pflege auf dieser Grundlage bereits die Umlagefinanzierung in der Altenpflegeausbildung eingeführt, nämlich Baden-Württemberg, Nordrhein-Westfalen, Rheinland-Pfalz und das Saarland (vgl. Prognos 2014).

5.4.3 Entwicklung der Ausbildung in den Pflegeberufen

In Kapitel 5.4.3 werden die Ausbildungsabsolventen der verschiedenen Pflegeberufe in ihrer Entwicklung zwischen 1999 und 2014 dargestellt. Zunächst lässt sich festhalten, dass über alle Pflegeausbildungen betrachtet die Absolventenzahl 2014 um fast ein Fünftel (18,1 Prozent) niedriger lag als 1999, wobei zwischen den beiden Hauptpflegebereichen grundlegende Unterschiede bestehen.

Im Bereich der Gesundheits- und Krankenpfleger ist ein kontinuierlicher Rückgang der Absolventenzahl bis 2007 zu beobachten. Dieser beruht auf dem Abbau von Ausbildungsplätzen im Krankenhausbereich Ende der 1990er-Jahre (vgl. Simon

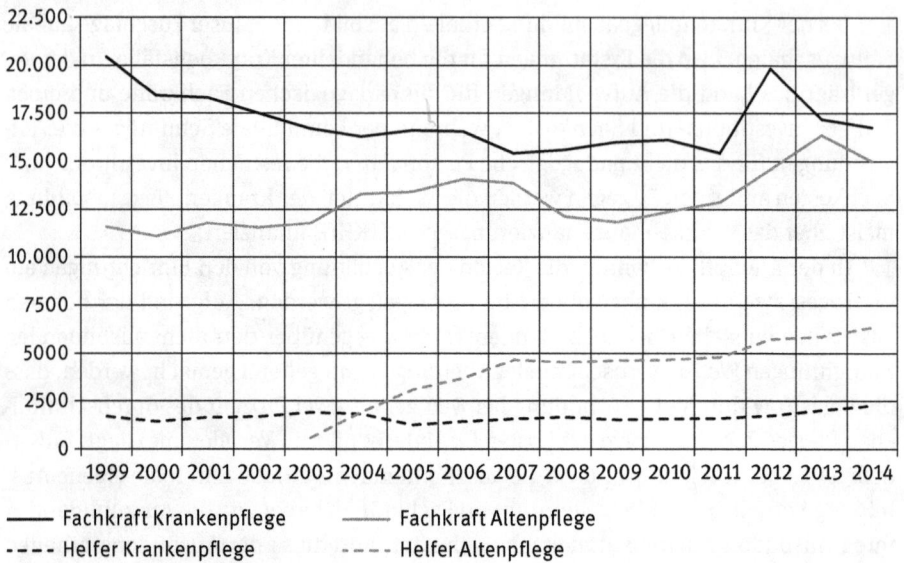

Abb. 5.4: Absolventen von Pflegeausbildungen 1999 bis 2014 (Statistisches Bundesamt, Pflegestatistik; Simon 2012a: 48).

2015). Im Durchschnitt der Jahre 2012 bis 2014 verließen jährlich rund 18.000 Absolvent(inn)en mit einer abgeschlossenen Gesundheits- und Krankenpflegeausbildung die Einrichtungen (siehe Abbildung 5.4.)

Die Absolventen der Ausbildung zum examinierten Altenpfleger nahmen im Zeitraum von 1999 bis 2014 um 29,6 Prozent zu. Im Durchschnitt der letzten drei Jahre sind pro Jahr gut 15.000 Altenpflegefachkräfte ausgebildet worden.

Bei den Hilfskräften in der Pflege unterscheidet sich die Entwicklung im Krankenhaus- von derjenigen im Altenpflegebereich. Die Absolventen einer Ausbildung zum Krankenpflegehelfer schwankten im betrachteten Zeitraum zwischen 1500 und 2000 jährlich und erreichten 2014 mit 2200 ihren vorläufigen Höchststand. Dagegen ist bei den ausgebildeten Altenpflegehilfskräften zwischen 2003 und 2014 ein deutlicher Aufstiegstrend erkennbar. Die durchschnittliche Absolventenzahl in den letzten drei Jahren lag bei 6000 Personen pro Jahr.

Die steigenden Ausbildungszahlen in den Altenpflegeberufen gehen auf die gestiegene Nachfrage nach professioneller Altenpflege zurück, die die Einführung der Pflegeversicherung ausgelöst hat. Sie zeigen zudem, dass eine steigende Zahl von Schulabsolvent(inn)en beziehungsweise Berufswechslern für eine Ausbildung in diesen Pflegeberufen gewonnen werden konnte (Simon 2012a).

Gleichzeitig ist eine deutliche Zunahme der Ausbildungen im Helferbereich festzustellen. Zwischen 2004 (dem zweiten Jahr, in dem Altenpflegehelfer ihre Ausbildung abschließen konnten) und 2014 hat sich der Anteil an allen Absolventen in

Pflegeberufen auf zuletzt 19,9 Prozent verdoppelt. Der starke Anstieg der Helferausbildungen ist auch darauf zurückzuführen, dass innerhalb von drei Jahren nur eine Ausbildungskohorte an Pflegefachkräften, aber drei Kohorten mit einjähriger Pflegehilfeausbildung die betreffenden Ausbildungen absolvieren.

5.5 Akademisierung der Pflegeberufe

Nachdem die Ausbildung im mittleren Bereich des Qualifikationsspektrums untersucht wurde, soll in Kapitel 5.5 die akademische Ausbildung von Pflegekräften betrachtet werden. Auslöser einer verstärkten Forderung nach hoch qualifizierten Pflegekräften war der sogenannte Pflegenotstand Ende der 1980er-Jahre, der Strukturdefizite in der Pflege ins öffentliche Bewusstsein rückte (vgl. van der Berg 2012: 14). Impulsgeber für die anschließende Einrichtung von Studiengängen war weniger die Wissenschaft, sondern eher die politische Reaktion auf diesen Notstand (vgl. Sieger 2002: 21). Allerdings forderten die Autoren der Studie Pflege braucht Eliten (Robert-Bosch-Stiftung 1992) bereits Anfang der 1990er-Jahre die Einrichtung von mindestens einem pflegewissenschaftlichen Studiengang in jedem Bundesland.

Das deutsche Gesundheitssystem ist stark fragmentiert, woraus ein hoher Koordinierungsbedarf zwischen den verschiedenen Einrichtungen und Professionen resultiert (vgl. Bogai 2015). Eine wesentliche Aufgabe für Pflegekräfte besteht darin, die Zusammenarbeit mit anderen Gesundheitsberufen zu verbessern, um die Gesundheitsversorgung effizienter und effektiver zu gestalten. In diesem Zusammenhang wird eine stärkere Akademisierung der Pflege mit Blick auf die Situation in anderen Ländern und zur Sicherstellung von „einer Augenhöhe" mit den medizinischen Berufen diskutiert. Schließlich zeigen internationale Studien, dass ein höherer Anteil von Pflegenden mit akademischem Abschluss mit besseren Ergebnissen in Bezug auf Mortalität und Morbidität beziehungsweise Lebensqualität der Patienten beziehungsweise Pflegebedürftigen einhergeht (vgl. Aiken et al. 2014).

5.5.1 Höhere Anforderungen an die Pflegekräfte

Allgemein begründen gestiegene Anforderungen in der professionellen Altenpflege die Notwendigkeit eines stärkeren Einsatzes akademisch ausgebildeter Fachkräfte. So weist der Wissenschaftsrat (2012) darauf hin, dass der Trend zur komplexeren Pflegetätigkeit und zu Arbeitsformen in der Gesundheitsversorgung, die sich an internationalen Leitvorstellungen von Managed Care, das heißt der Zusammenarbeit verschiedener Professionen, orientieren, die fachlichen Anforderungen an die Pflegekräfte erhöht. Hierzu gehören einerseits Behandlungsprogramme, die auf bestimmte Krankheitsbilder (z. B. Asthma bronchiale oder Diabetes mellitus, Typ 2) ausgerichtet sind. Andererseits sind Patientenedukation und -beratung sowie Pflegehandlungen mit vermehrt technischer Unterstützung und Versorgungssteuerung sicherzustellen Die erhöhten Anforderungen an pflegerisches und therapeutisches Fachpersonal erweitern zum einen die Handlungsspielräume der Pflegepersonen und erfordern zum anderen mehr interdisziplinäre Kommunikation und Teamorientierung.

In der ambulanten Pflege sowie der pflegerischen Langzeitversorgung wird es für das Pflegepersonal zunehmend notwendig, eigenständig die Handlungen zu evaluieren, ergebnisorientiert zu reflektieren und anzupassen. Insgesamt ist die Versorgungssteuerung komplexer geworden. Hierzu gehört, Bedarfserhebungen (Assessments) auf der Grundlage aktueller wissenschaftlicher Erkenntnisse, Zielvereinbarungen und Hilfeplanung für die Versorgung sowie Versorgungspläne ergebnisorientiert und über die Grenzen von Sektoren, Organisationen und Professionen hinweg gewährleisten können (vgl. Behrens 2013).

5.5.2 Entwicklung pflegewissenschaftlicher Studiengänge

Während in den USA die Diskussion um die akademische Pflegeausbildung schon vor mehr als 100 Jahren begann, gab es in Deutschland zwar 1912 den ersten Versuch einer Etablierung, der allerdings nicht nachhaltig war. Agnes Karl schlug 1912 an der Frauenhochschule Leipzig vor, berufserfahrene staatlich anerkannte Krankenpflegerinnen für die Leitung und soziale Aufgaben akademisch zu qualifizieren (vgl. Dangel & Korporal 2016: 9).

Erst in den 1970er-Jahren bestand mit der Umwandlung der früheren Höheren Fachschulen zu Fachhochschulen in Westdeutschland die Möglichkeit, ein wissenschaftliches Studium aufzunehmen (vgl. Sauer et al. 2014). Dagegen gab es in der DDR frühzeitige Akademisierungsansätze in der Krankenpflege, da ab 1963 an der Humboldt-Universität zu Berlin der Diplomstudiengang Medizinpädagogik beziehungsweise ab 1982 ein solcher für die Krankenpflege eingerichtet wurde (vgl. Krampe 2013: 47). In den USA startete bereits 1907 der erste pflegewissenschaftliche Studiengang, in Deutschland erst Anfang der 1990er-Jahre. An der Fachhochschule Osnabrück wurde 1987 die erste pflegewissenschaftliche Hochschullehrerinnenstelle eingerichtet, 1991 nahmen dort die ersten Studierenden ihr pflegewissenschaftliches Studium auf. In den 1990er-Jahren wurde mit dem Aufbau von Pflegestudiengängen in zahlreichen Bundesländern begonnen. Sie waren zunächst ausschließlich Weiterbildungsangebote, deren Schwerpunkt auf der Qualifizierung von Lehrpersonal für die berufliche Bildung oder von Pflegepersonal in Leitungspositionen lag. Noch heute existiert ein Großteil der weiterbildenden Studiengänge im Bereich der Pflegepädagogik und des Pflegemanagements an Hochschulen in freier, häufig kirchlicher Trägerschaft. Mittlerweile sind mehr als 90 (vgl. Zeit online 2013), allerdings sehr heterogen strukturierte Pflegestudiengänge mit einerseits medizinisch-naturwissenschaftlicher, andererseits sozialwissenschaftlicher Ausrichtung entstanden, die zunächst primär für Management- und Leistungsfunktionen, später dann für patientennahe Handlungsfelder

Tab. 5.14: Pflegestudiengänge in Deutschland (Friesacher 2013; eigene Zusammenstellung) (V = Vollzeit; B = berufsbegleitend).

Studienort	Hochschule	Studiengang	Art
Bad Honnef	Internationale Hochschule	BA Pflegemanagement Fernstudium	B
Berlin	Alice-Salomon-Hochschule	BA Gesundheits- und Pflegemanagement	V
	Akkon-Hochschule für Humanwissenschaften	BA Gesundheits- und Pflegemanagement	B
	Akkon-Hochschule für Humanwissenschaften	BA Angewandte Pflegewissenschaften	B
	Evangelische Hochschule	BA Pflegemanagement	B
	Charité Universitätsmedizin Berlin	BA Gesundheitswissenschaften für Pflege- und Therapieberufe	V/B
	Charité Universitätsmedizin Berlin	MSc Nursing Science	B
Bielefeld	Fachhochschule der Diakonie	Master Berufspädagogik Pflege und Therapie	V
	Fachhochschule der Diakonie	BA Pflegewissenschaft	B
	Fachhochschule der Diakonie	BA Psychische Gesundheit / Psychiatrische Pflege	B
	Bildung & Beratung Bethel	BA Berufspädagogik im Gesundheitswesen – Berufliche Fachrichtung Pflege	B
	Fachhochschule Bielefeld	BA Gesundheits- und Krankenpflege	V
Bochum	Evangelische Fachhochschule Rheinland-Westfalen-Lippe	BSc Pflege	V
	Evangelische Fachhochschule Rheinland-Westfalen-Lippe	BA Gesundheits- und Pflegemanagement	V
	Hochschule für Gesundheit	BA Studiengang Pflege	V
Bremen	Apollon Hochschule der Gesundheitswirtschaft	BA Pflegemanagement	V
	Universität Bremen	MA Berufspädagogik Pflegewissenschaft	V
	Universität Bremen	BA Pflegewissenschaft (auslaufend)	V
	Universität Bremen	Weiterbildungsstudiengang Palliative Care	V
	Universität Bremen	Master Community and Family Heath Nursing	V
	Hochschule Bremen	BA Pflege- und Gesundheitsmanagement	V
Chemnitz	Technische Universität Chemnitz	Msc Klinische Gerontologie	B
Cottbus	Brandenburgische Technische Universität Cottbus-Senftenberg	BSc Pflegewissenschaft fachhochschulisch	V
Darmstadt	Evangelische Hochschule Darmstadt	BA und MA Pflegewissenschaft	V
	Evangelische Hochschule Darmstadt	BA Pflege und Gesundheitsförderung	V
Deggendorf	Technische Hochschule Deggendorf	BA Pflegepädagogik	B
Dortmund	Universität Dortmund	MA Alternde Gesellschaften	V

Tab. 5.14: Fortsetzung.

Studienort	Hochschule	Studiengang	Art
Dresden	Evangelische Hochschule Dresden	MA Berufspädagogik/Pflegewissenschaft	B
	Technische Universität Dresden	Gesundheit und Pflege (Lehramtsfach berufsbildende Schulen, Staatsexamen)	V
	Evangelische Hochschule Dresden	BA Pflegewissenschaft/ Pflegemanagement	B
Düsseldorf	Fliedner Fachhochschule Düsseldorf	BA Pflegepädagogik	B
	Fliedner Fachhochschule Düsseldorf	MA Berufspädagogik Pflege und Gesundheit	B
	Fliedner Fachhochschule Düsseldorf	BA Pflegemanagement und Organisationswissen	B
Eichstätt	Katholische Universität Eichstätt-Ingolstadt	BSc Pflegewissenschaft	B
Erlangen	Friedrich-Alexander-Universität Erlangen-Nürnberg	MSc Gerontologie	V/B
Essen	Steinbeis Transfer Institut NRW Essen	BA in Advanced Nursing Practice (ANP)	B
Esslingen	Hochschule Esslingen	BA Pflege/Pflegemanagement	V
	Hochschule Esslingen	BA Pflegepädagogik	V
	Hochschule Esslingen	MA Pflegewissenschaft	V
Frankfurt a. M.	Frankfurt University of Applied Sciences	BA Pflege- und Case Management	V
	Frankfurt University of Applied Sciences	MSc Advanced Practice Nursing	B
	Frankfurt University of Applied Sciences	BA Pflege	V
	Frankfurt University of Applied Sciences	MA Pflege- und Gesundheitsmanagement	V
Freiburg	Albert-Ludwigs-Universität Freiburg	BSc Pflegewissenschaft	V
	Katholische Hochschule Freiburg	BA Angewandte Pflegewissenschaft	B
	Katholische Hochschule Freiburg	MA Angewandte Ethik im Gesundheits- und Sozialwesen	B
Fürth	Wilhelm Löhe Hochschule	BA Berufspädagogik im Gesundheitswesen Fachrichtung Pflege	B
	Wilhelm Löhe Hochschule	BA Versorgungsmanagement für Menschen im Alter	B
Fulda	Hochschule Fulda	BSc Bachelor Pflege	V
	Hochschule Fulda	BSc Pflegemanagement	V/B
	Hochschule Fulda	BSc Psychiatrische Pflege	V
	Hochschule Fulda	MA Pädagogik für Pflege- und Gesundheitsberufe	V

Tab. 5.14: Fortsetzung.

Studienort	Hochschule	Studiengang	Art
Gera	SRH Hochschule für Gesundheit Gera	MA Gesundes Altern und Gerontologie	V
Görlitz	Hochschule Zittau/Görlitz	MA Soziale Gerontologie	B
Halle a. d. Saale	Martin-Luther-Universität Halle-Wittenberg	MSc Gesundheits- und Pflegewissenschaften	V
	Martin-Luther-Universität Halle-Wittenberg	BSc Evidenzbasierte Pflege	V
	Martin-Luther-Universität Halle-Wittenberg	Promotionsstudiengang Partizipation als Ziel von Pflege und Therapie	V/B
Hamburg	Universitätskrankenhaus Hamburg-Eppendorf	BSc Physician Assistant	V
	Hochschule für Angewandte Wissenschaften Hamburg	MA Pflege	V
	Hochschule für Angewandte Wissenschaften Hamburg	BA Pflegeentwicklung und Management	V
	Hamburger Fern-Hochschule	BA Pflegemanagement	B
Heidelberg	also Akademie für Leitung, Soziales und Organisation GmbH	BA Social-, Healthcare- and Education-Management (Pflegewissenschaftliche Ausrichtung)	B
Hildesheim	HAWK Hochschule Hildesheim/Holzminden/Göttingen	BA Bildungswissenschaft Gesundheitsfachberufe	B
Hof	Hochschule für Angewandte Wissenschaften Hof	BA Gesundheits- und Pflegemanagement	B
Jena	Ernst-Abbe-Hochschule Jena	BA Fernstudium Pflege/Pflegeleitung	B
Kassel	Universität Kassel	MA Pädagogik für Pflege- und Gesundheitsberufe	V
Köln	Katholische Hochschule Nordrhein-Westfalen	BSc Pflegewissenschaft	V
	Katholische Hochschule Nordrhein-Westfalen	BA Pflegemanagement	V
	Katholische Hochschule Nordrhein-Westfalen	MA Schulleitungsmanagement	V
	Katholische Hochschule Nordrhein-Westfalen	MA Lehrer/-innen Pflege und Gesundheit	V
	Rheinische Fachhochschule Köln	BSc Intensivierte Fachpflege	B
Ludwigshafen	Hochschule Ludwigshafen am Rhein	BA Pflegepädagogik	B
Lüneburg	Professional School – Leuphana Universität Lüneburg	BA Integriertes Care Management	B
Magdeburg	Otto-von-Guericke-Universität Magdeburg	MA Gesundheit und Pflege	V

Tab. 5.14: Fortsetzung.

Studienort	Hochschule	Studiengang	Art
Mainz	Katholische Hochschule Mainz	Master Pädagogik für Pflege- und Gesundheitsberufe	V/B
	Katholische Hochschule Mainz	BA Pflege- und Gesundheitsmanagement	V
	Katholische Hochschule Mainz	Master Pflege- und Gesundheitsmanagement	V
München	Katholische Stiftungshochschule München	BA Pflegemanagement	V
	Katholische Stiftungshochschule München	MA Pflegewissenschaft – Innovative Versorgungskonzepte	V
	Katholische Stiftungshochschule München	BA Pflegepädagogik	V
Münster	Fachhochschule Münster	BA Pflege- und Gesundheitsmanagement	V
	Fachhochschule Münster	BA Berufspädagogik im Gesundheitswesen – Fachrichtung Pflege	V
	Fachhochschule Münster	MA Management in Pflege- und Gesundheitseinrichtungen	V
	Fachhochschule Münster	MA Bildung im Gesundheitswesen – Fachrichtung Pflege	V
	Fachhochschule Münster	Master of Education (Lehramt am Berufskolleg) – Berufliche Fachrichtung Gesundheitswissenschaften/Pflege	V
Neubrandenburg	Hochschule Neubrandenburg	BA Pflegemanagement	V
	Hochschule Neubrandenburg	MA Pflegemanagement	V
Neu-Ulm	Hochschule für angewandte Wissenschaften Neu-Ulm	BA Management für Gesundheits- und Pflegeberufe	B
Nürnberg	Evangelische Hochschule Nürnberg	Bachelor Gesundheits- und Pflegepädagogik	V
	Evangelische Hochschule Nürnberg	BSc Health: Angewandte Pflegewissenschaften	V
	Evangelische Hochschule Nürnberg	BA Gesundheits- und Pflegemanagement	V
Osnabrück	Hochschule Osnabrück	BA Pflegewissenschaft	B
	Hochschule Osnabrück	BA Pflegemanagement	B
	Universität Osnabrück	BA Gesundheits- und Pflegemanagement	V
	Universität Osnabrück	BA Pflegewissenschaft	V
	Universität Osnabrück	MA Pflegewissenschaft	V
Ravensburg	Hochschule Ravensburg-Weingarten	BA Gesundheits- und Pflegepädagogik	V/B
Rheine	praxisHochschule Rheine	BSc Pflege	B

Tab. 5.14: Fortsetzung.

Studienort	Hochschule	Studiengang	Art
Saar-brücken	Universität des Saarlandes	BA Pflegewissenschaft	V
	Hochschule für Technik und Wirtschaft des Saarlandes	BA Management und Expertise im Pflege- und Gesundheitswesen	V
Stuttgart	Universität Stuttgart	MSc Integrierte Gerontologie	B
Trier	Universität Trier	BSc Klinische Pflege	V
Vallendar	Philosophisch-theologische Hochschule Vallendar	MSc Pflegewissenschaft	V
	Philosophisch-theologische Hochschule Vallendar	Promotionsstudiengang Pflegewissenschaften	V
Vechta	Universität Vechta	BA Gerontologie	V
Weingarten	Hochschule Ravensburg-Weingarten	Bachelor Health: Angewandte Pflegewissenschaft	V
Witten	Universität Witten/Herdecke	BA Innovative Pflegepraxis	B
	Universität Witten/Herdecke	MSc Pflegewissenschaft	B
Wolfsburg	Ostfalia Hochschule für angewandte Wissenschaften	BSc Angewandte Pflegewissenschaften	B
Würzburg	Hochschule für angewandte Wissenschaften Würzburg-Schweinfurt	BA Pflege- und Gesundheitsmanagement	V
Zwickau	Westsächsische Hochschule Zwickau	BA Management und Expertise im Pflege- und Gesundheitswesen	V
	Westsächsische Hochschule Zwickau	MA Health Sciences	V
mehrere Standorte	FOM Hochschule	BSc Gesundheitspsychologie und Pflege	B

qualifizieren. Tabelle 5.14 gibt einen Überblick über die verschiedenen, derzeit angebotenen Studiengänge in der Pflege. Neben den traditionellen Fachrichtungen „Pflegemanagement" sowie „Berufspädagogik" wurden in den letzten Jahren zunehmend pflegewissenschaftliche Studiengänge und Studiengänge mit spezialisierter medizinischer Ausrichtung eingerichtet.

Nach Dangel und Korporal (2007) hat die Entwicklung der Studiengänge in der Pflege verschiedene Phasen durchlaufen. Anfänglich wurden durch Heranbildung des Managements von Pflegeeinrichtungen sowie von Lehrpersonal die Eliten in der Pflege geschaffen. In der zweiten Phase seit Mitte der 1990er-Jahre wurde zunehmend pflegewissenschaftliche Expertise erarbeitet. Eine weitere Phase wird von der Anpassung an den Bologna-Prozess mit der Einführung von Bachelor- und Masterstudiengängen bestimmt. Begleitet wird dieser Prozess von der Novellierung des Krankenhausgesetzes 2003, das eine akademische Ausbildung des Lehrpersonals an Ausbildungsstätten der Krankenpflegeausbildung vorschreibt.

Ein grundlegendes Problem der Akademisierung in der Pflege wird darin gesehen, dass diese von Karrieremotiven der Absolventen – gewissermaßen von oben – getrieben war und weniger von pflegewissenschaftlichen Gesichtspunkten (vgl. Dangel & Korporal 2007). Nach der WHO-Erklärung von München aus dem Jahr 2000 (vgl. WHO 2000), die einen besseren Zugang zu einer akademischen Pflegeausbildung forderte, bestimmt aktuell eine Akademisierung von „unten" die Entwicklung an den Pflegehochschulen. Sie umfasst die berufliche Erstausbildung und die Einbeziehung anderer Fachberufe des Gesundheitswesens in pflege- und gesundheitswissenschaftliche Studiengänge.

Der bedeutendste Bestandteil des gegenwärtigen Akademisierungsprozesses sind die dualen Studiengänge an Hochschulen, an denen der Bachelorgrad erworben werden kann. Tabelle 5.15 sind die Hochschulen zu entnehmen, die ein Studium mit fest integrierten Praxisblöcken in Einrichtungen der Kranken- und Altenpflege anbieten.

Bei diesen erstausbildenden Studiengängen sind verschiedene Grundstrukturen zu unterscheiden. Die häufigste Studienart ist dual verzahnt organisiert. Während der beruflichen Ausbildung werden zusätzliche Kurse auf Bachelorniveau angeboten. Nach Abschluss der Berufsausbildung gemäß Berufsausbildungsrecht wird das Studium fortgesetzt, welches nach Hochschulrecht angeschlossen wird. Beim dual integrierten Studienmodell ist die Berufsausbildung in das Hochschulstudium integriert. Die Hochschule wendet neben den hochschulrechtlichen Vorgaben auch die berufsausbildungsrechtlichen Vorgaben an. In der Regel wird die oben erläuterte „Modellklausel" zur Erprobung neuer Ausbildungsmodelle genutzt. Eine weitere Variante wird als dual spezifisch bezeichnet. Das Studienangebot ist ebenfalls dual konzipiert, beinhaltet aber zusätzliche Module. Diese Spezialisierungen dienen dem Erwerb zusätzlicher Kompetenzen oder zur interprofessionellen Kompetenzentwicklung aus mehreren Berufen (z. B. Nursing and Administration). Ein aktuelles neues Berufsbild stellt darüber hinaus der dual ausgebildete Physician Assistant (Arztassistent/-in) dar, der delegierte medizinische Aufgaben wahrnimmt und das Bindeglied zwischen Arzt, Pflegekraft und Patient bildet (vgl. UKE 2016).

Das Besondere an der bisher modellhaften hochschulischen Erstausbildung im Pflegebereich ist, dass die Ausbildung die Anforderungen der staatlichen Berufszulassung zur Pflegefachkraft einschließen muss. Das Heilberuferecht basiert auf der verfassungsrechtlich verankerten staatlichen Verantwortung für die gesundheitliche Versorgung der Bevölkerung. Aus diesem Grund wird die Ausbildung von Heilberufen mit einer staatlichen Abschlussprüfung abgeschlossen. 2003 wurde aufgrund berufegesetzlicher Regelungen nach §§ 4(6) Krankenpflegegesetz beziehungsweise Altenpflegegesetz zeitlich befristet die Möglichkeit eingeführt, Ausbildungsangebote zur Weiterentwicklung der Pflegeberufe zu erproben. Die Länder konnten von den bisherigen Regelungen abweichen, wenn das Ausbildungsziel nicht gefährdet wurde und die Ausbildung mit der Richtlinie 2005/36/EG vereinbar war. Hierdurch konnte ein Hochschulstudium auch unmittelbar und ohne vorherigen beruflichen Abschluss zur Ausübung einer Tätigkeit als Gesundheits- und Krankenpfleger/-in qualifizieren.

Tab. 5.15: Grundständig pflegeberufsausbildende Studiengänge in Deutschland (Stöcker & Reinhart 2012; eigene Zusammenstellung).

Bundesland	Studienort	Hochschule	Studiengang (Abschluss)	Spezifik
Baden-Württemberg	Freiburg	Katholische Hochschule Freiburg	BA Dualer Studiengang Pflege	dual/verzahnt
	Freiburg	Albert-Ludwigs-Universität Freiburg	BSc Bachelor-Studiengang Pflegewissenschaft	dual/verzahnt
	Heidelberg	Universität Heidelberg	BSc Interprofessionelle Gesundheitsversorgung	dual/verzahnt
	Heidenheim	Duale Hochschule Baden-Württemberg Heidenheim	BA Studiengang Angewandte Gesundheitswissenschaften für Pflege und Geburtshilfe	dual/verzahnt
	Karlsruhe	Duale Hochschule Baden-Württemberg Karlsruhe	BSc Arztassistent	dual/verzahnt
	Weingarten	Hochschule Ravensburg-Weingarten	BA Dualer Studiengang Pflege	dual/verzahnt
	Stuttgart	Duale Hochschule Baden-Württemberg Stuttgart	BA Studiengang Angewandte Gesundheitswissenschaften für Pflege und Geburtshilfe	dual/verzahnt
Bayern	Eichstätt	Katholische Universität Eichstätt-Ingolstadt	BSc Dualer Studiengang Pflegewissenschaft Teilzeitstudiengang	dual/verzahnt
	Deggendorf	Technische Hochschule Deggendorf	BSc Dualer Studiengang Pflege	dual/verzahnt
	München	Hochschule für angewandte Wissenschaften München	BSc Dualer Studiengang Pflege	dual/verzahnt
	München	Katholische Stiftungsfachhochschule München	BSc Dualer Studiengang Pflege	dual/verzahnt
	Fürth	Wilhelm Löhe Hochschule für angewandte Wissenschaften	BA Dualer Studiengang Pflege	dual/verzahnt
	Nürnberg	Evangelische Hochschule Nürnberg	BSc Dualer Studiengang Pflege	dual/verzahnt
	Regensburg	Ostbayerische Technische Hochschule Regensburg	BSc Dualer Studiengang Pflege	dual/verzahnt

Tab. 5.15: Fortsetzung.

Bundesland	Studienort	Hochschule	Studiengang (Abschluss)	Spezifik
Berlin	Berlin	Evangelische Hochschule Berlin	BSc Studiengang Bachelor of Nursing	dual/integriert
	Berlin, Lübeck	Steinbeis Hochschule Berlin in Kooperation mit der DRK- Schwesternschaft Lübeck und der Akademie für Gesundheit in Berlin	BA Studiengang Bachelor in Nursing	dual/verzahnt
	Berlin	Akkon-Hochschule für Humanwissenschaften	BA Gesundheits- und Pflegemanagement (Dual)	dual/spezifisch
Bremen	Bremen	Universität Bremen	BA Dualer Studiengang Pflegewissenschaft	dual/verzahnt
Hamburg	Hamburg	Hochschule für angewandte Wissenschaften Hamburg	BA Dualer Studiengang Pflege	dual/verzahnt
		Hamburger Fern-Hochschule	BSc Dualer Studiengang Bachelor Health Care Science	dual/verzahnt
Hessen	Darmstadt	Evangelische Hochschule Darmstadt	BSc Studiengang Pflege und Gesundheitsförderung, anteilige Pflegeausbildung nach Abschluss des Studiums erforderlich	ohne Berufs-zulassung
	Frankfurt a. M.	Frankfurt University of Applied Sciences	BSc Studiengang Allgemeine Pflege, anteilige Pflegeausbildung nach Abschluss des Studiums erforderlich	ohne Berufs-zulassung
	Frankfurt a. M.	Carl Remigius Medical School	BSc Gesundheits- und Krankenpflege	dual/verzahnt
	Fulda	Fachhochschule Fulda	BSc Studiengang Pflege, anteilige Pflegeausbildung nach Abschluss des Studiums erforderlich	ohne Berufszu-lassung
Mecklenburg-Vorpommern	Neubran-denburg	Hochschule Neubrandenburg	Nursing and Administration (Bachelor of Science)	dual/spezifisch
Niedersachsen	Hannover	Fachhochschule Hannover	BA Bachelorstudiengang Pflege	dual/verzahnt
	Lübeck	Universität	BA Dualer Studiengang Pflege	dual/verzahnt
	Osnabrück	Hochschule Osnabrück	BSc Dualer Studiengang Pflege	dual/verzahnt
	Wolfsburg	Ostfalia Hochschule für angewandte Wissenschaft Wolfsburg	BSc Dualer Studiengang Pflege	dual/verzahnt

Tab. 5.15: Fortsetzung.

Bundesland	Studienort	Hochschule	Studiengang (Abschluss)	Spezifik
Nordrhein-Westfalen	Bochum	Hochschule für Gesundheit Bochum	BSc Bachelorstudiengang Gesundheits- und Krankenpflege/Altenpflege	dual/integriert
	Bielefeld	Fachhochschule der Diakonie	BSc Dualer Studiengang Pflege	dual/verzahnt
	Bielefeld	Fachhochschule Bielefeld	BSc Dualer Studiengang Gesundheits- und Krankenpflege mit integrierter Berufsausbildung	dual/integriert
	Düsseldorf	Fliedner Fachhochschule Düsseldorf	BA Dualer Studiengang Pflege und Gesundheit	dual/integriert
	Aachen, Köln, Münster, Paderborn	KathHO Katholische Hochschule NRW	BSc Dualer Studiengang Pflege	dual/verzahnt
	Münster	Fachhochschule Münster	BSc Dualer Studiengang Pflege	dual/verzahnt
	Rheine	Mathias Hochschule Rheine	BSc Pflege	dual/integriert
Rheinland-Pfalz	Ludwigshafen	Hochschule Ludwigshafen	BA Dualer Studiengang Pflege	dual/verzahnt
	Mainz	Katholische Hochschule Mainz	BSc Dualer Studiengang Gesundheit & Pflege	dual/verzahnt
Saarland	Saarbrücken	Hochschule für Technik und Wirtschaft des Saarlands	BSc Dualer Studiengang Pflege	dual/verzahnt
Sachsen	Dresden	Dresden International University	BSc Ausbildungsintegrierter Bachelorstudiengang Pflege	dual/verzahnt
	Dresden	Fachhochschule	BA Pflegemanagement	dual/verzahnt
	Plauen	Studienakademie	BSc Physician Assistant	dual/verzahnt
Sachsen-Anhalt	Halle (Saale)	Martin-Luther-Universität Halle-Wittenberg	BSc Dualer Studiengang Gesundheits- und Pflegewissenschaften	dual/verzahnt
	Friedensau	Theologische Hochschule Friedensau	BA Dualer Studiengang Pflege- und Gesundheitswissenschaft	dual/verzahnt
Thüringen	Jena	Ernst-Abbe-Hochschule	BSc Dualer Studiengang Pflege	dual/verzahnt

Mit Stand von 2016 wurden 45 primärqualifizierende Studiengänge mit unmittelbar patientenorientiertem Ausbildungsziel auf Bachelorniveau eingerichtet (siehe Tabelle 5.15). Sechs dieser Studiengänge werden von Universitäten angeboten. Außerdem befinden sich weitere Studiengänge im Aufbau, darunter auch solche an Universitäten.

Insgesamt nimmt die pflegerische Hochschulausbildung durch die unklare systematische Stellung der Pflegewissenschaft als wissenschaftliche Disziplin und durch restriktive Bedingungen ihrer Entwicklung eine Sonderstellung im deutschen Hochschulsystem ein (vgl. Hülsken-Giesler & Korporal 2013). Hierzu haben die geschilderten historischen Entstehungsbedingungen und die zu erfüllenden Anforderungen an den staatlichen Berufsabschluss beigetragen. Die besondere Aufgabe ist es, im Hochschulbereich Professionsorientierung, Wissenschaftsorientierung, Subjekt- sowie Bildungsorientierung mit den Ansprüchen eines Studiums nach den Qualitätskriterien des Bologna-Prozesses kompatibel zu machen (vgl. Hülsken-Giesler & Korporal 2013: 6). So liegt erst seit 2013 ein Fachqualifikationsrahmen Pflege für die hochschulische Bildung vor, der durch hochschulische pflegewissenschaftliche Fachvertreter erarbeitet wurde (vgl. Hülsken-Giesler & Korporal 2013).

Nachdem in Kapitel 5.1.3 deutlich wurde, dass die Anwendung akademischen Wissens in der Pflege durch entsprechend qualifizierte Beschäftigte in Deutschland noch ausbaufähig ist, soll das Thema nochmals in Kapitel 9, das die Perspektiven der Ausbildung einschließlich des Qualifikationsmix in der Pflege behandelt, aufgegriffen werden. Ein Aspekt, mit dem diese bildungspolitische Reform begründet wird, ist die verbreitete akademische Ausbildung von Pflegekräften im Ausland. Damit in Zusammenhang steht auch die Verbesserung der internationalen Arbeitskräftemobilität in der Pflege. Das Angebot beziehungsweise die Migration ausländischer Arbeitskräfte soll als abschließendes Thema in Kapitel 5.6 untersucht werden.

5.6 Migranten im Pflegebereich

Neben der Gewinnung von Fachkräften im Inland besteht eine weitere Möglichkeit, die Situation im Gesundheits- und Pflegearbeitsmarkt zu verbessern, in der Förderung der Zuwanderung von bereits ausgebildetem Personal aus dem Ausland. Dies gilt sowohl für den akademischen Bereich als auch für examinierte Pflegekräfte. In den vergangenen Jahren sind zahlreiche (hoch) qualifizierte Arbeitskräfte des Gesundheitswesens nach Deutschland eingewandert. Migrant(inn)en spielen somit bereits seit längerer Zeit eine wichtige Rolle, um Fachkräfteengpässen sowohl in den medizinischen als auch in den nicht medizinischen Gesundheits- und Pflegeberufen zu begegnen. In Kapitel 5.6 wird der Aspekt des Migrationshintergrunds, wie er seit 2005 im Mikrozensus erhoben wird, für die Beschäftigten mit Pflegeberufen ausgewertet.

5.6.1 Aufenthalts-und arbeitsrechtliche Regelungen

Aufgrund der restriktiven Zuwanderungsbestimmungen war es in Deutschland bis zur Reform der Beschäftigungsverordnung im Jahr 2013 nur in Ausnahmefällen möglich, Arbeitskräfte aus dem Nicht-EU-Ausland für den Pflegesektor zu gewinnen. Pflegekräfte konnten nur im Rahmen gesonderter Abkommen mit Ländern außerhalb Europas angeworben werden. Solche bilateralen Vereinbarungen bestehen seit Längerem mit Kroatien, seit 2012 projektbezogen und in begrenztem Umfang mit China sowie seit 2013 mit Bosnien und Herzegowina, Serbien und den Philippinen (vgl. GIZ 2013).

Auch für Staatsangehörige der osteuropäischen Beitrittsländer bestanden lange Zeit hohe Zuwanderungshürden, da die Arbeitnehmerfreizügigkeit erst sieben Jahre nach Beitritt zur EU gewährt wurde, das heißt für die EU-2004-Länder (unter ihnen vor allem Polen) erst 2011 und für die EU-2007-Staaten (Rumänien und Bulgarien) im Jahr 2014. Inzwischen besteht für Arbeitnehmer aller EU-Mitgliedstaaten, der übrigen Länder des Europäischen Wirtschaftsraums sowie der Schweiz jedoch uneingeschränkte Freizügigkeit. Personen aus den sogenannten Drittstaaten benötigen zur Aufnahme einer Beschäftigung in Deutschland dagegen weiterhin einen entsprechenden Aufenthaltstitel.

Grundsätzlich galt in Deutschland seit 1973 ein Anwerbestopp für Arbeitskräfte aus sogenannten Drittstaaten, der in den 1980er- und 1990er-Jahren durch Ausnahmeregelungen nach und nach gelockert wurde. Im Jahr 2000 wurde der Arbeitsmarktzugang für IT-Fachkräfte mit der sogenannten Green Card erleichtert. 2005 folgte die Öffnung für Hochqualifizierte und Selbstständige. Obwohl viele ausländische Pflegekräfte über einen tertiären Bildungsabschluss verfügen und damit formal hochqualifiziert sind, profitierten sie nicht von der erleichterten Zuwanderung für Akademiker, da Pflegeberufe in Deutschland unter die Ausbildungsberufe fallen.

Erst mit der Reform der Beschäftigungsverordnung im Juli 2013 wurde die Arbeitsmigration von Fachkräften mit Berufsausbildung erleichtert. Seitdem besteht auch für Ausländer, die nicht Bürger eines EU-Landes sind, aber einen Mangelberuf ausüben können, die Möglichkeit der Zuwanderung nach Deutschland. Hierfür ist die Zustimmung der Zentralen Auslands- und Fachvermittlung (ZAV) erforderlich. Dabei muss nicht mehr geprüft werden, ob eine bevorrechtigte Erwerbsperson für eine offene Stelle zur Verfügung steht (Wegfall der sog. Vorrangprüfung). Sowohl die Gesundheits- und Krankenpflege als auch Berufe in der Altenpflege sind auf der Positivliste der Mangel- beziehungsweise Engpassberufe eingetragen (vgl. Bundesagentur für Arbeit 2013).

Allerdings ist zu beachten, dass gemäß § 38 Beschäftigungsverordnung eine Rekrutierung von Pflegefachkräften aus jenen 57 Staaten, in denen 2006 von der Weltgesundheitsorganisation (WHO) ein kritischer Mangel an Gesundheitsfachkräften festgestellt wurde, nicht zulässig ist und als Ordnungswidrigkeit geahndet werden kann. Die Anwerbung und Stellenbesetzung aus diesen Staaten darf nur von der Bundesagentur für Arbeit durchgeführt werden. Eine Zuwanderung von Gesundheits- und

Pflegefachkräften aus diesen Staaten ist derzeit nur möglich, wenn das Arbeitsverhältnis auf eigene Initiative der Fachkraft zustande kommt. Nach Zustimmung der Zentralen Auslands- und Fachvermittlung wird zunächst zur Einreise ein Visum erteilt. Vor Ablauf des Visums, das in der Regel für drei Monate gilt, muss eine Aufenthaltserlaubnis zum Zwecke der Beschäftigung als Pflegekraft beantragt werden. Die Zustimmung zu einem Aufenthaltstitel durch die ZAV ist zunächst auf ein Jahr befristet. Eine Verlängerung um weitere zwei Jahre ist möglich, wenn zwischenzeitlich das Anerkennungsverfahren positiv abgeschlossen wurde und eine entsprechend qualifizierte berufliche Beschäftigung mit der tariflichen Eingruppierung als Fachkraft erfolgt (§ 30 Beschäftigungsverordnung). Nach einem rechtmäßigen Aufenthalt von fünf Jahren kann ein Antrag auf einen dauerhaften Aufenthaltstitel (Niederlassungserlaubnis) in Deutschland gestellt werden.

Mit dem Zuwanderungsgesetz 2005 wurde auch das Antragsverfahren vereinfacht. Jeder Antrag auf einen Aufenthaltstitel wird automatisch an die Bundesagentur für Arbeit weitergeleitet, sodass über Aufenthalts- und Arbeitsgenehmigung nicht mehr getrennt entschieden werden muss.

5.6.2 Verfahren der Berufsanerkennung

Da in anderen Ländern die speziellen Altenpflegeberufe nach deutschem Vorbild nicht existieren, sind lediglich die Regelungen der Berufsanerkennung von Krankenpflegern in der Praxis von Bedeutung. Für Staatsangehörige aus der Europäischen Union oder dem Europäischen Wirtschaftsraum, die eine Krankenpflegeausbildung absolviert haben, gilt gemäß der Richtlinie 2013/55/EU eine automatische Anerkennung. Somit wird die im Heimatland erworbene Qualifikation vom Aufnahmestaat ohne weitere inhaltliche Prüfung anerkannt.

Allerdings kann die Erteilung der Berufsurkunde vom Nachweis von Sprachkenntnissen abhängig gemacht werden. So muss der Antragsteller in Deutschland über die „für die Ausübung der Berufstätigkeit erforderlichen Kenntnisse der deutschen Sprache verfügen" (§ 2 Absatz 1 Nr. 4 Krankenpflegegesetz). Je nach Bundesland gelten unterschiedliche Anforderungen an das Sprachniveau (Bonin et al. 2015: 31). In den meisten Bundesländern wird der Nachweis von Sprachkenntnissen auf dem Niveau B2 gefordert. Dies entspricht der vierten Stufe auf der sechsstufigen Skala der Europäischen Union (A1 bis C2).

Pflegefachkräfte aus Drittstaaten müssen grundsätzlich zunächst die Gleichwertigkeit ihres Abschlusses mit dem Referenzberuf Gesundheits- und Krankenpfleger/-in feststellen lassen, bevor sie ein Einreisevisum nach Deutschland beantragen können.

Ein spezielles Anerkennungsverfahren für Pflegefachkräfte, die in Deutschland in der Altenpflege arbeiten möchten, ist faktisch nicht notwendig, da die Ausbildung im Ausland im Gegensatz zu Deutschland generalistisch angelegt ist. Da diese Personen allgemein für gesundheits- und krankenpflegerische Aufgaben ausgebildet wurden, durchlaufen die ausländischen Pflegekräfte das Anerkennungsverfahren für Gesundheits- und Krankenpfleger.

Falls bei der Vorabprüfung der vorhandenen Qualifikationen keine vollständige Gleichwertigkeit des im Ausland erworbenen Abschlusses festgestellt wird, können Qualifizierungsmaßnahmen oder eine Kenntnisprüfung absolviert werden. Hierzu dienen vor allem Praktika in Krankenhäusern. Bis zum Abschluss des Anerkennungsverfahrens können zugewanderte Pflegefachkräfte in Deutschland lediglich als Hilfskräfte tätig sein. Dies gilt auch für europäische Migranten mit Gesundheitsberufen, wenn die Sprachkenntnisse unzureichend sind.

5.6.3 Erfahrungen mit der Zuwanderung von Pflegekräften

Infolge der Europäischen Finanz- und Wirtschaftskrise und der damit einhergehenden hohen Arbeitslosigkeit in Ländern wie Griechenland und Spanien wurden seit 2010 in vielen Gesundheitseinrichtungen Pflegekräfte aus diesen Ländern, aber auch aus Bulgarien, Rumänien und den baltischen Staaten rekrutiert. Die Erfahrungen mit dieser Form der Personalbeschaffung waren nach einer Studie von Bonin et al. (2015) unterschiedlich. Für die Altenpflege zeigte sich, dass die Arbeitsinhalte in Deutschland vielfach nicht den beruflichen Erwartungen der im EU-Ausland meist akademisch ausgebildeten Pflegekräfte entsprechen. Aus diesem Grund sind beispielsweise Fachkräfte aus Spanien häufig nach relativ kurzer Aufenthaltsdauer wieder in ihr Heimatland zurückgekehrt oder haben nach Abschluss des Anerkennungsverfahrens anspruchsvollere und auch besser entlohnte Beschäftigungen im Krankenhaus angenommen. Andererseits wird berichtet, dass die häusliche Pflege für Pflegefachkräfte aus Südeuropa gut geeignet sei, weil sich die Tätigkeit nicht auf Grundpflege und Betreuung konzentriert. Vielmehr kämen Behandlungspflege, medizinische Aspekte und das weitgehend selbstständige Arbeiten den Erwartungen und Erfahrungen des akademisch qualifizierten Personals aus diesen Ländern entgegen. Das Vorbild der hochqualifizierten südeuropäischen Pflegefachkräfte könne sogar die einheimischen Mitarbeiter dazu motivieren, sich fachlich weiterzuqualifizieren (vgl. Bonin et al. 2015: 32).

Fehlende deutsche Sprachkenntnisse sind jedoch ein großes Hindernis für die vermehrte Rekrutierung von Pflegefachkräften aus Südeuropa, die infolge der anhaltenden Wirtschaftskrise auf dem deutschen Arbeitsmarkt Fuß fassen möchten. Anders als in Teilen Osteuropas ist Deutsch als Fremdsprache in Ländern wie Griechenland, Italien und Spanien wenig verbreitet.

Um Pflegepersonal aus dem nicht europäischen Ausland zu rekrutieren, sind mit einigen asiatischen Staaten Kooperationsabkommen zur Anwerbung von Pflegekräften geschlossen worden. So führt der Arbeitgeberverband Pflege (AGVP) mit Unterstützung der Zentralen Auslands- und Fachvermittlung der Bundesagentur für Arbeit seit 2013 ein Projekt mit der Volksrepublik China durch. Nach einer achtmonatigen Qualifizierung in China zum Erwerb von Sprachkenntnissen und Grundlagen der deutschen Altenpflege trafen 2014 die ersten ausgebildeten Pflegekräfte in Deutschland ein. Einrichtungen in Hessen und Baden-Württemberg haben jeweils drei bis fünf chinesische Pflegekräfte aufgenommen. Bis Ende 2015 sollten auf diesem Wege insgesamt 150 Pflegekräfte aus China für eine Beschäftigung in Deutschland rekrutiert werden. Offenbar besteht jedoch neben den rechtlichen, sprachlichen und vor allem auch ausbildungsbezogenen Herausforderungen bei der Kooperation mit China eine weitere Hürde: Chinesischen Fachkräften wird für das Recht auf Auswanderung eine Gebühr von 3000 Euro auferlegt, was gemessen in deutscher Kaufkraft in China mehr als 10.000 Euro entspricht (vgl. Bonin et al. 2015: 33). Übernimmt der Arbeitgeber in Deutschland diesen Betrag nicht, kann dies zu Schwierigkeiten in der Anwerbung chinesischer Pflegefachpersonen führen.

In der Praxis hat sich nach Einschätzung der Personalverantwortlichen aber auch gezeigt, dass Pflegefachkräfte aus China sehr gut für die deutsche Altenpflege geeignet sind (vgl. Bonin et al. 2015: 33). Die Teilnehmer des Projekts wurden als durchweg freundlich, zuvorkommend, empathisch und leistungsbereit eingeschätzt. So heißt es, dass die berufliche und private Integration sehr positiv verlaufe. Hilfreich seien ein interkulturelles Training aller Mitarbeiter und eine wohnortnahe ethnische Infrastruktur, weshalb die Rekrutierung von Fachkräften aus China möglicherweise eher für Unternehmen in Ballungsregionen infrage kommt.

Eine weitere Kooperation besteht in der Pflege mit der sozialistischen Volksrepublik Vietnam. Das Bundeswirtschaftsministerium (BMWi) ließ 2011 untersuchen, welche Chancen zur Gewinnung von Fachkräften in der Pflegewirtschaft im In- und Ausland bestehen und welche Länder sich für eine Zusammenarbeit in diesem Bereich besonderes eignen (Merda et al. 2012). Auf dieser Grundlage startete das BMWi 2012 das Projekt Fachkräftegewinnung für die Pflegewirtschaft mit Vietnam. Danach absolvieren seit Herbst 2013 rund 100 Pflegekräfte, die zuvor bereits in Vietnam Deutschkenntnisse erworben haben, in Baden-Württemberg, Bayern, Berlin und Niedersachsen eine auf zwei Jahre verkürzte Altenpflegeausbildung. Anschließend sollen sie in deutschen Pflegeeinrichtungen tätig werden. Das Projekt wird von der Gesellschaft für Internationale Zusammenarbeit (GIZ) umgesetzt und vom IEGUS Institut fachlich begleitet.

Ein Folgeprojekt, in dem rund 100 vietnamesische Pflegekräfte in Hanoi Deutschkenntnisse erworben haben, begann im Herbst 2015 mit einer dreijährigen Altenpflegeausbildung an unterschiedlichen Standorten in Deutschland. Gleichzeitig werden Kooperationen zwischen deutschen und vietnamesischen Ausbildungseinrichtungen geschlossen, um künftig Teile der deutschen Pflegeausbildung bereits vor Ort in Vietnam durchzuführen und auf diese Weise die Ausbildung im Herkunftsland zu stärken.

5.6.4 Bevölkerung mit Migrationshintergrund

Die vorgestellten Initiativen zu Gewinnung ausländischer Arbeitnehmer für bestimmte Branchen betreten kein Neuland. Sie scheinen Fehler der Anwerbepolitik der alten Bundesrepublik bis zum Anwerbestopp 1973 korrigieren zu wollen, nämlich die Rekrutierung unqualifizierter Arbeitskräfte. Nach den Ergebnissen des Mikrozensus 2011 sind Personen mit Migrationshintergrund im Vergleich zur Bevölkerung ohne Migrationshintergrund geringer qualifiziert und schlechter in den Arbeitsmarkt integriert. Beispielsweise hatten 14,1 Prozent der Personen mit Migrationshintergrund keinen allgemeinen Schulabschluss und 40,6 Prozent keinen berufsqualifizierenden Abschluss. Bei den Personen ohne Migrationshintergrund lagen die entsprechenden Werte bei lediglich 1,8 beziehungsweise 15,9 Prozent. Gleichwohl ist die Bevölkerung mit Migrationshintergrund in ihrem Ausbildungsstand sehr heterogen. Eine große Zahl ist in Gesundheitsberufen, zum Beispiel als Ärzte, tätig. Auch hat die Zuwanderung hochqualifizierter Arbeitskräfte in den letzten Jahren zugenommen (vgl. Seibert & Wapler 2012). Als Einstieg in die datengestützten Befunde zu Migranten im Pflegesektor wird die Bevölkerung mit Migrationshintergrund untersucht.

Im Jahr 2011 hatten nach Angaben des Mikrozensus mehr als 15 Prozent der Bevölkerung in Deutschland beziehungsweise 12,4 Mio. Menschen einen Migrationshintergrund, das heißt, sie sind entweder selbst zugewandert oder haben mindestens einen zugewanderten Elternteil. Die Mehrzahl von ihnen hat ihre Wurzeln im europäischen Ausland (9,6 Mio. Einwohner oder 11,8 Prozent der Bevölkerung). Unter den Menschen mit Migrationshintergrund bilden die Türkischstämmigen die größte Gruppe mit knapp 2,5 Mio. Einwohnern. Aus den alten EU-15-Ländern stammen insgesamt 2,3 Mio. Menschen, darunter 1,4 Mio. aus den ehemaligen Anwerbeländern Griechenland, Italien, Spanien und Portugal. In den vergangenen Jahren hat die Zuwanderung aus den neuen mittel- und osteuropäischen EU-Ländern zunehmend an Bedeutung gewonnen, das heißt aus den Ländern, die in den Jahren 2004 und 2007 der Europäischen Union beigetreten sind[3] (vgl. Seibert & Wapler 2012). Im Jahr 2011 lebten rund zwei Mio. Menschen aus diesen Ländern in Deutschland. Schließlich haben 2,8 Mio. Menschen in Deutschland ihre Wurzeln in einem außereuropäischen Land, darunter knapp 2,1 Mio. Personen aus Ländern Asiens und rund 350.000 aus Nord- und Südamerika.

5.6.5 Migranten in Gesundheits- und Pflegeberufen

Von den insgesamt fast 40,1 Mio. Erwerbstätigen im Jahr 2011 übten nach Angaben des Mikrozensus etwa 3,4 Mio. Personen einem Gesundheitsberuf aus (siehe Tabelle 5.16).

---

3 2004: Estland, Lettland, Litauen, Polen, Tschechien, Slowakei, Ungarn, Slowenien, Malta und Zypern; 2007: Bulgarien und Rumänien.

Tab. 5.16: Gesundheits- und Pflegeberufe in Deutschland im Jahr 2011 (Mikrozensus 2011; eigene Berechnungen).

Berufe	Erwerbstätige	in %
Gesundheits- und Pflegeberufe	3.385.900	8,3
Ärzte	479.400	1,2
Krankenpfleger	899.900	2,2
Helfer in der Krankenpflege	178.400	0,4
Sprechstundenhelfer	615.700	1,5
sonstige Gesundheitsberufe	635.400	1,6
Altenpfleger (inklusive Helfer)	577.200	1,4
andere Berufe	37.323.700	91,7
insgesamt	**40.709.600**	**100,0**

Die größten Gruppen innerhalb der Gesundheitsberufe waren die Fachkräfte und Helfer in der Krankenpflege (899.900 beziehungsweise 178.400 Erwerbstätige), gefolgt von den Sprechstundenhelfer(inne)n (615.700) sowie Altenpfleger(inne)n (577.200). Als Ärzte arbeiteten 479.400 Erwerbstätige. Zu den sonstigen Gesundheitsberufen gehören Apotheker, Heilpraktiker, Masseure, Krankengymnasten, Ernährungsfachleute, medizinisch- und pharmazeutisch-technische Assistenten sowie andere therapeutische Berufe. Diese Gruppe wird dominiert von Masseuren und Krankengymnasten sowie technischen Assistenten und umfasst insgesamt 635.400 Erwerbstätige.

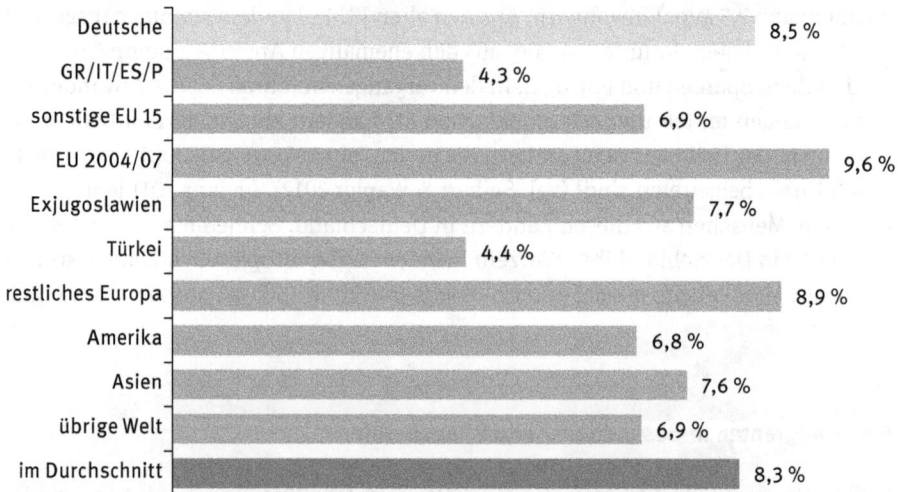

Deutsche	8,5 %
GR/IT/ES/P	4,3 %
sonstige EU 15	6,9 %
EU 2004/07	9,6 %
Exjugoslawien	7,7 %
Türkei	4,4 %
restliches Europa	8,9 %
Amerika	6,8 %
Asien	7,6 %
übrige Welt	6,9 %
im Durchschnitt	8,3 %

Abb. 5.5: Anteil der Erwerbstätigen in den Gesundheits- und Pflegeberufen (Deutsche und Migranten nach Herkunftsländern) an allen Erwerbstätigen im Jahr 2011 (Angaben in %) (Mikrozensus 2011; eigene Berechnungen).

Von den deutschen Erwerbstätigen ohne Migrationshintergrund waren 2011 8,5 Prozent in Gesundheits- und Pflegeberufen tätig. Im Vergleich dazu lag der Anteil unter den Menschen mit Migrationshintergrund nur geringfügig niedriger (8,3 Prozent) (siehe Abbildung 5.5). Damit waren rund 470.000 Männer und Frauen mit Migrationshintergrund in Gesundheits- und Pflegeberufen tätig. Die höchsten Anteile in diesen Berufen erreichten Menschen aus den osteuropäischen EU-Staaten (9,6 Prozent) und aus dem restlichen Europa (8,9 Prozent). Relativ selten waren dagegen Erwerbstätige aus der Türkei und aus den südeuropäischen Ländern Griechenland, Italien, Spanien und Portugal in Gesundheits- und Pflegeberufen tätig. Damit stellen Arbeitskräfte mit Migrationshintergrund in den Gesundheits- und Pflegeberufen bereits gegenwärtig eine wichtige Beschäftigtengruppe in diesem Arbeitsmarktsegment dar.

Die hochgerechneten Zahlen nach dem Mikrozensus weisen für die Altenpflege eine Summe von weniger als einer halben Mio. Beschäftigten aus. Die Anzahl ist geringer als die in den vorangegangen Kapiteln zur Pflegebeschäftigung ermittelte. Ein Grund für die Abweichung ist, dass ein Teil der Helfer in der Altenpflege in den sonstigen Gesundheitsberufen enthalten sein dürfte. Es zeigt sich, dass unter den Altenpflegern Erwerbstätige aus den neuen osteuropäischen Mitgliedsstaaten der EU und dem restlichen Europa in nennenswerten Größenordnungen tätig sind (siehe Tabelle 5.17).

Menschen mit Migrationshintergrund sind besonders stark in der Altenpflege tätig. So hatten 2011 fast 20 Prozent der Altenpfleger in Deutschland Migrationshintergrund (siehe Abbildung 5.6). Den zweithöchsten Anteil an Beschäftigten mit Migrationshintergrund wiesen mit 15,7 Prozent die Helfer in der Krankenpflege auf. Fast gleichauf lagen die Ärzte mit 15,6 Prozent. Erkennbar niedriger waren die Anteile bei den Fachkräften in der Krankenpflege, den Sprechstundenhelfern und vor allem den sonstigen Gesundheitsberufen. Für die Gesundheits- und Pflegeberufe insgesamt gilt, dass Migranten entgegen den Erwartungen dort nicht überdurchschnittlich vertreten sind, da ihr Anteil in diesem Berufssegment mit 13,9 Prozent deutlich unter ihrer durchschnittlichen Quote in allen Berufen (16,2 Prozent) liegt.

Die Analyse der Herkunftsländer der Migranten in den Gesundheits- und Pflegeberufen zeigt die vergleichsweise hohe Bedeutung von Beschäftigten aus den osteuropäischen EU-Staaten (siehe Abbildung 5.7). Ein Viertel (25,5 Prozent) der Migranten in den Gesundheits- und Pflegeberufen stammt aus diesen Staaten im Vergleich zu 18,9 Prozent in allen Berufen. Leicht überdurchschnittliches Gewicht haben auch die Erwerbstätigen aus asiatischen Ländern und dem restlichen Europa.

Fast 30 Prozent der Kranken- und Altenpfleger mit Migrationshintergrund sind aus den osteuropäischen EU-Staaten nach Deutschland zugewandert. Bei den Helfern in der Krankenpflege fallen darüber hinaus Beschäftigte aus dem ehemaligen Jugoslawien ins Gewicht (18,6 Prozent).

Bei der Betrachtung der beruflichen Qualifikation in den einzelnen Gesundheitspflegeberufen ist festzustellen, dass unter den Migranten der Anteil der unqualifizierten Kräfte einerseits, mit Ausnahme der Ärzte, deutlich höher ist (siehe Abbildung 5.8). Insbesondere unter den Altenpflegern und Helfern in der Krankenpflege

Tab. 5.17: Erwerbstätige in den Gesundheitsberufen nach Migrationshintergrund im Jahr 2011 (Mikrozensus 2011; eigene Berechnungen).

	Ärzte	Kranken-pfleger	Helfer Kranken-pflege	Sprech-stundenhelfer	sonstige Gesundheits-berufe	Altenpfleger	Gesundheits- und Pflege-berufe insgesamt	andere Berufe
Deutsche	404.400	782.100	150.400	538.400	573.600	466.900	2.915.900	31.218.800
GR/IT/ES/P	7700	6100	1500	7800	5300	5400	33.700	746.800
sonstige EU 15	9500	10.100	1200	2300	7200	3800	34.100	458.100
EU 2004/07	22.200	35.400	6400	10.000	12.300	33.700	120.000	1.124.900
Exjugoslawien	4600	13.300	5200	10.600	2600	10.900	47.300	570.100
Türkei	3800	8700	2900	19.800	5200	7100	47.500	1.041.700
restliches Europa	10.000	19.000	3900	9500	11.700	25.500	79.700	812.000
Amerika	3300	2000	1100	1400	2900	1600	12.300	167.500
Asien	12.500	20.300	4000	15.600	13.000	19.600	85.000	1.039.800
übrige Welt	1400	2900	1900	100	1700	2600	10.700	144.000
insgesamt	**479.400**	**899.900**	**178.400**	**615.700**	**635.400**	**577.200**	**3.385.900**	**37.323.700**

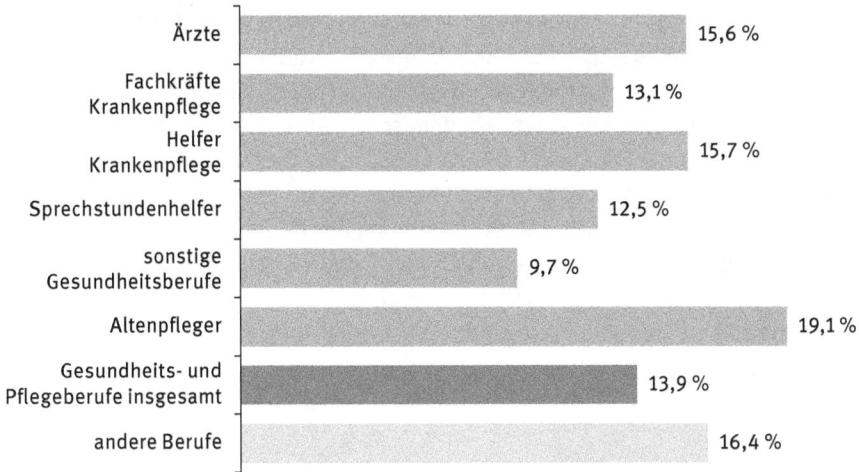

Abb. 5.6: Anteile von Personen mit Migrationshintergrund an den Erwerbstätigen in den Gesundheits- und Pflegeberufen im Jahr 2011 (Angaben in %) (Mikrozensus 2011; eigene Berechnungen).

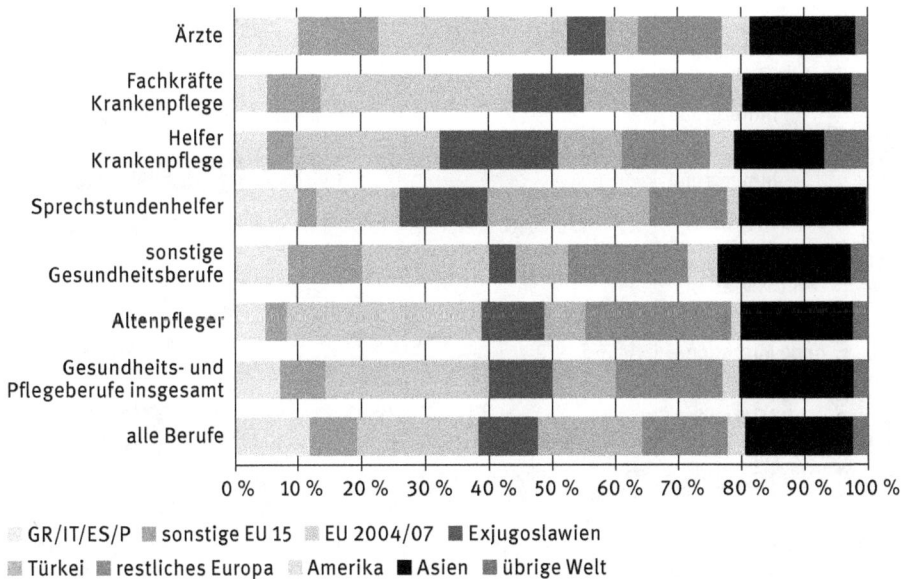

Abb. 5.7: Herkunftsländer der Personen mit Migrationshintergrund in den Gesundheits- und Pflegeberufen im Jahr 2011 (Angaben in %) (Personen mit Migrationshintergrund = 100 %) (Mikrozensus 2011; eigene Berechnungen).

ist der Anteil der Ungelernten nennenswert höher als in der Vergleichsgruppe der Nichtmigranten. Andererseits wird deutlich, dass Migranten in fast allen betrachteten Berufen höhere Akademikeranteile aufweisen. Bei den Altenpflegern sind danach elf Prozent der Migranten mit einem akademischen Abschluss beschäftigt, bei den Nichtmigranten liegt der Wert bei fünf Prozent. Ein ähnliches Verhältnis zeigt sich bei den Helfern in der Krankenpflege. Da es sich bei den ausgewählten Berufen um nicht akademische Berufe handelt, ist bei der Ausübung der Berufe von ausbildungsinadäquaten Tätigkeiten auszugehen. Es kommt demnach bei Migranten häufiger als bei Nichtmigranten vor, dass sie formal für ihre Tätigkeit überqualifiziert sind. Somit zeigt sich unter den Migranten in den Gesundheits- und Pflegeberufen ein höherer Anteil Unqualifizierter einerseits und ein überdurchschnittlicher Anteil an Hochqualifizierten andererseits, die offenbar in der Altenpflege unterhalb ihres Ausbildungsniveaus beschäftigt sind.

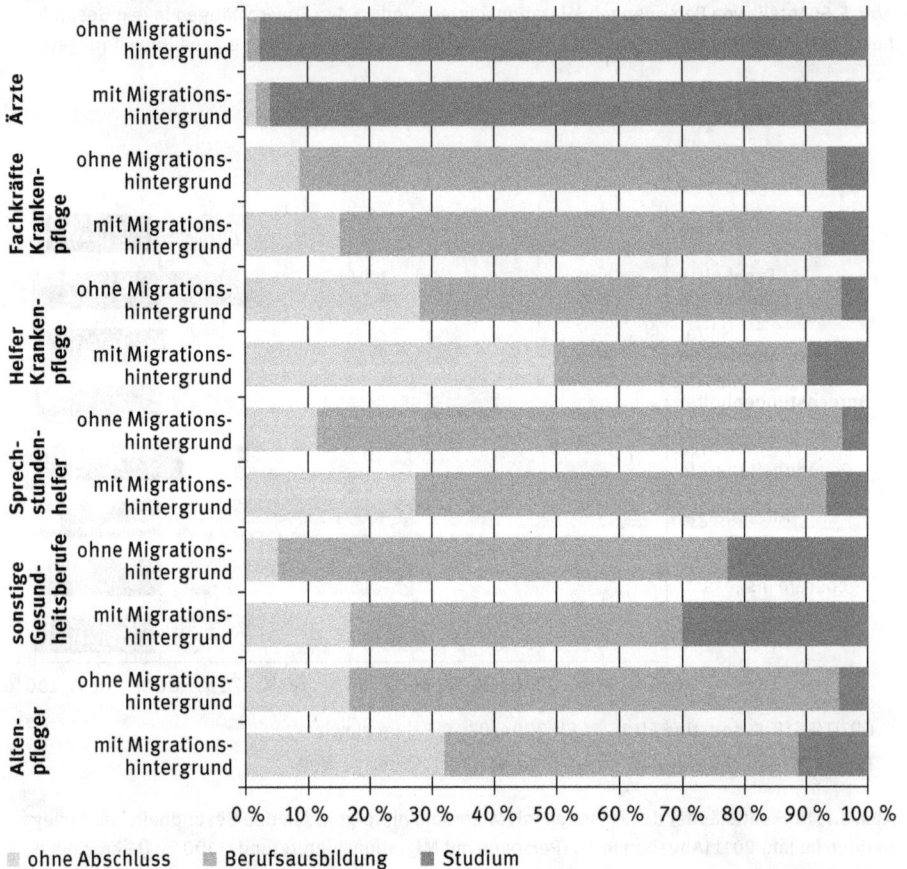

Abb. 5.8: Anteil der Personen mit Migrationshintergrund in den Gesundheits- und Pflegeberufen nach der beruflichen Qualifikation (Angaben in %) (Mikrozensus 2011; eigene Berechnungen).

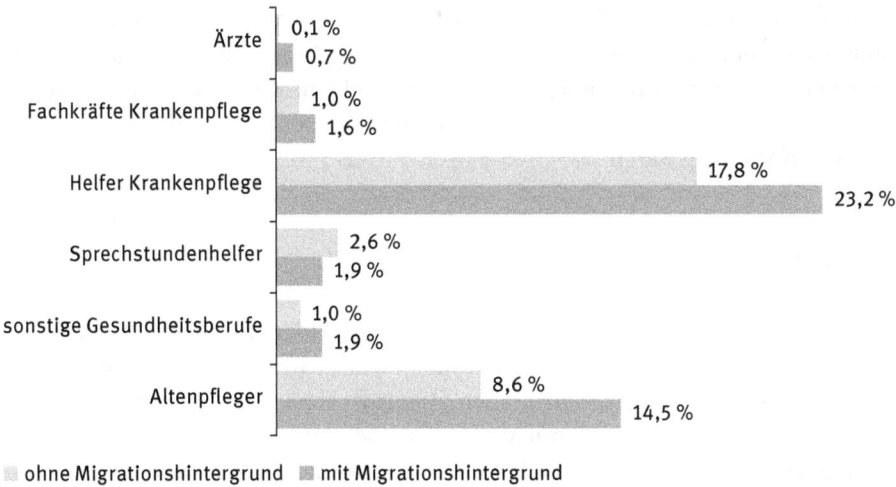

Abb. 5.9: Anteil der Personen mit und ohne Migrationshintergrund an einfachen Tätigkeiten in den Gesundheits- und Pflegeberufen (Angaben in %) (Mikrozensus 2011; eigene Berechnungen).

Im Hinblick auf die ausgeübten beruflichen Tätigkeiten ist festzustellen, dass in den ausgewählten Gesundheits- und Pflegeberufen Migranten häufiger einfache Tätigkeiten verrichten als die Vergleichsgruppe der Nichtmigranten. Bei den Altenpflegern und Helfern in der Krankenpflege sind die Anteile von Tätigkeiten im Helferbereich von Migranten auffällig höher (siehe Abbildung 5.9).

Diese Ergebnisse decken sich mit der IAB-Untersuchung zu den Arbeitsmarktchancen von Geringqualifizierten. Danach zeigen sich deutliche Unterschiede bei den Helfertätigkeiten nach der Staatsangehörigkeit. Während nur zwölf Prozent (Ost) beziehungsweise 13 Prozent (West) der Beschäftigten mit deutscher Staatsangehörigkeit als Helfer arbeiten, sind es bei denjenigen ohne deutschen Pass 34 Prozent im Westen und 30 Prozent im Osten (Bogai et al. 2014: 3). In der genannten Studie konnte zudem gezeigt werden, dass das Gesundheitswesen trotz des allgemeinen Trends zur Höherqualifizierung ein vergleichsweise hohes Potenzial an Arbeitsplätzen mit geringen Qualifikationsanforderungen bietet (Bogai et al. 2014: 6).

Zudem ist laut einer Studie von Brücker et al. (2014: 23 ff.) ein zentrales Forschungsergebnis, dass deutsche Sprachkenntnisse und die Anerkennung beruflicher Abschlüsse sich positiv auf die Beschäftigungsquote, die Chance einer ausbildungsadäquaten Tätigkeit sowie die Lohnhöhe auswirken. So erreichen Migranten mit guten beziehungsweise sehr guten Sprachkenntnissen ein zwölf Prozent beziehungsweise 22 Prozent höheres Lohnniveau als Personen, die über keine oder schlechte Deutschkenntnisse verfügen. Ähnliche Zusammenhänge zeigen sich bei der Anerkennung von ausländischen Abschlüssen im Vergleich zu Personen, die keinen Anerkennungsantrag gestellt haben. Werden die im Heimatland erworbenen Abschlüsse vollständig anerkannt, beträgt die Lohnprämie bis zu 28 Prozent.

Abschließend ist darauf hinzuweisen, dass vom Statistischen Bundesamt beziehungsweise im Mikrozensus die offiziell registrierten Beschäftigten erfasst werden, aber nicht (teilweise illegal) beschäftigte Haushaltshilfen. Neuhaus et al. (2009) schätzen, dass 2008 rund 100.000 ausländische Haushaltshilfen aus Mittel- und Osteuropa in Deutschland tätig waren.

Zusammenfassung

Die entscheidende Frage, die sich auf dem Arbeitsmarkt für Pflegekräfte bereits heute stellt und sich noch viel stärker in der Zukunft stellen wird, dreht sich um ein ausreichendes Angebot an Pflegefachkräften. Hierzu ist zunächst eine Bestandsaufnahme des Pflegepersonals nach Einrichtungen und Berufen erforderlich, für die die drei Hauptdatenquellen – Pflegestatistik, Krankenhausstatistik sowie Beschäftigungsstatistik der Bundesagentur für Arbeit – herangezogen wurden. Dabei zeigte sich zum einen, dass die Krankenpflege quantitativ (noch) den Pflegesektor dominiert, andererseits starke Zuwächse in der Altenpflege sowohl in den stationären als auch ambulanten Einrichtungen zu verzeichnen sind. In letzteren Einrichtungen hat die Teilzeitarbeit und auch die Zahl der Fachkräfte stark zugenommen, wobei statistische Zuordnungsprobleme in der Pflegestatistik zu berücksichtigen sind. Grundsätzlich ist jedoch der Qualifikationsstand der Beschäftigten im Pflegesektor im Vergleich zur Gesamtwirtschaft überdurchschnittlich hoch. Die Alterung der Beschäftigten ist stärker als in der Gesamtwirtschaft vorangeschritten und deutet auf einen hohen Ersatzbedarf bereits in der nahen Zukunft hin.

Neben den quantitativen Befunden zur Pflegebeschäftigung wurden die Aspekte der Arbeitsbedingungen und -belastungen untersucht. Die hohe Belastung und dünne Personaldecke erschweren die Rekrutierung bereits heute und lassen viele Beschäftigte an ein Verlassen des Berufs denken.

Ende des zweiten Jahrzehnts im 21. Jahrhundert deuten sich tief greifende Strukturänderungen in der Ausbildung von Pflegekräften in Deutschland an. So wurden die Weichen für eine generalisierte Pflegeausbildung und die verstärkte Akademisierung des Pflegesektors gestellt. Das deutsche Ausbildungssystem nimmt hier Anpassungen an europäische Standards vor, deren Auswirkungen schwierig einzuschätzen sind. Die Frage, ob es hierdurch gelingt, die Attraktivität und damit die Ausbildungszahlen im Pflegesektor zu erhöhen, wird kontrovers diskutiert. Belastbare Antworten werden erst im Laufe des kommenden Jahrzehnts möglich sein. Schließlich wurde das Thema „Zuwanderung von Pflegekräften" untersucht. Auch hier sind seit Kurzem grundlegende Änderungen sowohl rechtlicher als auch praktischer Natur erfolgt. Nach Darstellung der jüngeren Erfahrungen mit Initiativen zur Anwerbung ausländischer Pflegekräfte wurde die Bedeutung von Pflegekräften mit Migrationshintergrund für den Pflegesektor in Deutschland untersucht.

Literatur

Afentakis A (2009): Krankenpflege – Berufsbelastung und Arbeitsbedingungen. Statistisches Bundesamt, STATmagazin, Gesundheit 2009(08). URL: https://www.destatis.de/DE/Publikationen/ STATmagazin/Gesundheit/2009_08/2009_08Belastung.html [abgerufen am 11.11.2015].

Aiken LH, Sloane DM, Bruyneel L, Van den Heede K, Griffiths P, Busse R, Diomidous M, Kinnunen J, Kózka M, Lesaffre E, McHugh MD, Moreno-Casbas MT, Rafferty AM, Scott PA, Tishelman C, van Achterberg T, Sermeus W (2014): Nurse staffing and education and hospital mortality in nine European countries: a retrospective observational study. The Lancet 383(9931), 1824–30.

Badura B, Ducki A, Schröder H, Klose J, Meyer M (Hrsg.; 2013): Fehlzeiten-Report 2013: Verdammt zum Erfolg – die süchtige Arbeitsgesellschaft? Berlin & Heidelberg: Springer.

Badura B, Ducki A, Schröder H, Klose J, Meyer M (Hrsg.; 2015): Fehlzeiten-Report 2015: Neue Wege für mehr Gesundheit – Qualitätsstandards für ein zielgruppenspezifisches Gesundheitsmanagement. Berlin & Heidelberg: Springer.

Behrens J (2013): Am 8.6.1913 war von Pflege- und Therapiewissenschaften noch keine Rede. Sind es überhaupt eigenständige Grund legende Wissenschaften mit eigenen Theorien? Vortrag vom 08.06.2013, Veranstaltung der Martin-Luther-Universität Halle-Wittenberg, 100 Jahre Pflege- und Gesundheitsstudiengänge an Universitäten in der Mitte Deutschlands 1913–2013. URL: www.medizin.uni-halle.de/fileadmin/Bereichsordner/Institute/ GesundheitsPflegewissenschaften/Sonstige_Downloads/100_Jahre/Pr%C3%A4sentation-Behrens-Pflegetheorie_8_6_2013.pdf [abgerufen am 11.11.2015].

Berliner Bündnis für Altenpflege (2015): Qualitäts- und Qualifizierungsoffensive für die Fachkräftesicherung in der Altenpflege: Beschäftigte für die Altenpflege dauerhaft gewinnen – mit Wertschätzung, Engagement und Ideen Anregungen für die Praxis. Berlin. URL: http://www.arbeitgestaltengmbh.de/assets/Downloads/Publikationen-Altenpflege/ Br-Rekrutierung-Altenplfege.pdf [abgerufen am 30.09.2016].

Berthel J, Becker FG (2010): Personal-Management. Grundzüge für Konzeptionen betrieblicher Personalarbeit. Stuttgart: Schäffer-Poeschel.

Birken T, Dunkel W (2013): Dienstleistungsforschung und Dienstleistungspolitik. Eine Bestandsaufnahme internationaler Literatur zu service science und service work. Hans Böckler Stiftung, Reihe: Arbeitspapier, Arbeit und Soziales, 282.

Bogai D (2015): Die Gesundheitswirtschaft als regionaler Beschäftigungsträger: Besonderheiten des Gesundheitsmarktes und beschäftigungspolitischer Beschäftigungswechsel. In: Bogai D, Thiele G, Wiethölter D (Hrsg.): Die Gesundheitswirtschaft als regionaler Beschäftigungsmotor (S. 11–41). IAB-Bibliothek, 355, Bielefeld: Bertelsmann.

Bogai D, Buch T, Seibert H (2014): Arbeitsmarktchancen von Geringqualifizierten: Kaum eine Region bietet genügend einfache Jobs. IAB-Kurzbericht, 11/2014, Nürnberg.

Böhle F, Glaser J, Büssing A (2006): Interaktion als Arbeit – Ziele und Konzept des Forschungsverbundes. In: Böhle F, Glaser J (Hrsg.): Arbeit in der Interaktion – Interaktion als Arbeit. Arbeitsorganisation und Interaktionsarbeit in der Dienstleistung (S. 25–41). Wiesbaden: Verlag für Sozialwissenschaften.

Bonin H, Braeseke G, Ganserer A (2015): Internationale Fachkräfterekrutierung in der deutschen Pflegebranche. Chancen und Hemmnisse aus Sicht der Einrichtungen. Gütersloh: Bertelsmann-Stiftung.

Borchart D, Galatsch M, Dichter M, Schmidt SG, Hasselhorn HM (2011): Gründe von Pflegenden, ihre Einrichtung zu verlassen – Ergebnisse der Europäischen NEXT-Studie. Wuppertal.

Braun B (2014): Auswirkungen der DRGs auf Versorgungsqualität und Arbeitsbedingungen im Krankenhaus. In Manzei A, Schmiede R (Hrsg.): 20 Jahre Wettbewerb im Gesundheitswesen. Theoretische und empirische Analysen zur Ökonomisierung von Medizin und Pflege (S. 91–113). Wiesbaden: Springer Fachmedien.

Bräutigam C, Dahlbeck E, Enste P, Evans M, Hilbert J (2010): Flexibilisierung und Leiharbeit in der Pflege. Hans-Böckler-Stiftung, Arbeit und Soziales, Arbeitspapier 215.

Brücker H, Liebau E, Romiti A, Vallizadeh E (2014): Arbeitsmarktintegration von Migranten in Deutschland: Anerkannte Abschlüsse und Deutschkenntnisse lohnen sich. In: Die IAB-SOEP-Migrationsstichprobe: Leben, lernen, arbeiten – wie es Migranten in Deutschland geht. IAB-Kurzbericht, 21.3/2014, 21–28, Nürnberg.

Bundesrat (2016): Stenografischer Bericht, 942. Sitzung. Berlin, Freitag, den 26. Februar 2016. URL: www.bundesrat.de/SharedDocs/downloads/DE/plenarprotokolle/2016/Plenarprotokoll-942. pdf?__blob=publicationFile&v=2#page=82 [abgerufen am 23.03.2016].

Bundesagentur für Arbeit (2013): Der Arbeitsmarkt in Deutschland – Fachkräfteengpassanalyse, Dezember 2013. Nürnberg.

Bußmann S, Seyda S (2014): Fachkräfteengpässe in Unternehmen: Die Altersstruktur in Engpassberufen. Köln: Institut der deutschen Wirtschaft.

Commission of the European Communities (COM) (2003): Improving quality in work: A review of recent progress. COM 2003, 728, final. URL: eur-lex.europa.eu/legal-content/EN/TXT/PDF/ ?uri=CELEX:52003DC0728&from=EN [abgerufen am 04.06.2015].

Dangel B, Korporal J (2016): Die novellierte berufsgesetzliche Regelung der Pflege – Struktur und mögliche Wirkungen. G&S Gesundheit und Sozialpolitik, Zeitschriften für das gesamte Gesundheitswesen 70(1), 8–18.

DBfK (2014): DBfK protestiert gegen zu niedrige Zuordnung der Pflegeberufe im DQR. Pressemitteilung vom 01.12.2014. Berlin. URL: http://www.dbfk.de/de/presse/meldungen/2014/DBfK-protestiert-gegen-zu-niedrige-Zuordnung-der-Pflegeberufe-im-DQR.php [abgerufen am 17.11.2015].

Deutscher Qualifikationsrahmen für lebenslanges Lernen (2014): Liste der zugeordneten Qualifikationen. URL: www.dqr.de/media/content/Liste_der_zugeordneten_Qualifikationen_31_03_ 2014_bf.pdf. [abgerufen am 03.11.2015].

Dunkel W, Weihrich M (2012): Interaktive Arbeit. Theorie, Praxis und Gestaltung von Dienstleistungsbeziehungen. Wiesbaden: VS Verlag für Sozialwissenschaften.

European Foundation for the Improvement of Working and Living Conditions (2007): Fourth European Working Conditions Survey (2005). Dublin.

Friedrich-Ebert-Stiftung (2012): Verantwortung braucht Transparenz. Die rechtliche Verankerung unternehmerischer Pflichten zur Offenlegung von Arbeits- und Beschäftigungsbedingungen. WISO Diskurs, Mai 2012.

Friesacher H (2013): Studienmöglichkeiten in der Pflege. OP 2014(1), 34–44, Stuttgart: Thieme. URL: https://www.thieme.de/statics/dokumente/thieme/final/de/dokumente/zw_im-op/Im_OP_ Studienmoeglichkeiten.pdf [abgerufen am 04.06.2016].

Fuchs T (2006): Was ist gute Arbeit? Anforderungen aus der Sicht von Erwerbstätigen. Konzeption und Auswertung einer repräsentativen Untersuchung. Initiative Neue Qualität der Arbeit, INQA-Bericht 19.

GIZ – Gesellschaft für Internationale Zusammenarbeit (2013): Fachkräfte für Deutschland aus Serbien, Bosnien und Tunesien. Pressemitteilung vom 19.08.2013. URL: https://www.giz.de/de/ presse/16363.html [abgerufen am 28.03.2017].

Glaser J, Höge T (2005): Probleme und Lösungen in der Pflege aus Sicht der Arbeits- und Gesundheitswissenschaften. Baua – Bundesanstalt für Arbeitsschutz und Arbeitsmedizin, Dortmund/ Berlin/Dresden.

Harling M, Schablon A, Nienhaus A (2012): Abgeschlossene medizinische Rehabilitationen und Erwerbsminderungsrenten bei Pflegepersonal im Vergleich zu anderen Berufsgruppen. In: Hof-

mann F, Reschauer G, Stößel U (Hrsg.): Freiburger Symposien Arbeitsmedizin im Gesundheitsdienst, Band 25, 188–199.

Hasselhorn HM, Müller BH, Tackenberg P, Kümmerling A, Simon M (2005): Berufsausstieg bei
Pflegepersonal, Arbeitsbedingungen und beabsichtigter Berufsausstieg in Deutschland
und Europa. Schriftenreihe der Bundesanstalt für Arbeitsschutz und Arbeitsmedizin, Ü15.
URL: http://www.baua.de/cae/servlet/contentblob/699560/publicationFile/ [abgerufen am
04.10.2015].

Hülsken-Giesler M, Korporal J (2013; Hrsg.): Fachqualifikationsrahmen Pflege für die hochschulische
Bildung, Berlin.

Immenroth T (2010): Akademisierung in der Pflege in Deutschland (Vortrag). Ostfalia-Hochschule für
angewandte Wissenschaften. Wolfsburg. URL: https://www.ostfalia.de/export/sites/default/
de/pws/immenrto/downloads/Immenroth_T_Akademisierung_der_Pflege_in_Deutschland_
101125.pdf [abgerufen am 02.12.2015].

Institut DGB-Index Gute Arbeit (Hrsg.) (2014): DGB-Index Gute Arbeit – Der Report 2013. Wie die
Beschäftigten die Arbeitsbedingungen in Deutschland beurteilen – Mit dem Themenschwer-
punkt: Unbezahlte Arbeit, Berlin, URL: http://index-gute-arbeit.dgb.de/veroeffentlichungen/
jahresreports/++co++c4a75fde-d761-11e3-a255-52540023ef1a [abgerufen am 20.9.2015].

Institut für Demoskopie (2013): Monitor Familienleben 2013: Einstellungen der Bevölkerung zur
Familienpolitik und zur Familie. Allensbach.

Institut für europäische Gesundheits- und Sozialwirtschaft GmbH (IEGUS), Rheinisch-Westfälisches
Institut für Wirtschaftsforschung e. V. (RWI) (2015): Ökonomische Herausforderungen der Alten-
pflegewirtschaft – Endbericht. Studie im Auftrag des Bundesministeriums für Wirtschaft und
Energie. Berlin & Essen.

Isfort M, Klostermann J, Gehlen D, Siegling B (2014): Im Fokus: Demenz im Krankenhaus. Pflege-
Thermometer 2014: Menschen mit Demenz im Krankenhaus. Die Schwester – Der Pfleger 53(8),
740–749.

Klaes L, Weidner F, Schüler G, Rottländer R, Reiche R, Schwager S, Raven U, Isfort M, Schüler G
(2008): Pflegeausbildung in Bewegung. Schlussbericht der wissenschaftlichen Begleitung.
Studie im Auftrag des Bundesministeriums für Familie, Senioren, Frauen und Jugend. Berlin.

Knigge-Demal B, Hundenborn G (2011): Entwurf des Qualifikationsrahmens für den Beschäftigungsbereich der Pflege, Unterstützung und Betreuung älterer Menschen. Bielefeld: Fachhochschule
Bielefeld, Institut für angewandte Pflegeforschung.

Korporal J, Dangel B (2007): Entwicklung und Struktur pflegewissenschaftlicher Studiengänge an
Hochschulen der Bundesrepublik Deutschland. In: Buttner P (Hrsg.): Das Studium des Sozialen.
Aktuelle Entwicklungen in Hochschule und sozialen Berufen (S. 387–403). Berlin: Deutscher
Verein für Öffentliche und Private Fürsorge.

Körner T, Puch K, Wingerter C (2010): Qualität der Arbeit – ein international vereinbarter Indikatoren-
rahmen. Wirtschaft und Statistik 9/2010, 827–845.

Krampe EM (2013): Krankenpflege im Professionalisierungsprozess. Entfeminisierung durch Akademisierung? die hochschule 1/2013, 43–56.

Kurz-Scherf I (2005): Qualitätskriterien von Arbeit – Ein Überblick. WSI-Mitteilungen 4/2005,
193–199.

Merda M, Braeseke G, Dreher B, Bauer TK, Mennicken R, Otten S, Scheuer M, Stroka MA, Thal-
mann AE, Braun H (2012): Chancen zur Gewinnung von Fachkräften in der Pflegewirtschaft –
Kurzfassung. Studie im Auftrag des Bundesministeriums für Wirtschaft und Technologie. Berlin.

Müller BH, Hasselhorn HM (2004): Arbeitsfähigkeit in der stationären Pflege in Deutschland im europäischen Vergleich. In: Zeitschrift für Arbeitswissenschaft, 58(3), 167–177.

Neuhaus A, Isfort M, Weidner F (2009): Situation und Bedarfe von Familien mit mittel- und osteuropäischen Haushaltshilfen. Köln: Deutsches Institut für angewandte Pflegeforschung e. V.

Oschmianski H (2013): Zwischen Professionalisierung und Prekarisierung: Altenpflege im wohlfahrtsstaatlichen Wandel in Deutschland und Schweden (Dissertation). Berlin: Freie Universität
Berlin.

Prognos AG (2012): Pflegelandschaft 2030 – Eine Studie der Prognos AG im Auftrag der vbw – Vereinigung der Bayerischen Wirtschaft e. V., Basel.

Prognos (2014): Fachkräftesicherung durch Gute Arbeit. Rahmenbedingungen und Zukunftsperspektiven in der Pflege in Thüringen. Berlin.

Robert-Bosch-Stiftung (1992): Pflege braucht Eliten: Denkschrift der Kommission der Robert-Bosch-
Stiftung zur Hochschulausbildung der Lehr- und Leistungskräfte in der Pflege. Gerlingen: Bleicher.

Sachverständigenrat zur Begutachtung der Entwicklung um Gesundheitswesen (2012): Wettbewerb
an der Schnittstelle zwischen ambulanter und stationärer Gesundheitsversorgung – Sondergutachten. Bonn.

Sachverständigenrat zur Begutachtung der Entwicklung um Gesundheitswesen (2014): Bedarfsgerechte Versorgung – Perspektiven für ländliche Regionen und ausgewählte Leistungsbereiche.
Bonn, Berlin.

Sauer M, Vaudt S, Martens J (2014): Irrweg oder Ausweg? Akademisierung der Sozial- und Gesundheitsberufe. FH-Dialog 7/2014, 1–3.

Schaeffer D (2012): Professionalisierung der Pflege – Verheißungen und Realität. Gesundheits- und
Sozialpolitik 65(5–6), 30–37.

Seibert H, Wapler R (2012): Zuwanderung nach Deutschland: Aus dem Ausland kommen immer mehr
Akademiker. IAB-Kurzbericht, 21/2012, Nürnberg.

Seifert H, Tangian A (2009): Index „Qualität der Arbeit": Nordische Länder und Deutschland im Vergleich. In: WSI-Mitteilungen 1/2009, 52–57.

Senator für Gesundheit, Senatorin für Soziales, Kinder, Jugend und Frauen Bremen (2013):
Zwischenbericht zum Schulversuch Gesundheits- und Krankenpflegehilfe (generalistische
Ausrichtung) in Bremen. Schulversuch vom 01.04.2012 bis 31.03.2014. Hansestadt Bremen.

Sieger M (2002): Die Pflegeberufe und ihre Entwicklung. In: Klüsche W (Hrsg.): Entwicklung von
Studium und Praxis in den Sozial- und Gesundheitsberufen. Schriften des Fachbereichs Sozialwesen der Hochschule Niederrhein 34, 21–36.

Simon M (2012a): Beschäftigte und Beschäftigungsstrukturen in Pflegeberufen. Eine Analyse der
Jahre 1999 bis 2009, Studie für den Deutschen Pflegerat. Hannover: Fachhochschule Hannover.

Simon M (2012b): Soziale Dienstleistungen und Fachkräftemangel: Das Beispiel der Pflege (Vortrag). Jahrestagung der Gesellschaft für Sozialen Fortschritt e. V., Loccum. URL: http://www.
sozialerfortschritt.de/wp-content/uploads/2012/07/Simon1.pdf [abgerufen am 04.06.2016].

Simon M (2015): Unterbesetzung und Personalmehrbedarf im Pflegedienst der allgemeinen Krankenhäuser. Eine Schätzung auf Grundlage verfügbarer Daten. Hannover: Hochschule Hannover.

Stöcker G, Reinhart M (2012): Grundständig pflegeberufsausbildende Studiengänge in Deutschland. Berlin: Deutscher Berufsverband für Pflegeberufe. URL www.dbfk-pflege-als-beruf.de/
downloads/Synopse_grundst__ndig.pdf [abgerufen am 12.10.2016].

Tivig T, Henseke G, Neuhaus J (2013): Berufe im demografischen Wandel – Alterungstrends und
Fachkräfteangebot. Dortmund: Bundesanstalt für Arbeitsschutz und Arbeitsmedizin.

Tuomi K (Hrsg; 1997): Eleven-year follow-up of aging workers. Scandinavian Journal of Work Environ-
ment Health 23(1), 1–71.

Universitätskrankenhaus Eppendorf (UKE) Akademie für Bildung, Karriere (2016): Physician Assistant (Bachelor of Science) – Eine zukunftsweisende Spezialisierung in der Medizin. URL:
https://www.uke.de/organisationsstruktur/zentrale-bereiche/uke-akademie-fuer-bildung-
karriere/studium/physician-assistant-(b.sc.)/ [abgerufen am 06.07.2016].

VDK (2014): Pflege ist ein Menschenrecht – Sozialverband VdK fordert ein neues Kontrollsystem in Pflegeheimen. URL: www.vdk.de/deutschland/pages/presse/vdk-zeitung/68959/gute_pflege_ist_ein_menschenrecht [abgerufen am 05.11.2015].

Van der Berg M (2012): Der duale Studiengang Pflege: Auswirkungen auf die Akademisierung und Professionalisierung und Schwierigkeiten in der praktischen Umsetzung (Bachelorarbeit). Hamburg: Bachelor, Master Publishing.

Ver.di (2012): Ausbildungsreport Pflegeberufe 2012. ver.di – Vereinte Dienstleistungsgewerkschaft, Berlin.

Ver.di (2013): Arbeitsethos hoch, Arbeitshetze massiv, Bezahlung völlig unangemessen. Beschäftigte in Pflegeberufen – So beurteilen sie ihre Arbeitsbedingungen. Ergebnisse einer Sonderauswertung der bundesweiten Repräsentativumfrage zum DGB-Index Gute Arbeit 2012. ver.di-Reihe Arbeitsberichterstattung aus der Sicht der Beschäftigten – 7, Berlin.

Weltgesundheitsorganisation (WHO) (2000): Erklärung von München – Pflege und Hebammen – ein Plus für Gesundheit. URL: www.euro.who.int/__data/assets/pdf_file/0008/53855/E93016G.pdf?ua=1 [abgerufen am 07.05.2016].

Weltgesundheitsorganisation (WHO) (2013): A Universal Truth: No Health without a Workforce – Forum Report. Genf: Global Health Workforce Alliance und World Health Organization.

Wirtschaftskommission der Vereinten Nationen für Europa (UNECE) (2010): Potential indicators for measurement of quality of employment. Dokument ECE/CES/2010/9, 58. Plenarsitzung der Konferenz Europäischer Statistiker (08.-10.06.2010 in Paris). URL: www.unece.org/stats/documents/ece/ces/2010/9.e.pdf [abgerufen am 15.09.2015].

Wissenschaftsrat (2012): Empfehlungen zu hochschulischen Qualifikationen für das Gesundheitswesen. Wissenschaftsrat, Drs. 2411–12, Berlin.

Zeit online (2013): Neue Studiengänge: Der Bachelor kommt ans Bett. URL: http://www.zeit.de/2013/47/pflege-bachelor-akademische-fachkraefte [abgerufen am 02.03.2016].

6 Entwicklung des Arbeitsmarkts für Pflegekräfte

In Kapitel 6 wird die Entwicklung des Arbeitsmarkts für Pflegekräfte untersucht. Die Nachfrage nach Beschäftigten, die Gesundheits- und Pflegeberufe ausüben, ist im Wesentlichen nicht von der Konjunktur abhängig, sondern vorrangig von der Entwicklung der Morbidität und Pflegebedürftigkeit determiniert, die wiederum von der Alterung der Bevölkerung bestimmt wird. Auch gesundheitspolitische Entscheidungen spielen eine Rolle. Als Beispiele können einerseits die Budgetkürzungen im Krankenhausbereich in den 1990er-Jahren, andererseits Pflegeförderprogramme im Zuge von Krankenhausreformen genannt werden. Des Weiteren hat die Einführung der Pflegeversicherung zur steigenden Nachfrage nach Pflegekräften geführt. Im Vergleich zu anderen Berufen ist nicht damit zu rechnen, dass angebotsbedingte Arbeitslosigkeit in größerem Umfang entsteht, die auf ein sogenanntes Schweinezyklusphänomen in der Ausbildung zurückzuführen ist. Solche Zyklen entstehen, wenn sich zahlreiche Auszubildende oder Studienanfänger an der aktuellen Marktsituation orientieren und zum Beispiel bei einem Mangel von Absolventen eines Berufs ihre Ausbildung in diesem Beruf beginnen. Hierdurch kann aufgrund der Ausbildungsdauer ein verzögertes Überangebot in dem betreffenden Beruf entstehen, das anschließend zu starken Einschränkungen in der Ausbildungsnachfrage führt. Für die Ausbildungsentscheidung der Gesundheitsbetriebe ist davon auszugehen, dass diese aufgrund ihrer kostenmäßigen Auswirkungen keine hohen Zuwächse an Gesundheitsfachkräften hervorruft, die nicht vom Markt aufgenommen werden können. Gleichwohl spielen bei der Arbeitsmarktlage in Gesundheitsberufen Qualifikationsaspekte und solche der Spezialisierung eine wichtige Rolle. Auch regional kann die Arbeitsmarktsituation variieren, das heißt, in einigen Regionen können Engpässe von Arbeitskräften bei einem Überangebot in anderen Regionen bestehen.

Zunächst soll in Kapitel 6.1 ein Überblick über die verschiedenen Arten von Arbeitslosigkeit und ihre Bedeutung für Berufstätige in Gesundheits- und Pflegeberufen gegeben werden. Daran schließt sich eine Darstellung der Entwicklung der Arbeitslosigkeit in den Pflegeberufen an (siehe Kapitel 6.2), die zwischen den beiden Hauptpflegeberufen und nach Helfern und Fachkräften differenziert untersucht wird. Dabei können strukturelle Unterschiede zum Beispiel hinsichtlich Alter und Qualifikation der betroffenen Personen deutlich gemacht werden. Die steigende Nachfrage nach Pflegekräften soll anhand der verfügbaren statistischen Grundlagen, nämlich der Erhebung zum gesamtwirtschaftlichen Stellenangebot und den bei den Arbeitsagenturen gemeldeten offenen Stellen veranschaulicht werden (siehe Kapitel 6.3). Schließlich gibt das Verhältnis der beiden Größen – Arbeitslose und offene Stellen – Hinweise auf zunehmende Engpässe in den Pflegeberufen.

https://doi.org/10.1515/9783110431698-006

6.1 Arten der Arbeitslosigkeit

Bevor die Arbeitslosigkeit von Erwerbspersonen mit Pflegeberufen untersucht wird, sollen zunächst die verschiedenen Arten der Arbeitslosigkeit erläutert werden. Dabei sind die Ursachen zu unterscheiden, die zur Arbeitslosigkeit führen. So lässt sich zum Beispiel nach friktioneller, saisonaler, konjunktureller und struktureller Arbeitslosigkeit differenzieren (vgl. Sesselmeier & Blauermel 1998: 15 f.).

Bei der friktionellen Arbeitslosigkeit (auch Fluktuationsarbeitslosigkeit oder Sucharbeitslosigkeit genannt) handelt sich um die Arbeitslosigkeit zwischen der Beendigung einer alten und der Aufnahme einer neuen Tätigkeit. Diese Form der Arbeitslosigkeit ist in der Regel kurzfristig und dauert bis zu drei Monate. Bei höher Qualifizierten, bei denen es schwieriger ist, eine geeignete Stelle zu finden, kann die Sucharbeitslosigkeit auch länger währen. Sie kann freiwillig sein (z. B. Eigenkündigung) oder auch unfreiwillig durch Kündigung seitens des Arbeitgebers.

Das Ausmaß der friktionellen Arbeitslosigkeit hängt auch von der Effektivität der Arbeitsmarktinstitutionen (der Flexibilität des Arbeitsmarkts und der Arbeitsvermittlung der Arbeitsagenturen) und der Größe des Teilarbeitsmarkts ab (vgl. Oschmianski 2000). Daher ist eine effektive und effiziente Arbeitsvermittlung, die zu schnellem Marktausgleich von Arbeitsangebot und Arbeitsnachfrage führt, das wirkungsvollste arbeitsmarktpolitische Instrument zur Verringerung der friktionellen Arbeitslosigkeit. Hierzu können auch Verpflichtungen beitragen, sich vor Beendigung des alten Arbeitsvertrags bei den Agenturen arbeitssuchend zu melden, um so idealerweise eine Übergangsarbeitslosigkeit zu vermeiden. Die sogenannte Job-to-Job-Vermittlung der Arbeitsagenturen hat dies zum Ziel. Die Höhe der friktionellen Arbeitslosigkeit ist schwer zu bestimmen, da eine Bestandszahl (wie die häufig genannte Quote von unter einem Prozent) wenig über die hinter dieser Zahl stehenden Arbeitslosigkeitsfälle aussagt (vgl. Karr 2002).

Die saisonale Arbeitslosigkeit tritt aufgrund von jahreszeitlichen Schwankungen der wirtschaftlichen Aktivitäten und damit zusammenhängend der Nachfrage nach Arbeitskräften auf, die aufgrund von Klimabedingungen (z. B. Arbeitslosigkeit in der Bau- oder Landwirtschaft im Winter) oder aufgrund von Nachfrageschwankungen (z. B. in der Tourismusbranche) eintreten.

Konjunkturelle Arbeitslosigkeit basiert auf Rückgängen der gesamtwirtschaftlichen Nachfrage im Konjunkturzyklus. Bei einem Mangel an Absatzmöglichkeiten entlassen die Betriebe Arbeitskräfte, die sie im Aufschwung wieder einstellen. Ein Instrument zur Bewältigung einer vorübergehenden Nachfrageschwäche ist das Kurzarbeitergeld, das Unternehmen in diesem Fall von den Arbeitsagenturen gewährt wird. Konjunkturelle Schwankungen betreffen Wirtschaftsbereiche wie die Industrie und die Exportwirtschaft stärker als Dienstleistungen vor allem im Gesundheits- und Sozialwesen. Konjunkturelle Arbeitslosigkeit ist zunächst ein kurzfristiges Problem, wenn nach Überwindung der konjunkturellen Krise die Arbeitskräfte wieder eingestellt werden. Allerdings zeigen die Wirtschaftskrisen seit den 1970er-Jahren, dass die Arbeitslosigkeit nach den Nachfrageeinbrüchen im folgenden Aufschwung nicht abgebaut wurde, sondern anstieg. In diesen Fällen wurden aus kurzfristig Arbeitslosen häufig Langzeitarbeitslose. Die Arbeitslosigkeit verfestigte sich, man spricht dann von Hysterese (vgl. Bogai 1995).

Strukturelle Arbeitslosigkeit basiert auf Unterschieden zwischen der Struktur des Angebots und der Nachfrage nach Arbeitskräften. Verschiedene Phänomene zählen zur strukturellen Arbeitslosigkeit. Bei der merkmalsstrukturellen Arbeitslosigkeit passen die Arbeitslosen und die Anforderungen der offenen Stellen nicht zueinander. Aufgrund dieses Mismatches zwischen Arbeitslosen und offenen Stellen wird von Mismatch-Arbeitslosigkeit gesprochen (vgl. Bauer & Gartner 2014). Ein wesentlicher Grund ist hierfür die Qualifikation der Arbeitslosen, die nicht den Qualifikationsanforderungen für eine Beschäftigung entspricht. So zeigt eine Untersuchung von Bogai et al. (2014), dass nahezu jeder zweite Arbeitslose in Deutschland aufgrund seiner persönlichen Qualifikationsvoraussetzungen nur Helfertätigkeiten ausüben kann. Dabei entspricht nur jeder siebte Arbeitsplatz diesem Niveau. Außerdem zeigt sich, dass die Beschäftigungsperspektiven der Geringqualifizierten regional sehr unterschiedlich sind. In Ostdeutschland, im Ruhrgebiet und in zahlreichen Großstädten haben sie besonders große Schwierigkeiten, passende Stellen zu finden.

Die strukturelle oder Mismatch-Arbeitslosigkeit bezieht sich auch auf Situationen, in denen offene Stellen und Arbeitslose im gleichen Beruf nicht zueinanderfinden. Sie trifft insbesondere auf Hilfskräfte zu, bei denen offene Stellen trotz eines hohen Potenzials unter den Arbeitslosen schwer besetzt werden können. Hier können verschiedene Faktoren wie ungünstige Arbeitsbedingungen, niedrige Löhne beziehungsweise geringer Lohnabstand zum Transfereinkommen und eine fehlende Motivation der Bewerber eine Rolle spielen.

Die sektorale Arbeitslosigkeit ist auf langjährige Schrumpfungsprozesse in einzelnen Branchen zurückzuführen. Beispiele sind der Steinkohlebergbau, der seit Jahrzehnten in Deutschland an Bedeutung verliert, die Textilindustrie oder die Herstellung von Elektronikerzeugnissen. Die arbeitsmarktpolitische Aufgabe besteht hier darin, die Arbeitskräfte aus den schrumpfenden Branchen für neue Tätigkeitsfelder zu qualifizieren, zum Beispiel für die Altenpflege.

Die technologische Arbeitslosigkeit entsteht durch Rationalisierungsmaßnahmen, vor allem durch Maschinen und zuletzt auch durch die Informationstechnik. Durch immer leistungsfähigere Roboter und Computer sind nicht nur die Arbeitsplätze in der Fertigung, sondern zunehmend auch die Stellen in Büros und für Beschäftigte mit mittlerem Qualifikationsniveau gefährdet (digitale Revolution) (vgl. Möller 2015). In den sozialen Berufen wie in der Kranken- und Altenpflege hingegen werden auch künftig viele menschliche Arbeitskräfte benötigt.

Institutionell bedingte Arbeitslosigkeit entsteht durch arbeits- und sozialrechtliche Regelungen, zum Beispiel wenn das über einen langen Zeitraum gewährte Arbeitslosengeld den Anreiz zur Aufnahme einer Beschäftigung schwächt. Hierauf basierte die bis in die 1990er-Jahre bestehende Vorruhestandsarbeitslosigkeit von Personen im

Alter von über 58 Jahren, die nach Bezug eines 30-monatigen Arbeitslosengelds mit 60 Jahren wegen Arbeitslosigkeit in die Rente wechseln konnten (vgl. Bogai 1994).

Regionale Arbeitslosigkeit basiert auf eingeschränkter regionaler Mobilität von Erwerbspersonen, die auf verschiedene Gründe (z. B. familiäre Bindung) zurückzuführen ist. Insbesondere in den süddeutschen Ballungsregionen besteht ein Fachkräftemangel in einigen Berufen (vgl. BA 2015), während in Ostdeutschland ein Überangebot herrscht (vgl. Schwengler & Hirschenauer 2015). Dies gilt auch für Fachkräfte der Gesundheits- und Krankenpflege, die zum Beispiel in München knapper sind als in den ländlichen Regionen Ostdeutschlands.

Abschließend sind die Begriffe der Unterbeschäftigung und der Stillen Reserve zu erläutern, wenn das gesamte Beschäftigungsdefizit in einem Land beziffert werden soll (vgl. Fuchs et al. 2005). In der Unterbeschäftigung werden zusätzlich zu den registrierten Arbeitslosen auch die Personen erfasst, die nicht als arbeitslos im Sinne des Sozialgesetzbuchs (SGB) gelten, weil sie an einer Maßnahme der Arbeitsförderung teilnehmen oder kurzfristig erkrankt sind. Dazu gehören Teilnehmer an Qualifizierungsmaßnahmen oder geförderte Beschäftigung, wie sie früher durch Arbeitsbeschaffungsmaßnahmen und heute durch sogenannte Ein-Euro-Jobs (Arbeitsgelegenheiten) möglich sind.

Die Stille Reserve am Arbeitsmarkt besteht aus Personen, die nicht am Arbeitsmarkt aktiv sind, aber eine Arbeit unter bestimmten Bedingungen aufnehmen würden. Der Grund dafür kann beispielsweise darin liegen, dass sie sich bei den Agenturen nicht melden, etwa weil sie keinen Anspruch auf Leistungen haben, oder sie eine Vermittlung aufgrund der Arbeitsmarktlage als unwahrscheinlich ansehen.

6.2 Entwicklung der Arbeitslosigkeit in den Pflegeberufen

Die (steigende) Arbeitslosigkeit war in Deutschland lange Zeit ein Kernproblem des Arbeitsmarkts, da die Arbeitslosenquote nach jedem Konjunktureinbruch höher war als zuvor. Die konjunkturell bedingte Arbeitslosigkeit verfestigte sich im Laufe der Zeit und der Anteil der Langzeitarbeitslosen nahm zu (vgl. Brücker et al. 2012 und Bach et al. 2008). Auch unmittelbar nach Einführung der sogenannten Hartz-Reform-Gesetze für moderne Dienstleistungen am Arbeitsmarkt stieg die Arbeitslosigkeit in Deutschland nochmals an, auch dadurch, dass vormals nicht registrierte Sozialhilfempfänger die Zahl der Arbeitslosen im Jahr 2005 – Einführung der sogenannten Grundsicherung für Arbeitsuchende (Hartz IV) – erhöhten (vgl. Möller et al. 2009). Seit 2005 gelten zwei unterschiedliche Systeme in der deutschen Arbeitsmarktpolitik. Zum einen werden im Rechtskreis SGB-III-Arbeitslose aus der Arbeitslosenversicherung, zum anderen im Rechtskreis SGB-II-Arbeitslose aus der Grundsicherung von deren Trägern auf der Ebene der Kreise teilweise durch die Kommunen oder durch gemeinsame Einrichtungen von Bundesagentur für Arbeit und Kommune betreut.

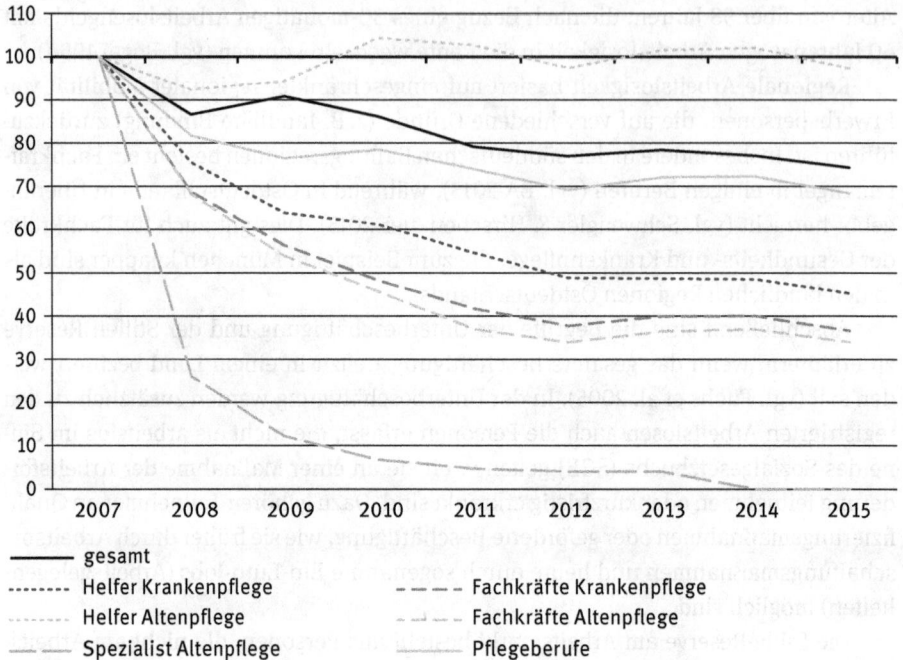

Abb. 6.1: Arbeitslose (Jahresdurchschnitt) in ausgewählten Pflegeberufen 2007 bis 2015 (Index: 2007 = 100) (Statistik der Bundesagentur für Arbeit; eigene Berechnungen).

Im Folgenden soll die Entwicklung der Arbeitslosigkeit von 2007 – als der Hartz-IV-Effekt ausgelaufen war – bis 2015 untersucht werden. 2007 waren in Deutschland insgesamt 3,76 Mio. Menschen arbeitslos registriert. Acht Jahre später war ihre Zahl um fast eine Million auf 2,8 Mio. Personen im Jahresdurchschnitt gesunken. Die Anzahl der Arbeitslosen in den hier untersuchten Pflegeberufen lag 2007 bei insgesamt rund 65.000 Personen. Bis zum Jahr 2015 ist ihre Zahl auf 44.000 arbeitslose Menschen gesunken.

Abbildung 6.1 macht deutlich, dass die Arbeitslosigkeit in den Pflegeberufen im Untersuchungszeitraum überdurchschnittlich gefallen ist, allerdings mit einer Ausnahme, nämlich den Helfern in der Altenpflege. Ihre Zahl verharrte weitgehend auf dem Stand von 2007. Bei neun von zehn arbeitslosen Altenpflegekräften handelt es sich im Jahr 2015 um Altenpflegehelfer/-innen. Für die examinierten Altenpflegekräfte kann mit 3000 Arbeitslosen und einer rechnerischen Arbeitslosenquote von unter einem Prozent von Vollbeschäftigung gesprochen werden. Bei den Krankenpflegern war die Entwicklung der Arbeitslosigkeit ebenfalls rückläufig, insbesondere die Beschäftigungslosigkeit der Fachkräfte sank auf rund ein Drittel des Standes von 2007, bei den Helfern in der Krankenpflege halbierte sich die Arbeitslosigkeit innerhalb von acht Jahren.

Tab. 6.1: Arbeitslose in ausgewählten Pflegeberufen nach Geschlecht 2007 und 2015 (Statistik der Bundesagentur für Arbeit; eigene Berechnungen).

	Pflegeberufe						Arbeitslose gesamt
	gesamt	Helfer Kranken- pflege	Fachkraft Kranken- pflege	Helfer Alten- pflege	Fachkraft Alten- pflege	Spezialist Alten- pflege	
2007							
gesamt	**64.836**	**11.253**	**11.358**	**32.786**	**9415**	**25**	**3.760.586**
männlich	10.598	2184	1558	5064	1788	4	1.893.657
weiblich	54.238	9068	9800	27.722	7627	21	1.866.855
2015							
gesamt	**44.343**	**5093**	**4155**	**31.897**	**3198**		**2.794.664**
männlich	8176	1096	654	5755	672		1.517.211
weiblich	36.166	3996	3501	26.142	2527		1.277.452
Geschlechteranteile in %							
2007							
gesamt	**100,0**	**100,0**	**100,0**	**100,0**	**100,0**	**100,0**	**100,0**
männlich	16,3	19,4	13,7	15,4	19,0	15,5	50,4
weiblich	83,7	80,6	86,3	84,6	81,0	84,5	49,6
2015							
gesamt	**100,0**	**100,0**	**100,0**	**100,0**	**100,0**		**100,0**
männlich	18,4	21,5	15,7	18,0	21,0		54,3
weiblich	81,6	78,5	84,3	82,0	79,0		45,7
Veränderung 2015/2007							
absolut							
gesamt	**−20.493**	**−6160**	**−7203**	**−889**	**−6217**	**−25**	**965.922**
männlich	−2421	−1088	−904	691	−1116	−4	−376.446
weiblich	−18.072	−5072	−6299	−1580	−5100	−21	−589.403
in %							
gesamt	**−31,6**	**−54,7**	**−63,4**	**−2,7**	**−66,0**		**−25,7**
männlich	−22,8	−49,8	58,0	13,6	−62,4		−19,9
weiblich	−33,3	−55,9	−64,3	−5,7	−66,9		−31,6

Pflegeberufe werden zu mehr als 80 Prozent von Frauen ausgeübt (siehe Kapitel 5). Dementsprechend ist auch der Frauenanteil unter den arbeitslosen Pflegekräften hoch. Etwas geringere Frauenanteile sind bei den Arbeitslosen unter den Helfern in der Krankenpflege und den Fachkräften in der Altenpflege zu finden (siehe Tabelle 6.1). Betrachtet man die Entwicklung der Arbeitslosigkeit zwischen 2007 und 2015 hinsichtlich des Geschlechts, hat die Zahl der weiblichen Arbeitslosen in allen Pflegeberufen stärker abgenommen als die der männlichen.

Arbeitslosigkeit kann in verschiedenen Altersphasen auf unterschiedliche Ursachen zurückzuführen sein. Bei jüngeren Erwerbspersonen können Schwierigkeiten im

Berufseinstieg auftreten. In der Regel ist die Dauer der Arbeitslosigkeit kürzer als bei Älteren, deren Integration in Beschäftigung schwieriger ist.

Tabelle 6.2 bildet die Altersstrukturen der Arbeitslosen in den Pflegeberufen im Jahr 2007 und 2015 ab. Bei den unter 20-Jährigen ist die Arbeitslosigkeit lediglich bei den Helfern in der Krankenpflege nennenswert; dies könnte auf Schwierigkeiten beim Übergang von der Ausbildung in den Beruf hindeuten. Für die Arbeitslosen in den anderen Pflegeberufen ist diese Altersgruppe nicht relevant, auch deshalb, weil die meisten Pflegebeschäftigten noch in der Ausbildung sind. Allerdings zeigt sich eine absolute Zunahme in dieser Altersgruppe bei den Helfern in der Altenpflege. In der nächsthöheren Altersgruppe deuten Anteil und Entwicklung der Arbeitslosigkeit nicht auf gravierende Arbeitsmarktprobleme hin. Bei einer deutlichen Gesamtabnahme der Arbeitslosigkeit in den Pflegeberufen ist die Zahl der älteren Arbeitslosen nahezu unverändert geblieben und damit im Anteil gestiegen. Gleichwohl ist ihre Bedeutung wesentlich niedriger als in der Arbeitslosigkeit insgesamt. Als die einzige wirkliche Problemgruppe unter den Pflegeberufen müssen die Helfer in der Altenpflege angesehen werden. Bei nahezu unveränderter Gesamtzahl hat sich der Anteil der Arbeitslosen im Alter 55 Jahre und älter unter ihnen erhöht. Ebenfalls angestiegen ist der Anteil Älterer bei den Fachkräften in der Krankenpflege, allerdings werden 2015 absolut gut ein Viertel weniger Arbeitslose mit diesem Beruf gezählt.

Arbeitslosigkeit per se ist als weniger problematisch anzusehen, wenn es nur kurze Zeit dauert, bis eine neue Stelle gefunden wird. Eine Arbeitslosigkeit mit einer Dauer von unter drei Monaten kann als friktionell bezeichnet werden. Über alle Pflegeberufe betrachtet war 2007 rund ein Viertel aller Arbeitslosen weniger als drei Monate arbeitslos (bei allen Arbeitslosen gut ein Fünftel ; siehe Tabelle 6.3). 2015 hat sich der Anteil der Kurzfristarbeitslosen bei den Pflegeberufen auf rund ein Drittel erhöht, bei allen Arbeitslosen auf gut ein Viertel. Arbeitslosigkeit zu Beginn des Erwerbslebens kann das spätere Risiko von Arbeitslosigkeit erhöhen (vgl. Schmillen & Umkehrer 2014). Längere Arbeitslosigkeitsdauern gehen häufig mit einem Verlust an Qualifikationen und Beschäftigungsfähigkeit einher. Studien zeigen, dass mit längerer Arbeitslosigkeit die Chance auf eine Wiederbeschäftigung abnimmt (vgl. Karr 2002). Als kritische Grenze gilt ein Jahr. Man spricht bei Personen, die ein Jahr und länger arbeitslos sind, von Langzeitarbeitslosen. Diese Verfestigung der Arbeitslosigkeit prägte 2007 die Situation in Deutschland allgemein und auch die der arbeitslosen Helfer in den Pflegeberufen. Langzeitarbeitslosenanteile von 40 Prozent und mehr dokumentieren dies eindrücklich. Im Jahr 2015 lag der Anteil der Langzeitarbeitslosen sowohl in den Pflegeberufen als auch in der Gesamtwirtschaft deutlich niedriger als acht Jahre zuvor. Allerdings belegen die unverändert hohe Zahl der Arbeitslosen und der überdurchschnittlich hohe Anteil an Langzeitarbeitslosen unter den Helfern in der Altenpflege deren schwierige Arbeitsmarktsituation.

Tab. 6.2: Arbeitslose in ausgewählten Pflegeberufen nach Altersgruppen 2007 und 2015 (Statistik der Bundesagentur für Arbeit; eigene Berechnungen).

	Pflegeberufe						Arbeitslose gesamt
	gesamt	Helfer Kranken-pflege	Fachkraft Kranken-pflege	Helfer Alten-pflege	Fach-kraft Alten-pflege	Spe-zialist Alten-pflege	
2007							
gesamt	**64.836**	**11.253**	**11.358**	**32.786**	**9415**	**25**	**3.760.586**
15 bis unter 20 Jahre	1080	283	58	695	44		82.832
20 bis unter 25 Jahre	6050	1202	1473	2583	792	1	319.766
25 bis unter 35 Jahre	15.853	2895	3020	7640	2295	3	832.009
35 bis unter 45 Jahre	18.443	3046	3283	9356	2751	6	1.015.758
45 bis unter 55 Jahre	17.417	2774	2580	9311	2740	12	1.036.044
55 Jahre und älter	5991	1051	943	3201	793	4	473.959
2015							
gesamt	**44.343**	**5093**	**4155**	**31.897**	**3198**		**2.794.664**
15 bis unter 20 Jahre	1072	216	19	829	9		45.674
20 bis unter 25 Jahre	4023	640	388	2775	220		192.873
25 bis unter 35 Jahre	13.037	1444	1097	9445	1050		676.375
35 bis unter 45 Jahre	10.562	1224	1047	7494	797		606.246
45 bis unter 55 Jahre	9702	994	925	7081	702		699.496
55 Jahre und älter	5947	575	679	4273	421		573.886
2007							
gesamt	**100,0**	**100,0**	**100,0**	**100,0**	**100,0**	**100,0**	**100,0**
15 bis unter 20 Jahre	1,7	2,5	0,5	2,1	0,5	0,0	2,2
20 bis unter 25 Jahre	9,3	10,7	13,0	7,9	8,4	2,0	8,5
25 bis unter 35 Jahre	24,5	25,7	26,6	23,3	24,4	12,2	22,1
35 bis unter 45 Jahre	28,4	27,1	28,9	28,5	29,2	23,0	27,0
45 bis unter 55 Jahre	26,9	24,6	22,7	28,4	29,1	47,3	27,6
55 Jahre und älter	9,2	9,3	8,3	9,8	8,4	15,5	12,6
2015							
gesamt	**100,0**	**100,0**	**100,0**	**100,0**	**100,0**		**100,0**
15 bis unter 20 Jahre	2,4	4,2	0,4	2,6	0,3		1,6
20 bis unter 25 Jahre	9,1	12,6	9,3	8,7	6,9		6,9
25 bis unter 35 Jahre	29,4	28,4	26,4	29,6	32,8		24,2
35 bis unter 45 Jahre	23,8	24,0	25,2	23,5	24,9		21,7
45 bis unter 55 Jahre	21,9	19,5	22,3	22,2	22,0		25,0
55 Jahre und älter	13,4	11,3	16,4	13,4	13,2		20,5

Tab. 6.3: Arbeitslose in ausgewählten Pflegeberufen nach Dauer der Arbeitslosigkeit 2007 und 2015 (Statistik der Bundesagentur für Arbeit; eigene Berechnungen).

	Pflegeberufe						Arbeitslose gesamt
	gesamt	Helfer Krankenpflege	Fachkraft Krankenpflege	Helfer Altenpflege	Fachkraft Altenpflege	Spezialist Altenpflege	
2007							
gesamt	**64.836**	**11.253**	**11.358**	**32.786**	**9415**	**25**	**3.760.586**
nicht langzeitarbeitslos	38.708	6134	7969	17.902	6685	18	2.027.560
weniger als 1 Monat	6539	898	1770	2433	1433	4	334.866
1 bis unter 2 Monate	5408	801	1268	2292	1044	3	286.387
2 bis unter 3 Monate	4485	694	953	2029	807	3	240.713
3 bis unter 6 Monate	10.134	1647	1973	4865	1645	4	528.600
6 Monate bis unter 1 Jahr	12.142	2094	2005	6284	1755	5	629.838
langzeitarbeitslos	26.128	5118	3389	14.884	2730	7	1.733.026
1 bis unter 2 Jahre	12.619	2316	1768	7008	1524	4	720.973
2 Jahre und länger	13.509	2803	1621	7876	1206	4	1.000.251
2015							
gesamt	**44.343**	**5093**	**4155**	**31.897**	**3198**		**2.794.664**
nicht langzeitarbeitslos	30.714	3540	3404	21.189	2581		1.755.383
weniger als 1 Monat	6119	665	948	3762	744		315.642
1 bis unter 2 Monate	4716	538	621	3099	458		255.360
2 bis unter 3 Monate	3752	434	428	2577	313		212.619
3 bis unter 6 Monate	7905	931	763	5639	572		458.690
6 Monate bis unter 1 Jahr	8221	972	644	6111	494		511.769
langzeitarbeitslos	13.629	1553	751	10.708	617		1.039.281
1 bis unter 2 Jahre	6858	780	422	5308	347		458.704
2 Jahre und länger	6772	773	329	5400	270		579.288
Dauer der Arbeitslosigkeit in %							
2007							
gesamt	**100,0**	**100,0**	**100,0**	**100,0**	**100,0**	**100,0**	**100,0**
nicht langzeitarbeitslos	59,7	54,5	70,2	54,6	71,0	71,6	53,9
weniger als 1 Monat	10,1	8,0	15,6	7,4	15,2	14,9	8,9
1 bis unter 2 Monate	8,3	7,1	11,2	7,0	11,1	10,5	7,6
2 bis unter 3 Monate	6,9	6,2	8,4	6,2	8,6	10,5	6,4
3 bis unter 6 Monate	15,6	14,6	17,4	14,8	17,5	15,9	14,1
6 Monate bis unter 1 Jahr	18,7	18,6	17,6	19,2	18,6	19,9	16,7
langzeitarbeitslos	40,3	45,5	29,8	45,4	29,0	28,4	46,1
1 bis unter 2 Jahre	19,5	20,6	15,6	21,4	16,2	14,2	19,2
2 Jahre und länger	20,8	24,9	14,3	24,0	12,8	14,2	26,6

Tab. 6.3: Fortsetzung.

	Pflegeberufe						Arbeitslose gesamt
	gesamt	Helfer Krankenpflege	Fachkraft Krankenpflege	Helfer Altenpflege	Fachkraft Altenpflege	Spezialist Altenpflege	
2015							
gesamt	100,0	100,0	100,0	100,0	100,0		100,0
nicht langzeitarbeitslos	69,3	69,5	81,9	66,4	80,7		62,8
weniger als 1 Monat	13,8	13,1	22,8	11,8	23,3		11,3
1 bis unter 2 Monate	10,6	10,6	14,9	9,7	14,3		9,1
2 bis unter 3 Monate	8,5	8,5	10,3	8,1	9,8		7,6
3 bis unter 6 Monate	17,8	18,3	18,4	17,7	17,9		16,4
6 Monate bis unter 1 Jahr	18,5	19,1	15,5	19,2	15,4		18,3
langzeitarbeitslos	30,7	30,5	18,1	33,6	19,3		37,2
1 bis unter 2 Jahre	15,5	15,3	10,2	16,6	10,8		16,4
2 Jahre und länger	15,3	15,2	7,9	16,9	8,5		20,7
Veränderung 2015/2007							
absolut							
gesamt	−20.493	−6160	−7203	−889	−6217	−25	−965.922
nicht langzeitarbeitslos	−7994	−2594	−4565	3286	−4104	−18	−272.177
weniger als 1 Monat	−419	−234	−822	1329	−689	−4	−19.224
1 bis unter 2 Monate	−692	−263	−648	807	−586	−3	−31.028
2 bis unter 3 Monate	−733	−260	−525	548	−494	−3	−28.094
3 bis unter 6 Monate	−2228	−716	−1210	774	−1073	−4	−69.910
6 Monate bis unter 1 Jahr	−3921	−1122	−1361	−172	−1261	−5	−118.068
langzeitarbeitslos	−12.499	−3566	−2638	−4175	−2113	−7	−693.745
1 bis unter 2 Jahre	−5761	−1536	−1346	−1700	−1177	−4	−262.269
2 Jahre und länger	−6738	−2030	−1292	−2476	−936	−4	−420.963
2015							
gesamt	−31,6	−54,7	−63,4	−2,7	−66,0		−25,7
nicht langzeitarbeitslos	−20,7	−42,3	−57,3	18,4	−61,4		−13,4
weniger als 1 Monat	−6,4	−26,0	−46,4	54,6	−48,1		−5,7
1 bis unter 2 Monate	−12,8	−32,8	−51,1	35,2	−56,1		−10,8
2 bis unter 3 Monate	−16,4	−37,4	−55,1	27,0	−61,2		−11,7
3 bis unter 6 Monate	−22,0	−43,5	−61,3	15,9	−65,2		−13,2
6 Monate bis unter 1 Jahr	−32,3	−53,6	−67,9	−2,7	−71,9		−18,7
langzeitarbeitslos	−47,8	−69,7	−77,8	−28,1	−77,4		−40,0
1 bis unter 2 Jahre	−45,7	−66,3	−76,1	−24,3	−77,2		−36,4
2 Jahre und länger	−49,9	−72,4	−79,7	−31,4	−77,6		−42,1

6.3 Offene Stellen in Pflegeberufen

Während in Kapitel 6.2 die realisierte Nachfrage nach Pflegekräften, also die Beschäftigung im Zentrum stand, wird in Kapitel 6.3 die noch nicht realisierte Nachfrage nach Pflegekräften untersucht. Zur Gesamtnachfrage der Betriebe nach Arbeitskräften (sowie nach ausgewählten Berufen) liegt eine repräsentative Unternehmensbefragung des IAB vor (vgl. Moczall et al. 2015). Diese enthält auch Informationen über die eingeschlagenen Strategien der Betriebe zur Rekrutierung von Arbeitskräften und darüber, welche Strategien erfolgreich zur Stellenbesetzung beigetragen haben. Schließlich sind die bei den Arbeitsagenturen gemeldeten Vakanzen zu betrachten. Ihre Anzahl und (steigende) Dauer bis zur Besetzung sind Indikatoren einer (angespannten) Nachfrage nach Pflegekräften.

6.3.1 Entwicklung der Gesamtzahl offener Stellen

Den Arbeitsagenturen wird von den Betrieben nur ein Teil der offenen Stellen gemeldet. Auskunft über die Gesamtzahl der Vakanzen gibt die IAB-Stellenerhebung (siehe Infobox „Erhebung zum gesamtwirtschaftlichen Stellenangebot"). Diese Erhebung unterscheidet zwischen sofort und später zu besetzenden offenen Stellen der Betriebe. Die Befragung zeigt die steigende Zahl von sofort zu besetzenden Stellen in der Altenpflege in den vergangenen Jahren (siehe Tabelle 6.4).

Tab. 6.4: Sofort zu besetzende offene Stellen in Berufen der Pflege in Tsd., 2012 bis 2015 (IAB-Stellenerhebung).

Tätigkeitsfeld	Anforderungs-niveau	2012	2013	2014	2015	2015/ 2012 in %
Krankenpflege, Rettungsdienste, Geburtshilfe (813)	insgesamt	19,8	19,1	28,1	25,3	27,8
	darunter Fachkräfte	14,9	14,9	24,0	21,2	42,3
Altenpflege (821)	insgesamt	18,2	21,5	15,8	22,0	20,9
	darunter Fachkräfte	17,1	20,6	15,7	19,5	14,0
gesamt	insgesamt	645,8	684,7	743,7	816,2	26,4
	darunter Fachkräfte	397,6	430,6	494,9	535,2	34,6

Aufgrund einer Datenrevision lässt sich die längerfristige Entwicklung des gesamtwirtschaftlichen Stellenangebots in einer tiefen Gliederung nicht mehr darstellen (vgl. Brenzel et al. 2016), weshalb hier ein relativ kurzer Zeitraum gewählt werden musste. Der konjunkturelle Aufschwung der letzten Jahre zeigt sich am Anstieg des gesamtwirtschaftlichen Stellenangebots zwischen 2012 und 2015 um gut ein Viertel. Noch stärker expandierte in diesem Zeitraum die Nachfrage nach Fachkräften, nämlich um ein Drittel. Betrachtet man die Entwicklung in den Pflegebereichen, zeigt sich ein überdurchschnittlicher Zuwachs im Bereich der Krankenpflege. In der Altenpflege richtet sich das Gros der Nachfrage an qualifizierte Kräfte (fast 90 Prozent). Gleichwohl deutet der überdurchschnittliche Anstieg im Stellenangebot von Nichtfachkräften auf zunehmende Profildiskrepanzen zwischen Stellen und Arbeitslosen hin, denn die Arbeitslosigkeit der Helfer in der Altenpflege ist in den letzten Jahren konstant hoch geblieben (siehe Kapitel 6.2).

Erhebung zum gesamtwirtschaftlichen Stellenangebot

Die Befragung „Betriebliche Personalpolitik und offene Stellen" wird seit 1989 vom Institut für Arbeitsmarkt- und Berufsforschung (IAB) durchgeführt. Sie ist die einzige Befragung in Deutschland, die repräsentativ und statistisch valide die Entwicklung des gesamtwirtschaftlichen Arbeitskräftebedarfs misst. Jährlich werden brutto 75.000 Betriebe aus 28 Wirtschaftszweigen sowie acht Betriebsgrößenklassen (nach Anzahl der SvB) befragt. Bei einer Rücklaufquote von rund 20 Prozent beteiligen sich gut 14.000 Betriebe und Verwaltungen an der Befragung. Im vierten Quartal erhalten alle Betriebe/Verwaltungen dieser Stichprobe einen Brief mit einem Fragebogen sowie einer kurzen Erläuterung zur Befragung zugesandt. Im ersten, zweiten und dritten Quartal wird eine telefonische Befragung zur Entwicklung der Arbeitskräftenachfrage durchgeführt.

Tabelle 6.5 gibt Aufschluss darüber, welche Wege für die Betriebe im jeweiligen Berufsbereich für die Besetzung offener Stellen erfolgreich sind. Zunächst wird ein Überblick über unterschiedliche Rekrutierungsstrategien gegeben. Sie reichen von eigenen Inseraten über das Einschalten des Arbeitgeberservice der Arbeitsagenturen bis zur Ansprache der Beschäftigten, ob sie geeignete Arbeitskräfte kennen würden. Aufgrund der geringen Fallzahlen können berufliche Differenzierungen in den Antworten

Tab. 6.5: Entscheidender Besetzungsweg im Berufssegment „medizinische und nicht medizinische Gesundheitsberufe (S22)" (2015) (Anteil an allen Neueinstellungen in %) (IAB Stellenerhebung).

	medizinische und nicht medizinische Gesundheitsberufe	gesamt
eigene Inserate in Zeitungen oder Zeitschriften	16	14
eigene Homepage	17	11
Internetstellenbörsen (ohne AA)	10	12
Kontakt zur Arbeitsagentur (AA)	11	14
Initiativbewerbungen/Bewerberliste	10	10
eigene Mitarbeiter, persönliche Kontakte	28	29
sonstiger Besetzungsweg	8	10
Summe	**100**	**100**

nur auf der relativ groben Ebene der Berufsbereiche gegeben werden. In den Gesundheitsberufen sind ähnlich wie in der Wirtschaft insgesamt persönliche Kontakte der erfolgreichste Weg, einen geeigneten Bewerber zu finden. Fast ein Drittel der Stellenbesetzungen erfolgt auf diesem Wege. Auch digitale Stellenangebote auf der eigenen Homepage oder auf Onlinestellenbörsen sind ähnlich bedeutsam. Die klassische Rekrutierung über Zeitungsinserate ist in mehr Fällen erfolgreich als die Suche mithilfe der Arbeitsagenturen.

6.3.2 Gemeldete offene Stellen im Gesundheitssektor und in der Pflege

Als weiterer Indikator für die Nachfrage am Arbeitsmarkt wird die Zahl der bei den Arbeitsagenturen gemeldeten offenen Stellen herangezogen, die sich im Gesundheitswesen in den letzten Jahren besonders dynamisch entwickelt hat.

Abbildung 6.2 zeigt die offenen Stellen in Gesundheitsberufen, unterschieden nach medizinischen Berufen (darunter v. a. medizinische Fachangestellte) und nicht medizinischen Gesundheitsberufen (siehe auch Tabelle 6.6). Insgesamt haben sich die Vakanzen im Bereich der Gesundheitsberufe zwischen 2007 und 2015 um fast 150 Prozent erhöht. Während sich die gemeldeten offenen Stellen in den medizinischen Gesundheitsberufen in diesem Zeitraum mehr als verdoppelten (+116 Prozent), kam es in den nicht medizinischen nahezu zu einer Verdreifachung (+186 Prozent).

Die Nachfrageentwicklung in den nicht medizinischen Gesundheitsberufen lässt sich weiter nach den hier untersuchten Pflegeberufen differenzieren. So zeigt Abbildung 6.3 eindrucksvoll, wie stark die Vakanzen für Fachkräfte in der Altenpflege gewachsen sind. Sie haben sich im Untersuchungszeitraum von 3000 auf über 11.000 erhöht und damit fast vervierfacht.

Tab. 6.6: Medizinische und nicht medizinische Gesundheitsberufe nach der KldB 2010 (Bundesagentur für Arbeit 2011).

Kennung	Klassifikation der Berufe – Bezeichnung
8	Gesundheit, Soziales, Lehre und Erziehung
81	medizinische Gesundheitsberufe
813	Krankenpflege, Rettungsdienste, Geburtshilfe
81301	Helfer Krankenpflege
81302	Fachkraft Krankenpflege
82	nicht medizinische Gesundheit, Körperpflege, Medizintechnik
821	Altenpflege
82101	Helfer Altenpflege
82102	Fachkraft Altenpflege
82103	Spezialist Altenpflege

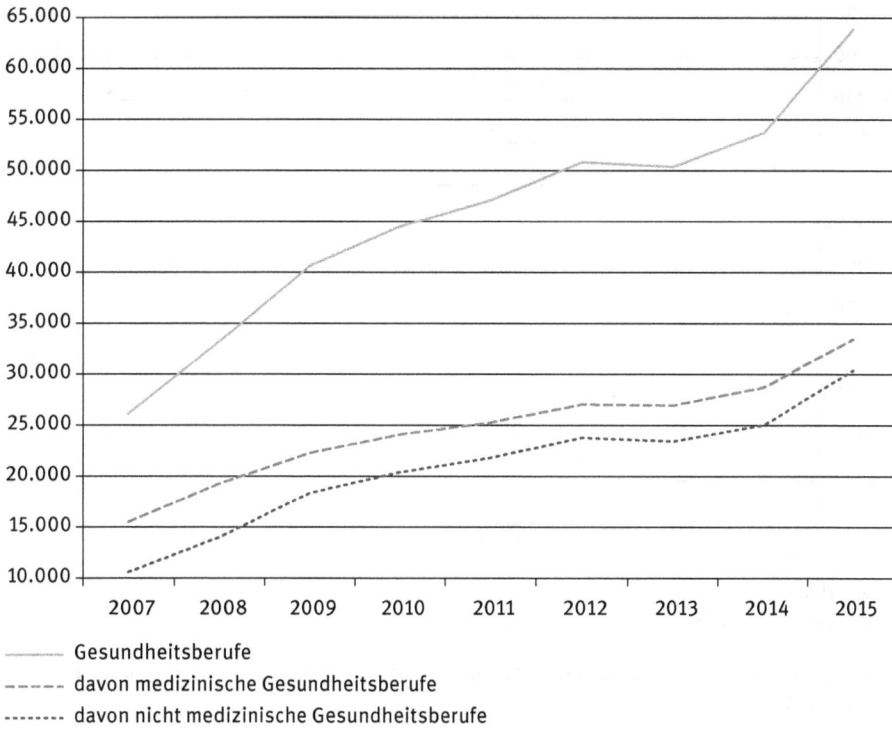

Abb. 6.2: Offene Stellen in den medizinischen und nicht medizinischen Gesundheitsberufen (Statistik der Bundesagentur für Arbeit; eigene Berechnungen).

Die Zahl der offenen Stellen für Fachkräfte in der Krankenpflege blieb nach einem Anstieg zu Beginn des Untersuchungszeitraums zwischen 2009 und 2014 auf einem hohen Niveau, um 2015 nochmals stark zu wachsen. Die steigende Nachfrage nach Helfern in der Altenpflege zeigt sich am Verlauf der offenen Stellen in dieser Gruppe, die ebenfalls in jüngster Zeit stark expandierten.

6.3.3 Engpassindikatoren am Arbeitsmarkt

Eine weitere Möglichkeit zur Beurteilung der Arbeitsmarktsituation in bestimmten Berufen ist es, die Entwicklung der Laufzeit offener Stellen zu betrachten. Abbildung 6.4 zeigt, wie lange es in den Jahren 2007 bis 2015 gedauert hat, eine offene Stelle zu besetzen. Über alle Fachkräfte hinweg betrachtet ist zu Beginn des Untersuchungszeitraums noch ein Rückgang sichtbar, der auf die wirtschaftliche Krise 2008/2009 zurückzuführen ist. Bemerkenswerter Ausdruck der zunehmenden Engpässe auf dem Arbeitsmarkt ist die Entwicklung der Laufzeit offener Stellen bei den Fachkräften in

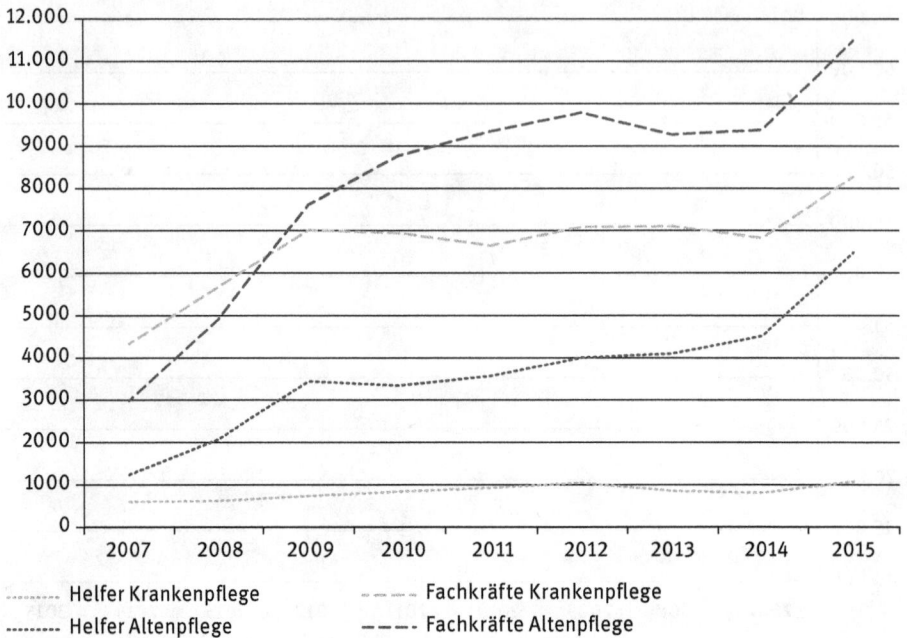

Abb. 6.3: Offene Stellen in den Pflegeberufen (Statistik der Bundesagentur für Arbeit; eigene Berechnungen).

der Altenpflege. Die Frist, bis eine offene Stelle besetzt wurde, lag in diesem Berufsbereich 2007 mit rund 50 Tagen noch unter der durchschnittlichen Vakanzzeit für alle Stellen. Bis zum Jahr 2015 hat die Vakanzzeit eine Zeitspanne von gut vier Monaten erreicht und sich somit nahezu verdreifacht. Die Besetzungsdauer liegt in der Altenpflege seit 2012 sogar höher als bei den Fachkräften in der Krankenpflege.

Aber auch im Bereich der Helfer in der Altenpflege hat sich die Laufzeit offener Stellen erhöht. Sie lag im Jahr 2015 mit fast drei Monaten in der gleichen Größenordnung wie diejenige für alle Fachkräfte in der Gesamtwirtschaft.

Die Entwicklung des Arbeitsmarkts in den Pflegeberufen kann zudem durch eine Gegenüberstellung von Arbeitslosen und offenen Stellen in absoluten Größenordnungen veranschaulicht werden. Für den Krankenpflegebereich zeigt Abbildung 6.5 die Entwicklung der Größen zwischen 2007 und 2015. So hat sich bei den Fachkräften in der Krankenpflege die Arbeitslosigkeit bei gleichzeitiger Zunahme der offenen Stellen kontinuierlich verringert. Bereits seit 2011 übersteigt die Zahl der offenen Stellen die der Arbeitslosen und die Diskrepanz vergrößerte sich in den letzten Jahren zunehmend. Wenn man in Rechnung stellt, dass die Gesamtzahl der Vakanzen höher ist als die bei den Arbeitsagenturen registrierten offenen Stellen, kann in der Krankenpflege von einem Arbeitskräftemangel gesprochen werden.

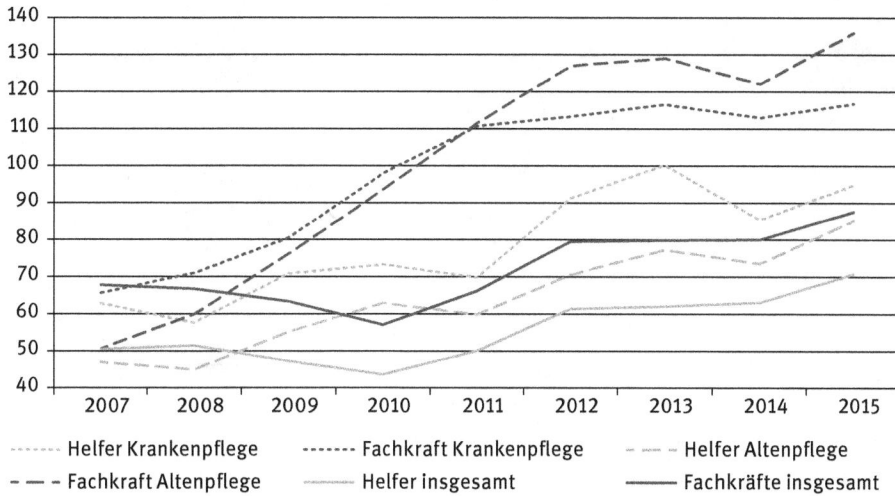

Abb. 6.4: Laufzeit offener Stellen in den Pflegeberufen (abgeschlossene Vakanzzeit in Tagen) 2007 bis 2015 (Statistik der Bundesagentur für Arbeit; eigene Berechnungen).

Die Gegenüberstellung von Arbeitslosen und offenen Stellen in der Altenpflege (siehe Abbildung 6.6) zeigt die erhebliche Diskrepanz zwischen beharrlich hoher Arbeitslosigkeit unter den Helfern und einer von geringem Niveau aus steigenden Anzahl an offenen Stellen. Dagegen hat sich die Arbeitslosigkeit der Fachkräfte zwischen 2007 und 2015 halbiert. Bereits 2009 überstieg die Zahl der offenen Stellen die der Arbeitslosen.

Die Arbeitsmarktsituation in den Pflegeberufen lässt sich durch das Verhältnis von Arbeitslosen zu den registrierten offenen Stellen zusammenfassen (siehe Abbildung 6.7). Hier zeigt sich für das Jahr 2015, dass sowohl bei den Helfern in der Gesundheits- und Krankenpflege als auch den Helfern in der Altenpflege den offenen Stellen deutlich mehr Arbeitslose gegenüberstehen. Dagegen reicht die Zahl der Arbeitslosen, die über eine abgeschlossene Ausbildung in der Krankenpflege verfügen, nicht aus, um die offenen Stellen zu besetzen. Am stärksten ist der Arbeitskräfteengpass in der Altenpflege: Dort stehen 28 arbeitslosen Fachkräften 100 offene Stellen gegenüber.

Nicht in allen Bundesländern ist die Lücke zwischen Arbeitslosen und offenen Stellen gleich groß, aber in keinem Bundesland deckt das Fachkräfteangebot in der Kranken- und Altenpflege in den letzten Jahren rein rechnerisch den (gemeldeten) Bedarf.

Zum Abschluss von Kapitel 6 werden die erheblichen regionalen Unterschiede hinsichtlich der Dauer der von der Bundesagentur für Arbeit gemeldeten Vakanzen aufgezeigt. Abbildung 6.8 veranschaulicht die Unterschiede in den Bundesländern, differenziert nach den vier Pflegeberufen. Zunächst zeigt sich die weit überdurchschnittliche Dauer bei den Fachkräften in der Altenpflege. Die abgeschlossene Vakanzzeit, das heißt die Dauer bis zur Besetzung einer offenen Stelle, liegt 2015

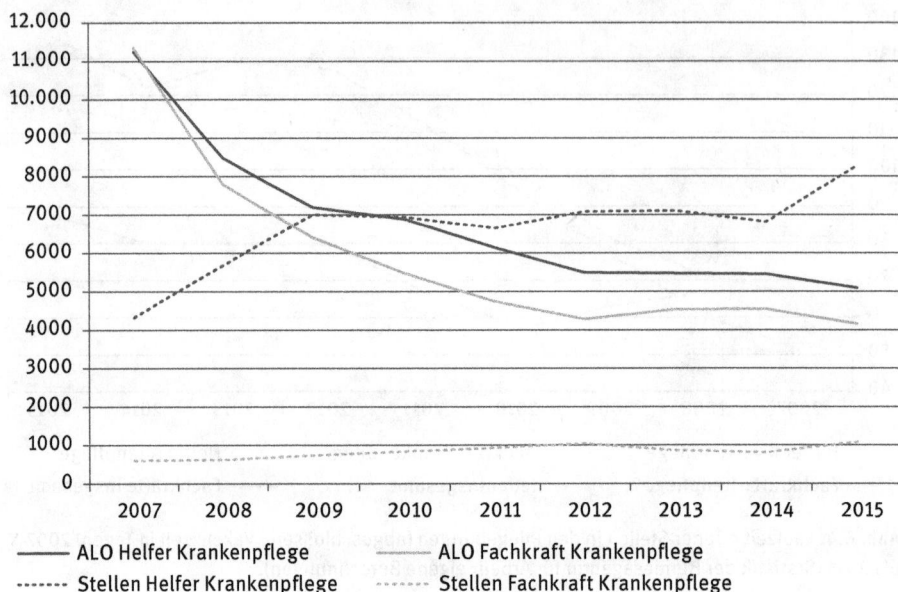

Abb. 6.5: Arbeitslose und offene Stellen in der Krankenpflege (Statistik der Bundesagentur für Arbeit; eigene Berechnungen).

zwischen 104 Tagen in Sachsen und 187 Tagen in Hamburg. Mit der Ausnahme von Thüringen liegen die neuen Bundesländer im unteren Bereich bei diesem Knappheitsindikator des Arbeitsmarkts. In der Gesundheits- und Krankenpflege ist die Dauer bis zur Besetzung offener Stellen etwas niedriger als in der Altenpflege. Relativ kurz waren sie in Sachsen mit 75 Tagen, am längsten wiederum in Hamburg mit 148 Tagen. Im Bereich der Helfer in der Krankenpflege signalisieren die Angaben besondere Besetzungsprobleme in Hamburg, Bremen, Niedersachsen und Nordrhein-Westfalen. Mit Ausnahme der westdeutschen Stadtstaaten liegt die Laufzeit der offenen Stellen in den Helferberufen teilweise unter dem Durchschnitt aller Berufe.

Zusammenfassung

In Kapitel 6 wurde die jüngere Entwicklung des Arbeitsmarkts für Pflegekräfte untersucht. Hierzu wurden das Angebot und die Nachfrage nach Pflegekräften in den Blick genommen. Nachdem in Kapitel 5 die realisierte Nachfrage nach Pflegekräften, also die Beschäftigung, dargestellt wurde, stand hier die noch nicht realisierte Nachfrage nach Pflegekräften, das heißt die den Arbeitsagenturen gemeldeten offenen Arbeitsstellen sowie die aus einer Unternehmensbefragung ermittelte Gesamtzahl der Vakanzen, im Zentrum. Weiterhin wurde die Arbeitslosigkeit in den vier Pflegeberufen untersucht.

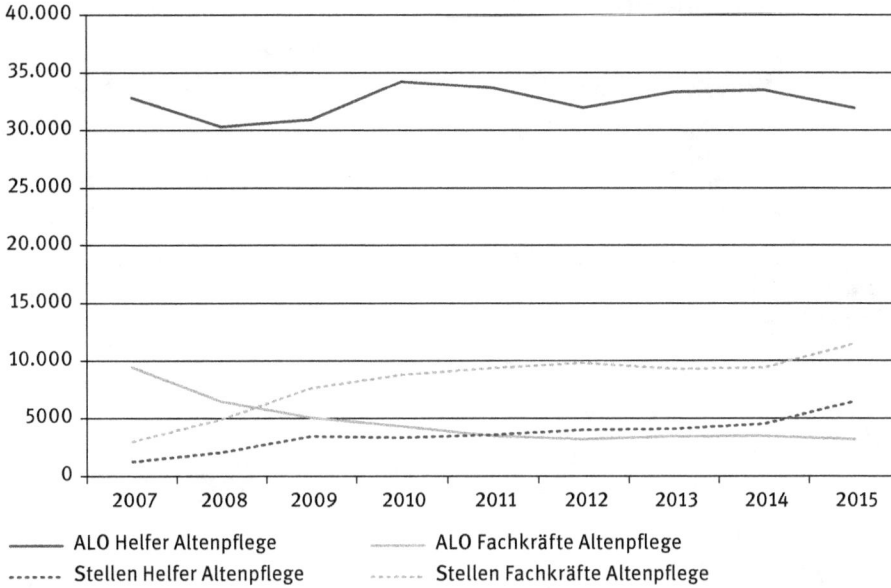

Abb. 6.6: Arbeitslose und offene Stellen in der Altenpflege (Statistik der Bundesagentur für Arbeit; eigene Berechnungen).

Beginnend mit der Erörterung verschiedener Ursachen und damit zusammenhängend verschiedenen Arten der Arbeitslosigkeit wurde verdeutlicht, dass die Pflegeberufe einerseits vom Strukturwandel begünstigt und zudem konjunkturunabhängig sind, andererseits aber auch von gesundheitspolitischen Rahmensetzungen abhängen. Zentrale Aspekte für die Arbeitslosigkeit in der Pflege leiten sich aus den (steigenden) Qualifikationsanforderungen und teilweise auch aus den Erfordernissen räumlicher Mobilität für einen Abbau regionaler Ungleichgewichte am Arbeitsmarkt ab.

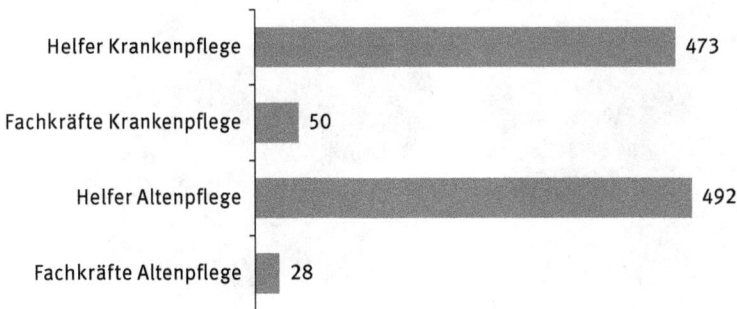

Abb. 6.7: Arbeitslose je offene Stelle (× 100) (Statistik der Bundesagentur für Arbeit; eigene Berechnungen).

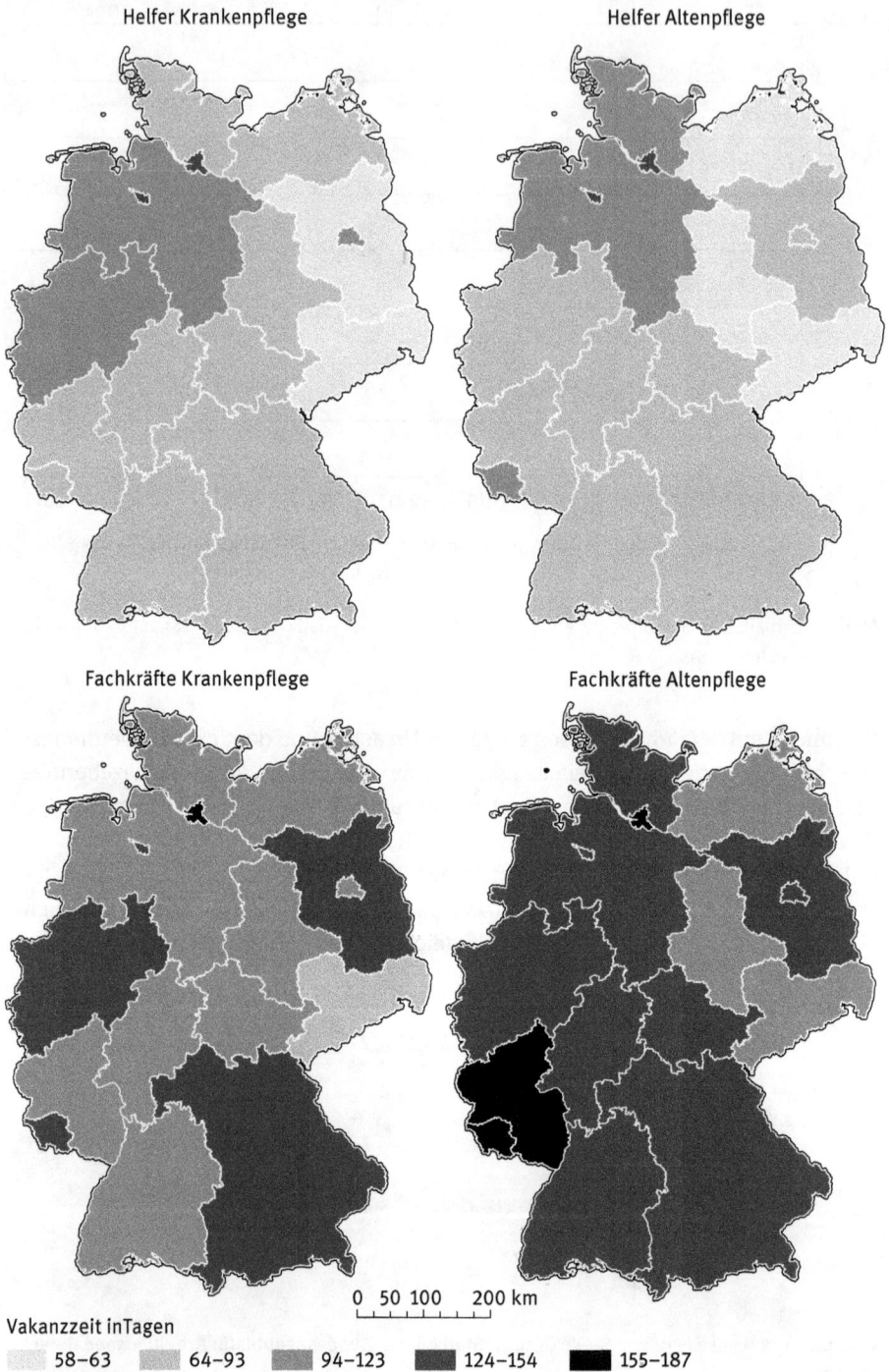

Helfer Krankenpflege

Helfer Altenpflege

Fachkräfte Krankenpflege

Fachkräfte Altenpflege

0 50 100   200 km

Vakanzzeit inTagen

58–63   64–93   94–123   124–154   155–187

Abb. 6.8: Abgeschlossene Dauer der offenen Stellen nach Bundesländern (2015) (Statistik der Bundesagentur für Arbeit; eigene Berechnungen).

In der mittelfristigen Perspektive ist die Arbeitslosigkeit in den Gesundheits- und Pflegeberufen sehr stark gesunken. Eine wichtige Gruppe bildet jedoch eine große Ausnahme: Bei den Helfern in der Altenpflege ist die Arbeitslosigkeit zwischen 2007 und 2015 unverändert hoch geblieben. Bei den anderen Pflegeberufen kann hingegen von Vollbeschäftigung beziehungsweise zunehmenden Arbeitskräfteengpässen gesprochen werden.

Der konjunkturelle Aufschwung der letzten Jahre zeigt sich am Anstieg des gesamtwirtschaftlichen Stellenangebots zwischen 2012 und 2015 um gut ein Viertel. Noch stärker expandierte in diesem Zeitraum die Nachfrage nach Fachkräften, nämlich um ein Drittel. Betrachtet man die Entwicklung in den einzelnen Pflegebereichen, ist ein überdurchschnittlicher Zuwachs im Bereich der Krankenpflege festzustellen. In der Altenpflege richtet sich das Gros der Nachfrage an qualifizierte Kräfte (zwei Drittel).

Bei den offenen Stellen, die den Arbeitsagenturen gemeldet werden, ist zwischen 2007 und 2015 eine starke Zunahme zu verzeichnen, die sich zum Ende des Untersuchungszeitraums hin nochmals gesteigert hat. Die Dauer bis zur Besetzung einer offenen Stelle hat sich ebenfalls deutlich erhöht und signalisiert einen zunehmenden Fachkräftemangel in der Pflege. Dies gilt für die meisten Bundesländer, wobei der Engpass auf dem Arbeitsmarkt in einigen Ländern wie Hamburg und Bremen besonders hoch ist.

Literatur

Bach HU, Feil M, Fuchs J, Gartner H, Klinger S, Otto A, Rhein T, Rothe T, Schanne N, Schnur P, Spitznagel E, Sproß C, Wapler R, Weyh A, Zika G (2008): Der deutsche Arbeitsmarkt – Entwicklungen und Perspektiven. In: Möller J, Walwei U (Hrsg.): Handbuch Arbeitsmarkt 2009 (S. 11–78), Bielefeld: Bertelsmann.

BA Statistik/Arbeitsmarktberichterstattung (2015): Der Arbeitsmarkt in Deutschland Fachkräfteengpassanalyse, Dezember 2015, Nürnberg.

Bauer A, Gartner H (2014): Mismatch-Arbeitslosigkeit: Wie Arbeitslose und offene Stellen zusammenpassen. IAB-Kurzbericht, 05/2014, Nürnberg.

Bogai D (1994): Langzeitarbeitslosigkeit als Vorstufe zum Vorruhestand. In: Behrend C (Hrsg.): Frühinvalidität – ein Ventil des Arbeitsmarkts? Berufs- und Erwerbsunfähigkeitsrenten in der sozialpolitischen Diskussion (S. 177–204), Beiträge zur Gerontologie und Altenarbeit, Bd. 90, Berlin: Deutsches Zentrum für Altersfragen.

Bogai D (1995): Verfestigte Arbeitslosigkeit in Westdeutschland. Wirtschaftsdienst, 75(3), 131–139.

Bogai D, Buch T, Seibert H (2014): Arbeitsmarktchancen von Geringqualifizierten: Kaum eine Region bietet genügend einfache Jobs. IAB-Kurzbericht, 11/2014, Nürnberg.

Brenzel H, Czepek J, Kiesl H, Kriechel B, Kubis A, Moczall A, Rebien M, Röttger C, Szameitat J, Warning A, Weber E (2016): Revision der IAB-Stellenerhebung – Hintergründe, Methode und Ergebnisse. IAB-Forschungsbericht, 04/2016, Nürnberg.

Brücker H, Klinger S, Möller J, Walwei U (Hrsg.) (2012): Handbuch Arbeitsmarkt 2013 – Analysen, Daten, Fakten. IAB-Bibliothek, 334, Bielefeld: Bertelsmann.

Bundesagentur für Arbeit (2011): Klassifikation der Berufe 2010, Nürnberg.

Fuchs J, Walwei U, Weber B (2005): Arbeitsmarktanalyse: Die „Stille Reserve" gehört ins Bild vom Arbeitsmarkt. IAB-Kurzbericht, 21/2005, Nürnberg.

Karr W (2002): Zur Definition von Langzeitarbeitslosigkeit oder: Messen wir wirklich, was wir messen wollen? In: Kleinhenz G (Hrsg.): IAB-Kompendium Arbeitsmarkt- und Berufsforschung. Beiträge zur Arbeitsmarkt- und Berufsforschung (S. 107–119), BeitrAB 250, Nürnberg.

Moczall A, Müller A, Rebien M, Vogler-Ludwig K (2015): IAB-Stellenerhebung – Betriebsbefragung zu Stellenangebot und Besetzungsprozessen – Wellen 2000 bis 2013 und Folgequartale ab 2006. FDZ-Datenreport, 4/2015, Nürnberg.

Möller J, Walwei U, Koch S, Kupka P, Steinke J (2009): Fünf Jahre SGB II: Eine IAB-Bilanz – Der Arbeitsmarkt hat profitiert. IAB-Kurzbericht, 29/2009, Nürnberg.

Möller J (2015): Verheißung oder Bedrohung? Die Arbeitsmarktwirkungen einer vierten industriellen Revolution, IAB-Discussion Paper, 18/2015, Nürnberg.

Oschmianski F (2000): Arten von Arbeitslosigkeit, Bundeszentrale für politische Bildung, URL: https://www.bpb.de/politik/innenpolitik/arbeitsmarktpolitik/54892/arten-der-arbeitslosigkeit?p=all [abgerufen am 12.12.2015].

Schmillen A, Umkehrer M (2014): Einmal arbeitslos, immer wieder arbeitslos? IAB-Kurzbericht, 16/2014, Nürnberg.

Schwengler B, Hirschenauer F (2015): Regionen im Ost-West-Vergleich: Vieles ist im Fluss. IAB-Forum, 1/2015, 14–21, Nürnberg.

Sesselmeier W, Blauermel G (1998): Arbeitsmarkttheorien: Ein Überblick. Heidelberg: Physica-Verlag.

7 Entlohnung von Pflegekräften

Wie in Kapitel 6 erörtert, deuten bereits heute Indikatoren wie „Laufzeit von Vakanzen im Pflegesektor" und „Verhältnis von Arbeitslosen zu offenen Stellen" auf Fachkräfteengpässe in Pflegeberufen hin. Unter diesen Bedingungen ist zu erwarten, dass die Entlohnung der knapper werdenden Arbeitskräfte überdurchschnittlich steigen wird. Dies ist aber nicht der Fall. Der Lohnzuwachs in den Pflegeberufen war in Deutschland insgesamt im vergangenen Jahrzehnt, als Pflegekräfte auch schon besonders gefragt waren, nach den Befunden von Harsch und Verbeek (2011) geringer als die allgemeine Lohnentwicklung. Die Entwicklung glich damit noch nicht einmal den Anstieg des Preisniveaus aus. Für die jüngere Vergangenheit zeigt Möller (2015), dass sich die Medianverdienste der Beschäftigten in den Pflegeeinrichtungen zwischen 2008 und 2014 immerhin erhöht haben, aber der Anstieg nur annähernd proportional zur allgemeinen Lohnentwicklung ausfiel.

Neben dem nur durchschnittlichen Lohnwachstum in den letzten Jahren ist in den Pflegeberufen festzustellen, dass die Löhne regional erheblich variieren. Dabei ist allerdings zu berücksichtigen, dass in Deutschland generell deutliche regionale Lohnunterschiede bestehen, die durch entsprechende regionale Preisunterschiede allenfalls teilweise ausgeglichen werden. Die Lohndifferenzen sind vor allem auf die unterschiedliche Wirtschaftskraft und Arbeitsmarktsituation in den verschiedenen Regionen zurückzuführen.

Im Zentrum von Kapitel 7 steht die Entlohnung von Pflegekräften in der Kranken- und Altenpflege, differenziert nach Fachkraft und Helfer. Zudem wird die Entlohnung der vier Pflegeberufe in den Bundesländern untersucht und gefragt, ob ähnliche regionale Lohnunterschiede in anderen ausgewählten Berufsgruppen bestehen oder ob die Pflegeberufe hier eine Ausnahme bilden (siehe Kapitel 7.4). Zudem wird die Entlohnung von Pflegekräften in den verschiedenen Pflegeeinrichtungen ermittelt (siehe Kapitel 7.5). Einen weiteren Aspekt bilden die Lohnunterschiede von Männern und Frauen (siehe Kapitel 7.6). Abschließend werden die wesentlichen Gründe für die Entlohnungsunterschiede in den Pflegeberufen diskutiert (siehe Kapitel 7.7).

7.1 Datengrundlage

Die Entlohnung der Pflegekräfte wird in Kapitel 7.1 durch die Bruttoarbeitsentgelte ermittelt, die im Meldeverfahren zur Sozialversicherung erhoben werden, das heißt, die Angaben entsprechen den tatsächlichen Zahlungen der Arbeitgeber. Neben der Repräsentativität für sozialversicherungspflichtige Beschäftigte haben die Entgeltdaten einen weiteren Vorzug: Mit der Einführung der Klassifizierung der Berufe 2010 (KldB) im Jahr 2012 liegen in der Beschäftigungsstatistik erstmals detaillierte Informationen

https://doi.org/10.1515/9783110431698-007

über die Altenpfleger vor, die neben den Krankenpflegern die Grundlage der Lohnuntersuchung bilden.

In der KldB 2010 können zudem berufliche Tätigkeiten nach ihrem Anforderungsniveau unterschieden werden und damit auch danach, welche Art von Ausbildung für die Ausübung der Tätigkeit in der Regel notwendig ist. Helfer führen einfache, wenig komplexe (Routine-)Tätigkeiten aus, für die kein formaler beruflicher Bildungsabschluss oder eine einjährige (geregelte) Berufsausbildung erforderlich ist. Fachkräfte verfügen über fundierte Fachkenntnisse und Fertigkeiten und überwiegend über den Abschluss einer dreijährigen Ausbildung oder eine vergleichbare Qualifikation.

Die Entlohnungsvergleiche basieren auf dem Entgeltmedian, der von den Beschäftigten in den verschiedenen Berufen erzielt wird. Der Median ist der Wert, der genau in der Mitte aller Einzelentgelte liegt. 50 Prozent der Beschäftigten verdienen mehr als den Medianlohn, die anderen 50 Prozent weniger. Da in der Beschäftigungsstatistik lediglich nach Voll- und Teilzeitkräften unterschieden, nicht aber der Stundenumfang der Arbeitszeit erfasst wird, beschränken sich belastbare Entgeltanalysen auf die Vollzeitbeschäftigten (ohne Auszubildende). Das bedeutet jedoch, dass nur 44 Prozent aller in der Pflege beschäftigten Fachkräfte und Helfer in die Analysen einfließen. Insgesamt konnten die Daten von über 390.000 Fachkräften und mehr als 100.000 Helfern in den Pflegeberufen ausgewertet werden (siehe Tabelle 7.1). Die gemeldeten Bruttoentgeltdaten umfassen sämtliche Einnahmen der Beschäftigten, einschließlich Sonderzahlungen, Schichtzuschlägen und sonstigen Zulagen.

Tab. 7.1: Beschäftigte in den untersuchten Pflegeberufen am 31.12.2013 (Beschäftigungsstatistik der Bundesagentur für Arbeit; eigene Berechnungen).

Berufsgattung (Kennziffer laut Klassifizierung der Berufe 2010)	gesamt	in Vollzeit	in Teilzeit*	in Vollzeit mit Entgeltangabe (Personenauswahl für die Entgeltanalyse)	
	Fallzahl	Fallzahl	Fallzahl	Fallzahl	in % an allen Beschäftigten
Fachkräfte in der Krankenpflege	576.842	293.378	283.464	290.168	50
Fachkräfte in der Altenpflege	219.246	103.151	116.095	101.934	46
Helfer in der Krankenpflege	125.803	48.756	77.047	48.057	38
Helfer in der Altenpflege	192.112	56.210	135.902	55.463	29
Summe Fachkräfte und Helfer	1.114.003	501.495	612.508	495.622	44

* Im Meldeverfahren zur Sozialversicherung zählen Beschäftigte bereits dann als Teilzeitbeschäftigte, wenn ihre Arbeitszeit unterhalb der tariflich beziehungsweise betrieblich festgelegten Regelarbeitszeit liegt (Bundesagentur für Arbeit 2013: 13). Anm.: Daten vor der Revision der Beschäftigungsstatistik.

7.2 Entgeltunterschiede zwischen Pflegeberufen und Ost-West-Diskrepanz

Eines der wichtigsten Ergebnisse der folgenden Auswertungen aus der Beschäftigungsstatistik ist der starke Lohnunterschied zwischen Alten- und Krankenpflegern. In Deutschland liegt der monatliche Medianverdienst einer examinierten Altenpflegekraft bei 2441 Euro, das sind 600 Euro beziehungsweise ein Fünftel weniger als das Bruttomonatsentgelt einer Fachkraft in der Krankenpflege. Der Verdienstnachteil der Helfer in der Altenpflege gegenüber denjenigen in der Krankenpflege entspricht im Mittel genau diesem Betrag (600 Euro) und beträgt anteilig sogar über ein Viertel.

Fast 25 Jahre nach der Wiedervereinigung ist die Entlohnung noch immer von erheblichen Ost-West-Unterschieden geprägt. Dies gilt auch für Pflegekräfte. Zunächst lässt sich festhalten, dass das mittlere Bruttoentgelt der Fachkräfte in der Altenpflege in den östlichen Bundesländern mit 1945 Euro immer noch deutlich – nämlich um ein Viertel – unter demjenigen in Westdeutschland (2568 Euro) liegt (siehe Abbildung 7.1). Dagegen erhalten Fachkräfte in der Krankenpflege dort im Mittel ein um 12,8 Prozent geringeres Entgelt als im Westen. Auf der Ebene der Helferberufe sind ebenfalls nennenswerte Unterschiede festzustellen: Die Helfer in der Altenpflege verdienen im Mittel im Osten ein Fünftel weniger als im Westen, Krankenpflegehelfer sogar ein Viertel weniger.

Auch die Lohnabstände zwischen der Alten- und Krankenpflege sind in beiden Landesteilen unterschiedlich. So verdienen Fachkräfte in der Altenpflege in Ostdeutschland 29 Prozent weniger als Krankenpfleger, in Westdeutschland sind es 18,2 Prozent (siehe Abbildung 7.1). Bei den Helfern ist der Entgeltunterschied zwischen der Alten- und Krankenpflege dagegen in den östlichen Bundesländern (19,3 Prozent) geringer als in den westlichen Bundesländern (24,9 Prozent).

7.3 Entgeltunterschiede zwischen den Bundesländern

Bemerkenswert sind die Entlohnungsunterschiede im gleichen Pflegeberuf in den einzelnen Bundesländern: Examinierte Altenpfleger verdienen in Sachsen und Sachsen-Anhalt rund 1000 Euro brutto weniger als in Baden-Württemberg und in Bayern. Insgesamt beträgt der Ost-West-Lohnunterschied gut 600 Euro. Bei den Fachkräften in der Krankenpflege sind die Differenzen zwischen den Bundesländern nicht so hoch. Sie erreichen maximal rund 660 Euro zwischen dem Saarland und Mecklenburg-Vorpommern. Die Medianlöhne der Fachkräfte in der Krankenpflege unterscheiden sich deutlich weniger zwischen Ost (2738 Euro) und West (3139 Euro).

Im Bundesländervergleich variieren die Entgeltunterschiede zwischen den Fachkräften in der Gesundheits- und Altenpflege deutlich. Die examinierten Altenpfleger verdienen in Sachsen-Anhalt und Sachsen erheblich weniger als die Krankenpfleger.

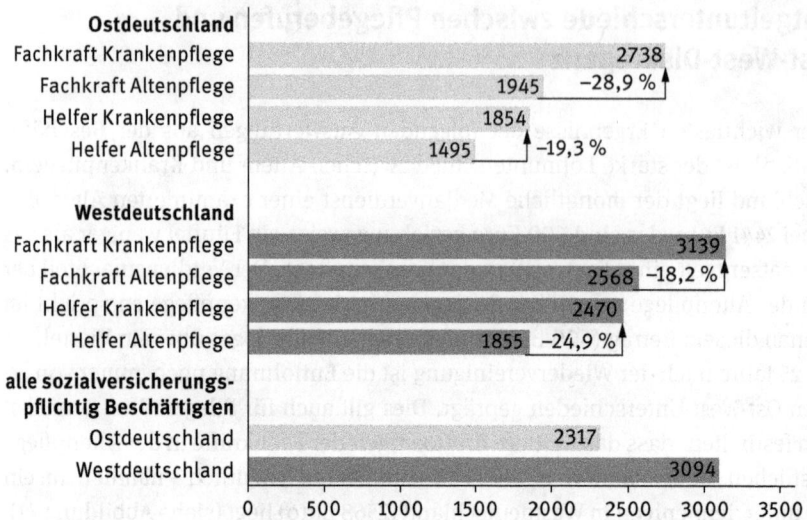

Abb. 7.1: Monatliche Bruttoentgelte in den Pflegeberufen nach Anforderungsniveau (2013) (Beschäftigungsstatistik der Bundesagentur für Arbeit; eigene Berechnungen). Anm.: Daten vor der Revision der Beschäftigungsstatistik; sozialversicherungspflichtig Beschäftigte ohne Auszubildende in Vollzeit.

Ihr Bruttogehalt von knapp 1800 Euro ist lediglich bis zu 38 Prozent niedriger als das mittlere Entgelt der Krankenpfleger in den beiden Bundesländern (siehe Abbildung 7.2). Aber nicht in allen Bundesländern ist der Verdienstunterschied derart stark. In Hamburg, Bayern und Baden-Württemberg befinden sich die Löhne der Altenpflegefachkräfte im Schnitt 14 Prozent unter dem Niveau der Krankenpfleger.

Die Helfer in der Altenpflege schneiden beim Verdienstvergleich mit den Helfern in den Gesundheits- und Sozialberufen am schlechtesten ab. Im Mittel liegt ihr Monatsentgelt in Deutschland bei 1741 Euro. Die Verdienste der Altenpflegehelfer weisen allerdings eine sehr große Brandbreite zwischen knapp 1400 Euro (in Sachsen beziehungsweise Sachsen-Anhalt) und 2092 Euro (in Nordrhein-Westfalen) auf, was einem maximalen Lohnunterschied von fast 50 Prozent entspricht (siehe Abbildung 7.3).

Auch bei den Helfern in der Krankenpflege sind die Verdienstunterschiede zwischen den Bundesländern beträchtlich. In Sachsen liegt der Bruttomonatsverdienst um 850 Euro niedriger als in Nordrhein-Westfalen. Das Verhältnis der Entlohnung in den beiden Pflegehelferberufen ist in den Bundesländern höchst unterschiedlich. Während in Rheinland-Pfalz die Verdienste der Helfer in der Altenpflege 32,5 Prozent niedriger ausfallen als die Bezüge von Krankenpflegehelfern, sind es in Berlin lediglich 13,2 Prozent.

mittlere Entgelte aller
Fachkräfte im Bundesland

	Altenpflege		Krankenpflege
Schleswig-Holstein	–11,0 % 2325 €		3015 € + 15,4 %
Hamburg	–12,3 % 2571 €		3003 € + 2,4 %
Niedersachsen	–18,5 % 2209 €		3016 € + 11,3 %
Bremen*	–18,9 % 2366 €		3240 € + 11,1 %
Nordrhein-Westfalen	–6,8 % 2692 €		3202 € + 10,9 %
Hessen	–15,3 % 2484 €		3086 € + 5,2 %
Rheinland-Pfalz	–9,8 % 2525 €		3151 € + 12,5 %
Baden-Württemberg	–9,4 % 2725 €		3183 € + 5,9 %
Bayern	–4,1 % 2709 €		3135 € + 11,0 %
Saarland	–12,6 % 2585 €		3293 € + 11,4 %
Berlin	–8,4 % 2271 €		2831 € + 14,1 %
Brandenburg	–3,6 % 1994 €		2647 € + 28,0 %
Mecklenburg-Vorpommern	–1,8 % 1945 €		2636 € + 33,1 %
Sachsen	–9,9 % 1784 €		2657 € + 34,2 %
Sachsen-Anhalt	–15,4 % 1743 €		2808 € + 36,2 %
Thüringen	–4,2 % 1982 €		2800 € + 35,3 %
Deutschland	–10,6 % 2441 €		3042 € + 11,4 %
Ostdeutschland	–7,3 % 1945 €		2738 € + 30,4 %
Westdeutschland	–10,4 % 2568 €		3139 € + 9,5 %

Lohnabstand zwischen Fachkräften in der
Alten- und in der Krankenpflege

500   1000   1500   2000   2500   3000   3500   4000

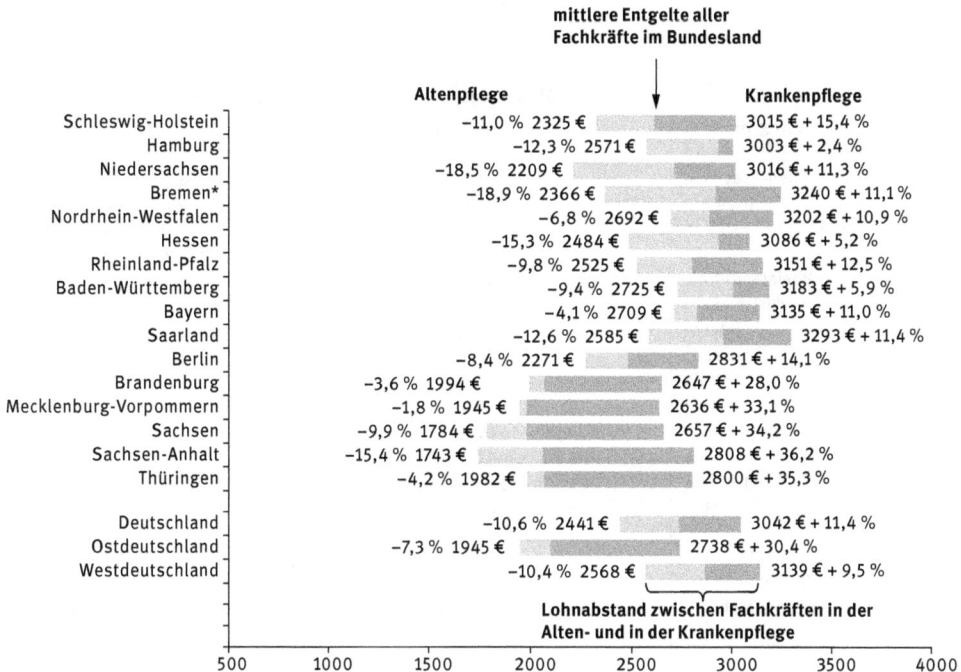

€: Entgelte der Fachkräfte in der Kranken- bzw. Altenpflege

%: Lohnabstand zu allen Fachkräften im Bundesland

Lohnabstand Fachkräfte in der Krankenpflege zu allen Fachkräften im Bundesland

Lohnabstand Fachkräfte in der Altenpflege zu allen Fachkräften im Bundesland

Abb. 7.2: Monatliche Bruttoentgelte von Kranken- und Altenpflegefachkräften nach Bundesländern (2013) (Beschäftigungsstatistik der Bundesagentur für Arbeit; eigene Berechnungen) (* unscharfe Werte wegen geringer Fallzahlen). Anm.: Daten vor der Revision der Beschäftigungsstatistik; sozialversicherungspflichtig Beschäftigte ohne Auszubildende in Vollzeit.

7.4 Pflegelöhne im Vergleich zu anderen Berufsgruppen

Wichtig für die Beurteilung der Entlohnung von Pflegekräften ist zudem, wie sich ihre Gehälter in das allgemeine Lohnniveau der Fachkräfte beziehungsweise der Helfer im jeweiligen Bundesland einfügen. Weitere Anhaltspunkte liefern darüber hinaus die Entgelte in den weiblich geprägten Sozial- und Erziehungsberufen beziehungsweise diejenigen in den männlich dominierten Handwerksberufen.

Zunächst ist festzuhalten, dass die Bezugsgröße dieses Vergleichs – also das allgemeine Lohnniveau der Fachkräfte beziehungsweise Helfer innerhalb eines Bundeslands – von der regionalen Wirtschaftsstruktur, insbesondere vom Vorhandensein hochproduktiver Branchen wie Maschinenbau, Elektro- und Chemieindustrie oder

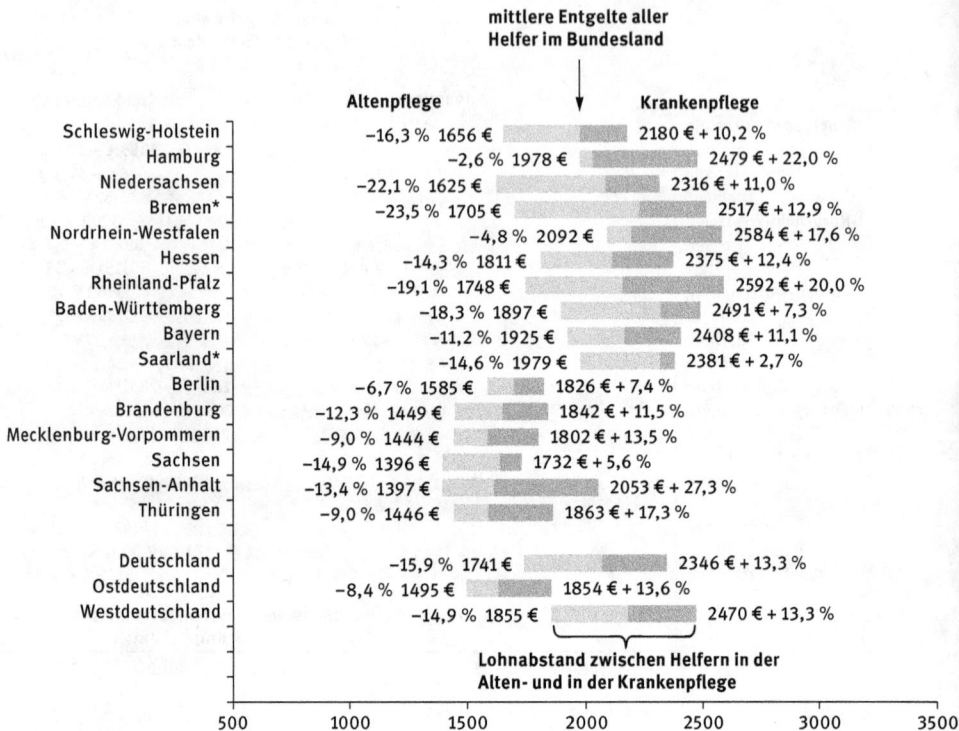

Abb. 7.3: Monatliche Bruttoentgelte von Helfern in Kranken- und Altenpflege nach Bundesländern (2013) (Beschäftigungsstatistik der Bundesagentur für Arbeit; eigene Berechnungen) (* unscharfe Werte wegen geringer Fallzahlen). Anm.: Daten vor der Revision der Beschäftigungsstatistik; sozialversicherungspflichtig Beschäftigte ohne Auszubildende in Vollzeit.

anderer forschungs- und wissensintensiver Branchen, bestimmt wird. Dies betrifft das Lohnniveau der Fachkräfte und in noch stärkerem Maße das der Helfer in einzelnen westdeutschen Bundesländern, die in der Industrie weit überdurchschnittlich entlohnt werden.

Innerhalb Westdeutschlands ist bei Fachkräften über alle Branchen hinweg in Niedersachsen, Schleswig-Holstein und Rheinland-Pfalz ein unterdurchschnittliches Entgeltniveau zu beobachten. Zwischen den ostdeutschen Bundesländern sind die Unterschiede deutlich geringer (siehe Tabelle 7.2). Bei den Helfern fallen die Lohnunterschiede zwischen den Bundesländern besonders stark aus. In Baden-Württemberg, Bremen und dem Saarland liegen die Löhne der Helfer, die häufig in der hochproduktiven Industrie beschäftigt sind, über dem westdeutschen Durchschnitt, in Hamburg und Schleswig-Holstein dagegen deutlich darunter.

Mit Blick auf die unterschiedliche Verdienstsituation in Pflegeberufen in den einzelnen Bundesländern lässt sich zunächst zeigen, dass die examinierten Krankenpfleger in allen Bundesländern überdurchschnittlich entlohnt werden. Die Vergütung von Fachkräften in der Krankenpflege übertrifft in den neuen Bundesländern das vergleichsweise niedrige Entgeltniveau aller übrigen Fachkräfte um rund ein Drittel. In den alten Bundesländern verdienen examinierte Gesundheitspfleger zwischen 2,4 Prozent (Hamburg) und 15,4 Prozent (Schleswig-Holstein) mehr als alle Fachkräfte in den jeweiligen Bundesländern.

Fachkräfte in der Altenpflege beziehen in den Bundesländern Niedersachsen und Hessen ein um mehr als 15 Prozent geringeres mittleres Bruttoentgelt als alle übrigen Fachkräfte. Dagegen entspricht die Vergütung der Altenpflegefachkräfte in Brandenburg und Mecklenburg-Vorpommern dem ohnehin niedrigen Verdienstniveau in diesen strukturschwachen Bundesländern. Im ostdeutschen Bundesland Sachsen-Anhalt mit ähnlich geringem Lohnniveau liegt die Entlohnung der Pflegefachkräfte nochmals niedriger.

Die Entgelte in Sozial- und Erziehungsberufen entsprechen in Westdeutschland den Löhnen von Pflegebeschäftigten, in Ostdeutschland liegen die Pflegefachkräfte rund 11 Prozent darunter. Zieht man die Verdienste von Fachkräften im Handwerk, das ebenso wie die Pflege auf die lokale Nachfrage hin ausgerichtet ist, als Maßstab heran, gilt Folgendes: Es lassen sich wiederum West-Ost-Unterschiede ausmachen, wobei Sachsen-Anhalt erneut mit einer Lohneinbuße von 14 Prozent einen Sonderfall darstellt. Pflegefachkräfte verdienen vor allem im Westen, und dort in Niedersachsen und Schleswig-Holstein, deutlich weniger als alle Fachkräfte im Handwerk (West: insgesamt 8 Prozent weniger), während sie in Ostdeutschland einen um 3,5 Prozent geringeren Lohn beziehen.

Helfer in der Krankenpflege werden in der Regel besser entlohnt als alle im jeweiligen Bundesland beschäftigten Helfer (siehe Tabelle 7.3). Allerdings ist der Verdienstunterschied in Sachsen sehr gering, in Hamburg und Sachsen-Anhalt dagegen liegt er bei rund einem Viertel.

Schließlich ist festzuhalten, dass Helfer in der Altenpflege beim Verdienstvergleich am schlechtesten abschneiden. Im Mittel liegt ihr Monatsentgelt bei 1741 Euro und damit um rund ein Sechstel niedriger als der Verdienst aller beschäftigten Helfer in Deutschland. In den einzelnen Bundesländern bestehen jedoch große Unterschiede: Während in Hamburg der Lohnrückstand lediglich 2,6 Prozent beträgt, liegt er in Niedersachsen oder Rheinland-Pfalz bei 22,1 Prozent beziehungsweise 19,1 Prozent.

Eine mögliche Ursache für die Entlohnungsunterschiede im Helferbereich könnten die unterschiedlichen Ausbildungsdauern der Helfer in der Altenpflege sein, die zwischen einem mehrwöchigen Kurs und einer zweijährigen Ausbildung liegen. Diese Differenzen dürften verdienstrelevant sein, können aber in den Auswertungen nicht explizit berücksichtigt werden.

Tab. 7.2: Monatliche Median-Bruttoentgelte der Fachkräfte in den Pflegeberufen und ausgewählten Vergleichsgruppen (in Euro, 2013) (Beschäftigungsstatistik der Bundesagentur für Arbeit; eigene Berechnungen).

	Gesundheits- und Kranken-pflege	Altenpflege	Berufsbereich Bau (3)	Berufsbereich Gesundheit/ Soziales (8)	alle Fachkräfte	alle Beschäftig-ten*
01 Schleswig-Holstein	3015	2325	2672	2430	2612	2740
02 Hamburg	3003	2571	2845	2551	2932	3380
03 Niedersachsen	3016	2209	2737	2340	2710	2876
04 Bremen**	3240	2366	2796	2521	2917	3221
05 Nordrhein-Westfalen	3202	2692	2827	2640	2888	3086
06 Hessen	3086	2484	2743	2609	2934	3244
07 Rheinland-Pfalz	3151	2525	2726	2651	2801	2950
08 Baden-Württemberg	3183	2725	2871	2661	3006	3270
09 Bayern	3135	2709	2783	2551	2824	3075
10 Saarland	3293	2585	2802	2703	2956	3081
11 Berlin	2831	2271	2227	2439	2480	2816
12 Brandenburg	2647	1994	2015	2150	2067	2240
13 Mecklenburg-Vorpommern	2636	1945	1991	2083	1980	2138
14 Sachsen	2657	1784	1929	1984	1980	2190
15 Sachsen-Anhalt	2808	1743	2029	2044	2061	2235
16 Thüringen	2800	1982	2052	2222	2069	2181
Deutschland	**3042**	**2441**	**2636**	**2509**	**2731**	**2960**
Ostdeutschland	2738	1945	2016	2182	2099	2317
Westdeutschland	3139	2568	2790	2584	2865	3094

* Beschäftigte insgesamt über alle Anforderungsniveaus hinweg.

** Für Bremen sind die Entgeltangaben zu den Fachkräften in der Altenpflege aufgrund von zu geringen Fallzahlen unscharf.

Anm.: Daten vor der Revision der Beschäftigungsstatistik; sozialversicherungspflichtig Beschäftigte ohne Auszubildende in Vollzeit; Berufsbereich 3: Bau, Architektur, Vermessung und Gebäudetechnik; Berufsbereich 8: Gesundheit, Soziales, Lehre und Erziehung.

Tab. 7.3: Monatliche Bruttoentgelte der Helfer in den Pflegeberufen und ausgewählten Vergleichsgruppen (in Euro, 2013) (Beschäftigungsstatistik der Bundesagentur für Arbeit; eigene Berechnungen).

	Gesundheits- und Kranken- pflege	Altenpflege	Berufsbereich Bau (3)	Berufsbereich Gesundheit/ Soziales (8)	alle Helfer	alle Beschäf- tigten*
01 Schleswig-Holstein	2180	1656	2359	1764	1978	2740
02 Hamburg	2479	1978	2463	2096	2031	3380
03 Niedersachsen	2316	1625	2320	1727	2086	2876
04 Bremen**	2517	1705	2232	2038	2229	3221
05 Nordrhein-Westfalen	2584	2092	2411	2229	2197	3086
06 Hessen	2375	1811	2183	2015	2114	3244
07 Rheinland-Pfalz	2592	1748	2405	2082	2160	2950
08 Baden-Württemberg	2491	1897	2380	2054	2321	3270
09 Bayern	2408	1925	2361	2094	2167	3075
10 Saarland**	2381	1979	2347	2066	2317	3081
11 Berlin	1826	1585	2010	1620	1699	2816
12 Brandenburg	1842	1449	1847	1584	1652	2240
13 Mecklenburg-Vorpommern	1802	1444	1864	1574	1587	2138
14 Sachsen	1732	1396	1838	1493	1640	2190
15 Sachsen-Anhalt	2053	1397	1879	1592	1613	2235
16 Thüringen	1863	1446	1917	1630	1589	2181
Deutschland	**2346**	**1741**	**2249**	**1945**	**2070**	**2960**
Ostdeutschland	1854	1495	1878	1592	1632	2317
Westdeutschland	2470	1855	2359	2055	2179	3094

* Beschäftigte insgesamt über alle Anforderungsniveaus hinweg

** Für Bremen und Saarland sind die Entgeltangaben zu den Helfern in der Kranken- und Altenpflege aufgrund von zu geringen Fallzahlen unscharf.

Anm.: Daten vor der Revision der Beschäftigungsstatistik; sozialversicherungspflichtig Beschäftigte ohne Auszubildende in Vollzeit; Berufsbereich 3: Bau, Architektur, Vermessung und Gebäudetechnik; Berufsbereich 8: Gesundheit, Soziales, Lehre und Erziehung.

7.5 Entgeltvergleiche zwischen Krankenhäusern, stationärer und ambulanter Pflege

Ein weiterer Einflussfaktor auf die Lohndifferenzen bildet die Pflegeeinrichtung, in der die Pflegekraft beschäftigt ist. Zunächst sind die unterschiedlichen Anteile der ausgewählten Berufsgruppen in Krankenhäusern sowie der stationären und ambulanten Pflege zu berücksichtigen. In den Krankenhäusern sind überwiegend Krankenpfleger tätig. In der stationären Pflege dominieren die Altenpfleger, in der ambulanten Pflege ist das Verhältnis ausgeglichener (siehe Abbildung 7.4).

Die Auswertungen der Beschäftigungsstatistik kommen zu dem Ergebnis, dass die Medianentgelte der Pflegekräfte je nach Einrichtung deutlich divergieren. In den Krankenhäusern wird das Pflegepersonal – sowohl Krankenpfleger als auch Altenpfleger – mit Abstand am besten entlohnt. Dies gilt für die Fachkräfte wie für die Helfer und in allen Bundesländern. Dabei fallen die Verdienstabstände bei den Beschäftigten in der Krankenpflege in der stationären und ambulanten Pflege im Vergleich zu den Verdiensten in den Krankenhäusern höher aus als bei den Altenpflegern.

Die Fachkräfte in der Krankenpflege verdienen in stationären Pflegeeinrichtungen 20 Prozent und in ambulanten Diensten fast 30 Prozent weniger als in Krankenhäusern (siehe Tabelle 7.4). Diese erheblichen Entgeltunterschiede sind in Ostdeutschland noch ausgeprägter (ambulante Pflege: –33,6 Prozent; stationäre Pflege: –27,0 Prozent). Für Helfer in der Krankenpflege gelten ähnliche Entgeltmuster, allerdings sind hier die Verdienste in der ambulanten Pflege gleichermaßen in Ost wie West deutlich geringer

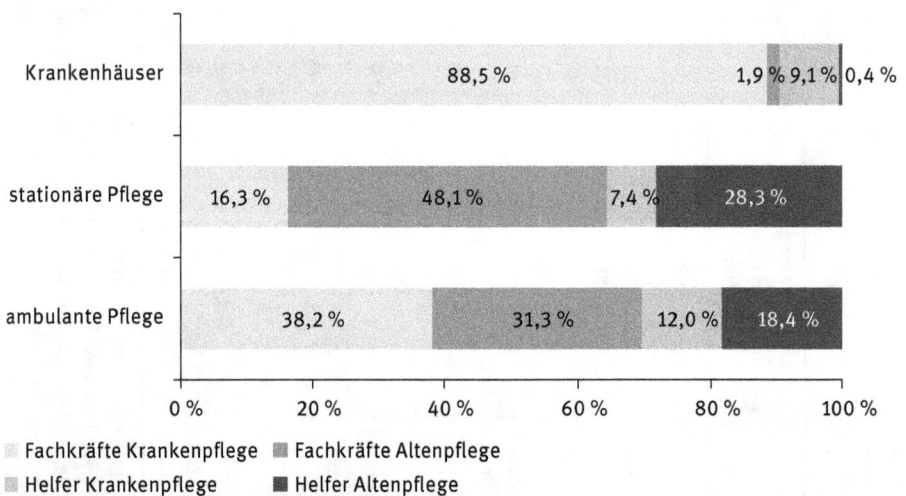

Abb. 7.4: Verteilung der Vollzeitbeschäftigten in den Pflegeberufen auf ausgewählte Einrichtungen 2013 (Beschäftigungsstatistik der Bundesagentur für Arbeit; eigene Berechnungen). Anm.: Daten vor der Revision der Beschäftigungsstatistik.

Tab. 7.4: Monatliche Bruttoentgelte in den Pflegeberufen* in ausgewählten Einrichtungen des Gesundheitswesens (in Euro, 2013) (Beschäftigungsstatistik der Bundesagentur für Arbeit; eigene Berechnungen).

	Gesundheits- und Kranken- pflege	Altenpflege	Berufsbereich Gesundheit/ Soziales (8)	alle Fachkräfte bzw. alle Helfer	alle Beschäf- tigten
Fachkräfte					
Krankenhäuser					
Deutschland	3159	2869	3110	3063	3325
Ostdeutschland*	2931	2409	2896	2818	3070
Westdeutschland	3236	2937	3178	3129	3397
stationäre Pflege					
Deutschland	2522	2527	2594	2586	2616
Ostdeutschland	2138	2059	2146	2115	2189
Westdeutschland	2646	2610	2688	2686	2705
ambulante Pflege					
Deutschland	2226	2115	2171	2160	2113
Ostdeutschland	1947	1806	1876	1866	1781
Westdeutschland	2369	2280	2316	2308	2287
Helfer					
Krankenhäuser					
Deutschland	2598	2049	2546	2501	3325
Ostdeutschland*	2256	1539	2242	2237	3070
Westdeutschland*	2692	2116	2615	2542	3397
stationäre Pflege					
Deutschland	2311	1811	1938	1915	2616
Ostdeutschland	1708	1567	1615	1595	2189
Westdeutschland	2391	1874	2008	1986	2705
ambulante Pflege					
Deutschland	1680	1565	1594	1595	2113
Ostdeutschland	1489	1444	1462	1461	1781
Westdeutschland	1850	1737	1751	1749	2287

* Die Entgeltangaben in der Altenpflege sind aufgrund von geringen Fallzahlen unscharf.
Anm.: Daten vor der Revision der Beschäftigungsstatistik; sozialversicherungspflichtig Beschäftigte ohne Auszubildende in Vollzeit; Berufsbereich 8: Gesundheit, Soziales, Lehre und Erziehung.

(Ost: −34 Prozent, West: −31,3 Prozent). In den stationären Pflegeeinrichtungen wird diese Berufsgruppe in Ostdeutschland um gut ein Viertel und in den alten Ländern um 11,2 Prozent geringer als in Krankenhäusern entlohnt.

Im Vergleich zu den Krankenhäusern beziehen Fachkräfte und Helfer in der Altenpflege in stationären Pflegeeinrichtungen jeweils um gut 11 Prozent geringere Bezüge. Zudem besteht wiederum ein Ost-West-Unterschied. Während sich im Osten die Verdienste für Helfer in der Altenpflege in stationären Pflegeeinrichtungen von denen in Krankenhäusern kaum unterscheiden, verdienen sie in den westlichen Ländern rund 11 Prozent weniger. Wenn Helfer in der Altenpflege bei ambulanten Diensten arbeiten, sind ihre Entgelte gegenüber ihren Verdienstmöglichkeiten in Krankenhäusern besonders in Westdeutschland mit fast einem Fünftel deutlich niedriger.

7.6 Entlohnungsunterschiede zwischen Männern und Frauen

Als letzter Aspekt wird die Entlohnung nach dem Geschlecht in den Pflegeberufen untersucht. Pflegeberufe werden zu gut 80 Prozent von Frauen ausgeübt. Dabei zeigt sich, dass bei den Krankenpflegern ein größerer Lohnunterschied zwischen Frauen und Männern als bei den Altenpflegern besteht (siehe Tabelle 7.5). Die Unterschiede sind bei den Fachkräften in der Krankenpflege (9,4 Prozent) etwa doppelt so groß wie bei denen in der Altenpflege (4,5 Prozent). In den Helferberufen ist die Relation zwischen den beiden Berufen noch etwas größer (Krankenpfleger 9,2 Prozent vs. Altenpflege 3,6 Prozent).

Tab. 7.5: Monatliche Bruttoentgelte in den Pflegeberufen nach Geschlecht (in Euro, 2013) (Beschäftigungsstatistik der Bundesagentur für Arbeit; eigene Berechnungen).

	Fachkräfte		Helfer	
	Gesundheits- und Kranken- pflege	Altenpflege	Gesundheits- und Kranken- pflege	Altenpflege
Männer				
Deutschland	3297	2528	2508	1794
Ostdeutschland	2738	2023	2117	1542
Westdeutschland	3396	2638	2627	1905
Frauen				
Deutschland	2988	2414	2276	1729
Ostdeutschland	2737	1927	1738	1483
Westdeutschland	3068	2547	2412	1842

Anm.: Daten vor der Revision der Beschäftigungsstatistik; Sozialversicherungspflichtig Beschäftigte ohne Auszubildende in Vollzeit.

Bemerkenswert ist, dass in Ostdeutschland weibliche und männliche Fachkräfte in der Krankenpflege im Schnitt gleich viel verdienen. Im Westen der Republik sind die Entgelte der Frauen dagegen im Mittel 9,7 Prozent niedriger. Bei den Helfertätigkeiten in der Krankenpflege hingegen liegt der Entgeltabstand in den östlichen Ländern bei 17,9 Prozent, das heißt, Männer verdienen hier im gleichen Beruf deutlich mehr als ihre Kolleginnen. In den alten Bundesländern ist die Differenz nur halb so groß (8,2 Prozent).

Nachdem die regionalen und geschlechtsspezifischen Lohnunterschiede in den Pflegeberufen detailliert dargestellt wurden, werden in Kapitel 7.7 deren Ursachen diskutiert.

7.7 Ursachen für die Entlohnungsunterschiede

Für die Bewertung der Löhne von Kranken- und Altenpflegern in den Bundesländern wurden die Entlohnung von Fachkräften und Helfern allgemein sowie die Löhne in ausgewählten Berufsgruppen herangezogen. Diese Vergleichslöhne variieren sehr stark zwischen den unterschiedlichen Regionen Deutschlands. Beredtes Beispiel hierfür ist der allgemeine Lohnunterschied zwischen Ost und West.

Damit sind zunächst die Ursachen für die regionalen Lohnunterschiede zu beleuchten. Nach den Befunden der regionalen Arbeitsmarktforschung hängen regionale Lohnstrukturen von einer Vielzahl von Faktoren ab, wobei sich regionsspezifische Faktoren mit Bestimmungsgründen vermischen, die auf der Ebene der einzelnen Beschäftigten greifen (vgl. Fuchs et al. 2014). Zu Ersteren zählen unter anderem die Produktivität der regionalen Wirtschaft und die lokale Arbeitsmarktsituation. Zu Letzteren gehören unter anderem Geschlecht, Arbeitserfahrung und Qualifikation der Beschäftigten.

7.7.1 Regionsspezifische Gründe

Die Produktivität und folglich das allgemeine Lohnniveau einer Region hängt vom Vorhandensein hochproduktiver Branchen ab. Zudem üben die Größe der Region und damit einhergehende Urbanisationseffekte, die aus Größenvorteilen von Unternehmen und einer Vielzahl wirtschaftlicher Aktivitäten resultieren, Einflüsse auf Wirtschaftskraft und Entlohnung aus. In Ballungsregionen werden meist höhere Löhne gezahlt als in ländlich geprägten Gebieten.

Auf dem deutschen Arbeitsmarkt gilt nach wie vor: Je höher die Qualifikation, desto geringer ist die Wahrscheinlichkeit, arbeitslos zu sein und desto höher ist der Lohn (vgl. Bogai et al. 2014). Die Arbeitsmarktentwicklung hat in den vergangenen Jahrzehnten zum Verlust von Arbeitsplätzen mit geringen Qualifikationsanforderungen geführt. Beschäftigte ohne Berufsabschluss mussten dabei deutliche (Real-)Lohnverluste hinnehmen.

Die Arbeitslosigkeit der Helfer ist in Deutschland überdurchschnittlich hoch, wobei es auch hier ausgeprägte regionale Unterschiede gibt. In rund einem Drittel der Kreise Deutschlands liegt die spezifische Arbeitslosenquote der Helfer bei einem Viertel und höher (vgl. Bogai et al. 2014). Aber auch die Arbeitslosigkeit insgesamt ist vor allem in Ostdeutschland und einigen westdeutschen Regionen, wie zum Beispiel dem Ruhrgebiet, überdurchschnittlich hoch, wodurch Druck auf die regionalen Löhne ausgeübt wird.

Aus theoretischer Sicht hat die regionale Wirtschaftskraft und Arbeitslosigkeit auch Einfluss auf die Entlohnung von Pflegekräften, die sich zumindest langfristig nicht vom herrschenden Lohnniveau, insbesondere bei den Fachkräften, abkoppeln kann.

7.7.2 Produktivitätsunterschiede zwischen den Sektoren

Speziell mit Blick auf die Entlohnung in personenbezogenen Dienstleistungen, in denen das Rationalisierungspotenzial begrenzt ist, greift üblicherweise ein Mechanismus, der zu über die Produktivität hinausgehenden Lohnsteigerungen führt. Dort wirken auf den Arbeitsmärkten Kräfte, die tendenziell eine Angleichung an das allgemeine Lohnniveau, zumindest bei qualifizierten Arbeitskräften, bewirken, da die erforderlichen Fachkräfte ansonsten nicht rekrutiert werden können. Hierdurch werden Preis- und Lohnanstiege herbeigeführt, die über der Produktivität des jeweiligen Tätigkeitsbereichs liegen. Durch die geringen Möglichkeiten zur Produktivitätssteigerung wird die sogenannte Kostenkrankheit von Dienstleistungen begründet, deren Preise sich bei steigender gesamtwirtschaftlicher Produktivität kontinuierlich erhöhen (vgl. Baumol 1967).

Das Argument des tendenziell überdurchschnittlichen Lohnanstiegs von weniger produktiven Humandienstleistungen, der zur Annäherung an das allgemeine Lohnniveau beiträgt, gilt für die Krankenpflege, in den meisten Bundesländern aber nicht für die Altenpflege. Fachkräfte in der Altenpflege verdienen in allen westdeutschen Ländern deutlich weniger als alle qualifizierten Arbeitnehmer im Durchschnitt. In Ostdeutschland ist der Rückstand gegenüber dem allgemeinen Lohnniveau der Fachkräfte geringer. In Mecklenburg-Vorpommern, Thüringen und Brandenburg indes ist sogar kaum ein Unterschied zum Gehaltsniveau aller Fachkräfte festzustellen.

7.7.3 Benachteiligung sozialer Berufe

Soziale Berufe im Allgemeinen und Pflegeberufe im Besonderen sind von strukturellen Benachteiligungen gekennzeichnet, die sich auf die Entlohnung auswirken dürften und die in Kapitel 6 beschriebenen Anpassungen verhindern. So kann die unterdurchschnittliche Vergütung in typischen Frauenberufen angeführt werden (siehe auch Kapitel 3.6). Nach dieser These (vgl. Kurz-Scherf et al. 2006) würden Frauen bestimmte Grundqualifikationen und Eigenschaften in die Erwerbsarbeit einbringen, wie die stärkere inhaltliche Aufgabenerfüllung und intensivere Zuwendung zu Personen, die im Falle der Pflege der Hausarbeit zugeschrieben werden. Wie in Kapitel 1 näher untersucht, kann die Nähe der Pflegetätigkeiten zum Haushalt und zu Frauen zugeschriebenen Aufgaben zur Geringschätzung sozialer Berufe beitragen. Die historische Entwicklung der Kranken-, aber vor allem der Altenpflege, die in Kapitel 2 dargestellt wurde, verweist auf die christlich geprägte Motivation, gegenüber der weltliche Fragen der Entlohnung in den Hintergrund treten. Außerdem werden die Arbeitsanforderungen in überwiegend von Frauen ausgeübten Sorgeberufen geringer bewertet, was eine ungünstigere Entlohnung als in den von Männern dominierten Berufen in Industrie und Handwerk zur Folge hat (vgl. Lillemeier 2017). Die Entgeltunterschiede zwischen Kranken- und Altenpflege zeigen jedoch, dass die Argumente vor allem auf die Altenpflege und weniger auf die Krankenpflege zutreffen.

Zudem werden die Ursachen für die Entgeltunterschiede zwischen Männern und Frauen in den Pflegeberufen zu großen Teilen „mit der Besetzung der unterschiedlichen Hierarchieebenen (vertikale Segregation) sowie einer Reihe anderer Faktoren, wie z. B. der geringeren Dauer der Berufserfahrung (wenn Frauen z. B. wegen Familienarbeit die Erwerbsarbeit unterbrechen) oder der größeren Konzentration der Frauen in kleineren Betrieben, in Betrieben ohne Tarifbindung etc." erklärt (vgl. Bellmann et al. 2013: 86).

7.7.4 Unterschiedliche Finanzierung von Kranken- und Altenpflege

Bei den festgestellten Gehaltsunterschieden zwischen der Kranken- und Altenpflege ist die unterschiedliche Finanzierung der Leistungen nach dem SGB XI (soziale Pflegeversicherung) und dem SGB V (gesetzliche Krankenversicherung) zu berücksichtigen. Die soziale Pflegeversicherung finanziert nur einen Teil der Gesamtpflegekosten mittels staatlicher Pflegeleistungen, während in der gesetzlichen Krankenversicherung Leistungen in der Regel in vollem Umfang abgedeckt sind. Der Teilkaskocharakter der Pflegeversicherung sowie die einrichtungsspezifischen Pflegesatzverhandlungen führen zu ungünstigeren Finanzierungsbedingungen im Bereich der Altenpflege als in der Krankenpflege, die aufgrund ihrer Vollkostenerstattung seltener vor Finanzierungsproblemen steht.

Die Preise für Pflegeleistungen nach dem SGB XI werden durch Vergütungsvereinbarungen zwischen Trägern der stationären beziehungsweise ambulanten Pflege und den Pflegekassen oder sonstigen Sozialversicherungsträgern, dem Sozialamt sowie den jeweiligen Arbeitsgemeinschaften festgelegt. Die Vergütungsvereinbarungen determinieren den wirtschaftlichen Verhandlungsspielraum für Lohnzahlungen an die Pflegekräfte. Entsprechend den §§ 84 und 89 SGB XI haben Pflegeeinrichtungen Anspruch auf eine leistungsgerechte Vergütung und können höhere Vergütungen im Extremfall einklagen. Allerdings machen die Einrichtungen aus Wettbewerbsgründen von diesem Recht nur selten Gebrauch (vgl. Prognos 2014). Aufgrund des hohen Lohnkostenanteils in den Pflegeeinrichtungen wirken sich Lohnerhöhungen stark auf die

Pflegesätze und damit auf die Eigenanteile der Pflegebedürftigen beziehungsweise auf die Ausgaben der Hilfe zur Pflege aus. Überdurchschnittliche Kostensteigerungen könnten Wettbewerbsnachteile für die betroffenen Einrichtungen verursachen. Die Pflegekassen würden zudem geltend machen, dass andere Träger gleiche Leistungen zu geringeren Vergütungen erbringen können. Die Verhandlungen werden durch eine Einigung des Einrichtungsträgers und der Mehrheit der Kostenträger abgeschlossen, wobei die Sozialhilfeträger Einspruchsrecht besitzen. Damit verfügt das Sozialamt über eine starke Verhandlungsposition zur Durchsetzung seines Interesses an einer Ausgabenbegrenzung der Hilfe zur Pflege. Der starke Stellung der Pflegekassen beziehungsweise Sozialhilfeträger führt eine monopsonähnliche Marktstruktur in der Altenpflege herbei, in der ein großer Nachfrager vielen Anbietern gegenübersteht, und der Nachfrager in der Lage ist, Lohn und Beschäftigungsmenge gegenüber dem Wettbewerbsergebnis zu reduzieren (siehe dazu Kapitel 3.1).

7.7.5 Institutionelle Ursachen

Institutionelle Gründe, die im System der Lohnverhandlungen liegen, sind vor allem im Bereich der Altenpflege von Bedeutung, nämlich unterschiedliche Grade der Tarifbindungen in den einzelnen Pflegeeinrichtungen. So decken sich die in Kapitel 7.5 festgestellten Lohnunterschiede nach Pflegeeinrichtungen weitgehend mit den Ergebnissen der Studie von Bellmann et al. (2013), der zufolge die Erklärung für die vergleichsweise niedrigen Entgelte in den ambulanten sozialen Diensten in der jeweiligen Trägerschaft liegen dürfte: „Besonders in den ambulanten sozialen Diensten dominiert die private Trägerschaft und damit zumeist der Zustand ohne Tarifbindung sowie der damit einhergehende geringe Organisationsgrad der Beschäftigten" (Bellmann et al. 2013: 84).

Hinzu kommt, dass die Arbeitnehmer-Arbeitgeberbeziehungen im Bereich des Pflegesektors ausgesprochen zersplittert sind und unterschiedliche tarifpolitische Strategien vorherrschend (vgl. Evans 2012). Ein Großteil der Leistungsanbieter ist, wie die Caritas und die Diakonie, als sogenannter Dienstgeber kirchlich gebunden. Es gelten in diesem Bereich arbeitsrechtliche Vereinbarungen (AVR). Auf der anderen Seite stehen die großen freigemeinnützigen Träger mit dem Arbeitgeberverband AWO Deutschland e. V. oder der Bundestarifgemeinschaft des Deutschen Roten Kreuzes. Weitere sind die Vereinigung der kommunalen Arbeitgeber und privater Arbeitgeber.

Diese heterogenen Arbeitgeberorganisationen verfolgen unterschiedliche lohn- und tarifpolitische Strategien. Einige, wie die Arbeiterwohlfahrt und das Deutsche Rote Kreuz, sind zentral ausgerichtet und lassen gleichzeitig betriebliche Spezialverträge zu. Die Kommunen sind häufig an bundesweiten Rahmenabschlüssen interessiert. Die Caritas verfolgt ein top-down organisiertes Verhandlungssystem, während die Diakonie eine dezentrale Organisation vorsieht, aber mehr Transparenz und Einheitlichkeit anstrebt. Insgesamt erhöht sich der Wettbewerb im Pflegesektor durch die Ausschreibung von Leistungs-Kosten-Katalogen zur Vergabe und private Anbieter gewinnen zunehmend an Gewicht. Die Lohnstrukturen im Pflegesektor werden also durch ein Konglomerat unterschiedlichster Faktoren bestimmt.

Wie zu Beginn von Kapitel 7 beschrieben, wurde die Entlohnung in den Pflegeeinrichtungen lange Jahre nicht an die Inflation angepasst. Über mögliche Gründe kann
aufgrund der fehlenden Transparenz in den Vergütungsverhandlungen nur spekuliert
werden. Möglicherweise unterblieb die Dynamisierung der Löhne auch dadurch, dass
die in den Vergütungsvereinbarungen verhandelten und auf tariflichen und kirchenarbeitsrechtlichen Vereinbarungen basierenden Entgelte an die Beschäftigten teilweise nicht vollständig ausgezahlt wurden. Seit dem 1. Januar 2015 wird den Kostenträgern nach § 84 SGB XI das Recht eingeräumt, Nachweise zu verlangen, dass die finanziellen Mittel auch tatsächlich bei den Beschäftigten ankommen. Eine ähnliche
Regelung wird für die ambulante Krankenpflege nach dem SGB V diskutiert.

7.7.6 Geringe räumliche Mobilität

Zwischen den Bundesländern wurden erhebliche Nominallohndifferenzen im gleichen Pflegeberuf ermittelt, die nicht durch entsprechende regionale Preisunterschiede kompensiert werden dürften. Grundsätzlich ist hierdurch ein Anreiz für Arbeitskräftewanderungen in Richtung „Hochlohnregionen" gegeben. Ein großes Ausmaß
solcher Mobilität ist allerdings aufgrund familiärer und sozialer Bindungen der Pflegekräfte mittleren und höheren Alters nicht gegeben. Zudem lohnt es sich für die
überwiegend in Teilzeit beschäftigten Pflegekräfte kaum, aufgrund geringer Lohnvorteile den Wohnort zu verlagern. Kleinräumige Bewegungen sind zum Beispiel an den
Randregionen Niedersachsens in besser bezahlende Pflegeeinrichtungen in Nordrhein-Westfalen zu beobachten. Eine starke Belastung für die Nachwuchsbindung
stellt hingegen die niedrige Entlohnung von Pflegekräften in Ostdeutschland dar. Für
dort neu ausgebildete Pflegekräfte ist der Anreiz hoch, für einen deutlich höheren
Lohn nach Westdeutschland überzusiedeln.

7.7.7 Humankapitalunterschiede

Die Unterschiede in der Entlohnung von Altenpfleger(inne)n und Krankenpfleger(inne)n hängen auch mit dem Anforderungsniveau der Ausbildung und der späteren Tätigkeit zusammen. Die schulischen Voraussetzungen für die Aufnahme einer
Ausbildung sind in der Altenpflege geringer als in der Krankenpflege. Der Anteil von
Berufstätigen mit Hauptschulabschluss ist in der Altenpflege deutlich höher als in der
Krankenpflege (vgl. Hall 2015). Der Anteil der Absolventen mit 12-jähriger Schulbildung ist dagegen bei den Krankenpfleger(inne)n höher. Auch in der Weiterbildung der
Beschäftigten bestehen Unterschiede zulasten der Altenpflege. Zudem dürften Anzahl

und Dauer der Erwerbsunterbrechungen zwischen den Berufen variieren, sodass es eher in der Krankenpflege als in der Altenpflege zu kontinuierlichen Erwerbsverläufen mit höherer Entlohnung kommt.

Zusammenfassung

Obwohl Pflegekräfte seit Langem am Arbeitsmarkt stark gefragt sind, reagieren die Löhne kaum auf diese Situation. Neben dem unterdurchschnittlichen Lohnwachstum ist in den Pflegeberufen festzustellen, dass die Löhne regional erheblich variieren. Die Entlohnung von Pflegekräften in den Bundesländern wurde für ausgebildete Kranken- und Altenpfleger sowie Helfer in diesen Berufen untersucht. Insgesamt lässt sich festhalten, dass in Deutschland examinierte Altenpflegekräfte im Schnitt etwa ein Fünftel weniger verdienen als Fachkräfte in der Krankenpflege. Es zeigen sich starke Verdienstunterschiede im gleichen Pflegeberuf zwischen den Bundesländern sowie zwischen Pflegeeinrichtungen. Darüber hinaus ergibt sich kein einheitliches Bild der Verdienste im Verhältnis zum allgemeinen Lohnniveau von Fachkräften beziehungsweise Helfern oder anderen vergleichbaren Berufsgruppen in den 16 Bundesländern. Abschließend wurden die Gründe für die Lohnunterschiede diskutiert, die aus einem Konglomerat unterschiedlicher Einflussfaktoren bestehen.

Literatur

Baumol W (1967): The Macroeconomics of Unbalanced Growth: The Anatomy of Urban Crisis. American Economic Review, 57(3), 415–426.

Bellmann L, Grunau P, Maier F, Thiele G (2013): Struktur der Beschäftigung und Entgeltentwicklung in den Gesundheits- und Pflegeeinrichtungen – 2004 bis 2008. Sozialer Fortschritt, 62(3), 77–87.

Bogai D, Buch T, Seibert H (2014): Arbeitsmarktchancen von Geringqualifizierten: Kaum eine Region bietet genügend einfache Jobs. IAB-Kurzbericht, 11/2014, Nürnberg.

Bogai D, Carstensen J, Seibert H, Wiethölter D, Hell S, Ludewig O (2015): Viel Varianz: Was man in den Pflegeberufen in Deutschland verdient, Berlin.

Bundesagentur für Arbeit (2015): Der Arbeitsmarkt in Deutschland – Fachkräfteengpassanalyse, Arbeitsmarktberichterstattung, Juli 2015, Nürnberg: Bundesagentur für Arbeit/Statistik.

Evans M (2012): Wer soll das alles ändern? Arbeitgeberverbände in der Sozialwirtschaft auf der Suche nach Zukunftsfähigkeit, Ergebnisse des Projekts ‚Promoting employers' social services organisations in social dialogue (PESSIS)', Evangelische Akademie Loccum.

Fuchs M, Rauscher C, Weyh A (2014): Lohnhöhe und Lohnwachstum: Die regionalen Unterschiede in Deutschland sind groß. IAB-Kurzbericht, 17/2014, Nürnberg.

Hall A (2015): Frauen mit Berufsausbildung im Berufsfeld Gesundheit/Soziales: Wie lassen sich Einkommensunterschiede zwischen Berufen „erklären"? Vortrag vor der Hans-Böckler-Stiftung, Hattingen, URL: www.boeckler.de/pdf/v_2015_06_01_hall.pdf [abgerufen am 5.6.2016].

Harsch K, Verbeek H (2012): Der Mindestlohn in der Pflegebranche – Die Folgen eines Mindestlohns in einer Wachstumsbranche. Journal of Labour Market Research, 45(3), 355–378.

Institut für Angewandte Wirtschaftsforschung e. V. (IAW) (2011): Evaluation bestehender Mindest-lohnregelungen – Branche: Pflege. Abschlussbericht an das Bundesministerium für Arbeit und Soziales, Tübingen.

Kurz-Scherf I, Lepperhoff J, Scheele A (2006): Arbeit und Geschlecht im Wandel: Kontinuitäten, Brüche und Perspektiven für Wissenschaft und Politik, Gender ... Politik ... Online, 12(2006), Berlin.

Lillemeier S (2017): Sorgeberufe sachgerecht bewerten und fair bezahlen! Der „Comparable Worth-Index" als Messinstrument für eine geschlechtergerechte Arbeitsbewertung, IAQ-Report 2/2017, Duisburg.

Möller J (2015). Arbeit im Dritten Sektor: Perspektiven aus der Sicht der Wissenschaft. Vortrag im Rahmen der Tagung „Arbeit in sozialen Dienstleistungen – Hat die Branche Zukunft? Ein Austausch von Wissenschaft und Praxis", Berlin, 25. November 2015.

Prognos AG (2014): Fachkräftesicherung durch gute Arbeit. Rahmenbedingungen und Zukunfts-perspektiven in der Pflege in Thüringen, Eine Studie von Prognos im Auftrag des Thüringer Ministeriums für Wirtschaft, Arbeit und Technologie, Berlin: Prognos AG.

8 Zukunftsperspektiven des Pflegearbeitsmarkts

Die Zukunftsperspektiven des Pflegearbeitsmarkts stehen im Zeichen des demografischen Wandels, der in den nächsten Jahrzehnten durch eine starke Alterung der Bevölkerung bei gleichzeitiger Abnahme der Bevölkerung im Erwerbsalter gekennzeichnet sein wird. Zunächst werden die wesentlichen Eckdaten und Annahmen der aktuellen 13. koordinierten Bevölkerungsvorausberechnung des Statistischen Bundesamts in Bezug auf Bevölkerungsentwicklung, Geburten, Sterbefälle, Lebenserwartung sowie Wanderungen dargestellt (siehe Kapitel 8.1). Die Konsequenzen der Alterung für die künftige Zahl der Pflegebedürftigen werden in Kapitel 8.2 untersucht. Dabei sind die Thesen der Medikalisierung, der Kompression und der bimodalen Entwicklung zur Projektion der altersspezifischen Pflegebedürftigkeit anhand der vorliegenden nationalen und internationalen Befunde zu diskutieren. Eine Besonderheit des Pflegearbeitsmarkts besteht darin, dass ein hoher Anteil der Pflegearbeit informell durch Angehörige erbracht wird, während die direkte arbeitsmarktrelevante Nachfrage von den ambulanten Pflegediensten und stationären Einrichtungen ausgeht. Die Entwicklung der Pflegearrangements, die einen unterschiedlich hohen Personalbedarf auslösen, ist deshalb für die künftige Arbeitskräftenachfrage von zentraler Bedeutung (siehe Kapitel 8.3). Auswirkungen auf die Nachfrage hat schließlich auch die Entwicklung der Produktivität im Pflegesektor, das heißt des Verhältnisses von Pflegekräften zu den Pflegebedürftigen (siehe Kapitel 8.4).

Die in den letzten Jahren zum künftigen Pflegearbeitsmarkt vorgelegten Studien werden in ihren Hauptergebnissen vorgestellt (siehe Kapitel 8.5). Sie basieren auf unterschiedlichen statistischen Abgrenzungen der Pflegeberufe und Annahmen der Pflegebedürftigkeit sowie auf verschiedenen Stützzeiträumen und Datenquellen. Zudem unterscheiden sich Zeithorizont (2025/2030, 2050 und 2060) sowie Differenzierungen in der Nachfrage nach unterschiedlich qualifizierten Arbeitskräften und Pflegeeinrichtungen. Projektionen zum Angebot von Pflegekräften sind rar, deuten aber auf nicht ausreichende Größenordnungen und damit auf steigende Lücken zur Verfügung stehender Arbeitskräfte hin. Neben den deutschlandweiten Arbeitsmarktprojektionen wird auf regionale Disparitäten hingewiesen. Sowohl die Alterung der Bevölkerung und der damit einhergehende Pflegebedarf als auch die Versorgungsstrukturen und somit der professionelle Arbeitskräftebedarf variieren zwischen den Bundesländern und Kreisen (siehe Kapitel 8.6). Daraus folgt, dass auch der künftige Arbeitskräftebedarf regional unterschiedlich hoch ausfallen wird, was wiederum unterschiedliche Strategien der Gewinnung von Fachkräften erforderlich macht.

https://doi.org/10.1515/9783110431698-008

8.1 Bevölkerungsprognosen

Das Statistische Bundesamt gibt in unregelmäßigen Abständen eine Vorausberechnung der Bevölkerungsentwicklung in Deutschland heraus. Nachdem die erste 1966 veröffentlicht wurde, ist es derzeit die dreizehnte. Ursache der Neuberechnungen sind der veränderte Zeithorizont und ein Anpassungsbedarf an veränderte Entwicklungen demografischer Variablen. Die Vorausberechnungen basieren auf zentralen Annahmen von Geburtenrate, Wanderungen und Lebenserwartung der Bevölkerung, die im Folgenden dargestellt werden.

8.1.1 Ergebnisse der 13. koordinierten Bevölkerungsvorausberechnung

Die 13. koordinierte Bevölkerungsvorausberechnung von Statistischem Bundesamt und den statistischen Ämtern der Länder zeigt die voraussichtliche Bevölkerungsentwicklung bis zum Jahr 2060 in Deutschland (vgl. zum Folgenden Statistisches Bundesamt 2015b). Dabei werden acht Varianten und drei Modellrechnungen präsentiert, die auf unterschiedlichen Annahmen zu Geburtenrate, Lebenserwartung und zu den Wanderungen basieren. Grundlage der aktuellen Berechnung ist der Bevölkerungsbestand am 31. Dezember 2013, der auf der Bestandsfortschreibung auf Grundlage des Zensus 2011[1] beruht. Zwei ausgewählte Varianten bilden die Unter- und Obergrenze der künftigen Entwicklung, zwischen denen sich die Bevölkerungsgröße und der Altersaufbau bewegen könnten. Große Unsicherheit herrscht angesichts der hohen Zahl geflüchteter Menschen 2015/2016 über die Höhe der künftigen Wanderungen. Eine erste Variante geht von einem Abflachen der anfangs sehr hohen jährlichen Nettozuwanderung von 500.000 auf 100.000 Personen innerhalb von sechs Jahren bis zum Jahr 2021 und anschließender Konstanz auf diesem Niveau aus. Im zweiten Szenario wird angenommen, dass der jährliche Wanderungssaldo bis zum Jahr 2021 allmählich auf 200.000 Personen sinken wird und dann in dieser Größenordnung bestehen bleibt. Diese Varianten werden als „Kontinuität bei schwächerer Zuwanderung" (Variante 1) beziehungsweise „Kontinuität bei stärkerer Zuwanderung" (Variante 2) bezeichnet.

Die Geburtenzahl wird nach dieser Vorausberechnung bis zum Jahr 2020 relativ stabil bei etwa 700.000 Neugeborenen pro Jahr bleiben. Anschließend wird aber die

---

1 Der Zensus 2011 ist eine registergestützte Volkszählung. Sie war die erste im wiedervereinten Deutschland nach der Volkszählung von 1987 in Westdeutschland. Ein Hauptergebnis ist, dass die Bevölkerungszahl in Deutschland 2011 mit 80,2 Millionen um rund 1,5 Millionen niedriger ist als die Bevölkerungsfortschreibung auswies. Den größten Anteil daran haben Ausländer, deren Zahl um fast 1,1 Millionen Personen nach unten korrigiert wurde. Diese Korrektur war vor allem deshalb notwendig, da Ausländer sich bei der Einreise nach Deutschland zwar bei den Meldebehörden ihres neuen Wohnorts anmeldeten, gelegentlich jedoch bei einer Ausreise die Abmeldung versäumten.

Zahl der Geborenen zurückgehen und im Jahr 2060 voraussichtlich zwischen 500.000 und 550.000 Kindern im Jahr liegen.

Die Zahl der Sterbefälle wird – trotz steigender Lebenserwartung – zunehmen, da die stark besetzten Jahrgänge der Babyboomer, die in den 1960er-Jahren geboren wurden, sukzessive in die hohen Altersgruppen hineinwachsen. Die Zahl der Gestorbenen wird demnach von 894.000 im Jahr 2013 auf fast 1,1 Mio. Anfang der 2050er-Jahre steigen und danach bis zum Jahr 2060 auf knapp 1 Mio. Personen pro Jahr zurückgehen.

Ende 2013 wurden 80,8 Mio. Einwohner in Deutschland gezählt. Die Einwohnerzahl könnte im Jahr 2060 laut Statistischem Bundesamt zwischen 67,6 Mio. (kontinuierliche Entwicklung bei schwächerer Zuwanderung) beziehungsweise 73,1 Mio. (kontinuierliche Entwicklung bei stärkerer Zuwanderung) liegen.

Für das künftige Arbeitskräfteangebot ist von erheblicher Bedeutung, dass die Bevölkerung im Erwerbsalter zunächst altern und anschließend stark abnehmen wird. Im Jahr 2013 gehörten 49,2 Mio. Menschen der Altersgruppe zwischen 20 und 64 Jahren an. Ihre Zahl wird bis 2030 auf etwa 44 bis 45 Mio. sinken. Nach den Vorausberechnungen werden 2060 etwa 38 Mio. Menschen im Erwerbsalter sein (−23 %), falls der Wanderungssaldo von rund 500.000 im Jahr 2014 sukzessive bis 2021 auf 200.000 sinken und danach konstant bleiben wird (Variante 2 „Kontinuität bei stärkerer Zuwanderung"). Nimmt die Zuwanderung bis 2021 auf 100.000 Personen ab und verändert sie sich anschließend nicht (Variante 1 „Kontinuität bei schwächerer Zuwanderung"), wird die Bevölkerung im Erwerbsalter bis 2060 auf 34 Mio. absinken. Dies wäre fast ein Drittel weniger als im Jahr 2013.

Nach den Berechnungen des Statistischen Bundesamts bremst die Höhe der Zuwanderung in Variante 2 den künftigen Rückgang der Bevölkerung bereits ab dem Jahr 2030. Jedoch kann auch ein jährlicher Wanderungssaldo von 300.000 Personen (also 100.000 mehr als in Variante 2) die Abnahme der Bevölkerung im Erwerbsalter nicht aufhalten. Ein Anstieg der Geburtenrate auf 1,6 Kinder je Frau würde sich auf die Bevölkerungszahl im Erwerbsalter erst ab 2050 auswirken: Im Jahr 2060 läge die Personenzahl im Erwerbsalter dann in beiden Varianten um 1,7 Mio. – überwiegend junger Menschen – höher.

8.1.2 Prognose der Lebenserwartung

Den vorliegenden Vorausberechnungen zufolge wird sich der Anstieg der Lebenserwartung auch in den nächsten Jahrzehnten fortsetzen. Dies wird hauptsächlich auf die Reduzierung der Sterblichkeit in mittleren und höheren Altersgruppen zurückgeführt.

So wird in Deutschland seit etwa 140 Jahren ein kontinuierlicher Rückgang der Sterblichkeit und somit ein Anstieg der Lebenserwartung beobachtet. Im Deutschen Reich lag die durchschnittliche Lebenserwartung bei Geburt nach der ersten amtlichen Sterbetafel 1871/1881 für Männer bei 35,6 Jahren und für Frauen bei 38,4 Jahren.

Nach den Ergebnissen der allgemeinen Sterbetafel 2010/2012 hat sich die fernere Lebenserwartung der Männer auf 77,7 Jahre und die der Frauen auf 82,8 Jahre erhöht (vgl. Statistisches Bundesamt 2015b).

Die 13. koordinierte Bevölkerungsvorausberechnung trifft auch (neue) Annahmen über die Lebenserwartung bis zum Jahr 2060. Grundlage der Fortschreibungen ist die allgemeine Sterbetafel 2010/2012. Dabei werden zwei Annahmen zur Entwicklung der Lebenserwartung bis zum Jahr 2060 getroffen. Beide Annahmen basieren auf dem kontinuierlichen Anstieg der Lebenserwartung, wobei zukünftig verstärkt die höheren Altersstufen den Zuwachs der Lebenserwartung beeinflussen werden. In den niedrigen Altersstufen ist das Sterberisiko bereits sehr gering und eine Verbesserung der Verhältnisse wirkt sich hier nur relativ wenig auf die Entwicklung der Lebenserwartung insgesamt aus.

Für jede einzelne Altersstufe wird ein langfristiger Trend seit 1871/1881 und ein kurzfristiger Trend seit 1970/1972 bestimmt. Im kurzfristigen Trend wirkt sich der Rückgang der Sterblichkeit in den höheren Altersstufen (etwa ab dem Alter von 60 Jahren) dabei etwas stärker aus, was zu einem größeren Anstieg der Lebenserwartung führt. Die Grundlage der Basisannahme bildet die Kombination aus der kurzfristigen Trendentwicklung seit 1970/1972 und der langfristigen Trendentwicklung seit 1871/1881.

In der Basisannahme „moderater Anstieg" ergibt sich für Männer im Jahr 2060 eine durchschnittliche Lebenserwartung bei Geburt von 84,8 Jahren und für Frauen von 88,8 Jahren. Das ist ein Zuwachs von sieben beziehungsweise sechs Jahren im Vergleich zur Lebenserwartung in Deutschland 2010/2012. Die Differenz in der Lebenserwartung von Männern und Frauen verringert sich bis 2060 von 5,1 auf 4,0 Jahre. 65-jährige Männer können immer noch mit weiteren 22 Jahren Lebenszeit rechnen, gleichaltrige Frauen mit 25 Jahren. Das sind 4,5 Jahre (Männer) beziehungsweise 4,3 Jahre (Frauen) mehr als 2010/2012.

In der Annahme „starker Anstieg" können Männer bei Geburt eine durchschnittliche Lebenserwartung von 86,7 Jahren und Frauen von 90,4 Jahren erreichen. Das sind für Männer 9,0 Jahre und für Frauen 7,6 Jahre mehr als 2010/2012. Die Differenz in der Lebenserwartung zwischen Männern und Frauen sinkt von 5,1 auf 3,7 Jahre. 65-jährige Männer können unter dieser Annahme noch 23,7 Jahre erwarten, gleichaltrige Frauen 26,5 Jahre. Die Annahme der höheren Lebenserwartung basiert auf der Trendentwicklung seit 1970/1972. Voraussetzung ist, dass sich die Verbesserung der medizinischen Versorgung und damit die Verminderung des Sterberisikos in den höheren Altersstufen ähnlich wie in den letzten 40 Jahren bis zum Jahr 2060 fortsetzen werden.

Es ist jedoch nicht auszuschließen, dass die Lebenserwartung künftig noch höher ausfällt. So argumentiert das Rostocker Max-Planck-Institut für demografische Forschung, dass die Entwicklung der Lebenserwartung bisher regelmäßig unterschätzt wurde: „Immer wieder wurden maximale, biologisch unüberwindliche Grenzen der Lebenserwartung veröffentlicht, die wenig später von der Wirklichkeit überholt wurden" (vgl. Schnabel et al. 2005: 3). Insbesondere Fortschritte bei Prävention, Diagnose und Behandlung von tödlichen Alterskrankheiten haben die Lebenserwartung stark beeinflusst, seien aber schwer vorherzusagen. Die Ursachen für das längere Leben dürften im Zusammenwirken verschiedener gesellschaftlich induzierter Faktoren, zu denen gestiegener materieller Wohlstand, gesunde Ernährung, bessere Arbeitsbedingungen mit zunehmend geringerer körperlicher Belastung sowie verbesserte Hygiene, medizinische Versorgung und soziale Fürsorge gehören. Die Wirkung dieser Faktoren auf die Lebenswartung sowie auf deren zukünftige Entwicklung können jedoch nicht exakt bestimmt werden. In dieser Situation sei eine Zeitreihenanalyse hilfreich, die den Trend der Lebenserwartung linear extrapoliert. Das Ergebnis für das 95-prozentige Prognoseintervall ist wie folgt: Für Männer liegt die Lebenserwartung bei Geburt nach dieser Rechnung im Jahr 2050 zwischen 82,2 und 87,5 Jahren, für Frauen zwischen 89,8 und 95,4 Jahren. Der obere Wert des Intervalls liegt nahe am Fortschreibungsergebnis für die Länder mit den höchsten Lebenserwartungen. Er beträgt für Frauen knapp 97 Jahre. Insgesamt ist nach diesen Berechnungen bereits im Jahre 2050 von einer Lebenserwartung von mindestens 90 Jahren für beide Geschlechter auszugehen.

8.1.3 Alterung der Bevölkerung

Das Altern der heute stark besetzten mittleren Jahrgänge führt in den kommenden Jahrzehnten zu gravierenden Verschiebungen in der Altersstruktur. Die Anzahl der Menschen im Alter ab 65 Jahren wird besonders schnell in den kommenden zweieinhalb Jahrzehnten bis zum Ende der 2030er-Jahre wachsen. Bei einer kontinuierlichen demografischen Entwicklung und einem schwächeren Wanderungssaldo wird sie dann gut 23 Mio. Menschen betragen und damit um etwa 40 Prozent höher sein als im Jahr 2013 (17 Mio. Personen). Bei einem starken Anstieg der Lebenserwartung würde sich die Zahl der Senioren sogar um 43 Prozent auf 24 Mio. erhöhen. Zwischen den Jahren 2040 und 2060 bleibt der Umfang dieser Altersgruppe – bei einer insgesamt sinkenden Bevölkerungszahl – fast unverändert.

Im Jahr 2013 waren 18 Prozent der Bevölkerung unter 20 Jahre alt, 61 Prozent zwischen 20 und 64 Jahren sowie 21 Prozent 65 Jahre und älter. Im Jahr 2060 wird bereits jeder Dritte (32 bis 33 Prozent) mindestens 65 Jahre alt sein.

Die Überalterung der Bevölkerung schlägt sich besonders gravierend in den Zahlen der Hochbetagten nieder. Im Jahr 2013 lebten 4,4 Mio. Personen im Alter von 80 Jahren und älter in Deutschland, dies entsprach fünf Prozent der Bevölkerung. Ihre Anzahl wird bis 2030 um gut 40 Prozent wachsen. Um das Jahr 2050 wird die Zahl der Hochbetagten ihr Höchstniveau mit rund zehn Millionen bei einer kontinuierlichen Entwicklung beziehungsweise elf Millionen bei einem starken Anstieg der Lebenserwartung erreichen (siehe Tabelle 8.1).

Die Bevölkerungsalterung ist ein globaler Prozess, der in den industrialisierten Ländern am weitesten fortgeschritten ist. Vor allem in Europa und Japan wird sich die Alterung besonders beschleunigen. Schon heute ist Deutschland – gemessen am Anteil der über 60-Jährigen an der Gesamtbevölkerung – nach Japan und Italien das drittälteste Land der Welt. Den Vorausberechnungen der Vereinten Nationen zufolge wird sich an der Spitzenstellung dieser drei Länder, was die Alterung betrifft, bis zur Mitte des 21. Jahrhunderts wenig ändern (vgl. United Nations 2009).

Die skizzierte Alterung und Schrumpfung der Bevölkerung wird weitreichende Folgen für Wirtschaft und Gesellschaft haben. Insbesondere die starke Zunahme der Hochbetagten könnte wegen der steigenden Pflegebedürftigkeit im höheren Alter ein erhebliches Wachstum des Pflegebedarfs auslösen.

8.2 Auswirkungen der Alterung auf den Pflegebedarf

Die künftige Bevölkerungsentwicklung in Deutschland kann recht einprägsam als dreifaches Altern (vgl. Tews 1993) bezeichnet werden. Sowohl der Anteil älterer Menschen, das heißt der Personen im Alter von 65 Jahren und älter, an der Gesamtbevölkerung, als auch ihre absolute Zahl wird wachsen. Entscheidend für die Nachfrage nach Pflegedienstleistungen ist vor allem das dritte Element der Alterung, nämlich die Zunahme von Anteilen und absoluten Zahlen von Menschen im Alter von 80 Jahren und älter, die eine sehr hohe Pflegewahrscheinlichkeit aufweisen, denn die Pflegebedürftigkeit steigt mit zunehmendem Alter. So lag die Pflegeprävalenz im Jahr 2014 bei den Frauen in der Altersgruppe von 80 bis 85 Jahren bei 23,4 Prozent, in der Gruppe der 85- bis 90-Jährigen bei 42,2 Prozent und bei über 90-Jährige bei 67,9 Prozent (siehe Kapitel 4).

Die Alterung der Bevölkerung wird die Zahl der Pflegebedürftigen erhöhen, da mit zunehmendem Alter vermehrt gesundheitliche Einschränkungen auftreten. Welche Faktoren im Einzelnen die Pflegebedürftigkeit beeinflussen, ist bisher ungeklärt. Schätzungen gehen davon aus, dass genetische Faktoren weniger als die Hälfte der Varianz von Krankheiten im Alter erklären. Andere Einflüsse wie Lebensstil, Gesundheitsverhalten, psychosoziale Determinanten, soziale Situation sowie medizinische Ursachen sind zu berücksichtigen (vgl. Tesch-Römer & Wurm 2009). Mit steigendem Alter nehmen Krankheitsdauer und Zeiten der Rekonvaleszenz zu, was erhöhten Pflegebedarf auslöst.

Unterschiede in der Pflegebedürftigkeit bestehen einerseits zwischen den Personen in Alter von 65 bis 84 Jahren und den Hochaltrigen (85 Jahre und älter), andererseits zwischen den Geschlechtern. Derzeit ist das Verhältnis der Pflegewahrscheinlichkeiten der einzelnen Pflegestufen zueinander bis zu einem Alter von etwa 85 Jahren relativ stabil. Ab diesem Alter steigt jedoch das altersspezifische Risiko schwerwiegenderer Pflegebedürftigkeit erheblich. Frauen sind im Vergleich zu Männern häufiger von Multimorbidität oder chronischen Krankheiten betroffen. Zudem werden sie seltener von ihrem Partner gepflegt. Männliche Pflegebedürftige im hohen Alter können oftmals noch von ihrer eigenen Frau gepflegt werden, da diese in der Regel jünger ist als ihr Partner. Zudem ist die Bereitschaft, Pflegegeld zu beantragen, bei Frauen höher als bei Männern (vgl. Mager & Eisen 2002: 15).

Entscheidend für den Bedarf an Pflegekräften ist die künftige Entwicklung der altersspezifischen Pflegebedürftigkeit. Der Zusammenhang zwischen erhöhter Lebenserwartung und altersspezifischer Pflegebedürftigkeit beziehungsweise Morbidität ist allerdings unklar.

Die Kompressionsthese altersspezifischer Krankheitsbetroffenheit (Compression of Morbidity) nach dem amerikanischen Arzt James Fries (1980) nimmt an, dass sich der gesundheitliche Zustand der Bevölkerung durch einen verbesserten Arbeits- und Gesundheitsschutz, durch den medizinisch-technischen Fortschritt sowie durch die zunehmende Inanspruchnahme von präventiven Leistungen verbessern wird. Demnach erhöht sich die Lebenserwartung bei gleichzeitiger Verkürzung der Krankheitsphase. Die durch eine höhere Lebenserwartung gewonnenen Jahre werden so vornehmlich in Gesundheit verlebt. Erst spät vor ihrem Ableben treten chronisch-irreversible Krankheiten auf. Nach dieser These werden zukünftig keine wesentlichen Zuwächse in der Nachfrage nach Pflegeleistungen erwartet, da die Menschen gesünder älter werden.

Die sogenannte Medikalisierungs- beziehungsweise Morbiditätsthese des Alterns nach Gruenberg (1977) und Verbrugge (1984) geht davon aus, dass die steigende Lebenserwartung zu einer höheren relativen Pflegebedürftigkeit führt. Die steigende Lebenserwartung der Bevölkerung ist demnach mit einer Ausweitung der Pflegenachfrage verbunden, da im Alter die Krankheitsrisiken zunehmen und die gewonnene Lebenszeit mit längeren Krankheitszeiten verbunden ist.

Beide Ansätze werden miteinander verknüpft im (bimodalen) Konzept des dynamischen Gleichgewichts (vgl. Manton 1982), wonach die Jahre in leichter Pflegebedürftigkeit (durch Medikalisierung) zunehmen und die in schwerer Pflegebedürftigkeit verkürzt (komprimiert) werden. Die Breite und Nachhaltigkeit des Alterns der Gesellschaft würde unter diesen Annahmen zu einem weiteren, im Vergleich zur These der Medikalisierung allerdings gemäßigten Anstieg der Pflegebedürftigen führen.

Ob die letztere Entwicklung tatsächlich eintritt, scheint unsicher. Auch längere schwere Pflegephasen sind vorstellbar, da ältere Menschen häufiger chronisch krank und viele davon multimorbid sind, und psychische Erkrankungen wie Demenz zunehmen (vgl. Bundesministerium für Bildung und Forschung 2014). Entlastungen der Nachfrage nach Pflegeleistungen sind bisher vor allem auf Verbesserungen bei leichter Pflegebedürftigkeit zurückzuführen (siehe Kapitel 4). Der höchste Grad der pflegerischen Versorgung scheint eher noch zuzunehmen. Insgesamt sind die Zeiträume, für die Pflegeprävalenzen berechnet werden können, noch zu kurz. Unklar ist zudem, welche (regionalen und zeitlich variierenden) Einflüsse von den Gutachtern des medizinischen Dienstes der Krankenkassen auf die konkreten Einstufungen ausgehen.

Die internationalen Befunde zur Entwicklung der Pflegeprävalenzen sind ebenfalls widersprüchlich. So wird in einer OECD-Studie zur schweren Behinderung von über 65-Jährigen, die als Einschränkung in mindestens einer alltäglichen Verrichtung definiert wird und damit Pflegebedarf begründet, Folgendes festgestellt (vgl. Lafortune et al. 2007): Länder wie Dänemark, Finnland, Italien, die Niederlande und die

USA weisen fallende, Belgien, Japan, Schweden steigende und Australien, Kanada gleichbleibende Trends von schwerer Behinderung auf.

Somit kann die längere Lebenserwartung einen direkten Einfluss auf die Pflegebedürftigkeit nehmen, insbesondere dann, wenn die gesunden Jahre nicht mit der Lebenserwartung mitwachsen. Nach einer Befragung vom Europäischen Statistikamt ist die Zahl der guten Jahre der Beschwerdelosigkeit nach Selbstauskunft in Deutschland wesentlich geringer als in den skandinavischen Ländern, sie hat sich zwischen 1995 und 2013 sogar verringert (vgl. Eurostat 2016).

Die Auswirkungen der Bevölkerungsalterung auf die künftig Pflegebedürftigen bilden die Grundlage zahlreicher Studien, die die künftige Nachfrage nach Pflegekräften untersuchen (vgl. z. B. Prognos 2012, Merda et al. 2012, Rheinisch-Westfälisches Institut für Wirtschaftsforschung 2011, Rothgang et al. 2012, Sachverständigenrat zur Begutachtung der Entwicklung im Gesundheitswesen 2009). Diese Studien, deren Ergebnisse in Kapitel 8.6 dargestellt werden, beziehen sich auf die sogenannte Status-quo-Variante einer Vorausberechnung der Statistischen Ämter des Bundes und der Länder (2010) zur künftigen Entwicklung der Pflegebedürftigen. Diese beruht auf mittlerweile veralteten Bevölkerungsdaten, nämlich der Bevölkerungsfortschreibung auf Grundlage der Volkszählung von 1987 und der 12. koordinierten Bevölkerungsvorausberechnung des Statistischen Bundesamts sowie den Pflegequoten von 2007. Tabelle 8.1 zeigt die Ergebnisse der Status-quo-Variante bis zum Jahr 2060. Nach dieser Quelle sind die Höchststände an Pflegebedürftigen mit rund 4,5 Mio. Männern und Frauen um die Mitte dieses Jahrhunderts zu erwarten.

Da die Entwicklung der Pflegeprävalenz nicht sicher vorherzusagen ist, können Variantenrechnungen, die sinkende, konstante, aber auch steigende altersspezifische Pflegequoten zugrunde legen, einen Korridor der möglichen Entwicklung abstecken.

Tab. 8.1: Prognose der Bevölkerung über 80 Jahre und Pflegebedürftigen bis 2060 (Statistisches Bundesamt (2015b; Statistische Ämter des Bundes und der Länder 2010; Pu 2011).

	2013	2020	2030	2040	2050	2060
Bevölkerung 80 Jahre und älter in Mio.	4,4	6	6,5	8–9	10–11	8,8–9
Bevölkerung 80 Jahre und älter in % an der Gesamtbevölkerung	5	7,5	8	10–11	13–14	12–13
Pflegebedürftige in Mio. (Status-quo-Variante, StatÄ)	2,6	2,9	3,4	3,9	4,5	(4,5)*
Pflegebedürftige aus Basis Zensus 2011 Zahlen (Rothgang et al. 2015)		3,0	3,4	3,9	4,6	4,5
BIB (2016)***			3,5	4,4**		4,7
Varianten nach Pu (2011)		2,6–3,3	2,8–4,6	3,2–5,3	3,5–6,3	3,3–6,2

* Fritz-Beske-Versorgungsprognose 2060.
** 2045.
*** ab 2030 konstante alters- und geschlechtsspezifische Pflegequoten des Jahres 2013.

Wenn gemäß der Kompressionsthese die Pflegebedürftigkeit bei steigender Lebenserwartung zu einem späteren Zeitpunkt eintritt, sinken die projizierten Fallzahlen um zehn Prozent bis 15 Prozent. Modellrechnungen von Pu (2011), die noch auf nicht revidierten Bevölkerungszahlen und damit zu geringen Pflegerisiken basieren, weisen unter Fortschreibung der bisherigen unterschiedlichen internationalen Entwicklungen in der Pflegebedürftigkeit Ergebnisse aus, die im Jahre 2060 von 3,3 Mio. bis gut 6 Mio. Pflegebedürftigen reichen (siehe Tabelle 8.1). Die untere Grenze würde bei Annahme einer jährlich bei den Frauen um 0,43 Prozent und den Männern um 0,51 Prozent sinkenden Pflegeprävalenz und einer Rechtsverschiebung genau um die Jahre der gestiegenen Lebenserwartung erreicht werden. Der obere Wert errechnet sich bei Annahme einer bis 2030 jährlich um zwei Prozent steigenden Pflegeprävalenz, die das Ergebnis der drei Länder mit wachsenden Quoten von schwerer Behinderung laut Lafortune et al. (2007) darstellt.

Die registergestützte Volkszählung Zensus aus dem Jahr 2011 hat neben einer veränderten Gesamtzahl der deutschen Bevölkerung einen geringeren Bevölkerungsbestand vor allem in der Zahl der älteren Männer ermittelt. Damit wurde der Nenner zur Berechnung des Pflegebedürftigkeitsrisikos auf Grundlage der Bevölkerungsfortschreibung auf Basis der Volkszählung von 1987 zu hoch ausgewiesen.

Bei Berücksichtigung der niedrigeren Bestandsbevölkerung nach dem Zensus 2011 ergibt sich ein höheres Risiko der Bevölkerung, pflegebedürftig zu werden. Die Pflegewahrscheinlichkeit auf Grundlage des Zensus 2011 liegt dabei in jeder Altersgruppe höher, als bisher errechnet, wobei die Abweichung in der Altersgruppe der über 90-jährigen Männer besonders groß ist.

Diese höheren Pflegerisiken der deutschen Bevölkerung haben Auswirkungen auf die voraussichtliche Zahl zukünftiger Pflegebedürftiger. Die Verwendung der neuen Daten führt bereits im Jahr 2015 zu etwa 40.000 zusätzlichen Pflegebedürftigen gegenüber einer Projektion auf Basis der alten Bevölkerungs- und Prävalenzzahlen. Die höchste Anzahl an zusätzlichen Pflegebedürftigen ergibt sich am Ende des Projektionszeitraums 2055 mit zusätzlichen 164.000 Pflegebedürftigen und 2060 mit zusätzlichen 221.000 Pflegebedürftigen. Da die Abweichungen in den Pflegeprävalenzen bei den Männern stärker ausfallen (vgl. Rothgang et al. 2015), errechnen sich bei den Männern auch mehr zusätzliche Pflegebedürftige als bei den Frauen. So ist im Jahr 2060 auf Basis der neuen Bevölkerungszahlen mit zusätzlichen 176.000 pflegebedürftigen Männern gegenüber zusätzlichen 45.000 pflegebedürftigen Frauen zu rechnen. Pflegebedürftigkeit wird damit gegenüber bisherigen Prognosen etwas „männlicher".

Insgesamt liegt die Zahl der Pflegebedürftigen aufgrund der höheren Pflegerisiken und aktueller Bevölkerungsvorausberechnung am Ende des Projektionszeitraums um mehr als 200.000 höher als nach den alten Schätzungen. Den Berechnungen von Rothgang et al. (2015) zufolge wird der Hochstand bei den Pflegebedürftigen um das Jahr 2055 mit schätzungsweise 4,64 Mio. Personen erreicht, um dann bis 2060 auf voraussichtlich 4,52 Mio. leicht abzunehmen. Dagegen würde die Zahl der Pflegebedürftigen nach der Vorausberechnung des Bundesinstituts für Bevölkerungsforschung bei unveränderten alters- und geschlechtsspezifischen Pflegequoten noch bis 2060 auf 4,7 Mio. Menschen steigen (vgl. BIB 2016). Noch nicht berücksichtigt ist in diesen Berechnungen der neue Pflegebedürftigkeitsbegriff, durch den sich der Kreis der Anspruchsberechtigten in den nächsten Jahren um schätzungsweise eine halbe Mio. Menschen vergrößern dürfte (siehe Kapitel 4).

8.3 Entwicklung der Versorgungsstrukturen

Der künftige Bedarf an Pflegepersonal hängt vom Ausmaß der Einschränkungen der Pflegebedürftigen (erhebliche Pflegebedürftigkeit, Schwerpflegebedürftigkeit, Schwerstpflegebedürftigkeit) und von der Versorgungsart ab (ausschließlich Angehörige, ambulante Pflegedienste, vollstationäre Versorgung).

2013 waren von den insgesamt 2,6 Mio. Pflegebedürftigen (55,8 Prozent) der Pflegestufe I zugeordnet. 31,8 Prozent erhielten Leistungen der Pflegestufe II. Der Anteil der Schwerstpflegebedürftigen in Pflegestufe III beträgt 11,8 Prozent (vgl. Statistisches Bundesamt 2015a). In den letzten Jahren ist ein gewisser Trend zur Unterbringung in Heimen zu beobachten, obwohl sich im Zeitverlauf lediglich die Zahl der leichteren Pflegefälle der Pflegestufe I deutlich erhöht hat. 2013 wurde knapp ein Drittel (29 Prozent) der Pflegebedürftigen stationär versorgt, 1999 war es lediglich knapp ein Viertel.

Kritische Punkte sind die künftige Pflege durch Angehörige beziehungsweise unterstützende Maßnahmen für ambulante und teilstationäre Pflegearrangements, die den Trend zur stationären Versorgung mit erhöhtem Personalbedarf professioneller Kräfte verhindern. Zwar trat ab 01.01.2012 das Familienpflegezeitgesetz in Kraft, das die Rahmenbedingungen für die häusliche Pflege durch Angehörige verbessert. Auch Bestandteile des ersten Pflegestärkungsgesetzes 2015, wie zum Beispiel die bessere Kombination von Verhinderungs- und Kurzzeitpflege, erhöhte Leistungen für Tages- und Nachtpflege, verbesserte niedrigschwellige Betreuungs- und Entlastungsangebote und Unterstützung neuer Wohnformen setzen dort an.

Doch spricht vieles für einen weiteren Rückgang häuslicher Pflege. Hierzu gehören der Trend zu Ein- und Zweipersonenhaushalten, niedrige Geburtenraten, zunehmende räumliche Distanz der Familienangehörigen und vor allem die stärkere Erwerbsbeteiligung von Frauen. Nach einer Studie von Häcker und Raffelhüschen (2007) könnte sich wegen der steigenden Zahl alleinlebender Älterer und aufgrund weniger zur Verfügung stehender Angehöriger der Anteil der von Angehörigen Gepflegten gegenüber heute bis zum Jahr 2050 auf nur noch ein Viertel halbieren. Prognos (2012) schätzt, dass mit der zunehmenden gesellschaftlichen Vereinzelung und der steigenden Erwerbsbeteiligung 260.000 Pflegebedürftige nicht mehr von Angehörigen gepflegt werden. Hierdurch erwächst ein zusätzlicher professioneller Personalbedarf von etwa 125.000 Vollzeitbeschäftigten bis zum Jahr 2030.

In einer Studie von Rothgang et al. (2012) wurden zwei unterschiedliche Annahmen in Bezug auf die künftigen Versorgungsstrukturen der Pflegebedürften bis 2030 getroffen. Zum einen wurden die bestehenden Pflegearrangements nach Alter und Geschlecht konstant gehalten und mit der künftigen Altersstruktur (Status-quo-Szenario) fortgeschrieben, zum anderen wurde der bisher beobachtbare Trend weg von der Angehörigenpflege in die Zukunft extrapoliert. Hieraus leiten sich zwei Basisszenarien einer künftigen Entwicklung der Pflegebedürftigen nach Einrichtungen bis 2030 ab (Rothgang et al. 2012). Die voraussichtliche Zunahme von 1,1 Mio. Pflegebedürftigen in dieser Projektion zwischen 2009 und 2030 verteilt sich dann im Status-quo-Szenario rechnerisch auf zusätzliche 425.000 stationäre und 300.000 ambulante Pflegefälle. Bei Fortschreibung der bisherigen Versorgungstrends in die Zukunft erhöhen sich sowohl stationäre als auch ambulante Pflegefälle um 444.000 Personen. Die Folge einer zurückgehenden Pflege durch Angehörige ist laut dieser Studie, dass im Jahr 2030 rund 50.000 zusätzliche Vollzeitkräfte in der ambulanten Versorgung benötigt werden.

8.4 Produktivitätsentwicklung in der Pflege

Die Betrachtung von Produktivitätsaspekten der Arbeitskräfte in der Pflege ist als zwiespältig zu bewerten. Aus pflegeethischer Sicht werden Personaleinsparungen als kritisch im Hinblick auf die Qualität der Pflege gesehen. Gleichwohl sind Überlegungen zum Verhältnis von Personal und Pflegedürftigen aus betriebs- und volkswirtschaftlicher Sicht notwendig. Für die Berechnung des künftigen Personalbedarfs ist eine zentrale Größe, wie sich die Produktivität, zum Beispiel gemessen am Verhältnis von Pflegebedürftigen und Pflegekräften, entwickelt hat. Hierbei werden die Pflegebedürftigen in Relation zu (1) dem Personal in den Einrichtungen insgesamt, (2) dem Personal in Vollzeitzeitäquivalenten und (3) den Pflegefachkräften in Vollzeitzeitäquivalenten gesetzt (siehe Tabelle 8.2). Das durchschnittliche Verhältnis von professionellen Pflegepersonen zu Pflegebedürftigem liegt derzeit im stationären Bereich in Deutschland rechnerisch bei 0,83, und damit deutlich höher als im ambulanten Bereich (0,52), wobei die personalintensivere Versorgung im stationären Sektor aufgrund der tendenziell höheren Pflegestufen der Betroffenen zu berücksichtigen ist (Prognos 2012). In der Entwicklung zeigt sich, dass sich die Betreuungsrelation zwischen 1999 und 2013 insbesondere in der ambulanten Pflege verbessert hat. Allerdings ist zum einen zu berücksichtigen, dass diese Relation sehr grob ist, da das Gesamtpersonal die Grundlage der Berechnung bildet, zum anderen, dass der Personalzuwachs vor allem auf mehr Teilzeitarbeit zurückzuführen ist.

In Bezug auf alle Beschäftigten in Vollzeitäquivalenten hat sich die Quote im stationären Bereich zwischen 1999 und 2013 nicht erhöht, das heißt, das Arbeitsvolumen ist proportional zur Zahl der Pflegebedürftigen gewachsen.

In den ambulanten Pflegediensten gilt für beide Kennziffern im Untersuchungszeitraum eine Verbesserung: Das Verhältnis von Beschäftigten zu den Pflegebedürftigen ist sowohl für die Arbeitskräfte insgesamt (Köpfe) als auch für die Beschäftigten

Tab. 8.2: Verhältnis von Beschäftigtenkennziffern zu Pflegebedürftigen in ambulanten und stationären Einrichtungen 2013 und 1999 in Deutschland (Statistisches Bundesamt Pflegestatistiken; eigene Berechnungen).

	alle Beschäftigten		Beschäftigte in VZÄ		Pflegefachkräfte in VZÄ	
	1999	2013	1999	2013	2003	2013
ambulant						
Beschäftigte	183.782	320.077	125.000	213.197	72.369	114.922
Pflegebedürftige	415.289	615.846	415.289	615.846	450.126	615.846
Verhältnis	0,44	0,52	0,30	0,35	0,16	0,19
stationär*						
Beschäftigte	440.940	685.447	340.000	490.875	145.479	181.337
Pflegebedürftige	573.211	821.647	573.211	821.647	640.289	821.647
Verhältnis	0,77	0,83	0,59	0,60	0,23	0,22

* voll- und teilstationäre Pflege in Pflegeheimen

in VZÄ gerechnet gestiegen. Daten über Fachkräfte in Vollzeitäquivalenten liegen aus der Pflegestatistik erst seit 2003 vor. Die Vollzeitfachkraftquote hat sich zwischen 2003 und 2013 in den ambulanten Pflegediensten leicht erhöht, während sie in stationären Pflegeeinrichtungen in etwa gleich geblieben ist.

Hinweise auf „Produktivitätsunterschiede" im Altenpflegesektor können aus regionalen Vergleichszahlen abgeleitet werden (siehe Tabelle 8.3).

Das Verhältnis von Personal insgesamt und Pflegebedürftigen variiert zwischen den Bundesländern nicht unbeträchtlich. So liegt die Betreuungsrelation in der ambulanten Pflege in den Stadtstaaten Berlin und Hamburg weit über dem bundesdeutschen Durchschnitt, während sie in Thüringen, Sachsen-Anhalt und dem Saarland vergleichsweise niedrig ist. Die regionalen Abweichungen des relativen Personaleinsatzes sind in der stationären Altenpflege geringer als in der ambulanten. In diesen Einrichtungen zeigt sich eher ein Ost-West-Unterschied. In den neuen Ländern liegt die Betreuungsrelation teilweise deutlich niedriger als in den alten.

Um den Effekt der Teilzeitarbeit auf das Betreuungsverhältnis zu kontrollieren, werden in Tabelle 8.4 die Beschäftigten nach Vollzeitäquivalenten in Einrichtungen und Bundesländern den Pflegebedürftigen gegenübergestellt. Im Durchschnitt stehen ambulant drei Pflegebedürftige einer Vollzeitkraft gegenüber. Am günstigsten ist das Verhältnis wiederum in den Stadtstaaten Berlin und Hamburg, während im Saarland, Rheinland-Pfalz und Baden-Württemberg überdurchschnittlich viele Pflegebedürftige von den Beschäftigten betreut werden. In der stationären Altenpflege liegt das rechnerische Verhältnis zwischen knapp 1,6 Pflegebedürftigen je Vollzeitkraft im Saarland, Bayern, Nordrhein-Westfalen und Baden-Württemberg und rund zwei in Mecklenburg-Vorpommern und Brandenburg.

Die dargestellten regionalen Unterschiede ermöglichen ebenso wie trägerspezifische Vergleiche Hinweise auf Optimierungsmöglichkeiten im Personaleinsatz. Beim

Tab. 8.3: Verhältnis von allen Beschäftigten (Köpfe) zu Pflegebedürftigen in ambulanten und stationären Einrichtungen 2013 nach Bundesländern (Deutscher Bundestag 2016).

	ambulant	stationär
Baden-Württemberg	0,50	0,92
Bayern	0,56	0,86
Berlin	0,77	0,69
Brandenburg	0,48	0,63
Bremen	0,62	0,84
Hamburg	0,70	0,76
Hessen	0,48	0,86
Mecklenburg-Vorpommern	0,46	0,65
Niedersachsen	0,47	0,82
Nordrhein-Westfalen	0,51	0,93
Rheinland-Pfalz	0,50	0,88
Saarland	0,46	0,88
Sachsen	0,52	0,69
Sachsen-Anhalt	0,42	0,67
Schleswig-Holstein	0,60	0,84
Thüringen	0,44	0,70
Deutschland	**0,52**	**0,83**

Tab. 8.4: Durchschnittliches Verhältnis von Pflegebedürftigem und geschätztem VZÄ des Gesamtpersonals 2013 nach Bundesländern (Deutscher Bundestag 2016).

	ambulant	stationär
Baden-Württemberg	3,39	1,58
Bayern	2,97	1,58
Berlin	1,72	1,82
Brandenburg	2,68	2,07
Bremen	2,48	1,69
Hamburg	2,18	1,73
Hessen	3,19	1,63
Mecklenburg-Vorpommern	2,79	2,01
Niedersachsen	3,37	1,73
Nordrhein-Westfalen	3,06	1,57
Rheinland-Pfalz	3,15	1,64
Saarland	3,61	1,55
Sachsen	2,50	1,92
Sachsen-Anhalt	2,96	1,91
Schleswig-Holstein	2,63	1,61
Thüringen	2,83	1,88
Deutschland	**2,89**	**1,67**

Verhältnis von Pflegekräften zu Pflegebedürftigen können technische Hilfen fehlende personelle Kapazitäten teilweise kompensieren. Mittel zur Entlastung der Pflegekräfte sind die Erleichterung von Arbeitsabläufen und sektorenübergreifende Verbesserungen der medizinisch-pflegerischen Prozesse (siehe dazu ausführlich Kapitel 9.3).

Ob diese und weitere Maßnahmen die Annahme kontinuierlicher jährlicher Produktivitätssteigerungen, wie zum Beispiel 0,5 Prozent bei Enste und Pimpertz (2008), über Zeiträume von 40 Jahren rechtfertigen können, scheint sehr unsicher. Pohl (2010; 2011) ist in dieser Beziehung vorsichtiger und unterstellt einen jährlichen Produktivitätszuwachs von 0,25 Prozent.

8.5 Angebot von und Nachfrage nach Pflegekräften in der Zukunft

In den letzten Jahren wurden verschiedene Studien zum künftigen Pflegearbeitsmarkt vorgelegt. Die Kernbefunde der Untersuchungen sind in Tabelle 8.5 zusammengefasst. Aufgrund der unterschiedlichen statistischen Aggregationsebene, mit der die Pflegekräfte erfasst werden, und den zugrunde liegenden Datenquellen zur Beschäftigung insgesamt und zu den Fachkräften (Mikrozensus, Pflegestatistik), sind die Studienergebnisse nur eingeschränkt vergleichbar.

In der Projektion, die gemeinsam vom IAB und dem Bundesinstitut für Berufsbildung (vgl. Helmrich & Zika 2010) erstellt wurde, werden Angebot und Bedarf auf der Ebene von zwölf relativ hoch aggregierten Berufshauptfeldern berechnet. Im Berufshauptfeld 11, das die Gesundheits- und Sozialberufe (einschließlich Körperpfleger) umfasst, wird ein Nachfragezuwachs von 1 Mio. Arbeitskräften im Jahr 2025 gegenüber 2005 vorausberechnet.

Eine etwas geringere Aggregationsebene wählten Afentakis und Maier (2010) mit 54 Berufsfeldern, wobei die Pflegeberufe im Berufsfeld 48 (Gesundheitsberufe ohne Approbation) angesiedelt sind. Zunächst werden Angebot und Bedarf von Arbeitskräften für dieses Berufsfeld berechnet. Im Jahr 2005 lag die Zahl der Erwerbstätigen dort bei rund 2,4 Mio. Unter Fortschreibung des Trends ergibt sich von 2005 bis 2025 ein Zusatzbedarf von knapp einem Viertel (23,2 Prozent), was einem zusätzlichen Bedarf von einer halben Mio. Pflegekräften entspricht. Im Jahr 2005 übten 54,7 Prozent der Erwerbstätigen aus dem Berufsfeld 48 einen Pflegeberuf aus, das sind 1,3 Mio. Personen beziehungsweise 968.000 Vollzeitkräfte. Wenn die Pflegequoten künftig unverändert blieben, wäre ein Zuwachs von 265.000 Vollzeitkräften bis 2015 zu erwarten (Status-quo-Variante). Eine sinkende Prävalenz würde zu einer geringeren Zunahme von 190.000 Vollzeitarbeitskräften führen. Unter diesen Annahmen würde 2025 ein Mangel an ausgebildeten Pflegekräften von 120.000 Pflegevollzeitkräften („Status-quo-Szenario") beziehungsweise 64.000 Pflegevollzeitkräften (Szenario der „sinkenden Behandlungsquoten") entstehen.

Die Angebotsprojektion berücksichtigt zudem die berufliche Flexibilität der Pflegebeschäftigten, hier bezogen auf den Quereinstieg von Un- und Angelernten.

Tab. 8.5: Nachfrage- und Angebotsprojektionen im Bereich Pflegekräfte (in Mio Personen; Vollzeitäquivalente).

Studie	Nachfrage Basisjahr	2015	2030	2050	Angebot Basisjahr	2025	2050
BIBB/IAB (2010) Gesundheits- und Sozialberufe	4,3 (2005)	5,3			4,7	4,6	
Afentakis/Maier (2010) Berufsfeld 48	2,4 (2005)	2,9			2,7	2,7	
Afentakis/Maier (2010) Pflegeberufe	0,968 (2005)	1,032–1,182					
Afentakis/Maier (2010) Krankenpfleger/Altenpfleger	0,308 (2005)	0,457			0,34	0,34	
Ernste/Pimpertz (2008)	0,55 (2005)			1,2–1,5 0,94–1,2 stationär 0,29–0,37 ambulant			
Rothgang (2012)	0,63 (2009) 0,44 stationär 0,18 ambulant		0,97–1,3 0,7 stationär 0,27 ambulant				
Schnabel (2007)	0,545 (2005)		1,35–1,8				
Hackmann (2010)	0,316 (2007)	0,48		0,85 0,64 stationär 0,21 ambulant	0,316		0,42
Hackmann/Moog (2008)	0,54 (2005)			1,3–1,9 1,0–1,4 stationär 0,29–0,49 ambulant			
DIW (2011)	0,63 (2009)	0,96		1,5	0,63	0,63	
RWI (2011)	0,63 (2009) 0,45 stationär 0,18 ambulant	0,78–0,82 (2020) 0,5 stationär 0,2 ambulant	0,91–1,03 0,69 stationär 0,26 ambulant				0,59–0,84
Prognos (2012)	0,9 Pers. (2009)		1,4				
Pohl (2010)	0,58 (2007)	0,7–0,9 (2020)					
Pohl (2011)	0,58 (2007)		0,78–1,05				

Kalkuliert man diese mit ein, läge die Lücke bei 112.000 („Status-quo-Szenario") beziehungsweise 55.000 Pflegevollkräften (Szenario der „sinkenden Behandlungs-quoten"). Schließlich wird die zwischen Ost- und Westdeutschland unterschiedlich geleistete durchschnittliche Arbeitszeit je Pflegekraft berücksichtigt. In den neuen Bundesländern ist die geleistete Arbeitszeit je Pflegebeschäftigten höher als in den alten. Überträgt man die Arbeitszeit der ostdeutschen Pflegebeschäftigten auf Gesamtdeutschland, reduziert sich der ungedeckte Pflegebedarf auf nur noch 34.000 Pflegevollzeitkräfte im Jahr 2025.

Hackmann (2010) betrachtet Arbeitskräfte, die primär pflegerische Tätigkeiten übernehmen. Datenbasis ist der Mikrozensus, nach dem die Anzahl der Altenpfleger im ambulanten und stationären Sektor im Jahr 2007 etwa 445.000 Personen (umgerechnet 316.000 Vollzeitkräften) betrug. Nach dieser Studie wird sich die Zahl der professionell zu versorgenden Pflegefälle voraussichtlich von 1,2 Mio. im Jahr 2007 auf 3,2 Mio. im Jahr 2050 erhöhen. Die künftige Nachfrage nach Pflegekräften wird mit einem Zeitreihenmodell geschätzt, das die Zahl der professionell versorgten Pflegefälle sowie die Pflegeintensität im Sinne der öffentlichen Pro-Kopf-Ausgaben enthält. Während die Nachfrage nach professionellen Altenpflegekräften von 316.000 auf etwa 850.000 Pflegevollzeitkräfte bis zum Jahr 2050 ansteigt, wird sich das Angebot auf nur etwa 420.000 Altenpflegekräfte erhöhen. Eine Steigerung der durchschnittlichen Berufsverweildauer der Altenpflegekräfte würde je nach Szenario das Angebot um 80.000 beziehungsweise 260.000 Personen bis 2050 erhöhen. Insbesondere die Berücksichtigung von Pflege(hilfs)personal in Krankenhäusern führt in den ersten Prognosejahren zu einem höheren Personalbedarf.

Schulz (2012) ermittelt in einer Basisrechnung den Personalbedarf in der Pflege, der sich aufgrund der künftigen Alterung unter sonst gleichen Bedingungen ergeben würde. Dieser läge bis 2025 um etwa ein Drittel höher als 2005, um sich dann nochmals gegenüber 2025 um zwei Drittel zu erhöhen. Wenn die Betreuungsrelationen (Pflegebedürftige zu Pflegekraft in VZÄ) bei den ambulanten Pflegediensten und in den Pflegeheimen aus dem Jahr 2009 konstant gehalten werden, würde die Zahl der Vollzeitarbeitskräfte bei den ambulanten Diensten bis zum Jahr 2050 um rund 230.000 und in den Pflegeheimen um fast 650.000 steigen. Die Modellrechnung verweist auf die hohe Bedeutung einer besseren Prävention. Wenn es gelänge, die Prävalenzraten in den höheren Altersgruppen um fünf Jahre nach oben zu verschieben, würde der Pflegebedarf langfristig erheblich geringer ausfallen, nämlich statt 1,5 Mio. im Jahr 2050 lediglich 854.000 Vollzeitkräfte.

Die Studie des Rheinisch-Westfälisches Instituts für Wirtschaftsforschung (2011) berechnet Pflegefach-, Pflegehilfskräfte und andere Beschäftigte getrennt nach ambulanten Pflegediensten und stationären Pflegeeinrichtungen. Im stationären Bereich werden demnach 2030 gegenüber 2009 etwa 146.000 Hilfskräfte und rund

94.000 Fachkräfte, im ambulanten Dienst etwa 38.000 Hilfskräfte und rund 47.000 Pflegefachkräfte zusätzlich benötigt.

Prognos (2012) kommt unter der Annahme konstanter Betreuungsquoten zu dem Ergebnis, dass im Jahr 2020 rechnerisch 1,17 Mio. Beschäftigte (bis 2030 1,4 Mio.) benötigt werden, um das Versorgungsniveau des Jahres 2009 aufrechtzuerhalten. Im ambulanten Bereich würden 91.000 zusätzliche Pflegekräfte gebraucht, im stationären rund 200.000. Dieser Personalbedarf erhöht sich zwischen 2020 und 2030 um weitere knapp 60.000 Kräfte ambulant und 170.000 stationär. Insgesamt würden 2030 in Deutschland bei Annahme konstanter Prävalenz und gleichem Betreuungsschlüssel etwa 1,4 Mio. Arbeitskräfte in der Pflege benötigt, eine halbe Million mehr als 2009. Einen Blick bis in das Jahr 2060 hat 2012 Fritz Beske geworfen, der in jenem Jahr seinen 90. Geburtstag erlebte, und den zusätzlichen Bedarf in Höhe von rund 780.000 Pflegekräften veranschlagt (Beske et al. 2012).

Zum künftigen Angebot an Pflegekräften liegen nur wenige Studien vor. Nach Afentakis und Mayer (2010) ist bis 2025 bestenfalls eine Ausweitung des Angebots (hier in Vollzeitäquivalenten) von knapp zehn Prozent zu erwarten. Schulz (2012) zufolge bleibt das Arbeitskräfteangebot in Vollzeitäquivalenten bis 2025 unter konstanten Anteilen des Pflegesektors an den Gesamtbeschäftigten nahezu konstant. Danach ist jedoch mit einem merklichen Rückgang bis auf etwa 510.000 Arbeitskräfte im Pflegesektor im Jahr 2050 zu rechnen. Eine neuere Studie basiert auf den BIBB-IAB-Berufsfeld-Projektionen, die mögliche Fachkräfteengpässe in 50 Berufsfeldern untersuchen (Neuber-Pohl 2017). Im Berufsfeld „Pflege- und Gesundheitsberufe ohne Approbation" wird damit gerechnet, dass das Arbeitskräfteangebot noch bis 2025 steigen wird. Danach sinkt es, sodass im Jahr 2035 270.000 Beschäftigte in diesem Bereich fehlen würden.

Die vorgestellten Studien berechnen Personallücken im Pflegesektor, die sich langfristig immer mehr ausweiten werden. In den nächsten zehn bis 15 Jahren könnte der ungedeckte Bedarf je nach gewählten Annahmen im Bereich von wenigen 10.000 bis zu einer halben Mio. Arbeitskräften liegen. Bis zum Jahr 2050 variieren die Vorausberechnungen zum Personalbedarf in der Altenpflege zwischen 0,85 Mio. bis zu 1,9 Mio. Vollzeitkräften. Dabei basieren die älteren Berechnungen noch auf den nicht revidierten (überhöhten) Bevölkerungszahlen. Sie unterschätzen damit die Pflegewahrscheinlichkeiten in der Bevölkerung und die Nachfrage nach Pflegekräften. Außerdem ist die zusätzliche Nachfrage, die sich durch die Ausweitung des Leistungsangebots aufgrund des neuen Pflegebedürftigkeitsbegriffs ergibt, zu berücksichtigen. Je nach Annahme über Personalschlüssel und Versorgungsart lösen die geschätzten 500.000 zusätzlichen Pflegebedürftigen Personalbedarfe in fünf- bis sechsstelliger Größenordnung aus.

8.6 Regionale Dimensionen von Angebots- und Nachfragedeterminanten

Eine weitere Unsicherheit betrifft die regionale Dimension von Pflegedürftigkeit, Versorgungsstruktur der Pflegebedürftigen und Arbeitsmarktsituation der Pflegekräfte. Projektionen zeigen für Landkreise und kreisfreie Städte eine stark unterschiedliche Entwicklung der Zahl Pflegebedürftiger (vgl. Rothgang et al. 2012; Prognos 2012). Vor allem in Schleswig-Holstein, Brandenburg und weiten Teilen Mecklenburg-Vorpommerns werden hohe Zuwächse erwartet. Die Bedeutung der Angehörigenpflege ist regional unterschiedlich. Ihr Anteil an allen Pflegebedürftigen liegt zum Beispiel in Hessen um 15 Prozentpunkte höher als in Sachsen.

In einer Studie im Auftrag der Bertelsmann-Stiftung wurde die Entwicklung der Versorgungsarten nach Bundesländern zunächst auf der Grundlage des Jahres 2009 bis zum Jahr 2030 vorausgeschätzt (vgl. Bertelsmann-Stiftung 2012). Eine Fortschreibung dieser Projektion auf Basis der Versorgungsstrukturen 2013 zeigt, dass in einigen Ländern, in denen die stationäre Versorgung gering ausgeprägt ist, starke Zuwächse in diesem Bereich zu erwarten sind. Dies gilt vor allem für Brandenburg und Berlin. Aber auch in Bayern, Baden-Württemberg und Schleswig-Holstein sind starke Zuwächse im Bedarf an Pflegekräften zu erwarten, die sich aus einem Trend zur stationären Versorgung in diesen Bundesländern ergeben (siehe Tabelle 8.6).

Auch in der ambulanten Versorgung bestehen deutliche Unterschiede zwischen den Bundesländern. In Hamburg und Bremen als Stadtstaaten und in Brandenburg und Sachsen als Flächenländer nimmt sie eine überdurchschnittliche Bedeutung im Versorgungsmix ein. Überproportionales Wachstum wird in dieser Studie in den ambulanten Diensten in Bayern, Berlin, Brandenburg sowie Schleswig-Holstein erwartet.

Trägerschaften, finanzielle und institutionelle Rahmenbedingungen sowie der Mix von Fach- und Hilfskräften inklusive der geleisteten Arbeitszeit variieren regional ebenfalls (vgl. Behrens 2014). Schließlich unterscheiden sich die allgemeine Arbeitsmarktsituation und das Lohnniveau – beides beeinflusst den Teilarbeitsmarkt der Pflegekräfte – in den einzelnen Regionen (siehe Kapitel 7). Diese Kerndeterminanten des Pflegearbeitsmarkts verdeutlichen in Verbindung mit regionalen Unterschieden in der Pflegeprävalenz die Notwendigkeit regional differenzierter Analysen des Pflegearbeitsmarkts.

Angesichts der zahlreichen Unwägbarkeiten, die eine Sicherstellung des potenziell hohen Bedarfs an Pflegefachkräften betreffen, gilt es, die Informationsbasis des Pflegearbeitsmarkts zu verbessern. Dazu sollte ein detailliertes und regional ausgerichtetes Monitoring des Pflegearbeitsmarkts aufgebaut werden, das einerseits die Entwicklung von Alterung und Prävalenzen bis hin zu institutionellen Faktoren der Beantragung und Anerkennung von Pflegeunterstützung erfasst, andererseits die Beschäftigungsformen in den verschiedenen Einrichtungen, Versorgungsstrukturen, Rekrutierung aus dem Pool der Arbeitslosen oder dem Ausland sowie Berufswechsel umfasst.

Tab. 8.6: Pflegebedürftige im Jahr 2013 und Projektion bis 2030 nach Bundesländern (www.gbe-bund.de; Bertelsmann Stiftung 2012: 39; eigene Berechnungen).

	Pflegebedürftige im Jahr 2013				Veränderung bis 2030 in %			
	insgesamt	vollstationäre Pflege	ambulante Pflege	Pflegegeld*	insgesamt	vollstationäre Pflege	ambulante Pflege	Pflegegeld*
Baden-Württemberg	298.769	90.845	63.331	144.593	26	53	29	9
Bayern	329.016	105.985	74.852	148.179	49	62	56	36
Berlin	112.509	27.528	27.769	57.212	40	61	52	25
Brandenburg	102.953	23.526	29.391	50.036	44	78	56	20
Bremen	22.564	6281	6476	9807	21	26	24	17
Hamburg	49.566	15.595	14.480	19.491	23	28	29	15
Hessen	205.126	50.816	44.605	109.705	30	41	34	24
Mecklenburg-Vorpommern	72.445	18.597	19.060	34.788	32	54	38	18
Niedersachsen	288.296	88.891	67.997	131.408	29	43	42	13
Nordrhein-Westfalen	581.492	160.324	131.431	289.737	24	47	34	6
Rheinland-Pfalz	117.910	34.089	25.125	58.696	27	38	29	20
Saarland	34.102	10.293	7230	16.579	19	28	30	10
Sachsen	149.461	46.509	43.359	59.593	29	49	30	13
Sachsen-Anhalt	92.416	28.283	23.031	41.102	22	36	30	9
Schleswig-Holstein	82.692	33.483	16.751	32.458	48	58	64	28
Thüringen	86.889	23.386	20.958	42.545	30	42	37	19
Deutschland	**2.626.206**	**764.431**	**615.846**	**1.245.929**	**31**	**49**	**39**	**16**

* Betreuung durch Angehörige.

Zusammenfassung

In Zentrum von Kapitel 8 stehen die längerfristig sich verstärkenden Ungleichgewichte auf dem Pflegearbeitsmarkt. Zunächst wurden die Ergebnisse der 13. koordinierten Bevölkerungsvorausberechnung dargestellt, nach denen der demografische Wandel neben Geburtenrückgang und steigender Lebenserwartung vor allem durch die Alterung der geburtenstarken Jahrgänge aus den 1960er-Jahren geprägt wird. Die starke Zunahme der Hochbetagten bildet die Hauptdeterminante der künftigen Nachfrage nach Pflegekräften.

Verschiedene Berechnungsvarianten, die unterschiedliche Annahmen zum Pflegerisiko der Bevölkerung zugrunde legen, zeigen den Korridor der möglichen Entwicklung der Anzahl Pflegebedürftiger, die zwischen 2050 und 2060 ihren Höchststand erreichen dürfte. Die Nachfrage nach Pflegekräften hängt unter anderem von den gewählten Annahmen hinsichtlich der Versorgungsarrangements und dem Betreuungsverhältnis der Pflegebedürftigen ab. Vorliegende Studien zur Entwicklung des Pflegearbeitsmarkts für Deutschland insgesamt basieren auf einer unterschiedlichen statistischen Abgrenzung der Pflegeberufe, der Nachfrage nach unterschiedlich qualifizierten Arbeitskräften und Einrichtungen sowie auf verschiedenen Stützzeiträumen und Datenquellen und sind nur eingeschränkt miteinander vergleichbar. Gleichwohl sind mehr oder weniger starke Nachfragezuwächse nach Pflegekräften zu erwarten. Projektionen zum Angebot von Personen mit pflegerischen Qualifikationen sind rar, deuten aber auf steigende Angebotslücken hin. Aus den regionalen Befunden zur Alterung, Pflegeprävalenz und Struktur der Versorgung leitet sich ab, dass die Regionen Deutschlands mit einem unterschiedlich hohen Bedarf an Pflegekräften konfrontiert sein werden.

Literatur

Atentakis A, Maier T (2010): Projektionen des Personalbedarfs und -angebots in Pflegeberufen bis 2025. Wirtschaft und Statistik 11, 990–1002.

Afentakis A, Maier T (2014): Können Pflegekräfte aus dem Ausland den wachsenden Pflegebedarf decken? Wirtschaft und Statistik 3, 173–180.

Behrens J (2014): Brandenburger Fachkräftestudie Pflege – Kurzfassung. Studie im Auftrag des Ministeriums für Arbeit, Soziales, Frauen und Familie Brandenburg. Halle (Saale): Martin-Luther-Universität Halle-Wittenberg. URL: www.masgf.brandenburg.de/media_fast/4055/fks_pflege_kurz.pdf [abgerufen am 30.03.2016].

Bertelsmann-Stiftung (2012): Themenreport „Pflege 2030". Gütersloh: Bertelsmann Stiftung.

Beske F, Brix F, Gebel V, Schwarz T (2012): Gesundheit und Pflege in Schleswig-Holstein. Schriftenreihe Fritz Beske Institut für Gesundheits-System-Forschung, Bd. 122, Kiel: Schmidt & Klaunig.

BIB (Bundesinstitut für Bevölkerungsforschung) (2016): Anzahl der Pflegebedürftigen steigt vor allem bei den Hochbetagten. URL: https://www.demografie-portal.de/SharedDocs/Informieren/DE/ZahlenFakten/Pflegebeduerftige_Anzahl.html [abgerufen am 03.03.2016].

Bundesministerium für Bildung und Forschung (2014): Wie krank sind wir wirklich? Erstmals liegen verlässliche Daten zu Mehrfacherkrankungen im Alter vor. URL: http://www.gesundheitsforschung-bmbf.de/de/5210.php [abgerufen am 07.12.2015].

Bundesministerium für Familien, Senioren, Frauen und Jugend (2012): Ausbildungs- und Qualifizierungsoffensive Altenpflege 2012–2015. Vereinbarungstext, Berlin.

Deutscher Bundestag (2016): Antwort der Bundesregierung auf die Kleine Anfrage der Abgeordneten Pia Zimmermann, Sabine Zimmermann (Zwickau), Nicole Gohlke, weiterer Abgeordneter und der Fraktion DIE LINKE. – Personalbemessung in der stationären und ambulanten Altenpflege, Drucksache 18/7536, Deutscher Bundestag, Berlin.

Enste D, Pimpertz J (2008): Wertschöpfungs- und Beschäftigungspotenziale auf dem Pflegemarkt in Deutschland bis 2050. IW-Trends, 4/2008, 35. Jahrgang, Köln.

Eurostat (2016): Statistik über die gesunden Lebensjahre von Mai 2015. URL: ec.europa.eu/eurostat/statistics-explained/index.php/Healthy_life_years_statistics/de [abgerufen am 11.03.2016].

Fries JF (1980): Aging, natural death, and the compression of morbidity. New England Journal of Medicine, 303(3), 130–135.

Görres S, Schmitt S, Neubert L, Zimmermann M, Stolle C (2014): Prävention in der Pflege – Maßnahmen und ihre Wirksamkeit. Erarbeitung einer systematischen Übersicht vorhandener Maßnahmen der Gesundheitsförderung und Prävention in der Pflege. Abschlussbericht für das Zentrum für Qualität in der Pflege, Bremen: Zentrum für Qualität und Pflege.

Gruenberg EM (1977): The failures of success. The Milbank Quarterly, 83(4), 779–800.

Hackman T, Moog S (2008): Pflege im Spannungsfeld von Angebot und Nachfrage, FZG Discussion Papers, Forschungszentrum Generationenverträge der Albert-Ludwigs-Universität Freiburg, Nr. 33, Freiburg.

Hackman T, Moog S (2009): Die Auswirkungen der steigenden Lebenserwartung auf die Prävalenz der Pflegebedürftigkeit in Deutschland. Zeitschrift für die gesamte Versicherungswissenschaft, 98(1), 73–89.

Hackmann T (2010): Arbeitsmarkt Pflege: Bestimmung der künftigen Altenpflegekräfte unter Berücksichtigung der Berufsverweildauer. Sozialer Fortschritt, 59(9), 235–244.

Häcker J, Raffelhüschen B (2007): Zukünftige Pflege ohne Familie: Konsequenzen des „Heimsog-Effekt", Zeitschrift für Sozialreform, 53(4), 391–422.

Helmrich R, Zika G (2010): Beruf und Qualifikation in der Zukunft. BIBB-IAB-Modellrechnungen zu den Entwicklungen in Berufsfeldern und Qualifikationen bis 2025. Berichte zur beruflichen Bildung, Bonn: Bundesinstitut für Berufsbildung.

Lafortune G, Balestat G, the Disability Study Expert Group Members (2007): Trends in Severe Disability among Elderly People: Assessing the Evidence in 12 OECD Countries and the future implications. OECD Health Working Paper, No. 26, Paris: OECD Publishing.

Mager HC, Eisen R (2002): Noch ist häusliche Pflege Familiensache – Die Pflegeversicherung und ihre Folgen. Forschung Frankfurt – Das Wissenschaftsmagazin, 2(2002), 14–21.

Manton KG (1982): Changing Concepts of Morbidity and Mortality in the Elderly Population. The Milbank Quarterly, 60(2), 183–244.

Merda M, Braeseke G, Dreher B, Bauer TK, Mennicken R, Otten S, Scheuer M, Stroka MA, Talmann AE, Braun H (2012): Chancen zur Gewinnung von Fachkräften in der Pflegewirtschaft – Kurzfassung Studie im Auftrag des Bundesministeriums für Wirtschaft und Technologie, Rheinisch-Westfälisches Institut für Wirtschaftsforschung, Berlin.

Neuber-Pohl C (2017): Das Pflege- und Gesundheitspersonal wird knapper. Berufsbildung in Wissenschaft und Praxis, 46(1), 4–5.

Pohl C (2010): Der zukünftige Bedarf an Pflegearbeitskräften in Deutschland: Modellrechnungen für die Bundesländer bis zum Jahr 2020. Comparative Population Studies – Zeitschrift für Bevölkerungswissenschaft, 35(2), 357–378.

Pohl C (2011): Demografischer Wandel und der Arbeitsmarkt für Pflege in Deutschland: Modellrechnungen bis zum Jahr 2030. Pflege und Gesellschaft, 16(1), 36–52.

Prognos (2012): Pflegelandschaft 2030 – Eine Studie im Auftrag der Vereinigung der Bayerischen Wirtschaft (vbw) e. V. Basel: Prognos AG.

Pu Z (2011): Abhängigkeit der Pflegeversicherungsausgaben von der Entwicklung der Pflegewahrscheinlichkeiten, Mannheimer Forschungsinstitut Ökonomie und Demographischer Wandel, meaStudies, 12(2011), Mannheimer Forschungsinstitut Ökonomie und Demographischer Wandel, Mannheim.

Rothgang H, Kalwitzki T, Müller R, Runte R, Unger R (2015): Barmer GEK Pflegereport 2015 – Pflegen zu Hause. Schriftenreihe zur Gesundheitsanalyse, Band 36, Siegburg: Asgard-Verlagsservice.

Rothgang H, Müller R, Unger R (2012): Themenreport Pflege 2030 – Was ist zu erwarten was ist zu tun? Gütersloh: Bertelsmann Stiftung.

Rheinisch-Westfälisches Institut für Wirtschaftsforschung (2011): Faktenbuch Pflege – Die Bedeutung privater Anbieter im Pflegemarkt. Forschungsprojekt im Auftrag des Arbeitgeberverbandes Pflege. Essen.

Sachverständigenrat zur Begutachtung der Entwicklung im Gesundheitswesen (2009): Koordination und Integration – Gesundheitsversorgung in einer Gesellschaft des längeren Lebens, Sondergutachten 2009, Bonn.

Schnabel R (2007): Zukunft der Pflege – Die Situation der Pflege bis zum Jahr 2050. Gutachten für die Initiative Neue Soziale Marktwirtschaft, Duisburg.

Schnabel S, Kistowski K, Vaupel J (2005): Immer neue Rekorde und kein Ende in Sicht. Der Blick in die Zukunft lässt Deutschland grauer aussehen als viele erwarten. Demografische Forschung Aus Erster Hand, 2(2), 3.

Schulz E (2012): Pflegemarkt: Drohendem Arbeitskräftemangel kann entgegengewirkt werden. In: DIW Wochenbericht Nr. 51/52.2012, 3–17.

Statistische Ämter des Bundes und der Länder (2010): Auswirkungen auf Krankenhausbehandlungen und Pflegebedürftige im Bund und in den Ländern. Demografischer Wandel in Deutschland, 2(2010), Wiesbaden.

Statistisches Bundesamt (2015a): Pflege im Rahmen der Pflegeversicherung – Deutschlandergebnisse. Pflegestatistik 2013, Wiesbaden.

Statistisches Bundesamt (2015b): Bevölkerung Deutschlands bis 2060 – Ergebnisse der 13. koordinierten Bevölkerungsvorausberechnung, Wiesbaden.

Tesch-Römer C, Wurm S (2009): Theoretische Positionen zu Gesundheit und Alter. In: Böhm K, Tesch-Römer C, Ziese T (Hrsg.): Gesundheit und Alter. Beiträge zur Gesundheitsberichterstattung des Bundes (S. 7–30), Berlin: Robert Koch-Institut.

Tews HP (1993): Neue und alte Aspekte des Strukturwandels des Alters. In: Naegele G, Tews HP (Hrsg.): Lebenslagen im Strukturwandel des Alters (S. 15–42), Opladen: Westdeutscher Verlag.

United Nations (2009): Population Ageing and Development, Department of Economic and Social Affairs Population Division ESA/P/WP/212, New York.

Verbrugge LM (1984): Longer life but worsening health? Trends in health and mortality of middle-aged and older persons. The Milbank Quarterly, 62(3), 475–519.

Ziegler U, Doblhammer G (2005): Reductions in the Incidence of Care Need in West and East Germany between 1991 and 2003: Compression of Morbidity or Policy Effect? IUSSP Working Paper, Tours.

9 Zukünftige Herausforderungen zwischen kommunaler Organisation der Pflege und nachhaltigem Qualifikationsmix von Pflegekräften

In Kapitel 8 wurden die Perspektiven des Pflegearbeitsmarkts anhand der Projektionen verschiedener Autoren und Institutionen erörtert. Übereinstimmendes Ergebnis der dargestellten Studien ist, dass es angesichts des demografisch bedingten Anstiegs der Pflegebedürftigen in den nächsten Jahrzehnten zu wachsenden Engpässen an professionellen Pflegekräften kommen wird. Gleichzeitig löst der demografische Wandel unterschiedliche räumliche und personenbezogene Pflegebedarfe aus, welche von den regionalen Rahmenbedingungen, den familiären und sozialen Beziehungen, den individuellen Fähigkeiten im Umgang mit altersbedingten Beeinträchtigungen, den medizinischen und pflegerischen Versorgungsstrukturen sowie den allgemeinen Wohn- und Lebensbedingungen beeinflusst werden (vgl. Behrens 2014: 11).

Die Sicherstellung der Pflege großer Teile der älteren Bevölkerung in Deutschland stellt aufgrund der vielfältigen Aufgaben besondere Koordinationsanforderungen an die Akteure, die an der Versorgung Pflegebedürftiger beteiligt sind: „Die komplexe Aufgabe, die pflegerische Versorgung in der Zukunft sicher zu stellen, erfordert ein hohes Maß an Vernetzung und Kooperation der für die pflegerische Versorgung verantwortlichen Institutionen und Personen. Die durch die Sozialgesetzbücher V, IX und XI definierten Zuständigkeiten und Verantwortungsbereiche müssen auf regionaler beziehungsweise kommunaler Ebene zielorientiert koordiniert werden." (Behrens 2014: 11).

Ausgehend von dieser Grundorientierung der Pflegepolitik werden in Kapitel 9 fünf Themenkomplexe behandelt, die zur Entspannung der Fachkräftesituation in der Pflege beitragen. Erstens wird die gesellschaftliche Organisation der Pflege mithilfe des Konzepts des Wohlfahrtsmix beschrieben. Die Aufgabenteilung zwischen Staat, Markt, Versorgung durch Angehörige und Zivilgesellschaft hat entscheidenden Einfluss darauf, in welcher Höhe ein professioneller Arbeitskräftebedarf künftig zu erwarten ist. Außerdem wird die Rolle der Kommunen in der Organisation des Wohlfahrtsmix in diesem Zusammenhang erörtert (siehe Kapitel 9.1). Zweitens werden die Maßnahmen benannt, die einerseits im Sinne einer stärkeren Prävention von (schwerer) Pflegebedürftigkeit und andererseits durch Stabilisierung der häuslichen Versorgung die Nachfrage nach professionellen Kräften begrenzen helfen (siehe Kapitel 9.2). Drittens werden die Perspektiven der Ausbildung und des Qualifikationsmix, das heißt der gestuften und durchlässigen Ausbildung in der Pflege erörtert (siehe Kapitel 9.3). Hierzu gehören vor allem die Zusammenführung der Gesundheits- und Krankenpflege, Gesundheits- und Kinderkrankenpflege sowie der Altenpflege und die Akademisierung in der Pflege nach der aktuellen Reform der Pflegeberufe. Viertens wird gezeigt, dass auch Umschulungsaktivitäten von Arbeitslosen im Bereich der aktiven Arbeitsmarkt-

https://doi.org/10.1515/9783110431698-009

politik zu einem erhöhten Angebot an Pflegefachkräften führen und gleichzeitig eine nachhaltige Integration der Geförderten in den Arbeitsmarkt ermöglichen (siehe Kapitel 9.4). Abschließend werden personalpolitische Maßnahmen zur Verbesserung der Arbeitsbedingungen und Mitarbeiterbindung erörtert, die zum längeren Verbleib im Beruf und zur Linderung des Fachkräftemangels in der Pflege beitragen (siehe Kapitel 9.5).

9.1 Gesellschaftliche Organisation der Pflegeversorgung

In modernen Wohlfahrtstaaten können sozialpolitische Aufgaben verschiedenen Institutionen übertragen werden. Dabei ist zum Beispiel denkbar, dass die Versorgung Pflegebedürftiger dem Markt überlassen wird, der Staat jedoch Personen mit geringem Einkommen finanziell unterstützt (Subjektförderung). Das Gegenmodell wäre, dass der Staat die Pflegeversorgung übernimmt und staatliche kommunale Heime betreibt (Objektförderung). Pflegeeinrichtungen in öffentlich-rechtlicher Trägerschaft gehen in ihrer Bedeutung immer mehr zurück. Einen weiteren (dritten) Sektor stellen die Wohlfahrtsverbände dar, die Pflegeeinrichtungen betreiben und auch in der Pflege das Bindeglied zur Zivilgesellschaft bilden. Schließlich ist in der Altenpflege die häusliche Versorgung durch Familienangehörige (bisher noch) von zentraler Bedeutung.

9.1.1 Der Wohlfahrtsmix in der Pflege

In der sozialwissenschaftlichen Literatur wird von Wohlfahrtsmix gesprochen, wenn der Beitrag der Institutionen Staat, Markt und Wohlfahrtsverbände sowie der familiären Unterstützung zur gesellschaftlichen Wohlfahrt thematisiert wird (vgl. Evers 2011). So wird beispielsweise im universalistisch geprägten Wohlfahrtsmodell Schwedens vom Staat die Gewährleistung sozialer Angebote für alle Bürger garantiert, was allerdings nicht bedeutet, dass der Staat sämtliche Leistungen in der Altenpflege selbst erbringt. Dort sind auf lokaler Ebene die 290 Kommunen rechtlich verpflichtet, den Bedarf älterer Menschen an sozialen Dienstleistungen, Pflege und häuslichen Diensten sicherzustellen. Die Versorgung der Pflegebedürftigen ist in Schweden im Vergleich zur deutschen Pflegeversicherung relativ umfassend. Finanziert wird die Pflege in Schweden durch Steuern, vor allem durch die kommunale Einkommensteuer (vgl. Wild 2010: 19). Der Bedarf an Pflegeleistungen wird ebenfalls durch die jeweilige Gemeinde geprüft und unter Beachtung des Einzelfalls und in Abhängigkeit von den finanziellen Ressourcen der Kommune festgelegt.

Das schwedische Kommunalverwaltungsgesetz aus dem Jahr 1991 ermöglicht es den Kommunen, die Pflege älterer Menschen durch *contracting out* an Private zu vergeben (vgl. Rada 2014). Hierbei wird die Bereitstellung sozialer Dienste vom Staat auf private (gemeinnützige oder gewinnorientierte) Organisationen übertragen. Die öffentliche Hand übernimmt die Finanzierung und Überwachung der Erbringung sozialer Dienste. Die Bürger erhalten Gutscheine für die Nutzung sozialer Dienste, und im sogenannten *free-choice-system* besteht eine Wahlmöglichkeit zwischen verschiedenen Anbietern sozialer Dienste.

Ziel der Einbeziehung privater Dienste in Schweden war es, nach den Erfahrungen der Wirtschaftskrise Anfang der 1990er-Jahre die Kosteneffizienz im Sozialsektor zu steigern (vgl. Rada 2014). Lag der Anteil der privaten Anbieter in den Sektoren ambulante Pflege, Pflegeheime und Kindertagesbetreuung Mitte der 1990er-Jahre in den schwedischen Kommunen lediglich bei einem Prozent, wuchs dieser bis 2011 auf 19 Prozent. Relativ stark sind die privaten Anbieter vor allem in Großstädten mit bis zu 50 Prozent in die Pflege älterer Menschen (ambulant und stationär) eingebunden. Nach Skizzierung des schwedischen Pflegesystems werden die institutionellen Versorgungsstrukturen in der Altenpflege erörtert.

Idealtypisch bietet der Markt ein Maximum an Wahlmöglichkeiten, wenn der Pflegebedürftige unter einer Vielzahl unterschiedlicher Anbieter auswählen kann. In den sogenannten Seniorenresidenzen werden qualitativ hochwertige Pflegeleistungen für zahlungskräftigere ältere Personen angeboten. Die meisten Pflegebedürftigen dürften bei anderen Anbietern von Pflegeleistungen mit der sozialen Pflegeversicherung als Basisabsicherung operieren und entsprechende Eigenanteile aufwenden, beziehungsweise die Kommunen tragen die Differenz zwischen Leistungen der Pflegeversicherung und Heimkosten im Rahmen ihrer Hilfe zur Pflege als Teil der Sozialhilfe.

Neben Staat und Markt sind die informellen Pflegestrukturen immer noch die häufigste Versorgungsform in der Altenpflege. Der informelle Bereich der Versorgung Pflegebedürftiger wird durch die Familie, den Freundeskreis und die Nachbarn erbracht. Deren Leistungen basieren auf dem Prinzip der wechselseitigen Hilfe zwischen Personen oder Generationen. Im Vergleich zu den formellen Pflegearrangements fallen deutlich geringere Kosten an, aber die Pflegepersonen sind häufig hohen Belastungen ausgesetzt. Die Familienpflege kann zeitlich umfassender und flexibler erfolgen und die persönlichen, vertrauten und individuellen Bedürfnisse des Pflegebedürftigen besser berücksichtigen. Allerdings kann sie in Konflikt mit der Erwerbsarbeit oder anderen Betreuungsaufgaben der Pflegepersonen, zum Beispiel in Bezug auf Kinder, geraten. Ein wesentlicher Nachteil der Familienpflege gegenüber der professionellen Pflege ist die fehlende fachliche Qualifikation, für die es aber staatliche Unterstützungsangebote gibt. So haben die Pflegekassen für Personen, die eine(n) Angehörige(n) pflegen, unentgeltlich Schulungskurse durchzuführen, die zum Teil in Zusammenarbeit mit Verbänden der freien Wohlfahrtspflege, mit Volkshochschulen, der Nachbarschaftshilfe oder Bildungsvereinen angeboten werden.

Schließlich leistet der Gemeinnützigkeitssektor, der sich aus Wohlfahrtsverbänden, Kirchen, Arbeitnehmerorganisationen und zivilgesellschaftlichen (Selbsthilfe-)Organisationen zusammensetzt, einen wichtigen Beitrag zur gesellschaftlichen Wohlfahrt. Der wohlfahrtsstaatliche Beitrag dieses intermediären Bereichs zwischen Markt und Staat kann in der sozialen Kohäsion sowie in der Förderung bürgerschaftlichen Engagements gesehen werden. In Deutschland wurde den Trägern der freien Wohlfahrtspflege vom Staat nach Maßgabe des Subsidiaritätsprinzips Vorrang bei der Erfüllung sozialpolitischer Aufgaben eingeräumt. Sie werden als freigemeinnützig bezeichnet, was im Sinne der Gemeinnützigkeitsregelungen der Abgabenordnung bedeutet, dass sie Pflegeeinrichtungen ohne Absicht der Gewinnerzielung betreiben. Freigemeinnützige Träger bewirtschaften einen Großteil der Pflegeeinrichtungen in Deutschland (siehe Kapitel 4.3.1). Neben der Organisation des Wohlfahrtsmix (siehe Kapitel 9.1.2) besteht eine zentrale staatliche Aufgabe darin, die Qualität in der Pflege zu sichern.

Staatliche Qualitätssicherung in der Pflege
Eine wichtige staatliche Aufgabe besteht darin, die Qualität der Pflege zu überwachen, da es sich bei der Pflege um ein Erfahrungsgut handelt. Ein zentrales Problem der Bereitstellung der Pflegedienste über den Markt besteht darin, dass den Pflegebedürftigen die Kenntnisse fehlen, die Qualität der Pflege in den Einrichtungen zu beurteilen. Hieraus leitet sich ein Marktversagen ab. Die asymmetrische Informationsverteilung zwischen den Betreibern von Pflegeeinrichtungen auf der einen und den Leistungsträgern und Klienten auf der anderen Seite ließe sich durch die Verleihung von Qualitätszertifikaten – idealerweise durch unabhängige Einrichtungen – aufheben. Seit Längerem werden in ambulanten und stationären Pflegeeinrichtungen in Deutschland sehr viele unterschiedliche Qualitätssiegel und Zertifikate vergeben. Die Stiftung Zentrum für Qualität in der Pflege (ZQP) erfasst solche Qualitätssiegel und Zertifikate auf Basis von Selbstauskünften der Träger und zertifizierenden Einrichtungen (vgl. ZQP 2014). Eine objektive Bewertung der Qualität von Pflegeeinrichtungen sei aus Sicht des Zentrums nicht möglich, da „kein wissenschaftlicher begründeter und konsentierter Qualitätsmaßstab für ‚gute Pflege' besteht, keine wissenschaftlich validen und reliablen Datenerhebungs- und Beurteilungsinstrumente angewendet werden, die Aussagen über die Qualität der Pflegeleistungen und -angebote erlauben, keine Messinstrumente vorliegen und angewendet werden, mit denen die Effekte der Verfahren auf die Qualität von Leistungsangeboten evaluiert werden könnten" (ZQP 2014: 1).

Offenbar bezieht sich die Stiftung auf die mangelnde Ermittlung der Ergebnisqualität in der Pflege, die Roth (2002: 1) wie folgt darstellt: Danach fehlen „insbesondere vergleichbare großflächige, analytisch tiefgreifende und methodisch anspruchsvolle empirische Forschungen zur Ergebnisqualität, wie sie aus den USA dank der Gesetzesreformen von 1987 mit dem daraufhin flächendeckend eingeführten resident Assessment Instrument (RAI) und dem Minimum Data Set (MDS) berichtet werden können." In Deutschland würden vielfältige Arten von Zertifikaten häufig ad hoc „auf einem unübersichtlichen und auch durch ökonomische Interessen beeinflussten Beratungsmarkt" gehandelt. Da die Verfahren zur Zertifikatvergabe nicht kontrolliert sind, entziehen sich die Ergebnisse wissenschaftlichen Qualitätsstandards.

Gerste und Schwinger (2004) haben in ihrer Studie die 14 Qualitätssiegel und Zertifikate zur Bestimmung der Pflegequalität anhand von 18 Dimensionen miteinander verglichen. Sie verweisen auf die (noch) fehlenden normativen Prämissen zur Bewertung der Qualität in der Pflege. Zur besseren Beurteilung der Qualität von Pflegeeinrichtungen sind von der Politik im Laufe der vergangenen 15 Jahre gesetzliche Regelungen erlassen worden. Ausgehend vom Pflegequalitätssicherungsgesetz 2002, das unter anderem ein einrichtungsinternes Qualitätsmanagement vorschreibt, hat das Pflegeweiterentwicklungsgesetz aus dem Jahr 2008 die Qualitätssteigerung und die Erhöhung der Transparenz durch regelmäßige Qualitätsprüfungen von ambulanten und stationären Pflegeeinrichtungen eingeführt. Die Ergebnisse der Prüfungen sollten in Form von „Transparenzberichten" beziehungsweise „Pflegenoten" allgemeinverständlich veröffentlicht werden. Vor allem das Notensystem zur Bewertung von Pflegeeinrichtungen, der sogenannte Pflege-TÜV, hat sich nicht bewährt und wurde zum 01.01.2016 ausgesetzt, da es bei einer Durchschnittsbewertung der Pflegeeinrichtungen mit einer Note von 1,3 letztlich aussagelos ist.

Kern des zweiten, Anfang 2017 in Kraft getretenen zweiten Pflegestärkungsgesetzes ist in diesem Zusammenhang die Umgestaltung der 2008 eingerichteten Schiedsstelle Qualitätssicherung zu einem Qualitätsausschuss nach dem neuen § 113b SGB XI, der die Kriterien einer zukünftig umfassenden Qualitätsmessung in der Pflege festlegen soll. Der Ausschuss, der in gleicher Zahl aus Vertretern des Spitzenverbands Bund der Pflegekassen (Leistungsträger) und aus Vertretern der Vereinigungen der Träger der Pflegeeinrichtungen auf Bundesebene (Leistungserbringer) besteht, hat die Aufgabe, Maßnahmen zur Qualitätssicherung und Weiterentwicklung sowie die Darstellung der Qualität der von Pflegeeinrichtungen erbrachten Leistungen zu beschließen. Die bis zum 31.03.2016 eingerichtete Geschäftsstelle soll den Qualitätsausschuss fachlich beraten sowie die in Auftrag gegebenen wissenschaftlichen Arbeiten begleiten und für den Ausschuss aufbereiten. Der Qualitätsausschuss soll nach § 113b SGB XI Aufträge an fachlich unabhängige wissenschaftliche Einrichtungen und Sachverständige zu folgenden Themen vergeben und hat entsprechende Grundsätze in bestimmten Fristen zu beschließen (Focus-Pflegerecht 2016: 1):

- Entwicklung von Instrumenten zur Prüfung von stationären Pflegeeinrichtungen sowie von Maßstäben und Grundsätzen für die Qualitätsberichterstattung sowie deren wissenschaftlichen Grundlagen bis zum 31. März 2017 und anschließende Vereinbarung im Ausschuss zum 30. Juni 2017
- Instrumente für die Prüfung der Qualität und Qualitätsberichterstattung in der ambulanten Pflege bis zum 30. Juni 2017 sowie Abschlussbericht der Sachverständigen bis zum 31. März 2018
- Entwicklung ergänzender Instrumente für die Ermittlung und Bewertung von Lebensqualität
- Entwicklung und Erprobung eines Konzepts für eine Qualitätssicherung in neuen Wohnformen bis zum 31. März 2018, insbesondere Instrumente zur internen und

externen Qualitätssicherung sowie für eine angemessene Qualitätsberichterstattung

Die zu entwickelnden Maßstäbe und Grundsätze für die stationäre Versorgung sollen über bestehende Vorgaben in der Qualitätsmessung hinausgehen. Daraus ergeben sich höhere Anforderungen an die Indikatoren für das Gesamtverfahren zur Ermittlung der Ergebnisqualität in der Pflege. Auch im ambulanten Bereich sollen Maßstäbe und Grundsätze eine Verknüpfung von Struktur-, Prozess- und Ergebnisqualität bewerten. Damit werden in den stationären Pflegeeinrichtungen im Jahr 2018 und im ambulanten Bereich im Jahr 2019 die bestehenden Vereinbarungen zur Transparenz in der Pflege durch einen grundlegend neuen wissenschaftlich fundierten Bewertungsansatz ersetzt.

Zunächst bleibt abzuwarten, welche Ergebnisse diese im Konsensverfahren von der Selbstverwaltung in der Sozialen Pflegeversicherung festzulegenden „Maßstäbe" und „Grundsätze" erbringen werden und wie deren Umsetzung erfolgen wird. Bis zu deren Vorliegen bleibt den Klienten nur, sich ein eigenes Bild über die Einrichtung anhand der verschiedenen Kriterien, vor allem des betrieblichen Qualitätsmanagements, zu machen. Aufgabe der Pflegepolitik im Wohlfahrtsstaat ist neben dieser auf den Weg gebrachten wissenschaftlich ermittelten Pflegequalität die Forcierung entsprechender pflegewissenschaftlicher Expertise, wie sie auch die Agenda Pflegeforschung vorsieht (siehe Kapitel 9.3.3).

9.1.2 Stärkung der kommunalen Koordinierung

Der in Kapitel 9.1.1 beschriebene Wohlfahrtsmix und die unterschiedlichen Unterstützungsbedarfe in der Pflege älterer Menschen erfordern die Koordinierung der verschiedenen pflegerelevanten Aktivitäten am Ort der Leistungserbringung. Schnittstellen und entsprechende Koordinierungsaufgaben bestehen zwischen der Landes- und Kommunalpolitik, den Sektoren der gesundheitlichen Versorgung und sozialen Betreuung, den Kostenträgern in den Gebietskörperschaften und Sozialversicherungsträgern, den Betroffenen und ihren Angehörigen sowie weiteren Dienstleistern. Die gemeinsame Verantwortung und die Notwendigkeit der Zusammenarbeit der Länder, Kommunen, Pflegeeinrichtungen, Pflegekassen und weiterer Akteure in der Pflege sind zwar grundsätzlich in § 8 SGB XI festgeschrieben. Allerdings fehlen den Kommunen nach Einführung der Pflegeversicherung[1] weitgehend hierarchische

---

[1] Bis Mitte der 1990er-Jahre wurden die Pflegeleistungen durch die Gesetzliche Rentenversicherung finanziert. In nicht geringem Umfang war zudem die Sozialhilfe an der Finanzierung beteiligt. Da die Sozialhilfe von den Kommunen getragen wurde, war die Kostenentlastung der Gemeinden ein wesentlicher Anreiz zur Einführung einer Gesetzlichen Pflegeversicherung. Anfang der 1990er-Jahre wurden mit fast 13 Mrd. DM rund ein Drittel der Sozialhilfeausgaben für die Pflege verwendet (vgl. Roth & Rothgang 2001).

Steuerungsmöglichkeiten, da diese auf Bundes- und Landesebene zentralisiert wurden. Lediglich die Pflegebedarfsplanung ist in einigen Bundesländern Aufgabe der Kommunen, Kreise und kreisfreien Städte. Bislang beschränkt sich die Rolle der Kommunen auf die Altenhilfe nach dem SGB XII. Die neuere politikwissenschaftliche Diskussion sieht in einer Stärkung kommunaler Entscheidungsstrukturen ein Mittel zur besseren Versorgung Pflegebedürftiger. Vor dem Hintergrund der stark wachsenden und regional unterschiedlichen Zahl an Pflegebedürftigen wird aktuell eine Stärkung kommunaler Pflegekonzepte durch die zum 01.01.2017 in Kraft getretenen Bestimmungen des dritten Pflegestärkungsgesetzes auf den Weg gebracht.

Die „klassische" Aufgabe der Kommunen besteht bisher in der Altenhilfe. Die Altenhilfe nach § 71 SGB XII ist Teil der Sozialhilfe (Hilfe in anderen Lebenslagen, SGB XII, Kapitel 9) und zielt darauf ab, „Schwierigkeiten, die durch das Alter entstehen, zu verhüten, zu überwinden oder zu mildern und alten Menschen die Möglichkeit zu erhalten, am Leben in der Gemeinschaft teilzunehmen." (§ 71 SGB XII, Abs. 1). Im Zentrum steht die praktische Bewältigung von sozialen Problemen und Notlagen älterer Menschen mittels

- Integrationssicherung (z. B. Freizeit-, Begegnungs- und Kontaktangebote, soziale Teilhabe, Mobilitätsdienste),
- Förderung der selbstständigen Lebensführung (z. B. komplementäre, vorpflegerische Dienste und Dienstvermittlung) und
- Unterstützung bei eingetretener Hilfe- und Pflegebedürftigkeit (ambulante, teil- und vollstationäre Dienste) (vgl. Naegele 2013: 14).

Aufgrund fehlender rechtlicher Vorschriften und in Abhängigkeit von der finanziellen Situation werden die Aufgaben der Altenhilfe in den Kommunen unterschiedlich intensiv wahrgenommen. Insbesondere Maßnahmen zur sozialen Integration Älterer werden selten durchgeführt (vgl. Naegele 2013: 15). Während in der Jugend- und Kinderhilfe bundesgesetzlich Handlungsfelder und Personal in den Kommunen festgelegt sind, ist dies in der Altenhilfe nicht der Fall. Angesichts zu erwartender Nachfrageverschiebungen von der Kinder- und Jugendhilfe zur Altenhilfe wird in den Kommunen mehr Personal mit komplexen Kenntnissen für die Versorgung Älterer erforderlich sein. Dies macht Personalentwicklungskonzepte notwendig, welche ein höheres Maß an Flexibilität für die Arbeit in verschiedenen Bereichen durch entsprechende Aus- und Weiterbildungsangebote (z. B. gerontologische Zusatzqualifikation) ermöglichen. In der Seniorenhilfe ist ein expandierendes Tätigkeitsfeld auch für akademisch ausgebildete Mitarbeiter sowohl in der Sozialarbeit als auch in der Altenpflege angelegt (siehe Kapitel 5.5). Das Aufgabengebiet dieser Beschäftigten wird sich künftig stärker in die sektorenübergreifende Koordination altenpflegerischer Aktivitäten verlagern.

Ab dem Jahr 2017 sollen die Kommunen einen größeren Einfluss in der Pflegepolitik ausüben. Deren Rolle in der Versorgung pflegebedürftiger Menschen wurde neuerdings grundsätzlich im Zusammenhang mit der Sozialstaatsdiskussion im siebten Altenbericht der Bundesregierung erörtert. Gleichzeitig wurden Empfehlungen einer Bund-Länder-Arbeitsgruppe zur Stärkung der Rolle der Kommunen in der Pflege im dritten Pflegestärkungsgesetz berücksichtigt.

Zur kommunalen Verantwortung für die Aufgaben der Daseinsvorsorge wurden im siebten Altenbericht der Bundesregierung (vgl. zum Folgenden Deutscher Bundestag 2016b: 277 ff.) grundlegende Überlegungen formuliert. Nach Auffassung der Kommission sei zwar die Daseinsvorsorge für die Kommunen kein Begriff mit rechtlich verbindlichem Regelungsgehalt, doch beinhalte sie einen politischen Programmsatz, dessen Funktion auf die Befähigung zu einer eigenständigen Lebensführung der Bürger gerichtet sei. Für ältere Menschen ist es das Ziel der Daseinsvorsorge, eine hohe Lebensqualität und gesellschaftliche Teilhabe zu gewährleisten (Deutscher Bundestag 2016b: 316). Die Leistungen der Daseinsvorsorge im Bereich der Pflege sollen durch ein möglichst reibungsloses Zusammenwirken von Politik, Verwaltung und Zivilgesellschaft vor Ort verwirklicht werden (Koproduktion). Bei der Koproduktion wohlfahrtstaatlicher Leistungen geht es auch um die Aushandlung und Umsetzung lokaler Politik mit allen relevanten Akteuren, für die das sogenannte Governance-Konzept als geeigneter Politikansatz und die Subsidiarität als neu justierter Ordnungsgrundsatz für die verschiedenen Interventionsebenen beschrieben werden.

Ausgangspunkt des Governance-Ansatzes ist die Analyse der Regelungsmechanismen auf den unterschiedlichen Ebenen politischen Handelns. Politische Steuerung beruht demnach zunehmend auf einem Zusammenwirken verschiedener gesellschaftlicher Entscheidungsmechanismen. In Handlungsfeldern mit komplexen Konstellationen von Akteuren, wie sie in der Pflege gegeben sind, sei eine exklusive Verantwortung des Staates für politische Steuerung und Koordination nicht zielführend, sondern die gesellschaftlichen Akteure sollten in die Zielformulierung, Entscheidungsfindung und Problembewältigung einbezogen werden (vgl. Deutscher Bundestag 2016b: 277). Insbesondere für eine lokale Politik zugunsten älterer Menschen sei es wichtig, im Sinne der Koproduktion verschiedene gesellschaftliche Sektoren aufeinander abzustimmen, die Entscheidungen gemeinsam zu erarbeiten und durch ein Zusammenwirken der beteiligten Akteure umzusetzen. Die entsprechende Kompetenz, solche Prozesse zu gestalten, und die Entwicklung einer Innovationskultur auf kommunaler Ebene, die von der medizinischen Versorgung bis zu integrierten Wohnkonzepten reicht, werden als Schlüsselfaktoren für die Gestaltung des demografischen und sozialen Wandels angesehen. Nach Auffassung der Kommission gibt es keine Alternative zu dem beschriebenen Politikansatz.

Ein weiterer Begriff, der als Ordnungsrahmen für lokale Strukturen und Netzwerke dient, ist derjenige der Subsidiarität. Nach dem Subsidiaritätsprinzip soll eine staatliche Aufgabe soweit wie möglich von der unteren Ebene bzw. kleineren Einheit des Gemeinwesens wahrgenommen werden. Der Subsidiaritätsgrundsatz ist nach Auffassung der Kommission dem heutigen sozialpolitischen Verständnis entsprechend anzupassen. Insbesondere ist „ein Gegenmodell zu der immer dominanter werdenden Ökonomisierung des Sozial- und Gesundheitswesens sowie der immer stärker ausgeprägten sozialadministrativen, bürokratischen und zentralistischen Steuerung von sozialen Sicherungssystemen notwendig, die grundlegende Prinzipien der Subsidiarität verletzen" (Deutscher Bundestag 2016b: 44). Zentralistische Qualitätsvorgaben und Aushandlungsprozesse zwischen den Interessenvertretern der Leistungserbringer und -träger prägten die Pflegepolitik anstelle der Entwicklung von lokalen Lösungen unter Einbeziehung der Ressourcen vor Ort. Mit der bürokratischen Steuerung blieben Effizienzpotenziale ungenutzt und soziale Innovationen kämen nicht zustande.

Der Governance-Ansatz in der Pflege stellt die Kommunen vor erhebliche Herausforderungen. „Eine Neujustierung des Verhältnisses von Staat, Kommune, Wohlfahrtsverbänden, Unternehmen und Bürgerinnen und Bürgern auf der lokalen Ebene stellt erhöhte Anforderungen an Kommunikation, Zusammenarbeit und Management im Rahmen dieser Koproduktion von Daseinsvorsorge" (Deutscher Bundestag 2016b: 43).

Mit Fragen der praktischen Umsetzung kommunaler Pflegepolitik hat sich eine Bund-Länder-Arbeitsgruppe zur Stärkung der Rolle der Kommunen in der Pflege unter Leitung des Bundesministeriums für Gesundheit aus Vertreterinnen und Vertretern der Bundesministerien für Arbeit und Soziales sowie für Familie, Senioren, Frauen und Jugend, zehn Länderministerien und den drei kommunalen Spitzenverbänden befasst (vgl. Bundesministerium für Gesundheit 2015). Ihre Empfehlungen sind in das dritte Pflegestärkungsgesetz eingeflossen.

Nach den Bestimmungen des dritten Pflegestärkungsgesetzes erhalten die Kommunen ab 2017 für fünf Jahre ein Initiativrecht zur Gründung von Pflegestützpunkten. Diese Einrichtungen sind zentrale Anlaufstellen für Hilfesuchende und Orte, an dem pflegerische, medizinische und soziale Hilfs- und Unterstützungsangebote vermittelt und koordiniert werden. Die neu eingerichteten Landespflegeausschüsse nach § 8a SGB XI können sogenannte sektorenübergreifende Landesausschüsse bilden, an denen Pflegekassen, Krankenkassen, Kassenärztliche Vereinigungen und die Landeskrankenhausgesellschaften beteiligt werden, um die pflegerische, medizinische und die Alltagsversorgung pflegebedürftiger Menschen stärker zu verzahnen. Ein weiterer Ausschuss, der Landespflegeausschuss mit den Akteuren auf der regionalen Ebene, kann beratende Ausschüsse in Fragen der Pflegeversicherung bilden, in denen die Pflegekassen verpflichtend mitarbeiten müssen. Ziel dieser Ausschüsse ist es, die regionale Pflegeinfrastruktur durch entsprechende Empfehlungen zu verbessern. Diese sollen beim Abschluss von Versorgungs-, Rahmen- und Vergütungsverträgen einbezogen werden. Die Pflegekassen müssen Empfehlungen der Ausschüsse, die sich auf die Verbesserung der Versorgungssituation beziehen, künftig bei Vertragsverhandlungen einbeziehen. Dies kann zum Beispiel zur Vermeidung von Unterversorgung in der ambulanten Pflege notwendig werden, wenn die Erbringung dieser Leistungen durch einen Pflegedienst wegen Unwirtschaftlichkeit eingestellt werden müsste (vgl. Bundesministerium für Gesundheit 2016).

Ein weiteres Instrument zur Stärkung der Rolle der Kommunen in der Pflege sind Modellvorhaben zur Beratung Pflegebedürftiger und ihrer Angehörigen durch kommunale Beratungsstellen. In bis zu 60 Kreisen oder kreisfreien Städten soll für die Dauer von fünf Jahren die Übertragung von Beratungsaufgaben von den Pflegekassen beziehungsweise Pflegediensten auf die Kommune erprobt werden. Hierzu können die Pflegeberatung nach § 7a bis 7c SGB XI, Pflegepflichteinsätze nach § 37 Abs. 3 SGB XI sowie Pflegekurse nach § 45 SGB XI von den Modellkommunen in Eigenregie übernommen werden (vgl. Bundesministerium für Gesundheit 2016).

Im dritten Pflegestärkungsgesetz ist für die Kommunen zudem die Möglichkeit vorgesehen, sich an Angeboten zur Unterstützung im Alltag durch Personal- oder Sachmittel zu beteiligen. Hierdurch sollen die Angehörigen von Pflegebedürftigen entlastet werden. Die Pflegeversicherung stellt für den Aufbau solcher Angebote bis zu 25 Mio. Euro zur Verfügung (vgl. Bundesministerium für Gesundheit 2016).

Abschließend wird ein auf der untersten Ebene des Staates angesiedeltes Steuerungskonzept für die Pflege vorgestellt, das die Qualität und Effizienz der Pflegeausgaben verbessern sowie den Bedarf an Pflegefachkräften begrenzen soll. Die Urheber des regionalen Pflegebudgets schlagen vor, die Leistungen der Pflegeversicherung an Städte und Kreise zu transferieren und den Kommunen die Gestaltungsverantwortung in der Pflege zu übertragen (vgl. Hackmann et al. 2014). Kommunen würden entsprechend der Anzahl und Einstufung ihrer pflegebedürftigen Bürger Mittel aus der Pflegeversicherung erhalten. Die Zuweisung wäre unabhängig vom gewählten Pflegearrangement. Damit wäre ein finanzieller Anreiz gesetzt, ambulante Versorgungsangebote vor Ort zu fördern. Die individuellen Leistungsansprüche der Pflegebedürftigen und ihre Wahlmöglichkeiten blieben unangetastet.

Eine weitere Studie von Prognos (2014) kommt in diesem Zusammenhang zu dem Ergebnis, dass derzeit wegen fehlender flächendeckender niedrigschwelliger Angebote im ambulanten Bereich die stationäre Versorgung stärker als gesundheitlich nötig in Anspruch genommen wird. Wenn es gelänge, die professionelle Pflege auf Pflegebedürftige mit starken kognitiven und körperlichen Einschränkungen sowie besonderen Bedarfskonstellationen zu beschränken, könnte sich der Anteil der stationär zu Versorgenden an allen Pflegebedürftigen im Jahr 2020 von voraussichtlich 30 Prozent auf 21 Prozent reduzieren. Dies würde den Bedarf an professionellen Fachkräften in der Pflege um gut ein Drittel verringern.

Somit können die hier diskutierten Ansätze kommunal ausgerichteter Versorgungsstrukturen direkten Einfluss auf den Fachkräftebedarf in der Pflege nehmen. Die Optimierung des Einsatzes verschiedener wohlfahrtsstaatlicher Institutionen vor Ort kann als ein Mittel angesehen werden, die Pflegequalität zu erhöhen und den Bedarf an professionellen Arbeitskräften zu begrenzen.

9.1.3 Pflege im ländlichen Raum

Ländliche Regionen sehen sich bei der Koordination der pflegerischen Leistungen besonderen Anforderungen gegenüber. Vor allem in den ostdeutschen Bundesländern gestaltet sich die gesundheitliche beziehungsweise pflegerische Versorgung noch schwieriger als in westdeutschen Regionen mit geringer Bevölkerungsdichte. Periphere, dünn besiedelte Räume sind besonders von der Bevölkerungsabnahme durch Abwanderung Jüngerer bei gleichzeitiger Alterung der Bevölkerung betroffen. Dem wachsenden Pflegebedarf steht dort ein abnehmendes Potenzial an professionellen Pflegekräften und pflegenden Angehörigen gegenüber. In diesen Regionen besteht traditionell eine stärkere Arzt-Patient-Bindung und die pflegerische Versorgung ist in besonderem Maße an die hausärztliche Versorgung gebunden. Der bereits bestehende und künftig zunehmende Ärztemangel erhöht das Risiko, dass zu spät auf veränderte Lebenslagen und Pflegebedürftigkeit reagiert wird (Behrens 2014: 117). Mit einer hinreichend großen Zahl von teilnehmenden Ärzten könnte ein System des *community medicine nursing* geschaffen werden, in dem unter ärztlicher Aufsicht einzelne medizinische Tätigkeiten an nicht ärztliches Personal delegiert werden. So übernehmen in einigen Projekten, die in den neuen Bundesländern an die Einrichtung der ehemaligen Gemeindeschwester in der DDR anknüpfen, Pflegefachkräfte oder medizinische Fachangestellte Hausbesuche bei Patient(inn)en, bei denen vorbeugende und therapieüberwachende Tätigkeiten geleistet werden (Behrens 2014: 117). Hausärzte werden hierdurch in dünn besiedelten Regionen entlastet, und gleichzeitig vergrößert sich der Radius hausärztlicher Versorgung.

Damit wäre die Übertragung bisher ärztlich erbrachter Leistungen auf Pflegekräfte ein hilfreiches Instrument zur ortsnahen Versorgung Pflegebedürftiger (vgl. Sachverständigenrat zur Begutachtung der Entwicklung im Gesundheitswesen 2007; 2009). Nach der Heilkundeübertragungsrichtlinie aus dem Jahr 2012 dürfen speziell hierfür qualifizierte Pflegekräfte modellhaft Aufgaben von Ärzten übernehmen. Eine gemeinsame Behandlung durch Ärzte und Pflegekräfte von zum Beispiel Diabetes mellitus Typ I und II, chronischen Wunden sowie (Verdacht auf) Demenz oder Hypertonus wird durch die epidemiologischen und medizintechnologischen Veränderungen immer notwendiger (Sachverständigenrat zur Begutachtung der Entwicklung im Gesundheitswesen 2009: 150).

Vorbilder für erweiterte Kompetenzen von hoch qualifizierten Pflegekräften finden sich in skandinavischen Ländern, in den USA, Großbritannien und den Niederlanden. Für das deutsche Versorgungssystem ist vor allem die Aus- und Weiterbildung von *nurse practitioners* und *district nurses* interessant. Weitere Beispiele zu zusätzlichen Arbeitsfeldern von Pflegekräften werden im Zusammenhang mit der Akademisierungsdiskussion in Kapitel 9.3.3 gegeben.

9.2 Maßnahmen zur Begrenzung des professionellen Pflegekräftebedarfs

Angesichts der unter Status-quo-Bedingungen in den demografischen Projektionen stark zunehmenden Anzahl an Pflegebedürftigen (siehe Kapitel 8.2) sind zunächst Möglichkeiten einer stärkeren Prävention von Pflegebedürftigkeit auszuloten, bevor Möglichkeiten zur Gewinnung zusätzlicher Pflegekräfte erörtert werden. Eine zentrale Stellgröße ist die Stabilisierung häuslicher Pflegearrangements, da hier der Personalbedarf wesentlich geringer ist als bei der Unterbringung von Pflegebedürftigen in Heimen.

9.2.1 Prävention der Pflegebedürftigkeit

Die unter den gegebenen Bedingungen wachsende Zahl von Pflegebedürftigen erfordert eine intensive Nutzung der Präventionsmöglichkeiten. Prävention und Rehabilitation können im Idealfall Pflegebedürftigkeit vermeiden oder das Voranschreiten der Pflegebedürftigkeit hinauszögern (sog. aktivierende Pflege) (vgl. Behrens 2014: 90). Die aktivierende Pflege dient dazu, dass zu Pflegende zumindest Teile der eigenen Pflege und täglichen Aufgaben (wieder) selbst übernehmen können. Ansätze zur Prävention und Rehabilitation werden in der ambulanten Langzeitpflege mit präventiven Hausbesuchen verfolgt.

Im Zentrum der Prävention stehen Vorsorgemaßnahmen, die den altersbedingten physischen und psychischen Abbau verzögern, mildern oder verhindern sollen (vgl. Behrens 2014: 59). Dazu gehört, Fähigkeiten gezielt zu trainieren, das Auftreten von Krankheiten zu verhindern, Krankheiten frühestmöglich zu behandeln und Rückfälle zu vermeiden. Je nach individuellen und sozialen Ressourcen können gesundheitliche und funktionale Einschränkungen zu sehr unterschiedlichen Pflegebedarfen führen. Wahl und Kruse (2012) unterscheiden primäre, sekundäre und tertiäre Prävention: Primäre Prävention zielt auf die Vermeidung von (chronischen) Erkrankungen. Da die im Alter eintretende Pflegebedürftigkeit auch durch den Lebensstil beeinflusst wird, kann eine auf die soziale Lage fokussierte Gesundheitsförderung (Setting-Modell) die Pflegebedürftigkeit reduzieren. Die sekundäre Prävention, das heißt die frühzeitige Erkennung von Pflegebedürftigkeit, besteht vor allem aus präventiven Hausbesuchen. Die tertiäre Prävention sichert den Erhalt von Alltagskompetenz bei bestehender Multimorbidität und Pflegebedürftigkeit.

Der Medizinische Dienst der Krankenkassen (MDK) hat bei der Einschätzung der Pflegebedürftigkeit Aussagen dazu zu treffen, ob und welche geeigneten und zumutbaren Maßnahmen der Prävention und Rehabilitation im Einzelfall geboten sind (§ 18 Abs. 6 SGB XI). Darüber hinaus sind die Pflegekassen verpflichtet, die Versicherten und – mit deren Einwilligung – die zuständigen Rehabilitationsträger sowie den Hausarzt über die Empfehlungen des MDK zu informieren (§ 31 Abs. 3 SGB XI).

Seit mehreren Jahren werden in Deutschland präventive Hausbesuche im Rahmen von Modellprojekten und Versorgungsverträgen erprobt (vgl. IGES-Institut 2013). Im Rahmen des Pflegeweiterentwicklungsgesetzes aus dem Jahr 2008 wurde durch die Einführung einer individuellen Pflegeberatung ein Anspruch auf Fallmanagement für Pflegebedürftige im Sinne des § 7a SGB XI gesetzlich verankert. Die Organisation des Fallmanagements unterscheidet sich in Abhängigkeit von der Region und der beratenden Institution. Die Beratung erfolgt in den Geschäftsstellen der Pflegekassen, den Beratungsstellen der Wohlfahrtsverbände oder in Pflegestützpunkten. Neben einer telefonischen Beratung ist auch eine aufsuchende Beratung in der häuslichen Umgebung möglich.

Eine stärkere Einbeziehung von älteren Personen über 65 Jahren in medizinische Rehabilitationsmaßnahmen könnte den stationären Pflegebedarf signifikant senken. Nach Prognos (2012: 44) ist bei einer Steigerung des Anteils von 3,9 Prozent (2009) auf 5 Prozent im Jahr 2030 davon auszugehen, dass hierdurch gegenüber dem Status quo bis 2030 rund 30.000 Vollzeitäquivalente an Pflegekräften weniger benötigt werden.

9.2.2 Stabilisierung des häuslichen Versorgungsarrangements

Eng im Zusammenhang mit der Prävention steht die Aufrechterhaltung der häuslichen Versorgung von Pflegebedürftigen. Aus arbeitsmarktpolitischer Sicht ist für die meisten Sachverständigen von zentraler Bedeutung, einen möglichen Heimtrend beziehungsweise eine sogenannte Hospitalisierung zu verhindern, um hier den Bedarf an professionellen Pflegekräften zu begrenzen. In der Brandenburger Fachkräftestudie Pflege heißt es dazu: „Nach wie vor ist die eigene Wohnung der zentrale Ort der Pflege und das mit zunehmender Tendenz. Die häusliche Pflege entspricht nicht nur den Wünschen der Menschen, ihr kommt auch eine große Bedeutung bei der Vermeidung von Pflegebedürftigkeit und -bedarf zu." (Behrens 2014: 94).

Bei der Entscheidung, ob zu Hause gepflegt werden kann, spielen vor allem die Pflegestützpunkte und die Gestaltung des Wohnumfelds eine Rolle. Die Anpassung des Wohnraums an die Bedürfnisse der Pflegebedürftigen geschieht noch nicht in ausreichendem Maße, da sie in Deutschland stark von der Initiative der älteren Menschen und ihrer Angehörigen bestimmt wird (vgl. Behrens 2014: 89). Das Funktionieren der häuslichen Pflege hängt zudem von der sozialen Umgebung, Konzepten des betreuten Wohnens sowie der Pflegebereitschaft der Familien beziehungsweise des privaten Netzwerks ab.

Bei der Herstellung des Wohlfahrtsmix aus sozialstaatlicher Fürsorge, bürgerschaftlichem Engagement und privater Unterstützung auf regionaler Ebene (siehe Kapitel 9.1.2) können Pflegedienstleister im Auftrag der Kommunen die Koordination der ergänzenden Leistungserbringung im Zusammenspiel mit anderen Akteuren übernehmen. Auch Angehörige können Einfluss auf die Kommunikation der Partner und die Planung der pflegerischen Versorgung nehmen. Ein gelingender Wohlfahrtsmix für die Pflegebedürftigen und eine fachlich gesicherte Pflege bedingen sich gegenseitig. Eine entsprechend professionelle Infrastruktur wirkt sich laut der Studie von Behrens (2014: 98) positiv auf die Lebensqualität der Unterstützungsbedürftigen und deren Familie aus.

Zentrale Voraussetzung für eine nachhaltige häusliche Pflege ist, dass die Pflegepersonen nicht über ihre Belastungsgrenzen hinausgehen, ehe sie Hilfe in Anspruch nehmen. Mit der Überforderung der Familie wachsen auch allgemeine Pflegedefizite. Gleichzeitig kommt es häufig zu einer unzureichenden Nutzung von Betreuungs- und Pflegeangeboten. Darin liegt nicht nur eine sozialpolitische, sondern auch eine familienpolitische Herausforderung (vgl. Behrens 2014: 98). Spezifische Unterstützungsangebote, zum Beispiel für pflegende Angehörige von demenzkranken Personen, haben positive Effekte auf subjektives Wohlbefinden sowie auf Fähigkeiten im Umgang mit den zu pflegenden Personen. Case- und Caremanagement, Trainingsprogramme sowie psychotherapeutische Angebote können zum besseren Gelingen häuslicher Pflege beitragen. Insgesamt sind nach Behrens (2014: 85) psychoedukative Gruppenangebote mit aktiver Beteiligung pflegender Angehöriger wirkungsvoller als die alleinige Informationsweitergabe. In Deutschland besteht nach dieser Studie erheblicher Nachholbedarf im Zusammenwirken familialer und professioneller Pflege.

Heintze (2015: 6) kritisiert, dass das deutsche Pflegesystem immer noch von seiner Grundorientierung familienbasiert sei, im Gegensatz etwa zum servicebasierten Modell in den skandinavischen Ländern. Die vorrangige Inanspruchnahme der Familie ziele darauf ab, die Kosten der Pflege gering zu halten, und sei nicht darauf ausgerichtet, eine qualitativ hochstehende und für alle zugängliche Pflegeinfrastruktur zu schaffen. Eine stärkere Einbeziehung der formellen Pflege im häuslichen Kontext würde indes den Ressourcenaufwand und den Personalbedarf noch weiter erhöhen und vor dem Hintergrund der Pfadabhängigkeit sozialpolitischer Entscheidungen in Deutschland einen grundlegenden Wechsel hervorrufen, der in den nächsten Jahren kaum realisierbar erscheint.

9.2.3 Weitere technologische und organisatorische Maßnahmen

Weitere Maßnahmen zur Begrenzung des Arbeitskräftebedarfs setzen bei organisatorischen Verbesserungen in der Versorgung und der Erleichterung von Arbeitsabläufen in der Pflege an. Zentrale Ansatzpunkte sind der Einsatz von technischen Hilfssystemen und die Optimierung des Pflegeprozesses. Mit den sogenannten *resident assessment instruments* (RAI) sollen durch eine systematische Pflegebedarfserfassung die Pflegeleistungen optimiert und die Pflegeergebnisse sowie die Pflegeprozessdokumentation verbessert werden. Konzepte des *ambient assisted living* (AAL) sind auf Produkte und Dienstleistungen gerichtet, die die Lebensqualität von Pflegebedürftigen erhöhen. AAL-Systeme ermöglichen es unter anderem, Pflegebedürftige zu Hause zu überwachen und sie beispielsweise an die Einnahme von Medikamenten zu erinnern (vgl. Prognos 2012: 44).

Beim Verhältnis von Pflegekräften zu Pflegebedürftigen können technische Hilfen fehlende personelle Kapazitäten teilweise kompensieren. Mittel zur Entlastung der Pflegekräfte sind die Erleichterung von Arbeitsabläufen und sektorenübergreifende medizinisch-pflegerische Prozessverbesserungen. Einerseits könnten der Einsatz von medizinisch-technischen Hilfsmitteln (assistierende Technologien und Haustechniken) und die sukzessive Verbreitung telemetrischer Verfahren in der Medizin (zum Beispiel zur Blutdruckmessung) den Personalaufwand reduzieren (Fachinger et al. 2014), andererseits wird an organisatorische Verbesserungen in der Versorgung gedacht. Diese reichen von betreuten Wohngemeinschaften, die durch ambulante Pflegedienste effizienter versorgt werden können, bis hin zu einem Verbundsystem, das Versorgungs- und Betreuungsaufgaben in der kommunalen Pflegeversorgung aufeinander abstimmt.

In einer Studie vom Verein Deutscher Ingenieure (VdI) und dem IEGUS-Institut (2013) wurden technische Assistenzsysteme identifiziert, die die häusliche Versorgung von Pflegebedürftigen verbessern und sich für eine Übernahme in den Leistungskatalog der sozialen Pflegeversicherung eignen. Pflegebedürftige, ihre Angehörigen sowie professionell Pflegende wurden hinsichtlich der Anwendung solcher technischer Assistenzsysteme befragt. Technische Hilfsmittel, insbesondere auf Basis von Informations- und Kommunikationstechnologien (IKT), sowie weitere elektronische Hilfsmittel (nicht IKT-basiert) unterstützen Pflegebedürftige mit verschiedenen Pflegestufen (einschließlich „Pflegestufe 0") im häuslichen Umfeld. In der Studie wurden diese im Hinblick auf ihre Funktionalität im Pflegeprozess sowohl von Pflegebedürftigen (Gewichtung 50 Prozent) als auch den Angehörigen und Pflegekräften (Gewichtung jeweils 25 Prozent) bewertet.

Die Nutzenbewertung erfasste verschiedene Dimensionen der Pflege, die von der Verbesserung der Selbstversorgung beziehungsweise regelmäßiger Alltagsverrichtungen bis hin zur Teilhabesicherung und sozialen Kontakten reicht. Im Einzelnen wurden unter anderem innerhäusliche Mobilität, Kognition und Verhalten, der Umgang mit krankheits- und/oder behandlungsbedingten Anforderungen sowie die Unterstützung bei körperlichen und psychisch-kognitiven Beeinträchtigungen bewertet. Dabei wurden auch die Anforderungen aus dem neuen Pflegebedürftigkeitsbegriff einbezogen. Insgesamt zeigte sich, dass sich Investitionen in technische Assistenzsysteme lohnen, nicht zuletzt, weil diese ein längeres selbstständiges Verbleiben im eigenen Zuhause ermöglichen können (VdI & IEGUS-Institut 2013: 7).

Künftig werden die Möglichkeiten von Telemedizin, Telenursing und Telediagnostik zur Entlastung der Beschäftigten in Gesundheits- und Pflegeberufen zunehmen. Schließlich bestehen Potenziale darin, die organisatorischen Prozesse der Pflege in einer ganzheitlich angelegten Betrachtung zu verbessern und damit auch den Gesamtaufwand an Personal in Grenzen zu halten. Die Zukunft der Pflege liegt nach Görres (2010) in einer Abkehr von der unkoordinierten Erbringung von pflegerischen

Leistungen zugunsten von sogenannten Cluster-Lösungen in der Pflegeversorgung, die den sogenannten *point of care* optimieren, was so viel bedeutet, wie: die richtige Pflege am richtigen Ort zur richtigen Zeit. Solche Ansätze können unter anderem Optimierung der eingesetzten Ressourcen, effiziente Steuerung der verschiedenen Leistungen und Synergieeffekte zwischen verschiedenen Bereichen realisieren.

Nachdem die Möglichkeiten der Prävention von Pflegebedürftigkeit, der Stabilisierung häuslicher Pflegeversorgung und der damit einhergehenden Begrenzung des professionellen Kräftebedarfs skizziert wurden, werden in Kapitel 9.3 die Reformoptionen in der Ausbildung von Pflegekräften erörtert.

9.3 Gewinnung von Pflegekräften

Zentrale Aufgabe der Pflegepolitik ist die Gewährleistung einer ausreichenden Zahl von Pflegekräften auf den verschiedenen Qualifikationsstufen. Dabei ist die mittlere Qualifikationsebene der Fachkräfte mit einer dreijährigen Ausbildung von besonderer Bedeutung. Nach intensiven Verhandlungen in der Regierungskoalition über die vereinheitliche Ausbildung in der Gesundheits- und Krankenpflege, der Gesundheits- und Kinderkrankenpflege sowie der Altenpflege wird ab 2019 als Kompromiss die generalistische Ausbildung lediglich in der Gesundheits- und Krankenpflege aufgenommen. Im Gegensatz zu anderen Ländern sind in Deutschland kaum akademisch ausgebildete Arbeitskräfte in der direkten Versorgung Pflegebedürftiger tätig. Eine Akademisierung der Pflege, die bereits seit den 1990er-Jahren gefordert wird, steht ebenfalls auf der Agenda einer Reform der Pflegeberufe. Schließlich soll die Zusammensetzung des Pflegepersonals verschiedener Ausbildungsstufen – der Qualifikationsmix in der Pflege – erörtert werden. Hierzu gehören unter anderem eine reformierte Ausbildung im Helferbereich und das Zusammenspiel verschiedener Qualifikationsstufen bis hin zu akademisch Ausgebildeten.

9.3.1 Ausbildung von Pflegekräften der mittleren Qualifikationsebene

Wie in Kapitel 2 beschrieben, war die Ausbildung von Altenpflegekräften in den einzelnen Bundesländern unterschiedlich geregelt, mit der Folge, dass sie noch bis in die 1990er-Jahre in hohem Maße fragmentiert und intransparent war (Meifort 1997). Ursache war die Sonderstellung der Gesundheitsfachberufe im System der beruflichen Bildung, denn diese gehörten weder dem dualen System noch in allen Bundesländern einheitlich dem Schulberufssystem an. Erst seit dem Jahr 2003 ist die Ausbildung zum/zur examinierten Altenpfleger/-in bundesweit einheitlich geregelt (siehe Kapitel 2.3.3). Im Anschluss an die abgeschlossene Ausbildung kann in einem Gesundheitsfachberuf in der Pflege eine große Zahl an Weiterbildungen absolviert werden. Hierzu gehören zum Beispiel Fachweiterbildungen zur Spezialisierung in verschiede-

nen klinischen Bereichen (etwa in der Anästhesie- und Intensivpflege oder zum Fach-
pfleger für Gerontopsychiatrie), die auf Länderebene geordnet werden. Zudem gibt
es nicht regulierte Fortbildungen von zahlreichen Bildungsanbietern unterschiedlicher Trägerschaft zu diversen Inhalten, welche die Kritik an der Unübersichtlichkeit
und dem „Berufebasteln" bei den nicht medizinischen Gesundheitsberufen hervorruft
(vgl. Hilbert et al. 2014: 45).

Angesichts des gesellschaftlich hohen Stellenwerts der Altenpflege sowie der
sich abzeichnenden Verknappung von Fachkräften sind die Einrichtungen gefordert,
vermehrt auszubilden. Diesem Ziel diente eine Ausbildungs- und Qualifizierungsoffensive Altenpflege vom Dezember 2012, an der 30 Institutionen (unter anderem
Ministerien, Bundesagentur für Arbeit, Wohlfahrtsverbände, Verbände der privaten
Einrichtungsträger, Berufsverbände der Altenpflege, Kostenträger, Bundesvereinigung der kommunalen Spitzenverbände, Gewerkschaften) beteiligt waren. Unter
anderem wurde vereinbart:

- die stufenweise Steigerung der Ausbildungszahlen um jährlich zehn Prozent bis
  2015,
- die Wiedereinführung der dreijährigen Umschulungsförderung durch die Bundesagentur für Arbeit während der Laufzeit der Offensive bei gleichzeitiger Stärkung der Möglichkeit zur Ausbildungsverkürzung,
- die Nachqualifizierung von bis zu 4000 Pflegehelfer(inne)n zur Altenpflegefach-
  kraft (Bundesministerium für Familien, Senioren, Frauen und Jugend 2016: 1).

Das Ziel einer zehnprozentigen Erhöhung der Ausbildungszahlen wurde im Ausbildungsjahr 2012/2013 gegenüber dem vereinbarten Referenz-Schuljahr 2010/2011 nicht
erreicht. Dabei ist zu berücksichtigen, dass die Zahl der Eintritte im Ausbildungsjahr 2011/2012 gesunken war. Dagegen entsprechen die bundesweit 26.740 Eintritte
in eine (verkürzte) Altenpflegeausbildung im Schuljahr 2013/2014 einer Steigerung
um 14 Prozent (vgl. Bundesministerium für Familien, Senioren, Frauen und Jugend
2016). Im Ausbildungsjahr 2014/2015 wurde allerdings nach Angaben des Berufs-
bildungsberichts keine weitere Steigerung in der Altenpflegeausbildung erzielt (vgl.
Bundesministerium für Bildung und Forschung 2016: 105).

Grundsätzlich ist die bisherige uneinheitliche Finanzierung der beruflichen
Bildung in den Pflegeberufen ein Hemmnis für eine höhere Ausbildungsleistung der
Einrichtungen. Während die Ausbildung im Bereich der Gesundheits- und Kinderkrankenpflege überwiegend aus Mitteln der Krankenversicherungen finanziert wird,
tragen im Bereich der Altenhilfe teilweise die ausbildenden Pflegeeinrichtungen oder
die Auszubildenden die Kosten (siehe Kapitel 5.4.2). Bei Weiter- und Fortbildungen
engagieren sich oft auch die Arbeitgeber und übernehmen die Qualifizierungskosten
teilweise oder ganz.

Im wachsenden ambulanten Bereich fehlt bisher ein tragfähiges Konzept für die
Finanzierung von Ausbildungskosten. Eine Möglichkeit der gerechteren Verteilung
der Ausbildungskosten ist die Umlagefinanzierung. Bei der Umlagefinanzierung zah-

len alle Einrichtungen, unabhängig von ihrem Ausbildungsengagement, in einen Fonds ein. Die Zahlungen werden somit auf alle Pflegeeinrichtungen verteilt. § 25 Abs. 1 des Altenpflegegesetzes erlaubt die Einführung einer solchen Umlage, wenn „ein Ausgleichsverfahren erforderlich ist, um einen Mangel an Ausbildungsplätzen zu verhindern oder zu beseitigen".

Bundesgesundheitsministerium und Bundesfamilienministerium haben im Vorfeld der Beratungen zum Pflegeberufereformgesetz eine Untersuchung in Auftrag gegeben, welche die Ausbildungskosten der verschiedenen Pflegeausbildungen berechnet und den Mehraufwand der generalisierten Pflegeausbildung beziffert (vgl. WIAD & Prognos 2013). Ergebnis dieser Studie ist zum einen, dass sich die derzeitigen Gesamtkosten der Krankenpflegeausbildung, die vollständig durch die Krankenversicherungen getragen werden, auf 1356 Mio. Euro belaufen. Davon entfallen 409 Mio. Euro auf die Schulkosten, 252 Mio. Euro auf die Kosten der Praxisanleitung und 695 Mio. Euro auf die Mehrkosten der Ausbildungsvergütung. Dies entspricht bei 74.126 Auszubildenden im Jahr 2013 einem Betrag von 18.287 Euro pro Kopf. Zum anderen wurden in der Altenpflege Gesamtkosten von 1059 Mio. Euro ermittelt, die sich auf 258 Mio. Euro für die Schulkosten, 209 Mio. Euro für die Praxisanleitung sowie 592 Mio. Euro für die Mehrkosten der Ausbildungsvergütung verteilen. Die Schulkosten in der Altenpflege setzen sich zusammen aus einem von den Bundesländern finanzierten Anteil von 212 Mio. Euro und aus Förderbeträgen der Agenturen für Arbeit beziehungsweise der Jobcenter für Auszubildende in Umschulung, die mit jährlich 46 Mio. Euro beziffert werden. Dies entspricht bei 61.422 Auszubildenden einem Betrag von 17.236 Euro pro Kopf. Die Gesamtkosten der getrennten Pflegeausbildungen umfassen somit 2414 Mio. Euro. Die Gesamtkosten einer künftigen, vereinheitlichten Pflegeausbildung liegen nach den Berechnungen der beiden Forschungseinrichtungen bei 2720 Mio. Euro. Das wären 305 Mio. Euro mehr als derzeit. Die künftigen Schulkosten werden mit 769 Mio. Euro veranschlagt. Die Kosten der Praxisanleitung summieren sich auf 610 Mio. Euro. Die Ausbildungsvergütung bildet auch im Falle der generalistischen Pflegeausbildung den größten Kostenblock. Bei einer unterstellten Angleichung der bisherigen Vergütungsniveaus belaufen sich die Gesamtkosten in der neuen Pflegeausbildung auf rund 1,3 Mrd. Euro. Insgesamt ergeben sich für die künftige Ausbildung nach dieser Studie jährliche Kosten von 20.064 Euro für jeden Auszubildenden. Diese Berechnungen basieren auf dem Stand von 2013. Da die Kosten der neuen Ausbildung bei vollständiger Umsetzung der neuen Ausbildungsordnung aber erst Mitte des nächsten Jahrzehnts entstehen, ist mit deutlichen Kostensteigerungen zu rechnen.

Die Finanzierung der Ausbildungskosten wird im Pflegeberufereformgesetz neu geregelt. Die Ausbildungskosten sollen künftig einheitlich durch einen jeweils auf Landesebene eingerichteten und verwalteten Ausgleichsfonds finanziert werden, in den Krankenhäuser, Pflegeeinrichtungen und -dienste, Länder und die soziale Pflegeversicherung einzahlen.

Neben den Finanzierungsaspekten der Ausbildung werden Maßnahmen diskutiert, die dazu dienen, die Qualität der Ausbildung in den Pflegeeinrichtungen zu verbessern. Für den Transfer von theoretischen Erkenntnissen in die praktische Pflegeausbildung sind berufspädagogisch qualifizierte Pflegekräfte, die Praxisanleiter/-innen, verantwortlich. „In der betrieblichen Ausbildung sind die berufspädagogische Weiterbildung der Praxisanleiterinnen und Praxisanleiter und ihre Freistellung für die Anleitung der Altenpflegeauszubildenden sicher zu stellen. Außerdem ist die Anzahl der ausgebildeten Praxisanleiterinnen und Praxisanleiter der zunehmenden Anzahl von Auszubildenden in der Altenpflege anzupassen." (Berliner Bündnis für Altenpflege 2015: 18).

Ausbildungsverbünde ermöglichen es insbesondere Auszubildenden in kleinen Einrichtungen, ihre Kenntnisse zu vertiefen. Durch Kooperation von mehreren Einrichtungen mit den Altenpflegeschulen erlangen auch die Auszubildenden in Einrichtungen, die nicht alle Ausbildungsinhalte abdecken, ein höheres Ausbildungsniveau. Denkbar ist auch, dass sich mehrere kleine ambulante Dienste eine Praxisanleitung teilen (Berliner Bündnis für Altenpflege 2015: 30).

Ferner werden zur Erschließung zusätzlicher Ausbildungspotenziale organisatorische Verbesserungen in der Teilzeitausbildung vorgeschlagen. Auszubildende mit Betreuungspflichten sind darauf angewiesen, dass Altenpflegeschulen und Pflegeeinrichtungen, wie im Rahmen des Berliner Bündnisses für Altenpflege, miteinander kooperieren. „Bei Bedarf wurden die Arbeitszeiten für junge Mütter und Väter an Öffnungszeiten der Kindertageseinrichtungen angepasst; Unterricht wurde vermehrt in Blockform erteilt und zwischen Altenpflegeschulen und Einrichtungen wurden feste Kommunikationsstrukturen vereinbart" (Berliner Bündnis für Altenpflege 2015: 31).

Damit künftig ausreichend Fachkräfte zur Verfügung stehen, würden nach Prognos (2012: 12) die jährlichen Absolventenzahlen in der Krankenpflege zwischen 15.000 bis 20.000 Personen rechnerisch knapp ausreichen, um den Bestand an entsprechend qualifiziertem Personal bis 2030 zu erhalten. In der Altenpflege wären dies knapp 13.000. Aufgrund der steigenden Nachfrage nach Fachkräften in der Altenpflege müssten die Absolventenzahlen bis 2030 auf rund 27.000 Personen pro Jahr steigen, um den Fachkräfteanteil des Jahres 2009 beizubehalten.

Die Vereinheitlichung der Ausbildung in den drei Pflegeberufen wird als wichtige Maßnahme zur Gewinnung zusätzlicher Fachkräfte in der Altenpflege angesehen. Hierin wird von den Befürwortern dieser Maßnahme eine Steigerung der beruflichen Attraktivität, vor allem für den Altenpflegeberuf, erwartet. Im Rahmen der Beratungen zum Pflegeberufereformgesetz herrschte Dissens unter den Sachverständigen dahingehend, welche Folgen eine generalistische Ausbildung unter anderem auf die Ausbildungsqualität, vor allem in der Altenpflege, aber auch in der Gesundheits- und Kinderkrankenpflege, haben könnte. Die verschiedenen Argumentationslinien dieser Diskussion werden im Folgenden dargestellt.

Generalistische Ausbildung zur Pflegefachkraft in der Diskussion
Etwa seit Ende der 1980er-Jahre wird in den Pflegeberufen über eine generalistische Ausbildung, also die Zusammenführung der Gesundheits- und Krankenpflege, Gesundheits- und Kinderkrankenpflege sowie der Altenpflege, diskutiert (vgl. Hilbert et al. 2014). Begründet wird die Vereinheitlichung der Ausbildung neben den unterschiedlichen Finanzierungsformen in den einzelnen Pflegeberufen mit dem Vorbild anderer Länder, in denen eine solche Art von Ausbildung bereits seit Längerem praktiziert wird. Ferner wird argumentiert, dass die Begleitforschung positive Ergebnisse für die Zusammenführung der Pflegeausbildungen in den seit 2003 erprobten Modellvorhaben in Deutschland aufgezeigt hat (Klaes et al. 2008).

Nachdem laut Koalitionsvertrag der Bundesregierung 2013 – wie auch bereits im Vertrag von 2009 – in der achtzehnten Legislaturperiode ein einheitliches Berufsbild „Pflege" geschaffen werden sollte, wurde zu Beginn der Jahres 2016 das Pflegeberufereformgesetz, das die generalistische Ausbildung von Pflegefachkräften vorsieht, vom Bundeskabinett verabschiedet. Die Pläne der Bundesregierung sahen vor, dass zu Beginn des Jahres 2018 der erste Ausbildungsjahrgang zur/zum Pflegefachfrau/-mann beginnen sollte. Nach langwierigen politischen Verhandlungen haben sich die Koalitionsfraktionen im April 2017 auf einen Kompromiss (siehe Kapitel 9.3.2) geeinigt. Demnach wird vorerst nur in der Gesundheits- und Krankenpflege ab dem Jahr 2019 die generalistische Ausbildung eingeführt. Die Gesundheits- und Kinderkrankenpflege sowie die Altenpflege bleiben in den nächsten Jahren als spezielle Ausbildung erhalten.

Zunächst werden im Folgenden die wesentlichen Bestimmungen der generalistischen Pflegeausbildung aus dem Pflegeberufereformgesetz-Entwurf skizziert (vgl. Bundesministerium für Familie, Senioren, Frauen und Jugend 2016). Nach den Vorschriften des Gesetzentwurfs soll die einheitliche Grundausbildung mit wählbarem „Vertiefungseinsatz" in drei Jahren absolviert werden und künftig 4600 Stunden umfassen, wovon mindestens 2100 Stunden Unterricht und 2500 Stunden Praxis vorgesehen sind. Folgende pflegerische Tätigkeiten können nach Ausbildungsabschluss nach § 5 Pflegeberufsgesetz – Entwurf selbstständig erbracht werden:
- Erhebung und Feststellung des individuellen Pflegebedarfs und Planung der Pflege
- Organisation, Gestaltung und Steuerung des Pflegeprozesses
- Durchführung der Pflege und Dokumentation der angewendeten Maßnahmen
- Analyse, Evaluation, Sicherung und Entwicklung der Pflegequalität
- Beratung, Anleitung und Unterstützung von zu pflegenden Menschen bei der individuellen Auseinandersetzung mit Gesundheit und Krankheit sowie bei der Erhaltung und Stärkung der eigenständigen Lebensführung und Alltagskompetenz unter Einbeziehung ihrer sozialen Bezugspersonen
- Erhaltung, Wiederherstellung, Förderung, Aktivierung und Stabilisierung der individuellen Fähigkeiten der zu pflegenden Menschen im Rahmen von Rehabilitationskonzepten

– Einleitung lebenserhaltender Sofortmaßnahmen bis zum Eintreffen eines Arztes
– Einleitung, Beratung und Unterstützung von anderen Berufsgruppen und Ehrenamtlichen in den jeweiligen Pflegekontexten sowie Mitwirkung an der praktischen Ausbildung von Angehörigen von Gesundheitsberufen.

Darüber hinaus ist vorgesehen, dass die Pflegefachkräfte ärztlich angeordnete Maßnahmen eigenständig durchführen, insbesondere medizinische Maßnahmen der Diagnostik, Therapie und Rehabilitation. Ferner sollen die Pflegekräfte befähigt werden, bereichsübergreifende Lösungen bei Krankheitsbefunden und Pflegebedürftigkeit zu finden und teamorientiert umzusetzen.

Als schulische Voraussetzung ist der mittlere Schulabschluss oder eine Berufsausbildung von zwei Jahren vorgesehen. Die EU-Richtlinie 2005/36/EG über die Anerkennung von Berufsqualifikationen verlangt dagegen eine zwölfjährige Schulausbildung für die Pflege- und Hebammenausbildung. Die Zugangsvoraussetzung von zehn Jahren allgemeiner Schulbildung für die Ausbildung gilt in Deutschland zunächst für fünf Jahre.

Die Reform der Pflegeausbildung wird kontrovers diskutiert. Während die Befürworter der generalisierten Pflegeausbildung mit der höheren beruflichen Flexibilität und damit einhergehender gesteigerter Attraktivität für diese Lösung werben, sehen andere die Gefahr, dass die spezifischen altenpflegerische Kenntnisse und Fähigkeiten verloren gehen und die Fachkräftesituation in der Altenpflege nicht verbessert wird.

Das breitere Berufsfeld für die Pflegekräfte der Zukunft führt nach Ansicht der Fürsprecher dazu, dass die neu Ausgebildeten flexibler und schneller auf die sich verändernden Rahmenbedingungen im Gesundheitswesen reagieren können und damit befähigt werden, grundsätzlich in allen pflegerelevanten Arbeitsfeldern tätig zu werden. Aufgrund zahlreicher im Gesetz festgeschriebener selbstständiger Kompetenzen wird die Professionalisierung der Pflege vorangetrieben. Zudem legt der Gesetzentwurf den Schwerpunkt auf die Erlangung pflegerischer Kompetenzen, die fachlich angemessener sei als eine Differenzierung der Qualifikation nach dem Alter der Pflegebedürftigen.

> Fachübergreifend ausgebildete Pflegekräfte werden für die Versorgung akut und chronisch kranker Menschen jeder Altersstufe und auch für die Pflege von multimorbiden, psychisch kranken oder demenzkranken Menschen besser qualifiziert sein. Sie sind vielseitiger ausgebildet und vielseitiger einsetzbar: in ambulanten Pflegediensten, Pflegeheimen, Tages- und Nachtpflegeeinrichtungen, Krankenhäusern, Hospizen, aber auch in alternativen Wohnformen. Heute noch notwendige Anerkennungen und Qualifizierungen entfallen. Das Gesetz ist damit auch ein Beitrag zur Verwaltungsvereinfachung. Entscheidend ist, dass der Beruf für Schulabgängerinnen und -abgänger attraktiver wird, weil die Absolventen flexibler einsetzbar sind. (Ministerin Rundt, Niedersachsen im Bundesrat 2016: 84).

Auch Karl-Josef Laumann (CDU), Staatssekretär im Bundesministerium für Gesundheit und Bevollmächtigter der Bundesregierung für die Pflege betont die Vorzüge des einheitlichen Berufsbilds „Pflege":

Eine Reform der Ausbildung in den Pflegeberufen im Sinne der Generalistik wäre ein echter Fortschritt und ein wichtiger Beitrag, um die Berufe attraktiver zu machen. Die kategorische Trennung der Ausbildung in Alten-, Kranken- und Kinderkrankenpflege entspricht nicht mehr den Bedürfnissen unserer Zeit: nicht den Bedürfnissen der Arbeitnehmer, nicht den Bedürfnissen der Arbeitgeber und auch nicht den Bedürfnissen der Pflegebedürftigen und ihrer Angehörigen.

Ein einheitliches Berufsbild Pfleger mit einer gemeinsamen Grundausbildung und einer darauf aufbauenden Spezialisierung bietet große Chancen. Arbeitnehmer könnten ihre persönlichen Berufsaussichten verbessern, Arbeitgeber könnten flexibler auf die Bedürfnisse der Gesellschaft reagieren und Pflegebedürftige könnten sich auch weiterhin auf eine qualitativ hochwertige Versorgung verlassen. Denn eins ist klar: Gute Pflege braucht qualifiziertes und motiviertes Personal. (Heilberufe 2014: 50)

Vonseiten der Wissenschaft argumentiert Prof. Dr. phil. Margarete Reinhart von der Theologischen Hochschule Friedensau:

In einer generalistischen Berufsausbildung geht es keineswegs darum, die Inhalte der bisher drei getrennten Berufsausbildungen additiv zu lehren, das wäre weder möglich noch sinnvoll. Vielmehr ist ein gänzlich neuer adäquater Ausbildungsansatz zu realisieren. Dass das möglich und erfolgreich ist, weisen Modellvorhaben schon seit vielen Jahren nach. In der Mehrzahl aller europäischen Länder wird seit Jahrzehnten die Pflege generalistisch ausgebildet und nachfolgend spezialisiert; wir brauchen also in keiner Weise das Rad neu zu erfinden. Wird die Pflegebildung in Deutschland nicht bald in ein schlüssiges Gesamtkonzept generalisierter Grundbildung mit nachfolgender Spezialisierung überführt, wird die heute beobachtbare Aufsplitterung des Pflegeberufs in eine Unzahl von Teilqualifikationen und Teilberufen zu einem letztlich nicht mehr steuerbaren Qualitätsrisiko in der Versorgung der Bürger. (Heilberufe 2014: 51)

Die Einführung eines einheitlichen Pflegeberufs wird von Verbänden und Sachverständigen nicht einhellig begrüßt. Dies wurde in einer Anhörung im Bundestagsausschuss für Gesundheit am 30. Mai 2016 deutlich (vgl. Deutscher Bundestag 2016a). Während zum Beispiel Prof. Weidner (2016) vom Deutschen Institut für Pflegeforschung eine generalisierte Ausbildung sowie gesetzlich festgelegte Aufgaben des künftigen Pflegeberufs als Schritte zur weiteren Professionalisierung der Pflege bewertet, kritisiert Gerd Dielmann als Sachverständiger für Berufsbildung der Gesundheitsberufe die fehlende Berufsfeldanalyse. Diese hätte vor der beruflichen Neuordnung erfolgen müssen. Dadurch „fehlen belastbare Daten, in welchen Kompetenzbereichen die derzeitigen Ausbildungen nach dem Altenpflegegesetz und dem Krankenpflegegesetz den Anforderungen nicht mehr oder teilweise nicht mehr entsprechen" (vgl. Dielmann 2016: 3).

Grundsätzlich wird eingewendet, dass Pflegegeneralisten in einer Ausbildungszeit von drei Jahren nicht die gleichen theoretischen und praktischen Kenntnisse erwerben können, die bisher in den einzelnen Pflegeberufen vermittelt wurden. Damit droht mit der generalistischen Ausbildung ein Verlust an Fachkompetenz in allen drei Pflegebereichen, besonders aber in der Kinder- und Altenpflege, die durch zusätzliche Weiterbildung im Anschluss an die Ausbildung kompensiert werden muss und dadurch die Ausbildungskosten erhöht.

In den Modellversuchen, die dem Gesetzentwurf zugrunde liegen, wurden vielfältige Modelle einer Zusammenführung der Pflegeausbildungen auf Grundlage der §§ 4 Abs. 6 Altenpflegegesetz und Krankenpflegegesetz mit sehr unterschiedlichem Zuschnitt erprobt und auf ihre praktische Durchführbarkeit hin untersucht. In die Studie von Stöver et al. (2009) wurden zweiundvierzig Modelle, in die vom Bundesfamilienministerium acht Modellprojekte einer reformierten Pflegeausbildung in verschiedenen Bundesländern einbezogen (Klaes et al. 2008). Die Mehrheit der untersuchten Modelle verfolgte eine „integrierte" oder „integrative" Ausbildung. Nur zehn von achtunddreißig Ausbildungen sind als „generalistisch" beschrieben worden (vgl. Dielmann 2016: 3). In der am häufigsten erprobten integrierten Ausbildung schloss sich überwiegend nach einer zweijährigen gemeinsamen Ausbildungsphase eine einjährige Spezialisierung an, bei der integrativen wurde die Ausbildung auf 3,5 Jahre verlängert. Da die Modellprojekte nach Grundausrichtung, Ausbildungsdauer sowie Anzahl der zu erlangenden Abschlüsse variieren, ist die Vergleichbarkeit der Ergebnisse nur bedingt gegeben (vgl. Hasseler 2012).

Die Evaluationsbefunde der Modellversuche, auf die sich der Reformansatz beruft, beziehen sich weitgehend auf die pädagogische Umsetzung des veränderten Curriculums. Sie basieren auf rein deskriptiven Befragungen ohne Kontrollgruppen (vgl. zum Folgenden Hasseler 2012). Aussagen zur Wirksamkeit der generalistischen Ausbildung auf die Qualität der Pflege und die Attraktivität des Berufs lassen sich mithilfe dieser Evaluationsergebnisse nicht treffen. Aus den internationalen Erfahrungen liegt eher Evidenz dafür vor, dass Pflegeausbildungen weltweit nicht ausreichend die Inhalte der Pflege älterer Menschen berücksichtigen. Stattdessen sind spezielle Ausbildungen für die Pflege alter Menschen von Vorteil, um die Pflege und Betreuung der steigenden Zahl älterer Menschen zu verbessern.

Nach Angaben der Bundesvereinigung Deutscher Arbeitgeberverbände (2016) umfasst die fachliche Überschneidung zwischen den drei Pflegeberufen etwa 40 Prozent, was keine einheitliche Ausbildung rechtfertige. Statt der Lösung des Pflegeberufereformgesetzes wird vorgeschlagen, die drei Ausbildungsberufe beizubehalten und sie mit einer gemeinsamen Kernqualifikation auszustatten, die in etwa in 12 bis 18 Monaten der Ausbildung vermittelt werden könnte. Dies würde annähernd dem integrierten Modell einer gemeinsamen Grundausbildung mit späterer Differenzierung nach dem 2+1-Modell (alternativ 3 + 1 Jahr) entsprechen.

Um den Anforderungen der europäischen Anerkennung der deutschen Ausbildung zum/zur Altenpfleger/-in zu erfüllen, wäre als eine Möglichkeit zu erwägen, wie in Bayern, Hessen, Rheinland-Pfalz in den Modellversuchen praktiziert, beide Abschlüsse zu verleihen. Als Beispiel ist auf den in Bayern seit dem Schuljahr 2010/2011 laufenden Schulversuch Generalistische Pflegeausbildung mit beruflichem Schwerpunkt zu verweisen (Staatsinstitut für Schulqualität 2012). Zu Beginn der Ausbildung entscheiden sich demnach die Schüler/-innen für einen der Schwerpunkte Altenpflege, Gesundheits- und Krankenpflege oder Gesundheits- und Kinderkrankenpflege. Die Lernziele sind unabhängig vom gewählten Schwerpunkt für alle Auszubildenden gleich konzipiert. Je nach Ausrichtung in der Pflege werden zusätzliche Differenzierungsstunden in den Fachgebieten angeboten. Die am Schulversuch beteiligten Berufsfachschulen vergeben einen Berufsabschluss (entweder Gesundheits- und Kinderkrankenpflege oder Gesundheits- und Krankenpflege oder Altenpflege) sowie ein zusätzliches Zertifikat, das die generalistische Ausrichtung beschreibt und bestätigt (Staatsinstitut für Schulqualität 2012: 1).

Diese grundlegende Weichenstellung einer generalisierten Pflegeausbildung ist, wie gezeigt, mit Unsicherheiten vor allem im Hinblick auf die Stärkung der Altenpflege verbunden. Gesundheitsministerin Steffens aus Nordrhein-Westfalen, eine der grundsätzlichen Befürworterinnen, fordert bei der Stellungnahme im Bundesrat eine belastbare Prüfung der Umsetzungspotenziale, aber auch der Umsetzungsrisiken im Rahmen einer Risikofolgenabschätzung (vgl. Bundesrat 2016: 84). Andererseits betonen die Befürworter die im neuen Gesetz vorgesehene Stärkung der „allgemeinen Pflege" gegenüber der im öffentlichen Gesundheitswesen dominierenden Medizin, da der berufliche Status der Pflegekräfte durch die im Pflegeberufereformgesetz festgelegten „vorbehaltenen Aufgaben" im historischen Maßstab entscheidend verbessert wird (vgl. Dangel & Korporal 2016: 9 f.).

9.3.2 Generalisierte Berufsausbildung zur Pflegeassistenz

Mit Blick auf die Verhältnisse in anderen EU-Ländern und die Schaffung einer Ausbildungsoption für Personen unterhalb der Sekundarstufe I wird die Einführung von Assistenzberufen in der Pflege in einigen Bundesländern erprobt. In den Europäischen Ländern existiert eine Vielzahl von Berufsbildern mit einer Qualifizierung unterhalb der Pflegefachkraft (Helfer- oder Assistenzberufe). Die meisten der Qualifikationen werden nach einem Jahr abgeschlossen. Diese Dauer entspräche der deutschen Ausbildung zum Altenpflegehelfer.

Bei der Ausbildung zur Pflegeassistenz in Niedersachsen handelt es sich um eine neue, generalistisch ausgerichtete Berufsausbildung mit einer Dauer von zwei Jahren. Die Pflegeassistenz ermöglicht den Berufsabschluss „staatlich geprüfte/-r Pflegeassistent/-in" und den Erwerb des Abschlusses der Sekundarstufe I (Realschulabschluss). Bei entsprechenden Leistungen wird der erweiterte Sekundarabschluss I vergeben. Die Pflegeassistenz ersetzt in Niedersachsen die bisherigen einjährigen beruflichen Ausbildungen in der Krankenpflege-, Altenpflege- und Heilerziehungshilfe.

Im Land Bremen wurden in einem Modellversuch Erfahrungen mit der generalistisch angelegten Assistenzausbildung in der Pflege gemacht. Nach dem Zwischenbericht zum Schulversuch Gesundheits- und Krankenpflegehilfe (generalistische Ausrichtung) in Bremen „sind sich alle am Schulversuch beteiligten Akteure wie die Krankenhäuser, Altenpflegeeinrichtungen, Bildungsträger sowie die Ressorts Soziales und Gesundheit weitgehend einig, dass die zweijährige Ausbildung zum Gesundheits- und Krankenpflegehelfer (GA) das Regelangebot der Ausbildungen der Pflege

übernommen werden sollte" (Senatoren Bremen 2013: 9). Eine höhere Ausbildungs-
qualität von Helfer(inne)n sowie pflegerische Kompetenzen in der Altenpflege und der
Krankenpflege aufgrund der generalistischen Lehrinhalte erweitern die beruflichen
Einsatzmöglichkeiten für die Absolventen. Nach erfolgreichem Abschluss können die
Helfer/-innen eine Fachkraftausbildung in der Pflege beginnen, wobei ihnen das erste
Ausbildungsjahr angerechnet wird. Allerdings ist aus Sicht von Pflegedirektor(inn)en
aus Krankenhäusern auf die höheren Kosten für zweijährig ausgebildete Pflegekräfte
hinzuweisen, die sich nur wenig von denen der dreijährig ausgebildeten Pflegekräfte
unterscheiden dürften (vgl. Senatoren Bremen 2013).

Voraussetzung einer bundeseinheitlichen Einführung der zweijährigen Ausbildung wäre die Anerkennung der Pflegeassistenz als eigenständige Berufsausbildung
im Sinne eines Heilberufs, für die das Bundesverfassungsgericht die Gesetzgebungskompetenz des Bundes festgestellt hat (siehe Kapitel 2.3.3).

Im Zuge der Kontroverse um die künftige Ausbildung von Pflegefachkräften wurde im April 2017 von der Regierungskoalition ein Kompromissvorschlag vorgelegt, der
die generalisierte Ausbildung zur Pflegeassistenz und eine Reform der Fachkraftausbildung in der Pflege verbindet (vgl. BibliomedPflege 2017). Der Vorschlag sieht vor,
die Gesundheits- und Krankenpflege durch eine generalistische Ausbildung zu ersetzen, aber die Altenpflege und die Gesundheits- und Kinderkrankenpflege zu erhalten. In allen drei Ausbildungen solle zunächst generalistisch ausgebildet und nach
zwei Jahren eine Prüfung abgelegt werden, die zum Pflegeassistenten qualifiziert. Danach können die Auszubildenden im dritten Jahr entweder einen generalistischen Abschluss in der Gesundheits- und Krankenpflege anstreben oder sich direkt für die Al-
ten- oder Gesundheits- und Kinderkrankenpflege qualifizieren lassen. Letzteres entspricht dem Konzept der integrierten Ausbildung, wie sie im Rahmen der Modellprojekte erprobt wurde (siehe Kapitel 9.3.1). Der Kompromissvorschlag sieht zudem vor,
dass das Bundesgesundheitsministerium nach sechs Jahren überprüfen soll, welcher
Ausbildungsweg von den Auszubildenden der Alten- und Kinderkrankenpflege gewählt wurde. Wenn sich von den Auszubildenden dieser Spezialisierungen mehr als
50 Prozent für den generalistischen Abschluss entschieden haben, sollen die spezia-
lisierten Abschlüsse in der Pflege abgeschafft werden.

9.3.3 Akademisierung der Pflege: Empfehlung des Wissenschaftsrats und internationale Beispiele

Nach langer Diskussion in der Fachöffentlichkeit – so publizierte die Robert-Bosch-
Stiftung bereits 1992 die Denkschrift Pflege braucht Eliten – steht in Deutschland die
Einführung einer grundständigen Akademisierung in der Pflege bevor. Sie ist neben
der Einführung der generalistischen Pflegeausbildung die zweite grundlegende Reform in der Ausbildung professioneller Pflegekräfte durch das Pflegeberufereformgesetz in den kommenden Jahren.

Im Jahr 2012 hat der Wissenschaftsrat bei der Erörterung der hochschulischen Ausbildung in Gesundheitsfachberufen eine Höherqualifizierung der Beschäftigten in der Pflege empfohlen. Der Wissenschaftsrat (2012: 20) begründet seine Empfehlung zur verstärkten Akademisierung in der Pflege unter anderem damit, dass sich die Anforderungen im Gesundheitswesen aufgrund der demografischen und epidemiologischen Entwicklungen verändern werden. Zunehmende Multimorbidität und eine wachsende Zahl chronisch erkrankter Personen führen neben einer quantitativen Ausweitung zu einer qualitativen Veränderung der Versorgungsbedarfe. Die Komplexität des Versorgungsauftrags steige aufgrund neuer Möglichkeiten in der Diagnostik, Therapie, Prävention, Rehabilitation und Pflege. Dies habe weitreichende Konsequenzen für die zukünftigen Qualifikationserfordernisse und Qualifizierungswege in den Berufen der Gesundheitsversorgung (vgl. Wissenschaftsrat 2012: 8). Neben neuen fachlichen Qualifikationen – zum Beispiel im Zusammenhang mit der zunehmenden Technisierung der Gesundheitsversorgung – werden in allen Gesundheitsberufen übergreifende Qualifikationen benötigt. Die Komplexität habe sowohl in der Beratung als auch in der Versorgungssteuerung zugenommen.

Aus diesen Gründen sollten Pflegekräfte befähigt werden, ihr eigenes pflegerisches Handeln auf der Basis wissenschaftlicher Erkenntnisse zu reflektieren (*reflective practitioners*), die zur Verfügung stehenden Versorgungsmöglichkeiten hinsichtlich ihrer Evidenzbasierung kritisch zu prüfen und das eigene Handeln entsprechend anzupassen (Wissenschaftsrat 2012: 78). Ebenfalls an Bedeutung gewinnt die Fähigkeit der Pflegekräfte zur interprofessionellen Zusammenarbeit in multidisziplinären Teams.

Angesichts des absehbaren Versorgungsbedarfs und des Komplexitätszuwachses in den Aufgabenbereichen der Pflege- und Therapieberufe wird vom Wissenschaftsrat (2012: 85) empfohlen, zwischen 10 und 20 Prozent eines Jahrgangs in den Pflege- und Therapieberufen auf hochschulischem Niveau auszubilden. Die genannte Akademisierungsquote beruht wesentlich auf der Annahme, dass einem typischen multidisziplinären Team aus fünf bis zehn Personen eine höher qualifizierte Fachkraft angehören sollte.

Die gesamte Ausbildungskapazität der Pflegeberufe wird vom Wissenschaftsrat auf etwa 21.600 Absolvent(inn)en pro Jahr geschätzt. Um eine Akademisierungsquote von 10 bis 20 Prozent zu erreichen, seien dementsprechend – unter der Annahme einer Studienabbruchquote von rund 20 Prozent – zwischen 2700 und 5400 Studienplätze in grundständigen Studiengängen der patientenorientierten Pflegewissenschaft erforderlich. Somit würden zwischen 2100 und 4800 neue Studienplätze benötigt.

Mittelfristig sollen nach Ansicht des Wissenschaftsrats zusätzlich zu den grundständigen Studienangeboten auch Masterstudiengänge für entsprechend qualifizierte Bewerber/-innen eingerichtet werden. Dies setzt den erfolgreichen Aufbau der zuvor genannten Bachelorstudiengänge voraus, der aktuell als gesichert angesehen werden kann (vgl. Tabelle 5.12).

Im Bereich der Pflegewissenschaft sollen Masterstudiengänge insbesondere mit Blick auf die Ausbildung von klinischen Pflegeexperten (*clinical nurse specialists*) sowie die Qualifizierung von Pflegeexperten für die Primärversorgung und die gemeindenahe beziehungsweise häusliche Versorgung, etwa in Programmen für *nurse practitioners* oder Gemeindeschwestern (*community care nurses*), eingerichtet werden. Alle Masterstudiengänge sollten außerdem die Promotion ermöglichen.

Als Vorbild dienen Beispiele aus anderen entwickelten Ländern, in denen besonders qualifizierte, nicht ärztliche Fachkräfte, überwiegend Pflegefachpersonen mit einer abgeschlossenen Weiterqualifizierung, erweiterte Handlungskompetenzen in ärztlichen Aufgaben, Versorgungskoordination sowie Pflege erhalten. Verhältnismäßig lange Tradition in der Zusammenarbeit von medizinischen und nicht medizinischen Gesundheitsberufen haben unter anderem die USA, Großbritannien und die Niederlande, in jüngerer Zeit auch die Schweiz (de Geest et al. 2008; Mühlherr 2013). Dabei wird zwischen zwei unterschiedlichen Ausrichtungen der Berufe unterschieden. Zum einen führen *physician assistants* (PA) ihre Aufgaben überwiegend unter Aufsicht eines Mediziners als „kleine Ärzte" aus. Zum anderen arbeiten *nurse practitioners* (NP) beziehungsweise *advanced practice nurses* (APN) weitgehend eigenständig und übernehmen auch Aufgaben von Ärzten. Die Angehörigen dieser Berufe sind jedoch vorrangig Pflegespezialisten mit erweiterter Pflegekompetenz.

Bereits im Jahr 1967 wurden *physician assistants* in den USA eingeführt, um Tätigkeiten von Ärzten zu übernehmen (Baier & Struckmann 2014: 10). Diese Berufsgruppe erhält in den USA während einer Bachelorausbildung eine umfassende medizinische Ausbildung, meist mit einem Fokus auf Primärmedizin, und hat anschließend die Möglichkeit, unter Aufsicht eines Arztes zu praktizieren.

Die *nurse practicioners* (NPs) sind in den angelsächsischen Ländern im *advanced nursing practice* (ANP) oder als *advanced practice nurse* (APN) tätig und praktizieren eine erweiterte und vertiefte Pflege. Eine APN ist eine Pflegefachperson, die sich Expertenwissen, Fähigkeiten zur Entscheidungsfindung bei komplexen Sachverhalten und klinische Kompetenzen für eine erweiterte pflegerische Praxis angeeignet hat (vgl. DBFK 2013: 2).

In den USA wurden bereits in den 1970er-Jahren Pflegekräfte, vor allem in ländlichen Gebieten, durch eine medizinische Weiterbildung zu NPs ausgebildet, um die Primärversorgung der Bevölkerung in ländlichen Regionen zu verbessern (vgl. Baier & Struckmann 2014: 22). Aufgrund des medizinischen Fachwissens und damit der Fähigkeit zur Diagnosebegründung arbeiten die NPs autonom in Krankenhäusern, Arztpraxen sowie als Lehrpersonal an Universitäten. In Großbritannien erwerben NPs einen akademischen Abschluss (Bachelor, Master oder Promotion). Sie verfügen ebenfalls über Behandlungsautonomie und Fähigkeiten, medizinische Aufgaben durchzuführen. Dazu gehört auch das Recht, über Aufnahme, Entlassung und Überweisung von Patienten zu entscheiden (Baier & Struckmann 2014: 12). Zu ihrem Aufgabenbereich gehören unter anderem die Anamnese, die körperliche Untersuchung von Patient(inn)en und die Diagnosestellung sowie das Erstellen von Pflegeplänen, beratende

Tätigkeiten, die Gesundheitsedukation von Patient(inn)en und das *disease management*. Die NPs können ferner Überweisungen zu anderen Einrichtungen der Gesundheitsversorgung vornehmen.

In Deutschland besteht Nachholbedarf im Bereich der Pflegewissenschaft und -forschung (vgl. Dielmann 2016: 7). Insbesondere fehlt es an pflegewissenschaftlichen Studiengängen und Lehrstühlen an Universitäten. Im Entwurf des Pflegeberufereformgesetzes wird in § 9 Abs. 1 vorgeschrieben, dass Lehrkräfte an Pflegeschulen über einen Masterabschluss verfügen müssen, wodurch Impulse für eine Ausweitung entsprechender Studienangebote gegeben werden. Obwohl seit rund zwei Jahrzehnten zahlreiche Absolventen die Hochschulen verlassen haben, deuten die Befunde der Beschäftigungsstatistik darauf hin, dass akademische ausgebildete Pflegepersonen, die in der Regel vor ihrem Studium als Pflegekräfte gearbeitet haben, nennenswert weiterhin auf dem Niveau einer Fachkraft beschäftigt werden (siehe Kapitel 5.1.3). Eine nicht genau zu beziffernde Zahl von Pflegeakademikern ist im Bereich des Qualitätsmanagements und der Ausbildung von Pflegefachkräften tätig. Es bedarf daher künftig der Einrichtung entsprechender wissenschaftlich orientierter Stellen in den Pflegeeinrichtungen, die zur Implementierung evidenzbasierter Pflege beitragen (vgl. Behrens et al. 2012).

Die pflegewissenschaftliche Forschung zu forcieren, ist unter anderem Anliegen des Gesundheitsforschungsrats beim Bundesministerium für Bildung und Forschung. Nach dessen Empfehlungen werden die Träger und Leitungen der Fachhochschulen aufgefordert, „strukturelle und finanzielle Mindestvoraussetzungen zu schaffen, um eine essenzielle Beteiligung von Fachhochschulen an der Forschung in Gegenstandsfeldern der Gesundheitsfachberufe auf den Weg zu bringen" (Gesundheitsforschungsrat 2012: 74). Universitäten, insbesondere die medizinischen Fakultäten, sollten verstärkt Standorte für Masterstudiengänge, für Promotionsmöglichkeiten und für eine kontinuierlich leistungsfähige Forschung in den Gesundheitsfachberufen schaffen. Initiativen zur Strukturbildung, Kooperationen von Hochschulen und Fachhochschulen sowie die Einbeziehung der Sozialversicherungsträger sind mit einer Priorisierung strategischer Zielsetzungen voranzutreiben. Inhaltliche Schwerpunkte der Pflegeforschung wurden in einer Studie von Behrens et al. (2012) vorgelegt. Nachdem es nach dieser Studie in der qualitativen klinischen Pflegeforschung gelungen sei, notwendige Kenntnisse für die Evidenzbasierung der Pflege zu gewinnen, sind die Forschungsaktivitäten in der pflegerischen Versorgungsforschung, der (Pflege-)Systemforschung und der patientenorientierte Pflegeforschung zu verstärken.

9.3.4 Ausbildungsstufung in der Pflege

In den vergangenen Jahren ist die Diskussion über die verschiedenen Ausbildungen im Pflegebereich intensiver geworden. Grundsätzliches Ziel ist es, die Ausbildung insbesondere für die Pflege älterer Menschen zu stärken und die Durchlässigkeit zwischen den Hauptbereichen der Pflege und den dortigen hierarchischen Ebenen zu erhöhen. Hierzu dient die Stufung der Ausbildungen nach dem Deutschen beziehungsweise Europäischen Qualifikationsrahmen (DQR) als Gerüst, mit dessen Hilfe erworbene Kompetenzen aus Schule, beruflicher Bildung, Hochschul- und Weiterbildung erfasst und in eine achtstufige Matrix eingeordnet werden. Ziel einer gestuften und modularen Ausbildung im Pflegesektor ist es auch, informelle Lernkompetenzen stärker zu berücksichtigen und dadurch Aufstiegswege für Personen mit Berufserfahrung zu ermöglichen.

Die Umsetzung des Qualifikationsrahmens auf die Arbeit in der Pflege wurde im Projekt „Modell einer gestuften und modularisierten Altenpflegequalifizierung" im Zeitraum zwischen 2008 und 2011 von der Fachhochschule Bielefeld und dem Deutschen Institut für angewandte Pflegeforschung (dip) e. V., Köln, als Entwurf erarbeitet. Danach sind folgende acht Stufen pflegerischer Tätigkeiten mit unterschiedlichen Qualifikationsanforderungen vorgesehen. Beginnend mit der niedrigsten Stufe 1, deren Anforderungen nach Knigge-Demal und Hundenborn (2011) auf elementare Unterstützungen im Bereich der Mobilität älterer Menschen gerichtet sind, werden die Anforderungen an die Pflegetätigkeit sukzessive höher (siehe Tabelle 9.1). Es schließen sich zwei weitere Tätigkeitsebenen an, die unter Anleitung erfolgen. Für die mittlere Qualifikation der bisherigen examinierten Pflegekraft ist die Anforderungsstufe 4 (komplexe Pflegeaufgaben) vorgesehen. Die nächsthöhere Stufe 5 sieht die Betreuung spezieller Klientengruppen in der Pflege vor.

Die Tätigkeiten der Niveaustufen 1 bis 3 sollen nach diesem Aufgabenrahmen Unterstützungs- und Betreuungsleistungen in Ergänzung zur Fachpflege leisten. Hierzu gehören die Begleitung und Assistenz von älteren Menschen im Alltag sowie auf dem Niveau 3 einzelne delegierte pflegerische Aufgaben. Die Beschäftigten auf den Qualifikationsniveaus 1 bis 3 wirken an pflegerischen Zielsetzungen mit und tragen dazu bei, dass ältere Menschen länger in der eigenen Wohnumgebung leben können und eine professionelle Pflege nicht oder erst später notwendig wird. Zudem unterstützen und entlasten sie Angehörige oder professionelle Pflegeteams in der pflegerischen Arbeit. Die Qualifikationsniveaus 4 bis 8 beziehen sich auf verantwortlich durchzuführendes pflegerisches und pflegewissenschaftliches Handeln (vgl. Knigge-Demal & Hundenborn 2011).

Wird der Qualifikationsrahmen auf die Organisationsentwicklung angewendet, ist zu berücksichtigen, dass ein Qualifikationsniveau mehrere unterschiedliche Stellenprofile umfassen kann. So bezieht sich das Qualifikationsniveau 5 auf die Fachexpertise hinsichtlich spezieller Gruppen unter den Pflegebedürftigen einschließlich solcher einer Praxisanleiterin/eines Praxisanleiters. Auf dem Qualifikationsniveau 6 sind die Leitung von Teams und die Steuerung und Gestaltung von hochkomplexen Pflegeprozessen, auf dem Qualifikationsniveau 7 die pflegerische Leitung in Einrichtungen angesiedelt. Auf diesen Niveaus können zum Beispiel auch Stabsstellen im Qualitätsmanagement eingeordnet werden.

Tab. 9.1: Entwurf eines Qualifikationsrahmens für die Pflege, Unterstützung und Betreuung älterer Menschen (eigene Zusammenstellung nach Knigge-Demal & Hundenborn 2011).

Qualifikationsstufe	Arbeitsinhalte/Anforderungen
Qualifikationsniveau 1	Alltagsbegleitung für Pflegebedürftige mit Unterstützungsbedarf, die Beeinträchtigungen der Mobilität kompensiert – Kenntnis alltagsüblicher Regeln und Handlungsabläufe sowie zeitliche Strukturierung der Aufgaben und Abstimmung mit den Klient(inn)en, Berücksichtigung der Routinen des Tages-/Wochenzyklus – Voraussetzung: Berufsausbildungsvorbereitung unterhalb des ehemaligen Hauptschulabschlusses
Qualifikationsniveau 2	Persönliche Assistenz und Betreuung – Übernahme von Durchführungsverantwortung für die unmittelbare Assistenz von Klient(inn)en, die in ihrer Selbstversorgung oder Mobilität oder in ihrer Alltagskompetenz wegen Demenz beeinträchtigt sind – Ziele: Sicherheit, soziale Integration und Teilhabe von Klient(inn)en im Alltag – Voraussetzung: Berufsausbildungsvorbereitung, Einstiegsqualifizierung (EQ) nach § 54a SGB III, Berufsfachschule (Berufliche Grundbildung)
Qualifikationsniveau 3	Durchführung von Aufgaben im Rahmen des Pflegeprozesses – Übernahme der Durchführungsverantwortung für delegierte Pflegeaufgaben – Voraussetzung: Duale Berufsausbildung (2-jährige Ausbildung), Berufsfachschule (mittlerer Schulabschluss) – Abschluss: Pflegehelfer
Qualifikationsniveau 4	Steuerung und Gestaltung von komplexen Pflegeprozessen – Übernahme von Verantwortung für die Steuerung und Gestaltung individualisierter komplexer Pflegeprozesse auf der Grundlage empirisch gesicherter Erkenntnisse – Voraussetzung: Fachkraft duale Berufsausbildung (3- und 3½-jährige Ausbildung) Berufsfachschule (Assistentenberufe), Berufsfachschule (vollqualifizierende Berufsausbildung nach BBiG/HwO) – Abschluss: Pflegefachfrau/Pflegefachmann
Qualifikationsniveau 5	Steuerung und Gestaltung von komplexen Pflegeprozessen für spezielle Klientengruppen – Übernahme von Verantwortung individualisierter Pflegeprozesse für ausgewählte Klientengruppen mit speziellen Pflegeanlässen aufgrund spezieller gerontopsychiatrischer, neurologischer oder onkologischer Erkrankungen – neue Verknüpfung des empirisch gesicherten Wissens zur Lösung spezieller Probleme und Abstimmung mit den Anforderungen spezieller Pflegesituationen – Verantwortung für die praktische Anleitung von Schüler(inne)n und Praktikant(inn)en
Qualifikationsniveau 6	Steuerung und Gestaltung von hochkomplexen Pflegeprozessen und Leitung von Teams – Übernahme von Verantwortung für die Steuerung und Gestaltung von evidenzbasierten, hochkomplexen Pflegeprozessen und für die Leitung von Teams – Voraussetzung/Abschluss: Bachelor

Tab. 9.1: Fortsetzung.

Qualifikationsstufe	Arbeitsinhalte/Anforderungen
Qualifikationsniveau 7	Pflegerische Leitung in Einrichtungen – Übernahme von Verantwortung für die pflegerische Leitung in Einrichtungen sowie für die Konzeption, Umsetzung und Evaluation von evidenzbasierten Angeboten zur Pflege, Unterstützung und Betreuung – Voraussetzung/Abschluss: Master, Diplom
Qualifikationsniveau 8	Steuerung und Gestaltung pflegewissenschaftlicher Aufgaben – Übernahme von Verantwortung für die Steuerung und Gestaltung von Forschung und Entwicklung zur Sicherung und Optimierung der Versorgungsqualität – Voraussetzung: Promotion

Ein weiterer Ansatz zur Unterscheidung der Kompetenzen von Pflegepersonen ist vom Internationalen Verband der Pflegenden erarbeitet worden (vgl. ICN 2009), welcher die Grundlage für die gestufte Ausbildung in Österreich bildet (Petek 2011). Nach dieser Konzeption werden die unterschiedlichen Qualifikationen in der Pflege in fünf Stufen unterteilt:

– *Nursing Support Worker* = Unterstützungs- oder Betreuungskraft
– *Enrolled, registered or licenced Practical Nurse* = Pflegeassistenz (mindestens 2 Jahre)
– *Registered or licenced Nurse* = Generalist/-in für Gesundheits- und Krankenpflege (Bachelor)
– *Nurse Specialist* = Spezialist/-in für Gesundheits- und Krankenpflege (mit Bachelor-Ausbildung und postgraduierter Weiterbildung)
– *Advanced Nursing Practicioner* = Experte/Expertin mit erweitertem Expertenwissen und erweitertem komplexen Praxisfeld (Master)

Nach einem von Weidner und Kratz (2012) entwickelten Vorschlag einer gestuften Ausbildung in der Pflege werden die Ausbildungsgänge zum einen relativ strikt nach den individuellen schulischen Voraussetzungen differenziert, zum anderen können sich die Pflegekräfte modular höher qualifizieren, das heißt, ihnen werden Ausbildungszeiten teilweise für die Ausbildung der nächsthöheren Stufe angerechnet (siehe Tabelle 9.2).

Hierdurch würde nach Ansicht von Weidner und Kratz (2012) die Angleichung des deutschen Systems auf europäischer Ebene hergestellt. Die Ausbildung zur Pflegefachkraft würde mit derjenigen der Erzieher/-innen sowie der Heilerziehungspflege auf eine Stufe gestellt (was allerdings nach dem derzeitigen Stand der Diskussion nicht Fall ist). Die Ausbildung fände an einer Fachschule statt, in der die Fachhochschulreife als Zulassungsvoraussetzung für ein fachgebundenes Studium verliehen

Tab. 9.2: Stufung der Pflegeausbildung (Weidner & Kratz 2012).

Zugangsvoraussetzung	beruflicher Abschluss
9 Jahre allgemeine Schulbildung	Pflegehelfer 1 Jahr
10 Jahre allgemeine Schuldung	Pflegeassistenz 2 Jahre
12 Jahre Schulbildung	Pflegefachkraft 3 Jahre
Abitur oder Pflegefachkraft	akademische Pflegefachkraft 4 Jahre

würde. Zudem müsste die in Modellversuchen erprobte Ausbildung zur Pflegeassistenz neu geschaffen werden. Die zweijährige Assistenzausbildung (Pflegeassistenz) wäre, wie die Sozialassistenzausbildung, eine eigenständige Berufsausbildung. Ein mittlerer Bildungsabschluss oder ein gleichwertiger Schulabschluss würde nicht mehr für einen direkten Zugang zur Pflegefachkraftausbildung ausreichen, was den Vorgaben der EU-Richtlinie 2005/36/EG entspräche. Der Gesetzgeber hat sich allerdings im Pflegeberufereformgesetz nicht dafür entschieden, höhere Zugangsvoraussetzungen für die Fachkraftausbildung festzulegen. Unter anderem soll das Potenzial an jungen Bewerbern für die Ausbildung nicht unnötig stark eingeschränkt werden. Die Absenkung der schulischen Anforderungen könnte jedoch angesichts der höheren Anforderungen der neuen Ausbildung möglicherweise zu höheren Zahlen von Ausbildungsabbrüchen führen (vgl. Weidner 2016).

Mit dem Vorschlag von Weidner und Kratz würden zwei Helferpositionen geschaffen, für die differenzierte schulische Anforderungen gelten, die aber aufgrund der vorgesehenen Durchlässigkeit die Möglichkeit eröffnen, durch zusätzliche Qualifizierung zur Pflegefachkraft aufzusteigen.

Führt man nun die Überlegungen zu den Zugangsvoraussetzungen und Qualifikationsstufen in der Pflege zusammen, wäre folgende Stufung denkbar: Im untersten Bereich schulischer Grundbildung soll – wie im Qualifikationsrahmen vorgeschlagen – als schulische Voraussetzung die Stufe der Berufsausbildungsvorbereitung ausreichend sein. Es wäre auch zu überlegen, ob diese Mindestvoraussetzung für die einjährige Helferausbildung als ausreichend anzusehen ist. Die auf zwei Jahre angehobene Ausbildung zur Pflegeassistenz sollte aber auf jeden Fall höhere schulische Voraussetzungen erfordern. Auch wenn im Pflegeberufereformgesetz (zunächst für fünf Jahre) darauf verzichtet wurde, höhere schulische Anforderungen an die Fachkraftausbildung zu stellen, erscheinen diese insbesondere vor dem Hintergrund der steigenden Anforderungen im Rahmen der generalistischen Ausbildung notwendig. Der mittlere Schulabschluss als Voraussetzung eines Qualifikationserwerbs der in diesem Modell auf Stufe 5 eingeordneten Fachkraft erscheint angemessen. Fachkräfte (Praxisanleiter/-innen), die sich weiterqualifizieren, sollten ähnlich wie Meister auch die Stufe 6 erreichen können.

Damit folgt der Vorschlag der Kritik des Deutschen Berufsverbands für Pflegeberufe an der Einstufung der im deutschen System ausgebildeten examinierten Altenpfleger im Europäischen Qualifikationsrahmen auf Niveau 4. Die angemessenere Stufe 5 wäre direkt unterhalb des Bachelors (Stufe 6). Diese Qualifikationsstufe umfasst die Steuerung und Gestaltung von komplexen Pflegeprozessen für spezielle Klientengruppen (siehe Tabelle 9.3). Die Einstufung der Pflegeberufe kommentiert der DBFK (2014: 1) wie folgt:

> Der Europäische Qualifikationsrahmen (EQR) soll es ermöglichen, Bildungsabschlüsse innerhalb der Europäischen Union zu vergleichen. In Deutschland hat man dies durch eine Orientierung an der Schulart (Berufsschule, Fachschule, Berufsfachschule) umgesetzt. Dadurch wird aber die mehr als 100 Jahre alte Benachteiligung in den Pflegeberufen fortgeschrieben. Die Absurdität der Zuordnung wird unterstrichen durch die Zuordnung der Pflegeassistenzqualifikation auf dasselbe Niveau. Es erreichen also sowohl die staatlich geprüfte Fachkraft für Pflegeassistenz (ein- oder zweijährig) als auch die Angehörigen der Heilberufe nach Art. 74 (19) GG Altenpflege, Gesundheits- und Krankenpflege sowie Gesundheits- und Kinderkrankenpflege in ihren Ausbildungen (dreijährig) das identische Kompetenzniveau. Das ist sachlich nicht zu begründen und auch nicht zu verstehen. Parallel dazu wird paradoxerweise die Heilerziehungspflege – ein eng verwandter Beruf – dem Niveau 6 zugeordnet. Die Forderung des Deutschen Berufsverbands für Pflegeberufe an beide Ministerien (Bildung und Gesundheit), die Einstufung zu korrigieren, blieb ohne Erfolg. Bei der Pflege handelt es sich um einen Mangelberuf mit großem Imageproblem. Das wird nun verschärft, indem auf der Grundlage bürokratischer Prinzipien eine Herabstufung des Kompetenzniveaus festgeschrieben wird. Die Botschaft in Gesellschaft und Berufsgruppe ist deutlich. Zudem unterliegt die Ausbildung in der Gesundheits- und Krankenpflege den Richtlinienvorgaben der Europäischen Union (EU). Insbesondere der Widerstand Deutschlands hat 2013 eine

Tab. 9.3: Vorschlag einer gestuften Ausbildung im Pflegebereich und Zugangsvoraussetzungen (eigene Zusammenstellung in Anlehnung an Weidner & Kratz 2012).

Zugangsvoraussetzung	Tätigkeitsstufe
9 Jahre allgemeine Schulbildung/ Berufsausbildungsvorbereitung	I: Betreuungskraft I Mobilität
9 Jahre allgemeine Schulbildung/ Berufsausbildungsvorbereitung	II: Betreuungskraft II persönliche Assistenz
10 Jahre allgemeine Schulbildung, berufliche Grundbildung	III: Helfer/-in in der Altenpflege (1 Jahr)
10 Jahre allgemeine Schulbildung, berufliche Grundbildung	IV: Pflegeassistenz, Helfer/-in in der Krankenpflege (2 Jahre)
12 Jahre Schulbildung und Berufsfachschule (mittlerer Schulabschluss)	V: Pflegefachfrau/Pflegefachmann
Abitur oder Ausbildung Pflegefachkraft	VI: Teamleitung komplexe Pflege, Bachelor
Bachelor	VII: Einrichtungsleitung, Konzeptentwicklung, Master
Master	VIII: Gestaltung pflegewissenschaftlicher Prozesse, Promotion

allgemeinverbindliche Anhebung der Bildungsanforderungen in der Richtlinie zur Berufsanerkennung (2013/55/EU) verhindert. Das Argument war dabei immer auch, dass die deutsche Ausbildung so hervorragend sei. Mit der Zuordnung zu DQR-Niveau 4 haben die zuständigen Ministerien jetzt aber europaweit transparent gemacht, dass sie das wohl selber nicht glauben. Dem
Ansehen der deutschen Pflegeberufe in Europa wird damit erneut geschadet.

9.3.5 Qualifikationsmix in der Pflege

Nach der Diskussion zur gestuften Ausbildung von Pflegekräften wird in Kapitel 9.3.5
erörtert, welche personelle Zusammensetzung (Qualifikationsmix) unterschiedlich
ausgebildeter Pflegekräfte insgesamt angestrebt werden sollte. Dabei richtet sich der
Zeithorizont in die fernere Zukunft, denn bildungspolitische Reformen brauchen in
Deutschland viel Zeit, wie die Entstehungsgeschichte der generalistischen Pflegeausbildung zeigt. Das Konzept wurde in Hamburg (Hamburger Modell) innerhalb von
fünf Jahren entwickelt und startete als Modellversuch im Oktober 2003 (vgl. Bundesministerium für Familie 2008: 19ff).

Bei der Arbeitsorganisation und Einbeziehung verschiedener Berufsgruppen in
den Pflegeprozess wird von Grade- beziehungsweise Skillmix gesprochen. Der Grademix bezieht sich auf die unterschiedlichen Ausbildungen und Zusatzausbildungen
der Mitarbeitenden, das heißt die Zusammensetzung des Pflegepersonals nach Qualifikationsstufen. Der Skillmix erfasst die unterschiedlichen Berufserfahrungen und
individuellen Fähigkeiten der Beschäftigten. Das Personal in den Pflegeeinrichtungen
soll dabei so zusammengesetzt sein, dass ein optimaler Einsatz differenzierter Kompetenzen für eine umfassende Pflege zur Verfügung steht. Klar definierte Aufgaben
können möglicherweise auch die Angehörigen anderer Berufsgruppen übernehmen.
Die Umsetzung solcher Konzepte steht in Deutschland indes noch am Anfang. Sie werden vorrangig im Krankenhausbereich diskutiert und sind im angloamerikanischen
Raum, Australien und der Schweiz stärker verbreitet (vgl. Dubois & Singh 2009). Insbesondere in der Schweiz liegen Erfahrungen mit der Zusammenarbeit unterschiedlich qualifizierter Pflegekräfte vor. Zu Beginn des vergangenen Jahrzehnts wurde dort
der Gesundheitsberuf Fachfrau/Fachmann Gesundheit geschaffen, und gleichzeitig übernahmen zunehmend akademisch ausgebildete Pflegekräfte entsprechende
Steuerungsaufgaben in Arbeitsorganisation, innerbetrieblichen Abläufen sowie Ar-
beitszeitmodellen (Ludwig et al. 2012). Die Implementierung eines für den Patienten
optimalen Skill- und Grademix verändert die Rolle und Aufgaben der akademisch ausgebildeten Pflegefachperson grundlegend. Diese sind auf Vorbehalte, Unsicherheiten
und Ängste in den Pflegeteams vorzubereiten. Aufgabenzuteilung sowie die verschiedenen Berufsprofile und deren Rollen in den Teams sind nach dem Praxisbericht von
Ludwig et al. (2012) eindeutig und transparent zu definieren. Welche Effekte diese um-
fangreichen organisatorischen Änderungen auf die Patient(inn)en und Pflegekräfte

haben, ist allerdings unklar, da eine wissenschaftlich evidenzbasierte Untersuchung zum Thema für die Schweiz noch aussteht (Ludwig et al. 2012: 31).

Ähnlich wie in der Schweiz sind die beiden wichtigsten Reformen für Ausbildung und Qualität im Pflegesektor Deutschlands die grundständige Akademisierung und die generalisierte Ausbildung von Pflegefachkräften. Die unterschiedlichen Auffassungen zur vereinheitlichten Fachkraftausbildung in der Pflege wurden in Kapitel 9.3.1 wiedergegeben. Diese bildungspolitischen Entscheidungen sind wesentliche Elemente der gestuften Ausbildung im Pflegesektor, deren Konzeption der Deutsche beziehungsweise Europäische Qualifikationsrahmen bildet. Hierbei sind bereits Festlegungen getroffen worden, die auf erhebliche Kritik der Fachverbände gestoßen sind.

Die Empfehlung des Wissenschaftsrats zur Akademisierung der Pflege entspricht in etwa den Akademikerquoten in westeuropäischen Ländern, in denen 10 bis 15 Prozent der Pflegekräfte über einen akademischen Abschluss verfügen. Dabei ist allerdings zu beachten, dass in den Vergleichsländern keine fachschulische Ausbildung von Pflegekräften existiert, die Hauptaufgaben in der Pflege mithin von Hilfskräften ausgeführt werden. In den meisten vergleichbaren Ländern werden Pflegekräfte an Hochschulen generalistisch ausgebildet und erwerben den Bachelor als ersten berufsqualifizierenden Abschluss. Das in der Regel dreijährige Studium dauert nicht länger als die „klassischen" Ausbildungen zum Gesundheits- und Krankenpfleger und zum Altenpfleger in Deutschland. Es beinhaltet allerdings deutlich weniger Praxiskontakt.

Bisher liegt die Kernqualifikation in der Altenpflege in Deutschland in der examinierten Fachkraft. Damit ist eine quantitativ starke Gruppe mit hohem Qualifikationsniveau zentrale Kompetenzträgerin in der Altenpflege im Gegensatz zur stark polarisierten Struktur im Ausland. Gleichwohl sind die Argumente für eine Ausweitung des Akademikeranteils plausibel, denn die beruflichen Anforderungen an die Fachkräfte in der Pflege steigen zum Beispiel durch multidisziplinäre Zusammenarbeit und Organisation der personellen Zusammenarbeit kontinuierlich (vgl. zum Folgenden Sauer et al. 2014). In allen Tätigkeitsfeldern werden neben den qualifizierten und hoch qualifizierten Fachkräften Assistenz- und angelernte Kräfte tätig sein, die einen Teil der anfallenden Pflegeaufgaben übernehmen. Diese Arbeitsteilung ist sowohl in anderen Ländern als auch zunehmend in Deutschland zu beobachten. Sie verursacht personalwirtschaftliche Transaktionskosten (siehe Kapitel 3.5.4) und stellt die Fachkräfte vor zusätzliche Aufgaben in den Bereichen der Anleitung, Supervision und Kontrolle. Solche Kompetenzen erlangen Pflegekräfte vor allem in einem wissenschaftlichen Studium. Gleichwohl kann als Stärke der Ausbildung an Fachschulen deren große Praxisnähe angesehen werden. Deshalb sollten die Stärken der fachschulischen mit denen der hochschulischen Ausbildung durch integrierte oder additive Ausbildungen kombiniert werden. Schließlich ist es zweckmäßig, dass die beiden Ausbildungssysteme gut aufeinander abgestimmt werden und eng miteinander kooperieren.

Eine offene Frage ist, wie der Qualifikationsmix zwischen höher und weniger hoch Qualifizierten in der Altenpflege im Einzelnen ausgestaltet wird (vgl. zum Folgenden Immenroth 2010). Die sich mit dem Pflegeberufsgesetz ergebende Grundentscheidung behält die dreijährige Berufsausbildung als Kernqualifikation bei, siedelt sie indes auf Stufe 4 des Qualifikationsrahmens an. Hinzu treten ein integratives oder verzahntes Bachelorstudium und Fachweiterbildungen. Unklar bleibt allerdings die Situation unterhalb der Fachkraft. Die generalistische Ausbildung zur Pflegeassistenz spielte bis zum Kompromissvorschlag (siehe Kapitel 9.3.2) in der derzeitigen Reformdiskussion eine untergeordnete Rolle. Ihre Einführung als unterste Qualifikationsstufe der Fachpflege auf Stufe 4 erscheint im Gegensatz zum Entwurf des Qualifikationsrahmens (siehe Tabelle 9.1) angemessen, da die fachlichen Anforderungen in der zweijährigen Ausbildung erhöht werden. Andererseits könnten pflegenahe Tätigkeiten auf der Stufe 2 (Unterstützung) möglicherweise Betätigungsfelder für Personen erschließen, die lediglich die Anforderungen von Helferarbeitsplätzen bewältigen können. Dies wäre angesichts der hohen Arbeitslosigkeit in diesem Qualifikationssegment aus arbeitsmarktpolitischer Sicht hilfreich.

Eine völlige Neuordnung des Qualifikationsmix in der Pflege bestünde darin, die Pflege grundständig zu akademisieren und eine zweijährige Berufsausbildung „Pflegeassistenz" zu schaffen. Ein Bachelorstudium „Pflege" könnte als generalistische Grundqualifizierung ausgestaltet werden. Ein Masterstudium „Advanced Nursing Practitioner" würde neue Kompetenzfelder für die Pflege erschließen. Dies würde bedeuten, die dreijährige Ausbildung zur Pflegefachkraft durch eine grundständig akademische zu ersetzen, und wäre eine konsequente Übernahme internationaler Standards. Damit wäre das Beschäftigungsproblem der akademisch Ausgebildeten, die bisher kaum adäquate Beschäftigungsmöglichkeiten finden, gelöst, allerdings würde eine Abschaffung der Fachkraft in der Pflege über das Ziel hinausschießen. Außerdem wäre über die Zugangsvoraussetzungen für das Pflegestudium dahingehend zu diskutieren, dass die Personen mit Assistenzqualifikationen die Möglichkeit zum Erwerb der Fachhochschulreife erhalten.

Schließlich ist als weitere Option die zweijährige Berufsausbildung „Pflegeassistenz" (mit Anrechnungsmöglichkeit auf die dreijährige Ausbildung) sowie die dreijährige Berufsausbildung (bzw. als generalistische Ausbildung zur „Pflegefachkraft" mit Möglichkeit zum Erwerb der Fachhochschulreife) vorzusehen. Dabei wäre ein Bachelorstudium (berufsbegleitend) als Ersatz für Fachweiterbildungen denkbar. Alternativ könnten ein Bachelorstudium als Erstausbildung sowie ein Masterstudium mit ANP-Inhalten vorgesehen werden.

Mit dem Pflegeberufereformgesetz-Entwurf aus dem Jahr 2016 wird die primärqualifizierende Pflegeausbildung an Hochschulen eingeführt und damit ein hoch qualifiziertes Beschäftigungssegment mit künftig zunehmendem Gewicht geschaffen. Die Hochschulen können entsprechend der Vorgaben für Bachelorstudiengänge Konzepte von Studiengängen entwickeln, die eine Studiendauer von sechs bis acht Semestern vorsehen. Hinzu kommen Masterstudiengänge in der Pflegeausbildung. Ebenso wie für die reformierte Fachkraftausbildung wird es erst in weiterer Zukunft möglich sein, belastbare Aussagen zur Wirkung der verstärkten Ausbildung im akademischen Bereich auf das Verhalten der pflegepolitischen Akteure, insbesondere die Einrichtung

adäquater Stellen in den Pflegeeinrichtungen, und auf die Qualität der Leistungserbringung zu treffen.

9.4 Qualifizierungsmaßnahmen der Bundesagentur für Arbeit

Zur Erhöhung des Angebots von Fachkräften und als Mittel zur dauerhaften Beschäfti-
gungsintegration werden Arbeitslose bereits seit Beginn des vergangenen Jahrzehnts
in beruflichen Umschulungsmaßnahmen, darunter auch in hohem Umfang in der
Ausbildung zur Pflegekraft, gefördert. Nachdem aufgrund der Hartz-Reformen die
Umschulungsmaßnahmen Mitte des vergangenen Jahrzehnts generell wegen ihrer
langen Dauer und geringen Wirksamkeit reduziert wurden, wurde Ende 2012 im Rahmen der Ausbildungs- und Qualifizierungsoffensive Altenpflege unter anderem die
Aus- und Weiterbildung von Arbeitslosen in der Altenpflege verstärkt (siehe Kapitel 9.3.1).

Zentrales Element der Ausbildungs- und Qualifizierungsoffensive Altenpflege war
eine befristete Vollfinanzierung der Weiterbildungsförderung, also über die gesamte Dauer von drei Jahren, ursprünglich zwischen dem 01.04.2013 und dem 31.03.2016
(vgl. DGB 2015). Diese Regelung wurde inzwischen bis zum Ende des Jahres 2017 ausgeweitet. Zuvor wurde das dritte Ausbildungsjahr durch die Bundesländer finanziert.
Die Qualifizierung von Arbeitslosen in Altenpflegeberufen hat seit 2012 stark zugenommen. Im Jahr 2013 begannen insgesamt 7383 Personen eine Umschulung mit Abschluss „Fachkraft Altenpflege". Im Vergleich zum Jahr 2012 entspricht dies einer Steigerung von 87 Prozent. Im ersten Halbjahr 2014 wurde das Vorjahresniveau nochmals
leicht überschritten.

Nach Angaben der Bundesagentur für Arbeit haben von August 2013 bis Juli 2014
insgesamt 5200 Teilnehmer/-innen eine Umschulung in der Altenpflege mit einer
Maßnahmendauer von 25 Monaten und länger aufgenommen. Hinzu kommen knapp
2300 Eintritte in die arbeitsmarktpolitische Förderung, für die eine Unterstützung von
weniger als 25 Monaten vorgesehen war. Insgesamt begannen im Ausbildungsjahr
2013/2014 mehr als 34.000 Personen eine Altenpflegeausbildung, davon fast 27.000
von den Ländern gemeldete Eintritte in eine (verkürzte) Altenpflegeausbildung und
gut 7000 Weiterbildungsmaßnahmen der Arbeitsförderung (siehe Kapitel 9.1.3). Der
Anteil der von den Arbeitsagenturen geförderten Qualifizierung lag in diesem Zeitraum bei 21,8 Prozent, das heißt, mehr als jede fünfte neu begonnene Ausbildung
im Bereich der Altenpflege war eine aus Mitteln der Arbeitsmarktpolitik geförderte
Umschulung.

Die Evaluation der von der Bundesagentur für Arbeit geförderten Umschulung
in einen anerkannten Ausbildungsberuf deutet auf besonders gute Ergebnisse im
Bereich der Altenpflege hin. Eine Untersuchung der Weiterbildungsmaßnahmen in
der Altenpflege, die zwischen 2004 und 2007 begannen, zeigt positive Wirkungen auf
die Beschäftigungswahrscheinlichkeit der Teilnehmer/-innen (vgl. Kruppe & Lang

2015). Ein positiver Nettobeschäftigungseffekt ergibt sich, wenn die Beschäftigungs-aufnahme von Teilnehmern höher als diejenige von vergleichbaren Nichtteilneh-mern (statistischen Zwillingen) ausfällt. Vier Jahre nach Beginn der Umschulung in der Altenpflege war die Wahrscheinlichkeit, eine sozialversicherungspflichtige Be-schäftigung auszuüben, für Männer, die zuvor Arbeitslosengeld I bezogen haben, um 21 Prozentpunkte höher als für ähnliche männliche Arbeitslose ohne Förderung (Kruppe & Lang 2015: 4). Bei Frauen waren die positiven Qualifizierungswirkungen mit ca. 27 Prozentpunkten noch größer. Die Erlangung von Berufsabschlüssen in der Altenpflege wirkt auch im Rechtskreis SGB II – der Grundsicherung für Arbeitsuchen-de – günstig, in dem sich überwiegend längerfristig Arbeitslose befinden. Dort sind die Beschäftigungseffekte vier Jahre nach Beginn der Umschulung mit 29 Prozent-punkten für Männer und ca. 32 Prozentpunkten für Frauen sogar noch stärker als bei Teilnehmern aus dem SGB III (Arbeitslosenversicherung). Die positiven Effekte zeigen sich bis zum Ende des Beobachtungszeitraums dieser Studie. Bei einem Um-schulungsbeginn im Jahr 2004 liegen sie sieben Jahre nach Beginn der Umschulung für Frauen bei 33 Prozentpunkten, für Männer bei knapp 25 Prozentpunkten.

9.5 Personalpolitische Maßnahmen

Neben einer Erhöhung der Ausbildungszahlen in den Pflegeberufen sind verschie-dene Maßnahmen zu diskutieren, welche die Dauer der Berufsausübung von Pflege-kräften verlängern. Einige Studien kommen zu dem Ergebnis, dass die Verweildauer der Pflegebeschäftigten kürzer ist als in anderen Dienstleistungsberufen (vgl. Prognos 2012, Hackmann 2010). Gelänge es, die Beschäftigten länger im Pflegeberuf zu hal-ten, würde das verfügbare Arbeitnehmerpotenzial besser genutzt und der Mangel an Pflegekräften könnte abgemildert werden. So liegt die mittlere Berufsverweildauer der Fachkräfte in der Pflege bei 12,9 Jahren, diejenige der Hilfskräfte bei rund 7,9 Jahren (Prognos 2012: 40). Eine Verlängerung der durchschnittlichen Beschäftigungsdauer im Pflegeberuf um ein Jahr würde nach der Studie von Prognos (2012) rechnerisch 66.000 VZÄ an Pflegebeschäftigten bis 2030 entsprechen.

Die Attraktivität des Berufs und die längerfristige Mitarbeiterbindung werden von zahlreichen Faktoren bestimmt, die von der Entlohnung bis hin zu Maßnahmen zur Vereinbarkeit von Familie und Beruf sowie den Karriereoptionen im Beruf reichen. Insbesondere die Personalknappheit in vielen Einrichtungen erzeugt ungünstige Ar-beitsbedingungen, die zu hoher Fluktuation führen und sich selbst verstärken (siehe Kapitel 5.3).

Für die Situation in Brandenburg hält die Brandenburger Fachkräftestudie Pflege (Behrens 2014: 131) Folgendes fest: „Solange infolge der niedrigen Löhne in Branden-burg Pflegekräfte zum Teil so schlecht bezahlt werden, dass sie aufstockende Hilfen zum Lebensunterhalt beantragen müssen und die Arbeitgeber Teilzeitstellen bevorzu-gen, da so die Personaleinsatzplanung flexibler als mit Vollzeitkräften gestaltet werden kann, wird es nicht gelingen, die bestehenden und sich zukünftig zuspitzenden Herausforderungen der Fachkräftesicherung zu bewältigen."

In Kapitel 7 wurden einerseits erhebliche regionale und einrichtungsbezogene Lohndifferenzen im gleichen Pflegeberuf und anderseits deutliche Verdienstunterschiede zwischen den Pflegeberufen ermittelt. Die Entlohnung der Pflegekräfte stellt für die Einrichtungen einerseits einen erheblichen Kostenfaktor dar. Anderseits ist der Lohn als Instrument zur Motivation und längerfristigen Mitarbeiterbindung von erheblicher Bedeutung. Wie in Kapitel 3.3.3 erörtert, können höhere als marktübliche Löhne die Leistungen der Mitarbeiter steigern, die Fluktuation der Beschäftigten verringern und damit auch für die Betriebe positiv wirken.

Die starke Verbreitung der Teilzeit in der Altenpflege trifft teilweise die Wünsche der Beschäftigten, vor allem in Westdeutschland. In den neuen Ländern hingegen möchten viele Pflegekräfte länger arbeiten, sie erlangen jedoch keine Vollzeitstelle. Zudem zeigen Befragungen von Pflegekräften, dass sie teilweise nur mit einer Teilzeitbeschäftigung in der Lage sind, die Arbeitsbelastung in den Pflegeeinrichtungen zu bewältigen (vgl. Gläser & Höge 2005). Hier sind die Arbeitgeber gefordert, einerseits arbeitsorganisatorische Innovationen für die kontinuierliche Arbeit über den Tag zu entwickeln und andererseits die Belastungen zu reduzieren, die zur Teilzeitarbeit aufgrund der Belastung der Beschäftigten führt.

Eine zentrale Aufgabe der Personalverantwortlichen in den Pflegebetrieben besteht darin, sich auf die Alterung der Belegschaften mit aktiven personalpolitischen Maßnahmen einzustellen. Zudem sollten die Einsatzstrukturen der Pflegekräfte flexibler und die Zusammenarbeit der Beschäftigten verschiedener Qualifikationsstufen und Einrichtungen erhöht werden.

Die Alterung der Belegschaften stellt besondere betriebsorganisatorische Herausforderungen dar, wobei einerseits die spezifischen Entlastungsmöglichkeiten der Älteren zu berücksichtigen sind und andererseits das Erfahrungswissen der älteren Beschäftigten zu nutzen ist. Sowohl bei der Konzeptentwicklung als auch bei der Verbreitung von Beispielen guter Praxis sind Beratungsinstitutionen gefordert, damit die Einrichtungen und Dienste vorhandene Gestaltungsspielräume stärker als bisher nutzen. Hierbei sieht die Studie von Behrens (2014: 321) drei Gestaltungsebenen vor. Zunächst sind altersgerechte Tätigkeitsfelder innerhalb der bestehenden Betriebs- und Tätigkeitsstrukturen zu identifizieren. Ältere Pflegekräfte könnten zum Beispiel planende oder beratende Tätigkeiten im Betrieb übernehmen.

Die betrieblichen Organisationsabläufe und Tätigkeitszuschnitte sollten sich an den Bedürfnissen älterer Mitarbeiter orientieren und einen Wechsel zwischen pflegerischen Tätigkeiten und koordinierenden Aufgaben im Pflegeprozess vorsehen. Schließlich wäre denkbar, dass Beschäftigte betriebsübergreifend zum Beispiel von Tätigkeiten im Pflegedienst zu solchen bei den Pflegekassen oder Trägerverbänden wechseln. Durch eine Zusammenarbeit der pflegerelevanten Akteure im lokalen Umfeld sollten Formen der betriebsübergreifenden „Jobrotation" zwischen Beschäftigten ermöglicht werden.

Ungenutzte personalpolitische Gestaltungsspielräume bestehen nach der Studie von Behrens (2014) in der ambulanten und stationären Pflege. Im stationären Bereich ist es zum Beispiel in Brandenburg nach der Strukturqualitätsverordnung möglich, Arbeitskräfte differenzierter einzusetzen, was allerdings wenig praktiziert wird. Nach dieser Vorschrift können stationäre Einrichtungen von der sogenannten 50-Prozent-Fachkraftquote abweichen, wenn sie jederzeit nachweisen können, „[…] dass die Gestaltung und Umsetzung von Pflege- und Betreuungsprozessen nach dem anerkannten Stand der Erkenntnisse […] sichergestellt ist. Hierfür ist die Planung und Umsetzung eines nach Qualifikation und Funktion differenzierten Personaleinsatzes nachzuweisen" (Behrens 2014: 129).

Eine Unterschreitung der 50-Prozentquote an Pflegefachkräften in den Einrichtungen wurde allerdings nach einer Befragung von Experten im Rahmen der Fachkräftestudie Brandenburg nicht ausschließlich positiv beurteilt (vgl. Behrens 2014: 128). Die Befürchtungen richteten sich vor allem darauf, dass weniger Fachkräfte die Pflegequalität in den Einrichtungen beeinträchtigen. Um dieser Gefahr entgegenzuwirken, wäre die Aufsicht für unterstützende Wohnformen in ihrem Beratungsauftrag gefordert. Diese sollte Gestaltungsspielräume im Fachkräfteeinsatz identifizieren und die Einrichtungen bei der Erarbeitung entsprechender Personalkonzepte unterstützen.

Auch im ambulanten Bereich wird vorgeschlagen, den Fachkräfteeinsatz stärker betriebsübergreifend zu organisieren. Hierzu sei es notwendig, dass die Einrichtungen und Dienste in der Pflege stärker als bisher kooperieren. Insgesamt werden laut Brandenburger Fachkräftestudie Pflege die Möglichkeiten der Zusammenarbeit zwischen professionellen Pflegeanbietern sowie zwischen den Diensten und Einrichtungen mit lokalen Versorgungsstrukturen selten genutzt (vgl. Behrens 2014: 128).

Des Weiteren fehlt es nach den Befunden von Behrens (2014: 329) an einer gezielten Einbeziehung von Ehrenamtlichen, Angehörigen, Betreuungsassistent(inn)en nach § 87b SGB XI sowie niedrigschwelligen Betreuungsangeboten nach § 45b SGB XI in den Pflege- und Betreuungsprozess. Fachkräftesicherung und Versorgungsqualität würden bei einer stärkeren Einbeziehung dieser Personengruppen gleichermaßen gefördert sowie die persönliche Versorgung und Pflege der Hilfsbedürftigen gestärkt.

Unzureichende Qualitätssicherung in der Aus- und Weiterbildung ist ein zentraler Kritikpunkt der Brandenburger Fachkräftestudie (vgl. Behrens 2014: 117). Hierzu gehört die Überarbeitung der Ausbildungskataloge durch Beseitigung obsoleter und die Integration aktueller Lerninhalte und -methoden. Insgesamt werden die Möglichkeiten zur Aus- und Weiterbildung von vielen Betrieben zu wenig genutzt, da Qualifizierung häufig primär als finanzielle Belastung und weniger als Investition in die Leistungsfähigkeit der Beschäftigten und damit die Qualität der Pflegeeinrichtung angesehen wird. Demgegenüber tragen betriebliche Personalentwicklung sowie die Weiterbildung von qualifizierten Pflegefachkräften zur Umsetzung innovativer Versorgungskonzepte bei. Grundsätzlich gilt es, die Inhalte und Strukturen der Qualifizierungen auf die sich wandelnden Anforderungen an Pflege auszurichten.

Um zukünftig bei der Konkurrenz um die knapper werdenden Fachkräfte im demografischen Wandel mithalten zu können, werden die Einrichtungen ihre Einflussmöglichkeiten auf die Mitarbeiterbindung verstärken müssen. Betriebliche Fort- und Weiterbildungsangebote für Beschäftigte aller Alters- und Qualifikationsstufen erhöhen die Motivation der Mitarbeiter und setzen die Forderung nach lebenslangem Lernen um. Wesentliche Faktoren der Mitarbeiterbindung sind zudem Karriereplanung und Gratifikationsanreize (vgl. Behrens 2014: 327). Die Organisation von Arbeitsabläufen (Dienst- und Routenpläne etc.) sollte sich stärker an den Bedarfslagen der Mitarbeiter/-innen orientieren. Angesichts der hohen Belastung in der Arbeit nimmt das betriebliche Gesundheitsmanagement zum Erhalt der psychischen Gesundheit der oft mit Grenzsituationen konfrontierten Beschäftigten einen besonderen Stellenwert ein. Konzepte zu familienfreundlichen Beschäftigungsbedingungen sind für die Pflegekräfte von Vorteil, um die Doppelbelastungen in Arbeit und Familie zu bewältigen.

Zudem können flexible Arbeitszeitmodelle und eine verbesserte Vereinbarkeit von Familie und Beruf dazu führen, die Wochenarbeitszeit der Teilzeitbeschäftigten zu steigern und damit das Erwerbspotenzial stärker auszuschöpfen. Dabei ist an die Umwandlung von geringfügigen in sozialversicherungspflichtige Beschäftigungsverhältnisse und die Erhöhung des Stundenvolumens von Teilzeitbeschäftigten zu denken.

Zusammenfassung

In Kapitel 9 wurden mehrere Themenbereiche erörtert, die zur Sicherstellung einer angemessenen Versorgung der absehbar steigenden Zahl an Pflegebedürftigen im Wohlfahrtsstaat beitragen. Zunächst wurden Grundfragen der gesellschaftspolitischen Organisation der Pflege behandelt. Nach den Vorgaben des Pflegeversicherungsgesetzes ist die Pflege eine gesamtgesellschaftliche Aufgabe, deren konkrete Organisation auf der kommunalen Ebene angesiedelt ist. Das Konzept des Wohlfahrtsmix beschreibt die Aufgabenteilung zwischen Staat, Markt, Versorgung durch Angehörige und Zivilgesellschaft. In der sozialen Marktwirtschaft ist der Staat weniger für die direkte Bereitstellung von Pflegeleistungen verantwortlich, sondern für den ordnungspolitischen Rahmen. Insbesondere die Setzung von Qualitätsstandards ist eine Aufgabe, die vom Staat noch zu wenig ausgefüllt wird. Dies ist vor allem deshalb wichtig, da die Qualität der Pflegedienstleistung vom Pflegebedürftigen nicht beobachtet werden kann, und in diesem Fall ein Marktversagen zu erwarten ist. Schließlich kann die Versorgung der Pflegebedürftigen durch Angehörige und Zivilgesellschaft vorteilhaft sein, sie darf aber nicht zur Überforderung der Pflegepersonen führen. Jüngste Novellierungen des Pflegeversicherungsgesetzes haben zum Ziel, die kommunale Ebene in der Pflegesteuerung zu stärken und nehmen das Konzept der Governance aus dem siebten Altenbericht der Bundesregierung auf. Eine Neujustierung des Subsidiaritätsgrundsatzes soll die pflegepolitischen Handlungsmöglichkeiten vor Ort in den Vordergrund rücken. Dies wirkt sich unter anderem auf die Tätigkeitsprofile der Beschäftigten in den Kommunalverwaltungen aus.

Eine besondere Herausforderung ist die Versorgung der Pflegebedürftigen im ländlichen Raum. Angesichts der eingeschränkten ärztlichen Versorgung sind unter anderem Angebote einer stärkeren medizinischen Kompetenz und vermehrte Befugnisse der Pflegekräfte in dem System eines *community medicine nursing* erforderlich.

Um den professionellen Pflegekräftebedarf zu begrenzen, sind die Möglichkeiten der Prävention von (schwerer) Pflegebedürftigkeit zu nutzen. Eine wichtige Aufgabe besteht in der systematischen Aufbereitung entsprechenden Wissens und dessen Implementierung. Prävention und Rehabilitation können im Idealfall eine Pflegebedürftigkeit vermeiden oder das Voranschreiten der Pflegebedürftigkeit hinauszögern (sog. aktivierende Pflege). Zudem dient die aktivierende Pflege dazu, dass die zu Pflegenden zumindest Teile der eigenen Pflege und täglichen Aufgaben (wieder) selbst übernehmen. Ansätze zur Prävention und Rehabilitation werden in der ambulanten Langzeitpflege mit den präventiven Hausbesuchen in noch nicht ausreichender Zahl verfolgt. Außerdem könnte eine stärkere Einbeziehung von älteren Personen in medizinische Rehabilitationsmaßnahmen den stationären Pflegebedarf signifikant senken.

Weitere Maßnahmen zur Begrenzung des Arbeitskräftebedarfs setzen bei organisatorischen Verbesserungen in der Versorgung und der Erleichterung von Arbeitsabläufen in der Pflege an. Zentrale Ansatzpunkte sind der Einsatz von technischen Hilfssystemen und ein besser abgestimmter Personaleinsatz im Pflegeprozess.

Die Stärkung häuslicher Pflegearrangements ist vorrangige Aufgabe der Pflegepolitik, denn sie wird sowohl von den Pflegebedürftigen als auch den Arbeitsmarktexperten befürwortet, nicht zuletzt, um den Bedarf an professionellen Pflegekräften, deren Nachfrage ohnehin bei konstanten Versorgungsstrukturen wächst, zu begrenzen.

Die wichtigste arbeitsmarktpolitische Aufgabenstellung der künftigen Pflegepolitik ist die Gewährleistung einer ausreichenden Zahl von Pflegekräften auf den verschiedenen Qualifikationsstufen. Dabei ist die mittlere Qualifikationsebene der Fachkräfte mit dreijähriger Ausbildung von besonderer Bedeutung, denn sie sollte in der 18. Legislaturperiode durch eine vereinheitliche Ausbildung zur/zum Pflegefachfrau/Pflegefachmann gestärkt werden. Der politische Kompromiss vom April 2017 beschränkt diese ab dem Jahr 2019 zunächst auf die Gesundheits- und Krankenpflege. Erst im Jahr 2025 wird feststehen, ob die generalistische Ausbildung in der Pflege allgemein eingeführt wird. Voraussetzung ist, dass die Auszubildenden in der Kinder- und Altenpflege sich in den nächsten Jahren mehrheitlich für die einheitliche Ausbildung entscheiden. Die problematisch niedrige Einordnung der künftigen Pflegefachfrau beziehungsweise des Pflegefachmanns im deutschen beziehungsweise Europäischen Qualifikationsrahmen trägt indes nicht zur Attraktivitätssteigerung dieses anspruchsvollen Berufs bei.

Im internationalen Vergleich gering ausgeprägt ist die Anzahl akademisch ausgebildeter Pflegekräfte in Deutschland, deren stärkere Mitwirkung an der Versorgung von Pflegebedürftigen bereits seit Längerem gefordert wird. Dies ist allerdings in der

Praxis trotz steigender Absolventenzahlen nur selten der Fall. Die Schwierigkeiten liegen zum einen in der heterogenen Struktur der Studienangebote, zum anderen an fehlenden Stellen in den Pflegeeinrichtungen jenseits des Pflegemanagements und der Ausbildung.

In einer ganzheitlichen Betrachtung des Personaleinsatzes verdient auch die Weiterentwicklung des Qualifikationsmix in der Pflege besondere Beachtung, das heißt die Einbeziehung von Pflegekräften verschiedener Qualifikationsstufen in den Pflegeprozess. Hierzu liegen bisher kaum Forschungsergebnisse außerhalb des klinischen Bereichs vor. Die Umsetzung entsprechender Personalkonzepte ist Aufgabe akademisch ausgebildeter Pflegekräfte. Mit einer stärkeren Akademisierung ist zudem die Hoffnung auf eine höhere Qualität der Pflege verbunden. Auch dies ist künftig zu untersuchen.

Schließlich gilt es, die Arbeitsbedingungen und damit die Attraktivität der Pflegeberufe durch geeignete personalpolitische Maßnahmen zu verbessern, die unter anderem auch dazu führen, dass sich einerseits die Arbeitszeiten pro Pflegekraft wieder erhöhen und andererseits auch ältere Pflegekräfte länger ihren Beruf ausüben können.

Literatur

Arbeitsgruppe Gesundheitsfachberufe des Gesundheitsforschungsrates (2012): Forschung in den Gesundheitsfachberufen. Potenziale für eine bedarfsgerechte Gesundheitsversorgung in Deutschland. Deutsche Medizinische Wochenzeitschrift 137(S2), 31–74.

Baier N, Struckmann V (2014): Review zu den Perspektiven der ländlichen Versorgung. Ein Überblick international bestehender Ansätze. Working papers in health policy and management 9, Berlin: Universitätsverlag der TU Berlin. URL: https://www.mig.tu-berlin.de/fileadmin/a38331600/sonstiges/baier_struckmann.pdf [abgerufen am 1.2.2017].

Behrens J, Görres S, Schaeffer D, Bartholomeyczik S, Stemmer R (2012): Agenda Pflegeforschung für Deutschland. Halle (Saale): Martin-Luther-Universität Halle-Wittenberg.

Behrens J (2014): Brandenburger Fachkräftestudie Pflege – Kurzfassung. Studie im Auftrag des Ministeriums für Arbeit, Soziales, Frauen und Familie Brandenburg. Halle (Saale): Martin-Luther-Universität Halle-Wittenberg. URL: www.masgf.brandenburg.de/media_fast/4055/fks_pflege_kurz.pdf [abgerufen am 30.03.2016].

Berliner Bündnis für Altenpflege (2015): Qualitäts- und Qualifizierungsoffensive für die Fachkräftesicherung in der Altenpflege: Beschäftigte für die Altenpflege dauerhaft gewinnen – mit Wertschätzung, Engagement und Ideen Anregungen für die Praxis. Berlin. URL: http://www.arbeitgestaltengmbh.de/assets/Downloads/Publikationen-Altenpflege/Br-Rekrutierung-Altenplfege.pdf [abgerufen am 30.09.2016].

BibliomedPflege (2017): Generalistikdebatte wird immer absurder, URL: https://www.bibliomed-pflege.de/alle-news/detailansicht/31732-generalistikdebatte-wird-immer-absurder/ [abgerufen am 3.4.2017].

Bundesministerium für Bildung und Forschung (2016): Berufsbildungsbericht 2016. Bonn. URL: https://www.bmbf.de/pub/Berufsbildungsbericht_2016.pdf.

Bundesministerium für Familie, Senioren, Frauen und Jugend (BMFSJ) (2008): Pflegeausbildung in Bewegung. Ein Modellvorhaben zur Weiterentwicklung der Pflegeberufe, Schlussbericht der wissenschaftlichen Begleitung, Berlin.

Bundesministerium für Familie, Senioren, Frauen und Jugend (BMFSJ) (2016): Entwurf eines Gesetzes zur Reform der Pflegeberufe (Pflegeberufereformgesetz – PflBRefG). URL: https://www.bmfsj.de/blob/77270/a53f5a0dc4ef96b88a1acb8930538079/entwurf-pflegeberufsgesetz-data.pdf [abgerufen am 23.11.2016].

Bundesministerium für Familien, Senioren, Frauen und Jugend (2016): Ausbildungs- und Qualifizierungsoffensive Altenpflege. Hintergrundinformation, 02.03.2016. URL: http://www.bmfsfj.de/BMFSFJ/aeltere-menschen,did=197916.html [abgerufen am 04.05.2016].

Bundesministerium für Gesundheit (2015): Empfehlungen der Bund-Länder-Arbeitsgruppe zur Stärkung der Rolle der Kommunen in der Pflege. Berlin. URL: www.sozialpolitik-aktuell.de/tl_files/sozialpolitik-aktuell/_Politikfelder/Gesundheitswesen/Dokumente/Pflege_kommunen.pdf [abgerufen am 30.03.2017].

Bundesministerium für Gesundheit (2016): Drittes Pflegestärkungsgesetz im Kabinett beschlossen. Meldungen des Ministeriums, 2016, Juni, PSG III. URL: https://www.bundesgesundheitsministerium.de/ministerium/meldungen/2016/psg-iii-kabinett.html [abgerufen am 30.09.2016].

Bundesrat (2016): Stenografischer Bericht, 942. Sitzung. Berlin, Freitag, den 26. Februar 2016. URL: www.bundesrat.de/SharedDocs/downloads/DE/plenarprotokolle/2016/Plenarprotokoll-942.pdf?__blob=publicationFile&v=2 [abgerufen am 23.03.2016].

Bundesvereinigung der Deutschen Arbeitgeberverbände (2016): Gemeinsame Kernqualifikationen sichern statt untaugliche Einheitsausbildung schaffen. Stellungnahme zum Entwurf der Bundesregierung für ein Gesetz zur Reform der Pflegeberufe (Pflegeberufereformgesetz – PflBRefG), 25.02.2016, Berlin. URL: arbeitgeber.de/www/arbeitgeber.nsf/res/B57391D86766A5C8C1257F69005DA67B/$file/Stn_Pflegeberufereformgesetz.pdf [abgerufen am 30.11.2016].

Dangel B, Korporal J (2016): Die novellierte berufsgesetzliche Regelung der Pflege – Struktur und mögliche Wirkungen. G&S Gesundheit und Sozialpolitik, Zeitschrift für das gesamte Gesundheitswesen, 70(1), 8–18.

De Geest S, Moons P, Callens B, Gut C, Lindpaintner L, Spirig R (2008): Introducing Advanced Practice Nurses/Nurse Practitioners in health care systems: a framework for reflection and analysis. Swiss Medical Weekly 138(43–44), 621–628.

Deutscher Bundestag (2016a): Ausschuss für Gesundheit, Anhörung vom 30.05.2016. URL: https://www.bundestag.de/bundestag/ausschuesse18/a14/anhoerungen/stellungnahmen-pflbrefg/423456 [abgerufen am 31.05.2016].

Deutscher Bundestag (2016b): Siebter Bericht zur Lage der älteren Generation in der Bundesrepublik Deutschland. Sorge und Mitverantwortung in der Kommune – Aufbau und Sicherung zukunftsfähiger Gemeinschaften. Drucksache 18/10210, Berlin.

DBfK (2013): Advanced Nursing Practice in Deutschland, Österreich und der Schweiz. Eine Positionierung von DBfK, ÖGKV und SBK. Berlin, Wien/Bern. URL: https://www.dbfk.de/media/docs/download/DBfK-Positionen/ANP-DBfK-OeGKV-SBK_2013.pdf [abgerufen am 02.02.2016].

DBfK (2014): DBfK protestiert gegen zu niedrige Zuordnung der Pflegeberufe im DQR. Pressemitteilungen. URL: https://www.dbfk.de/de/presse/meldungen/2014/DBfK-protestiert-gegen-zu-niedrige-Zuordnung-der-Pflegeberufe-im-DQR.php [abgerufen am 31.03.2016].

Dielmann G (2016): Stellungnahme zum Gesetzesentwurf der Bundesregierung Entwurf eines Gesetzes zur Reform der Pflegeberufe. [Pflegeberufereformgesetz – PflBRefG], BT-Drucksache 16/7823. URL: https://www.bundestag.de/blob/424410/252b8c2e4401ce9d73bd9787251c2f8b/esv-gerd-dielmann-data.pdf [abgerufen am 31.05.2016].

DGB (2015): Zwischenbilanz zum Ausbildungspakt in der Altenpflege (2012–2015). DGB, arbeits-
marktaktuell 3/2015, Berlin.

Dubois CA, Singh D (2009): From staff-mix to skill-mix and beyond: towards a systemic approach
to health workforce management. Human Resources for Health 7(87). URL http://human-
resources-health.biomedcentral.com/articles/10.1186/1478-4491-7-87 [abgerufen am
04.05.2016].

Eberl I, Schnepp W (2008): Eine multizentrische Pilotstudie der WHO zur Family Health Nurse. Eine
Untersuchung über die Machbarkeit der Familiengesundheitspflege in Deutschland, Abschlussbericht. Witten: Private Universität Witten/Herdecke.

Evers A (2011): Wohlfahrtsmix im Bereich sozialer Dienste. In Evers A, Heinze RG, Olk T (Hrsg.): Handbuch Soziale Dienste (S. 265–283). Wiesbaden: VS Verlag für Sozialwissenschaften.

Fachinger U, Schöpke B, Siltmann S (2014): AAL-Systeme in der Regelversorgung – Abschätzung der
Umsatzpotentiale. In: DFKI, AAL, GdW & VdK (Hrsg.): Wohnen – Pflege – Teilhabe „Besser leben
durch Technik", 7. Deutscher AAL-Kongress. Berlin: VDE-Verlag.

Focus-Pflegerecht (2016): Weiterentwicklung der Regelungen zur Qualitätssicherung. URL:
http://www.fokus-pflegerecht.de/pflegereform-2016-2017-psg-ii/pflegestaerkungsgesetz-
verbesserungen-2016/weiterentwicklung-der-regelungen-zur-qualitaetssicherung/ [abgerufen
am 31.03.2017].

Gerste B, Schwinger A (2004): Qualitätssiegel und Zertifikate für Pflegeeinrichtungen. G+G Wissenschaft (GGW), das Wissenschaftsforum für Gesundheit und Gesellschaft 4(4), 5–15.

Gläser J, Höge T (2005): Probleme und Lösungen in der Pflege aus Sicht der Arbeits- und Gesundheitswissenschaften. Dortmund, Berlin & Dresden: Bundesanstalt für Arbeitsschutz und Arbeitsmedizin.

Görres S (2010): Zukunft der Pflege – Ausgangssituation, Entwicklungen und Prognosen (Vortrag).
Pflegefachtagung 2010. Bremen.

Görres S, Schmitt S, Neubert L, Zimmermann M, Stolle C (2014): Prävention in der Pflege – Maßnahmen und ihre Wirksamkeit. Erarbeitung einer systematischen Übersicht vorhandener Maßnahmen der Gesundheitsförderung und Prävention in der Pflege, Abschlussbericht für das Zentrum
für Qualität in der Pflege. Bremen: Zentrum für Qualität in der Pflege. URL: https://www.zqp.de/
wp-content/uploads/Abschlussbericht_Praevention_Pflege_Massnahmen_Wirksamkeit.pdf
[abgerufen am 31.03.2016].

Hackmann T (2010): Arbeitsmarkt Pflege: Bestimmung der künftigen Altenpflegekräfte unter Berücksichtigung der Berufsverweildauer. Sozialer Fortschritt 59(9), 235–244.

Hackmann T, Müller D, Steiner M, Tiessen J (2014): Pflege vor Ort gestalten und verantworten. Konzept für ein Regionales Pflegebudget. Gütersloh: Bertelsmann-Stiftung. URL: https://www.
bertelsmann-stiftung.de/fileadmin/files/BSt/Publikationen/GrauePublikationen/GP_Pflege_
vor_Ort_gestalten_und_verantworten.pdf [abgerufen am 31.01.2017].

Häcker J, Raffelhüschen B (2006): Zukünftige Pflege ohne Familie: Konsequenzen des „Heimsog-
Effekts". Institut für Finanzwissenschaft der Albert-Ludwigs-Universität Freiburg, Discussion
Papers No. 142.

Hasseler M (2012): Das Patentrezept generalistischer Pflegeausbildung kritisch hinterfragt. Eine
Diskussion über Wirkungen und Nebenwirkungen in der Altenpflege. Vortrag am 13. November
2012, Universität Bremen.

Heintze C (2015): Auf der Highroad – der skandinavische Weg zu einem zeitgemäßen Pflegesystem –
Ein Vergleich zwischen fünf nordischen Ländern und Deutschland. Friedrich-Ebert-Stiftung,
WISO-Diskurs April 2015. URL: http://library.fes.de/pdf-files/wiso/11337.pdf [abgerufen am
26.02.2017].

Heilberufe – Das Pflegemagazin (2014): Das meinen die Experten: Generalistische Ausbildung: Können bald alle Pflegenden alles? Heilberufe / Das Pflegemagazin 66 (7–8). URL: http://www.
heilberufe-online.de/archiv/2014/07/50.pdf [abgerufen am 02.01.2016].

Hilbert J, Bräutigam C, Evans M (2014): Berufsbildung im Gesundheitswesen: Ein Sonderweg mit Fragezeichen. WSI-Mitteilungen 1/2014, 43–51.

IGES-Institut (2013): Präventive Hausbesuche: Entwicklung eines methodisch fundierten Dienstleistungskonzepts für Präventive Hausbesuche. Berlin: Zentrum für Qualität in der Pflege. URL: https://www.zqp.de/wp-content/uploads/Abschlussbericht_Entwicklung_Dienstleistungskonzept_Paeventive_Hausbesuche.pdf [abgerufen am 31.03.2016].

Immenroth T (2010): Akademisierung in der Pflege in Deutschland (Vortrag). Ostfalia-Hochschule für angewandte Wissenschaften. Wolfsburg. URL: https://www.ostfalia.de/export/sites/default/de/pws/immenrto/downloads/Immenroth_T_Akademisierung_der_Pflege_in_Deutschland_101125.pdf [abgerufen am 02.12.2015].

International Council of Nurses (ICN) (2009): ICN Framework of Competencies for the Nurse Specialist. ICN Regulation Series. Genf: International Council of Nurses.

Klaes L, Weidner F, Schüler G, Rottländer R, Reiche R, Schwager S, Raven U, Isfort M, Schüler G (2008): Pflegeausbildung in Bewegung. Schlussbericht der wissenschaftlichen Begleitung. Studie im Auftrag des Bundesministeriums für Familie, Senioren, Frauen und Jugend. Berlin.

Knigge-Demal B, Hundenborn G (2011): Entwurf des Qualifikationsrahmens für den Beschäftigungsbereich der Pflege, Unterstützung und Betreuung älterer Menschen. Bielefeld: Fachhochschule Bielefeld. URL: www.dip.de/fileadmin/data/pdf/material/Mod_06_Entwurf-Qualifikationsrahmen.pdf [abgerufen am 30.03.2016].

Kruppe T, Lang J (2015): Arbeitsmarkteffekte von Umschulungen im Bereich der Altenpflege. IAB, Aktuelle Berichte 19/2015, Nürnberg.

Ludwig I, Steudter E, Hulskers H (2012): Die Mischung macht's! – Erfahrungen mit neuen Berufsprofilen Pflege in der Schweiz. Berufsbildung in Wissenschaft und Praxis 6, 29–31.

Meifort B (1997): Probleme der Verrechtlichung der Berufsbildung für Berufe im Gesundheits- und Sozialwesen. Bundesinstitut für Berufsbildung, Wissenschaftliche Diskussionspapiere 43.

Mühlherr L (2013): Akademische Grundbildung in der Pflege in der Schweiz. bwp@ Spezial 6, Hochschultage Berufliche Bildung 2013, Fachtagung 14. URL: www.bwpat.de/ht2013/ft14/muehlherr_ft14-ht2013.pdf [abgerufen am 11.05.2016].

Naegele G, Kuhlmann H, Walter U, Patzelt C (2013): Personalbedarf in der Altenhilfe und Altenpflege in Baden-Württemberg – Expertise unter Berücksichtigung des Bedarfs an nichtmedizinischen Fachkräften mit akademischer Qualifikation. Stuttgart: Kommunalverband für Jugend und Soziales Baden-Württemberg. URL: www.kvjs.de/fileadmin/dateien/kvjs-forschung/Abschlussber-Personalbedarf_AH_01.pdf [abgerufen am 31.05.2016].

Petek C (2011): Kompetenzmodell für Pflegeberufe in Österreich. Wien: Österreichischer Gesundheits- und Krankenpflege Landesverband Steiermark. URL: https://www.oegkv.at/fileadmin/user_upload/Diverses/OEGKV_Handbuch_Abgabeversion.pdf [abgerufen am 30.04.2016].

Prognos AG (2012): Pflegelandschaft 2030. Eine Studie der Prognos AG im Auftrag der vbw – Vereinigung der Bayerischen Wirtschaft e. V. München. URL: https://www.prognos.com/fileadmin/pdf/publikationsdatenbank/121000_Prognos_vbw_Pflegelandschaft_2030.pdf [abgerufen am 15.03.2016].

Prognos AG (2014): Pflegemix der Zukunft. Spannungsfeld zwischen pflegerischer Notwendigkeit und tatsächlicher Versorgung. Basel.

Rada A (2014): Vermarktlichung sozialer Dienste in Schweden. Frankfurt/Main: Institut für Sozialarbeit und Sozialpädagogik e. V. URL: www.beobachtungsstelle-gesellschaftspolitik.de/uploads/tx_aebgppublications/BEO_Kurzpexertise_Vermarktlichung_SD_Schweden_01.pdf [abgerufen am 04.04.2016].

Robert-Bosch-Stiftung (Hrsg., 1992): Pflege braucht Eliten: Denkschrift der Kommission der Robert-Bosch-Stiftung zur Hochschulausbildung für Lehr- und Leitungskräfte in der Pflege. Gerlingen: Bleicher.

Roth G, Rothgang H (2001): Sozialhilfe und Pflegebedürftigkeit: Analyse der Zielerreichung und Zielverfehlung der Gesetzlichen Pflegeversicherung nach fünf Jahren. Zeitschrift für Gerontologische Geriatrie 34, 292–305.

Roth G (2002): Qualität in Pflegeheimen. Expertise im Auftrag des Bundesministeriums für Familie, Senioren, Frauen und Jugend. Dortmund: Forschungsgesellschaft für Gerontologie e. V.

Sachverständigenrat zur Begutachtung der Entwicklung im Gesundheitswesen (2007): Gutachten 2007 des Sachverständigenrates zur Begutachtung der Entwicklung im Gesundheitswesen: Kooperation und Verantwortung – Voraussetzungen einer zielorientierten Gesundheitsversorgung. Deutscher Bundestag, Drucksache 16/6339, Berlin. URL: dipbt.bundestag.de/dip21/btd/16/063/1606339.pdf [abgerufen am 06.07.2015].

Sachverständigenrat zur Begutachtung der Entwicklung im Gesundheitswesen (2009): Gutachten 2009 des Sachverständigenrates zur Begutachtung der Entwicklung im Gesundheitswesen: Koordination und Integration – Gesundheitsversorgung in einer Gesellschaft des längeren Lebens. Deutscher Bundestag, Drucksache 16/13770. URL: http://dip21.bundestag.de/dip21/btd/16/137/1613770.pdf [abgerufen am 06.09.2015].

Sauer M, Vaudt S, Martens J (2014): Irrweg oder Ausweg? Akademisierung der Sozial- und Gesundheitsberufe. FH-Dialog 7/2014, 1–3.

Senator für Gesundheit, Senatorin für Soziales, Kinder, Jugend und Frauen Bremen (2013): Zwischenbericht zum Schulversuch Gesundheits- und Krankenpflegehilfe (generalistische Ausrichtung) in Bremen. Schulversuch vom 01.04.2012 bis 31.03.2014. Hansestadt Bremen.

Staatsinstitut für Schulqualität und Bildungsforschung München (2012): Schulversuch: „Generalistische Pflegeausbildung mit beruflichem Schwerpunkt" in Bayern. URL: http://www.isb.bayern.de/berufsfachschule/uebersicht/schulversuch/ [abgerufen am 03.11.2015].

Stöver M, Schmitt S, Bomball J, Schwanke A, Görres S (2009): Qualitätskriterien für Best Practice in der Pflegeausbildung – Synopse evaluierter Modellprojekte – Abschließender Projektbericht. Bremen: Universität Bremen. URL: www.bildungsrat-pflege.de/wp-content/uploads/2014/10/2010-01-19-IPP_Abschlussbericht_Qualit__tskriterien-f__r-Best-Practice-in-der-Pflegeausbildung-Synopse-evaluierter-Modellprojekte.pdf [abgerufen am 31.03.2016].

VDI, IEGUS-Institut (2013): Unterstützung Pflegebedürftiger durch technische Assistenzsysteme. Studie im Auftrag des Bundesministeriums für Gesundheit. Berlin.

Wahl HW, Kruse A (2012): Prävention von Pflegebedürftigkeit. In: Wahl HW, Tesch-Römer C, Ziegelmann JP (Hrsg.): Angewandte Gerontologie. Interventionen für ein gutes Altern in 100 Schlüsselbegriffen (S. 194–199). Stuttgart: Kohlhammer.

Weidner F (2016): Stellungnahme zum Gesetzesentwurf der Bundesregierung Entwurf eines Gesetzes zur Reform der Pflegeberufe. URL: https://www.bundestag.de/blob/424734/fbd540d9605770a763c1e65a646186fc/esv-prof--dr--frank-weidner-data.pdf [abgerufen am 31.05.2016].

Weidner F, Kratz T (2012) Eine zukunftsorientierte Pflegebildung? Anmerkungen zur Weiterentwicklung der Pflegeberufe. Berufsbildung in Wissenschaft und Praxis 41(6), 11–15.

Wild F (2010): Die Pflegefinanzierung und die Pflegeausgaben im internationalen Vergleich. Wissenschaftliches Institut der privaten Krankenkassen, Diskussionspapier 2/10, Köln. URL: www.wip-pkv.de/uploads/tx_nppresscenter/Pflegeausgaben_im_internationalen_Vergleich.pdf [abgerufen am 23.03.2016].

Wissenschaftliches Institut der Ärzte Deutschlands (WIAD) gem. e. V., Prognos AG (2013): Forschungsgutachten zur Finanzierung eines neuen Pflegeberufegesetzes. Bonn.

Wissenschaftsrat (2012): Empfehlungen zu hochschulischen Qualifikationen für das Gesundheitswesen. Wissenschaftsrat, Drs. 2411–2412, Berlin.

Zentrum für Qualität in der Pflege (2014): Siegel und Zertifikate in der deutschen Langzeitpflege. URL: http://qsz.zqp.de/ [abgerufen am 03.06.2016]

Stichwortverzeichnis

https://doi.org/10.1515/9783110431698-203

www.ingramcontent.com/pod-product-compliance
Lightning Source LLC
Chambersburg PA
CBHW061804210326

41599CB00034B/6879